MODERN SOCIETY AND LAW

현대사회와 법

조선대학교 법학과 · 공공인재법무학과 법학 전공 교수진

박영사

머리말

　조선대학교 법학 전공 교수들이 지난 2000년 「법과 사회」 교재를 출간한 이후, 25년 만에 다시 법학 입문의 길잡이가 될 책 「현대사회와 법」을 출간하게 되었습니다.

　이 책은 법학을 처음 접하는 학생들을 위한 기초 입문서로, 법의 기본 개념과 체계를 폭넓게 다루고 있습니다. 해마다 법학과 및 공공인재법무학과에 신입생들이 입학할 뿐만 아니라, 법학을 새롭게 배우려는 다양한 학과의 학생들도 점점 증가하는 추세임에도, 조선대학교 법학 전공 교수들이 직접 집필한 법학 입문 교재가 없어 늘 아쉬움이 있었습니다. 이번 출간은 그러한 오랜 염원을 이루는 뜻깊은 결실입니다.

　특히, 최근 법학 전반에 걸쳐 주목할 만한 변화들이 끊임없이 일어나고 있습니다. 인공지능(AI)의 법률 분야 활용, 기후변화 대응을 위한 법제 정비, 디지털 법률 이슈의 증가, ESG규제강화, 디지털 범죄 대응 강화, 플랫폼 노동자 보호 등 사회 전반에 걸쳐 일어나고 있는 크고 다양한 변화들은 법학 연구와 실무뿐만 아니라 법률 교육에도 새로운 패러다임을 요구하고 있습니다. 이러한 시대적 흐름에 발맞춰 현대사회와 법을 출간하게 된 것은 매우 시의적절한 시도라 할 수 있습니다.

위와 같은 뜻깊은 취지에 공감하여 기꺼이 집필에 참여해 주신 교수님들께 깊은 감사의 말씀을 전합니다. 또한 어려운 출판 여건 속에서도 출간을 맡아주신 박영사 관계자 여러분께도 감사의 뜻을 전합니다. 특히, 본서의 출간을 위해 집필진과 박영사 간의 가교 역할을 맡아 애써주신 법학과 이원상 교수님과 공공인재법무학과 정구태 교수님께 모든 교수님들을 대표하여 진심 어린 감사의 마음을 전합니다.

이 책이 법학을 처음 접하는 학생들에게 좋은 길잡이가 되고, 현대사회의 법적 변화에 대한 깊이 있는 이해를 돕는 유용한 교재가 되기를 기대합니다.

2025년 3월
집필자를 대표하여
김재형

차례

01

법학 일반이론

제 1 장 법학 일반이론

 ## 제 1 절 법이란 무엇인가?

I. 법개념의 문제성

우리는 법이 무엇인지 쉽게 알 수 있다고 생각한다. 무엇이 법이고, 무엇이 법이 아닌지는 쉽게 구분되고, 따라서 법의 개념도 쉽게 정의될 수 있다고 생각한다. 그런데 막상 법이 무엇인지를 정의해 보려고 하면 그것이 아주 복잡한 문제인 것을 깨닫게 된다. 그래서 독일의 대철학자 칸트는 일찍이 "법학자는 아직도 법의 개념을 찾고 있다."고 말한 바 있다. 법의 개념이 어떻게 정의될 수 있는가는 법의 본질을 어떻게 이해하는가와 밀접한 관련이 있다. 그런데 법에 대한 이해는 오랜 역사를 지나면서 강조점이 달라지기도 하고, 그에 따라 조금씩 다른 의미가 추가되고 변경되면서 오늘날 우리에게 전해졌다. 따라서 오늘날도 법의 본질에 관해서는 무엇을 더 중요하게 생각하느냐에 따라 학자마다 조금씩 다르게 이해하고 있다. 물론 이런 차이는 일상적인 법 생활에서는 잘 드러나지 않는다. 그런데 아주 예외적인 상황에서는 이런 차이가 아주 중요해지기도 한다. 법학에 처음 입문하는 단계에서 법의 개념이나 본질을 본격적으로 탐구하는 것은 무리이다. 법이 무엇인지 대략적인 윤곽과 특징을 이해하는 것만으로도 충분할 것이다.

Ⅱ. 사회규범으로서 법

우선 법은 사회규범의 일종이다. 규범이란 사회적 타당성이 인정되는 당위적 명령이라고 할 수 있다. 명령은 어떤 행위를 적극적으로 행하도록 하는 것일 수도 있고, 어떤 행위를 금지하는 것일 수도 있다. 당위 명령의 성격은 단순한 사실 기술과 비교해 봄으로써 쉽게 이해할 수 있다. 당위는 전형적으로는 "~ 해야 한다" 또는 "~ 해서는 안 된다"로 규술되는(prescribe) 반면에, 사실은 "~ 한다(이다)" 또는 "~ 하지 않는다(아니다)"로 기술되는(describe) 성질을 갖는다. 사실 기술은 그에 배치되는 사실이 증명된 경우에는 거짓으로 판명된다. 가령 "모든 사람은 살인을 하지 않는다."는 문장은 사실을 기술한 것이지만, 현실에서는 종종 살인 사건이 일어나므로 거짓 기술이다. 그러나 당위 명령은 진위 판단의 대상이 아니라 효력(타당성) 판단의 대상이 된다. 따라서 당위에 반하는 사실이 존재한다고 해서 바로 당위의 가치가 상실되는 것은 아니다. 즉 그 당위를 내용으로 하는 규범은 여전히 효력을 가질 수 있다. 가령 "살인하지 말라"는 명령이 살인 행위가 실제로 일어났다는 사실로 인해 효력을 잃는 것은 아니다.

그런데 법의 개념이나 본질에 관한 논의가 중요하면서도 난관에 부딪치는 부분은 바로 이 효력의 근거에 관해서이다. 법은 때로는 사람의 목숨을 빼앗기도 하고, 가두기도 하며, 재산을 빼앗기도 한다. 이런 무시무시한 일들이 법의 이름으로 행해지는데, 그런 일들을 정당하다고 인준해 주는 법의 효력은 도대체 어떻게 주어지며, 어떤 이유로 그런가? 이런 문제들은 법철학이라는 분야에서 집중적으로 다루어진다. 다만 여기서는 규범은 사실과는 다른 차원의 문제이고, 오직 효력으로 존재한다는 사실을 기억하는 것으로 충분하다. 규범은 효력으로 존재하기 때문에 '효력 없는 법'은 그 자체로 형용 모순이다. 법학의 가장 기본적인 일 중의 하나는 '유효' 또는 '무효' 판정을 하는 것인데, 무효라는 말은 곧 법이 아니라는 선언이다.

법은 규범 중에서도 사회규범의 일종이다. 일반적으로 사회의 구성원들이 사회를 유지하고 공동생활을 영위하기 위해 지켜야 할 규칙이나 기준, 원칙 등을 내용으로 한다는 점에서 그렇다. 따라서 순전히 개인에게만 관계된 개인적 규범은 그 타당성이 사회에서 객관적으로 인정된다고 하더라도 법이 될 수는 없다.

반면에 도덕과 같은 규범은 개인적 규범과 사회적 규범 모두를 포함한다.

Ⅲ. 법과 강제력

법은 사회규범이지만, 모든 사회규범이 법인 것은 아니다. 사회규범에는 법 외에도 도덕이나 관습, 예의범절 등 다양한 형태의 규범이 존재하기 때문이다. 그렇다면 법과 다른 사회규범을 분명히 구분해 주는 기준은 무엇인가? 흔히 강제력을 든다. 즉 법은 강제규범이라는 점에서 다른 사회규범들과 구분된다고 설명된다. 법은 그 위반 행위에 대해 물리적 제재를 가함으로써 그 준수를 확보한다는 점에서 다른 사회규범들과 구분된다는 것이다. 그러나 이 점에 관해서는 논란의 여지가 있다.

첫째로 모든 법규범이 강제력과 연결되어 있는 것은 아니다. 예를 들어 법에는 훈시규정이라는 것이 있다. 훈시규정은 그에 위반하더라도 그 행위의 효력에는 아무런 영향도 없고, 어떤 불이익도 가해지지 않는다. 그럼에도 불구하고 훈시규정이 법규범으로 인정되는 이유는 유효한 법체계에 속해 있기 때문이다. 즉 모든 법규범은 유효한 헌법에 근거하고 있기 때문에 효력을 갖는다. 따라서 법이 강제규범이라는 말은 개개의 법규범에 대한 것이 아니라 법체계에 대한 것으로 이해해야 한다. 한 법체계가 존속하기 위해서는 최소한의 실효성은 확보할 수 있을 만큼의 강제력에 의해 뒷받침되어야 한다.

둘째로 법이 강제하는 제재는 공식적인 제재이다. 도덕 등 다른 사회규범도 그 위반자에 대해서는 비난이라든가 관계의 절연 등과 같은 다양한 제재를 동원하곤 한다. 그러나 법은 그 제재가 공식적이라는 점에서 특별히 강제규범이라고 할 수 있다. 그런데 여기서 문제는 바로 공식적이라는 말이다. 공식적 제재인가 아닌가는 결국 법에 따른 제재인가의 여부에 따라 결정된다. 즉 법에 따른 제재가 공식적인 제재이다. 따라서 법과 강제력의 관계는 순환논리에 빠지고 만다. 이것이 바로 법의 본질이 과연 강제력에 있는가에 대한 논란이 이는 이유이다. 결국 법의 본질을 제대로 이해하기 위해서는 순환논리 너머로 한 단계 더 들어가야 한다.

Ⅳ. 법과 도덕

1. 법과 도덕의 차이

법이 무엇인지 이해하기 위해서는 법과 도덕이 어떤 관계에 있는가에 대해서도 생각해 보아야 한다. 그러나 이 문제에 들어가기 전에 우선 법과 도덕이 어떤 점에서 다른지 살펴볼 필요가 있다. 그 자체로 법의 특성을 이해하는 데 도움이 되기 때문이다. 강제력의 유무 외에도 법과 도덕은 몇 가지 특성의 차이를 보인다. 그러나 그런 차이는 절대적이라기보다는 대체적인 차이이자 지향점의 차이 정도라고 보아야 한다. 더구나 도덕이라는 단어도 단일한 의미로 사용되는 것은 아니기 때문에 어떤 도덕을 의미하느냐에 따라 그 특성도 획일적으로 말하기가 어렵다. 일반적으로는 법과 도덕의 주된 차이를 외면성과 내면성, 타율성과 자율성, 합법성과 도덕성, 양면성과 일면성으로 설명한다.

(1) 외면성/내면성

법은 외부로 나타난 인간 행위를 직접적 규율 대상으로 삼는다는 점에서 사람의 주관적인 내면을 일차적 규율 대상으로 삼는 도덕과 차이를 보인다. 법도 고의나 과실, 목적과 같은 내심의 상태를 고려하기도 한다. 그러나 이런 경우는 외부로 표출된 행위를 평가하기 위하여 필요한 한도에서 고려될 뿐이다. 법은 행위로 표출되지 않은 순수한 내심의 의사에는 관여하지 않는 것이 원칙이다. 형법은 범죄에 따라서는 미수나 단순한 음모를 처벌하기도 있지만, 이 경우도 미수 행위나 음모 행위가 있을 때이다. 반면에 도덕의 영역에서는 행위로 표출되지 않은 순수한 내심의 의사도 판단의 대상이 될 수 있다. 그렇다고 외면적 행위가 도덕에서 중요하지 않은 것은 아니다. 그러나 외면적 행위는 그 자체라기보다는 행위자의 내면을 판단하기 위한 목적에서 고려되는 것이 보통이다.

(2) 타율성/자율성

법과 도덕은 규범을 준수하는 동기에서 차이가 있다. 법은 법을 준수하는 동기가 자율적인지 여부를 문제 삼지 않는다. 오히려 자율성을 기대할 수 없을 때

타율적으로라도 준수를 확보하려고 하는 데 법의 특성이 있다. 반면에 도덕은 스스로 규범을 준수하겠다는 동기에서 따를 것을 요구한다. 도덕 위반에도 비공식적 압력 등이 따르기는 한다. 그러나 그런 압력을 회피할 목적에서만 행하는 행위는 비록 외적으로는 규범에 합치된 행위라 할지라도 도덕적이라고 평가되지는 않는다.

(3) 합법성/도덕성

법은 준수 여부를 기본적으로 합법과 위법의 양단적 방식으로 판단하는 특징이 있다. 특히 일단 합법적 행위라고 판단되면, 그것이 얼마나 더 합법적인가는 전혀 문제가 되지 않는다. 그러나 도덕의 준수는 대부분 정도의 문제이다. 비록 비도덕적은 아닐지라도 더 도덕적이기를 요구할 수 있고, 비도덕적 행위라 할지라도 얼마나 더 비도덕적인지에 따라 도덕적 평가가 달라진다는 점에서 법과 차이를 찾을 수 있다.

(4) 양면성/일면성

법은 대체로 권리와 의무의 양면적 관계를 규율한다. 한쪽이 권리를 가지면 상대방은 그에 상응하는 의무를 부담하는 것이 보통이다. 그러나 도덕은 수범자의 일방적 의무만을 지시하는 것이 일반적이다.

2. 법과 도덕의 관계

법과 도덕은 서로 다른 특성을 지닌 구별된 규범들이다. 그러나 이 둘이 완전히 별개로 서로 준별될 수 있느냐는 또 다른 문제이다. 서양어의 법이라는 단어는 옳음이라는 뜻을 함유하고 있다. 라틴어 ius, 독일어 Recht, 프랑스어 droit 모두 마찬가지이며, 영어에서도 right라는 단어는 권리와 옳다는 뜻을 모두 가지고 있다. 이것은 서양에서 법이란 항상 옳은 것으로 생각되어 왔다는 것을 의미한다. 이런 사고 전통에서는 비도덕적인 법이란 생각할 수 없다. 따라서 법 개념에는 반드시 도덕적 요소를 포함하고 있어야 한다고 주장한다. 그리고 법이 효력을 갖는 이유는 그 핵심에 도덕 규범을 포함하고 있기 때문이라고 본다. 이런 입장을 자연법론이라고 부른다.

그러나 19세기 이래로는 자연법론에 반대하는 주장도 강력하게 일어났다. 법실증주의라고 하는 입장이다. 이에 따르면 '마땅히 있어야 할 법'(자연법)과 '있는 법'(실정법)은 엄격히 분리되어야 하며, 법학이 다루는 법은 후자만을 대상으로 해야 한다는 것이다. 이런 입장에서는 어떤 것이 법이냐의 문제는 그것이 좋으냐 나쁘냐의 문제와는 완전히 별개다. 즉 악법도 법은 법이라는 것이다. 그렇기 때문에 법실증주의들은 법과 도덕을 완전히 분리해 줄 법 개념의 고유한 요소를 제시하려고 했고, 그것이 어떻게 법에 효력을 부여하는지를 설명하려고 했다. 강제력도 그런 설명 중의 하나이지만, 강제력에 대한 설명이 갖는 문제점을 해결하려는 다른 법실증주의 입장들도 존재한다. 그러나 법실증주의자들 사이의 논쟁은 물론이고, 법실증주의자와 자연법론자 사이의 논쟁도 여전히 지속되고 있다.

이처럼 법의 개념에 대해 누구나 합의할 수 있는 결론을 도출하는 것은 어렵다. 그러나 일단 법학을 출발하는 입장에서는 이 정도의 이해로도 충분하다. 법의 개념에 대한 정밀한 정의는 법학을 어느 정도 공부한 후 법철학 과목을 통해 각자가 고민해 보아야 할 문제이다.

 ## 제 2 절 법의 이념

Ⅰ. 의의

법의 이념이란 법이 추구하는 목적 내지 가치를 말한다. 모든 개개의 법률이나 법 규정들은 나름의 목적을 갖는다. 그러나 여기서 다루는 법의 이념은 법체계가 전체로서 추구하는 목적과 가치이다. 법의 이념이 무엇인지는 여러 관점에서 다양하게 말할 수 있다. 그러나 많은 학자들이 법의 이념으로 들고 있는 것은 정의와 법적안정성이다.

Ⅱ. 정의

법이 정의를 추구해야 한다는 것은 두말할 필요도 없다. 자연법론자들은 법이 현저히 부정의할 때, 그것은 법의 이름으로 불린다 할지라도 법은 아니라고 주장한다. 법실증주의자들은 부정의한 법도 법은 법이라고 말하지만, 이들도 정의로운 법이 바람직하다는 데는 당연히 동의한다.

그런데 법의 이념으로서 정의의 문제는 정의가 무엇인지가 명확하지 않다는 것이다. 정의에 대한 설명으로는 정의란 "같은 것은 같게, 다른 것은 다르게" 취급하는 것이라는 아리스토텔레스의 문구가 자주 인용되곤 한다. 또한 정의란 로마 시대로부터 유래한 오랜 표현을 사용하여 "각자에게 그의 몫을 주는 것"이라고 말하기도 한다. 그러나 이런 정의에 대한 설명은 무엇을 기준으로 같고 다름을 판단하는지, 과연 그의 몫을 판단하는 기준은 무엇인지에 관해서는 아무것도 말해 주지 않는 것 같다. 그런데 오늘날 정의의 문제에서 정작 다툼이 심하게 일어나고 있는 것은 바로 이런 기준과 관련해서이다. 가령 현대국가에서 큰 쟁점 중의 하나인 복지국가와 자유지상주의 국가 사이의 대립은 경제적 부를 어떤 기준으로 분배할 것인가와 관련된 문제이다. 또한 남성에게만 병역의무를 지우는 것이 정의로운가의 문제도 남성과 여성이 같은가, 아니면 다른가의 문제로 귀착된다고 할 수 있다.

그렇다고 정의의 불명확성을 지나치게 생각해서 자칫 정의 허무주의 내지는 정의 무용론에 빠져서는 안 된다. 최대한의 정의를 추구하고자 할 때는 정의가 무엇인지 입장이 다를 수 있지만, 대부분이 동의할 수 있는 부정의나 최소한의 정의는 찾을 수 있는 경우가 많기 때문이다. 가령 사람을 동물보다 못하게, 혹은 아예 물건처럼 처우하는 것은 누가 보아도 부정의에 해당할 것이다. 나아가 아리스토텔레스의 격률이 아무것도 말해 주지 않는 것은 아니다. 정의롭기 위해서는 적어도 같고 다름에 대한 어떤 기준은 있어야 한다는 것, 그리고 그 기준에 따라 사람을 대우해야 한다는 사실은 말해 주기 때문이다. 다시 말해서 기준의 옳고 그름의 문제는 제쳐 두더라도 처음부터 아무런 기준도 없이 사람을 결정권자의 자의(恣意)에 따라 대우해서는 정의의 첫발도 뗄 수 없다는 것이다. 이런 점에서 법의 이념으로서 정의는 여전히 의미가 있다.

III. 법적안정성

정의와 함께 사회질서가 안정적이 되도록 유지하는 것도 법이 추구하는 중요한 이념이다. 그리고 법을 통해 사회질서의 안정화를 이루기 위해서는 법 자체가 안정화되어야 한다. 법적안정성이란 이런 요청을 통틀어 지칭하는 용어이다. 독일의 대문호 괴테(Goethe)는 일찍이 법적안정성의 중요성을 강조하여 "나는 무질서를 참기보다 차라리 부정의를 행하겠다."고까지 이야기하기도 했다.

법적안정성은 사회의 평화를 이루고, 예측가능성을 확보하는 데도 중요하다. 만일 법이 정의만을 추구한다면, 어떻게 하는 것이 정의인지를 놓고 싸움이 끊이질 않을 것이다. 또한 법적안정성이 확보되지 않는다면, 미래의 계획을 세우는 것도, 지금 무엇을 해야 하는지 결정하는 것도 매우 어려울 것이다. 법의 확실성이 현재의 행동이 장래 어떤 결과를 낳을지를 예측할 수 있는 토대가 되기 때문이다. 특히 자본주의가 발달하는 데는 법을 통한 예측가능성의 확보가 필수적이다. 예측가능성을 강조하는 법실증주의의 부상 시기가 자본주의 발달 시기와 겹치는 것은 우연이 아니다.

법적안정성을 확보하기 위해서는 정의가 무엇인지 불명확할 때에도 확정적으로 적시에 법적인 결단이 이루어지는 것이 중요하다. 입법, 행정, 사법의 모든 단계에서 그렇다. 이를 통해 다툼과 갈등을 권위적으로 종료시키지 않으면 사회질서가 안정적으로 유지될 수 없다. 법의 명확성과 일관성도 법적안정성의 확보에 필수적인 조건이다. 법이 불명확하거나 모순적이면 수범자들이 어떻게 행동해야 하는지 갈피를 잡을 수 없고, 당연히 사회적 갈등도 증폭될 수밖에 없게 되기 때문이다. 법은 또한 너무 자주 변경되어서도 안 된다. 법은 어느 정도 지속성을 가져야 예측가능성이 유지될 수 있다. 법은 준수가 가능한 현실적인 내용을 담고 있어야 하며, 집행은 법과 일치를 이루어야 한다. 이 외에도 법적안정성을 위한 많은 지침을 끌어낼 수 있을 것이다.

Ⅳ. 정의와 법적안정성의 관계

정의와 법적안정성은 모두 법의 중요한 이념이지만, 양자는 종종 충돌의 관계에 선다. 예를 들어 사회가 변화되면 그에 맞추어 법을 개정하고 판례를 변경하는 것이 정의의 요구에 합치된다. 그러나 변경이 너무 잦으면 오히려 법적안정성에는 저해가 되는 결과를 낳는다. 또 다른 예로 법적안정성을 위해 법을 아주 구체적이고 명확히 규정해 놓으면, 조금의 상황 변화에도 구체적 타당성을 갖춘 결론을 내기가 어려워지는 문제가 생긴다. 이렇듯 정의와 법적안정성은 서로 충돌하는 관계에 있기 때문에 법이 제 역할을 제대로 하기 위해서는 상황에 맞게 정의와 법적안정성을 적절히 조화시키는 것이 중요하다.

흔히 법학을 지칭하는 영어 단어로 'legal science'라는 단어와 'jurisprudence'라는 단어가 사용되곤 한다. 전자는 법의 명확성과 과학성을 추구하던 19세기 법실증주의 시대의 이상을 반영한 단어이고, 후자는 로마 시대로부터 유래된 오래되고 더 자주 쓰이는 단어이다. 'jurisprudence'는 법이라는 뜻의 라틴어 'juris'(legal)와 숙려 또는 지혜의 뜻을 가진 'prudentia'(prudence)를 합친 단어이다. 법의 이념의 측면에서 보았을 때 정의와 법적안정성의 조화는 수학적 답을 얻는 것처럼 결정되지 않는다. 그것은 인간과 사회에 대한 깊은 경험과 숙려를 요구한다. 그런 점에서 법학이 지혜의 학문으로서 'jurisprudence'의 성격을 완전히 벗어날 수는 없을 것이다.

그렇다고 정의와 법적안정성이 항상 충돌하는 측면만 존재하는 것은 아니다. 일정한 규칙이 존재하고 그에 따라 결정이 이루어진다는 사실은 법적안정성에 필요할 뿐만 아니라, 자의를 배제한다는 정의의 최소한의 요구를 동시에 만족시킨다. 나아가 현저하게 부정의한 법 상태의 지속은 수범자의 자발적 법 준수 의지를 약화시켜 결국에는 법적안정성의 이완을 초래할 가능성이 높다. 그런 점에서 정의와 법적안정성은 장기적으로는 서로 수렴하는 측면도 있다고 할 수 있다.

제 3 절 법원(法源)

I. 법원의 의의

법원이란 법의 연원(source of law)의 줄임말이다. 재판소를 의미하는 법원(法院)과는 다른 용어이다. 법원(法源)은 다양한 차원에서 다른 의미로 사용된다. 법이 유래하는 근원이라는 관점에서 법원은 신, 자연, 관습, 제정 등을 말할 수 있다. 그러나 법원은 가장 일반적으로는 법의 존재형식을 의미하는 용어로 사용된다. 우리가 법을 어디에서 찾을 것인가를 생각할 때 그 어디를 법이 존재하는 형식의 차원에서 파악한 개념이라고 할 수 있다. 이런 의미에서 법원은 크게 일정한 형식과 절차에 따라 문자로 제정된 성문법(成文法)과 비제정법인 불문법(不文法)으로 나눌 수 있다.

II. 성문법

1. 성문법주의

우리나라는 성문법을 중심적인 법원으로 삼는 성문법주의를 채택하고 있다. 독일, 프랑스, 스페인, 일본 등 유럽 대륙의 전통을 이어받은 소위 대륙법계 국가들은 성문법주의를 특징으로 하고 있다. 반면에 영국과 미국, 그리고 이들의 영향을 받은 소위 영미법계 국가들은 불문법이 일차적 법원으로서의 지위를 차지하고 있다. 성문법주의는 법을 명확히 확인할 수 있고, 통일적인 정비가 가능하다는 장점이 있다. 그러나 사회현실의 변화에 세밀하게 적응해 가지 못하는 단점도 존재한다. 오늘날은 법의 명확화와 체계적인 법적 대응의 필요성이 증대함에 따라 불문법주의 국가들에서도 성문법의 비중이 커지고 있다. 우리나라의 성문법은 국내법으로 효력의 단계구조에 따라 헌법, 법률, 명령·규칙, 자치법규로 이루어져 있고, 국제법으로는 조약이 있다.

2. 헌법

헌법은 국민의 기본권과 국가의 이념 및 통치조직, 그리고 그 작용에 관한 사항을 규율하는 최고기본법이다. 국가의 최고기본법이므로 모든 법은 헌법에 근거해야 하며, 헌법에 위배되는 법은 무효가 된다. 최고기본법으로서 헌법은 자주 변경되면 법적 안정성이 크게 흔들릴 수 있으므로 그 개정은 다른 법의 개정보다 까다롭게 하고 있다. 헌법을 개정하기 위해서는 국회의원 재적 과반수 또는 대통령의 발의(헌법 제128조 제1항), 20일 이상의 공고(헌법 제129조), 국회 재적의원 3분의 2 이상의 찬성을 통한 국회의결(헌법 제130조 제1항), 그리고 국민투표에서 국회의원선거권자 과반수의 투표와 투표자 과반수의 찬성으로 확정된다(헌법 제130조 제2항).

3. 법률

법률은 법 일반 또는 제정법 일반을 가리키는 의미로 사용되기도 하지만, 법원으로서 법률은 더 좁은 의미로 사용된다. 즉 입법기관인 국회가 제정하여 대통령이 공포한 성문법만을 말한다. 헌법은 국민의 권리의무에 관한 사항, 기타 중요한 사항은 반드시 법률로 규정하도록 하고 있다. 이를 입법사항이라 한다. 국민이 선거로 선출한 대표자들로 구성된 국회가 국민의 권리의무 등 중요 사항에 관하여 법률을 제정하고, 통치는 반드시 법률에 따르도록 하는 것이 근대 헌법이 취하고 있는 민주주의의 가장 기본적인 작동 방식이기 때문이다. 그런 점에서 법률은 민주주의 체제에서 매우 중요한 의미를 갖는다고 할 수 있다.

법률의 효력은 헌법보다는 하위에 위치하나, 명령이나 규칙, 자치법규보다는 상위의 효력을 가진다. 법률안은 국회의원과 정부가 제출할 수 있고(헌법 제52조), 국회에서 재적의원 과반수의 출석과 출석의원 과반수의 찬성으로 의결되면(헌법 제49조), 정부에 이송되어 15일 이내에 대통령이 공포함으로써 제정된다(제53조 제1항). 대통령은 법률안에 이의가 있을 때에는 국회에 재의를 요구할 수도 있다(헌법 제53조 제2항). 공포된 법률안은 법률에 특별한 규정이 없을 때에는 공포한 날로부터 20일을 경과함으로써 효력이 발생한다(헌법 제53조 제7항).

4. 명령

명령은 법률에 근거하여 행정기관이 제정한 법규를 말한다. 명령은 발하는 주체에 따라 대통령령과 총리령 및 부령으로 나누어진다. 대통령령은 총리령과 부령보다 상위의 효력을 갖는다. 대통령령은 대통령이 법률에서 위임한 사항과 법률을 집행하기 위하여 필요한 사항에 관하여 발하는 명령이고(헌법 제75조), 총리령과 부령은 국무총리 또는 행정각부의 장이 소관 사무에 관하여 법률이나 대통령령의 위임 또는 직권으로 발하는 명령이다(헌법 제95조).

한편 명령은 성질에 따라 위임명령과 집행명령으로 나누어지며, 예외적인 경우에 발하는 대통령의 긴급명령이 있다. 위임명령이란 법률의 명시적 위임을 받은 사항에 대해 규율하는 명령이다. 법률의 위임은 포괄적이어서는 안 되고, 반드시 구체적으로 범위를 정하여 위임해야 한다. 집행명령은 법률의 시행을 위하여 필요한 사항을 규율하는 명령이다. 집행명령은 법률의 명시적 근거가 없더라도 발할 수 있지만, 국민의 권리의무에 실질적으로 영향을 미치는 내용을 규정할 수는 없다. 긴급명령은 국가의 비상시에 대통령이 발하는 명령으로서 법률과 같은 효력을 갖는다(헌법 제76조). 긴급명령은 행정에 대한 법률 우위의 중대한 예외이므로 매우 엄격한 조건에서만 발할 수 있다.

5. 규칙

규칙은 헌법에 의하여 행정부 이외의 독립적인 국가기관이 내부규율과 사무처리에 관하여 자율적으로 제정하는 법규이다. 규칙은 명령과 동등한 효력을 갖는다. 여기서 규칙은 자치법규의 일종인 규칙과는 구별된다. 우리 헌법은 제정주체에 따라 국회규칙, 대법원규칙, 헌법재판소규칙, 중앙선거관리위원회규칙을 인정하고 있다(헌법 제64조 제1항, 제108조, 제113조 제2항, 제114조 제6항).

6. 자치법규

자치법규는 지방자치단체가 법령의 범위 안에서 자치에 관한 사항을 규정한 성문법이다. 헌법은 지방자치의 실현을 위해 지방자치단체의 자치입법권을 인정하고 있다. 자치법규에는 조례와 규칙이 있다. 조례는 지방의회가 법령의 범위 안에서 그 사무에 관하여 제정한 것이고(지방자치법 제22조), 규칙은 지방자치단체의 장이 법령 또는 조례가 위임한 범위 안에서 그 권한에 속하는 사무에 관하여 제정한 자치법규이다(지방자치법 제23조).

7. 국제조약

조약은 국제법 주체 간에 법률효과를 발생시키기 위해 문서로 이루어지는 국제적 합의이다. 반드시 조약이라는 명칭이 사용되어야 할 필요는 없으며, 협약·협정·규약·헌장·의정서 등 어떤 명칭이든 조약이 될 수 있다. 조약체결권자는 원칙적으로 주권국가이지만, 국제연합과 같은 국제기구도 국제법 주체가 될 수 있다. 우리나라 헌법은 "이 헌법에 의하여 체결되고 공포된 조약은 국내법과 같은 효력을 가진다"(헌법 제6조 제1항)고 규정하여 조약을 국내법의 법원으로 인정하고 있다.

III. 불문법

1. 관습법

관습법은 사회에서 오랜 기간 반복적으로 행하여 온 관행(慣行)이 존재하고, 그 관행이 사회의 불특정 다수가 법과 같은 효력을 가진다고 확신할 때 성립된 것을 말한다. 국내의 관습법이 효력을 갖기 위해서는 관행이 선량한 풍속 기타 사회질서에 반하지 않아야 한다. 우리나라와 같이 성문법주의를 취하는 국가에서도 성문법만의 한계를 보완하기 위해 일부분 관습법을 법원으로 인정하고 있다. 민사에 관해서는 법률에 규정이 없으면 관습법에 의하도록 하고 있으며(민법 제1조), 상법 제1조는 "상사에 관하여 본법에 규정이 없으면 상관습법에 의하고, 상관습법이 없으면 민법의 규정에 의한다."고 규정하여, 성문법인 민법보다도 오히려 상관습법에 우위의 효력을 인정하고 있기도 하다. 또한 민법 제185조에서도 "물권은 법률 또는 관습법에 의하는 외에는 임의로 창설하지 못한다."고 규정하고 있다. 그러나 죄형법정주의가 최고의 원리로 작용하는 형사에서는 범죄와 형벌은 반드시 성문법으로 정해야 하므로 관습법은 법원으로 인정되지 않는다. 관습헌법이 인정될 수 있는가에 대해서는 논란이 있다. 다만 우리 헌법재판소는 구 신행정수도의건설을위한특별조치법에 대한 헌법소원 사건에서 동법률을 위헌 선언하면서, 대한민국의 수도는 서울이다는 관습헌법이라고 판시한 바 있다(2004.10.21. 선고 2004헌마554·566 결정). 한편 국제법에서는 국제사회의 관행과 법적 확신으로 성립하는 국제관습법이 중요한 법원으로 인정되고 있다.

2. 판례법의 인정 여부

판례란 법원이 구체적인 사건을 판결하면서 설시한 일반적 법리나 법원칙을 말한다. 불문법주의를 취하고 있는 영미법계 국가에서 판례는 선례구속의 원칙에 따라 일차적인 법원으로 인정되고 있다. 그러나 대륙법계에 속하는 우리나라에서는 판례는 그 법원성이 부정된다고 보는 것이 대다수의 의견이다. 헌법이나 법률 어디에서도 법관이 선례에 따라야 한다는 근거 규정이 없고, 오히려 법원조직법 제8조는 상급법원의 판단은 당해 사건에 관하여 하급심을 기속한다고 규정하고 있을 뿐만 아니라, 대법원의 심판에 관하여 대법관 전원의 3분의 2 이상의 합의체에서 종전의 판례를 변경할 수 있다고 규정하고 있기 때문이다(법원조직법 제7조 제1항 단서 제3호). 그러나 유사한 사건은 동일한 취지의 판결을 내리는 것이 형평의 원칙에도 부합하고, 판례가 자주 변경되면 법적안정성도 해칠 수 있으므로, 법원은 대체로 유사한 사건에서 선례를 따르는 경향이 강하다. 따라서 판례가 법인가의 문제와 관계없이 법실무나 법학에서 판례는 중요하게 취급된다.

3. 조리

조리란 흔히 사물의 이치나 사물의 본성 등으로 이해된다. 복잡한 생활관계를 모두 성문법이나 관습법 또는 판례만으로는 규율할 수 없기 때문에 조리의 법원성이 문제된다. 민사사건에서는 적용할 구체적인 법규나 관습법이 없는 경우에도 재판을 거부할 수 없다. 이런 경우에 대비하여 민법 제1조는 조리에 의하도록 규정하고 있다. 그러나 형사사건에서는 죄형법정주의에 따라 조리의 법원성이 부정된다.

제4절 법의 분류

Ⅰ. 분류 기준의 다양성

법은 법원(法源)에 따른 분류 외에도 여러 다양한 기준에 따라 분류할 수 있다. 법의 분류는 법체계 전체가 어떻게 구성되고, 어떤 성질들로 이루어져 있는지를 개관하는 데 도움이 된다.

Ⅱ. 국제법과 국내법

국제법은 국제사회에서 인정되고 적용되는 법이다. 국제법의 적용대상은 주로 국가나 국제조직이지만, 오늘날에는 개인을 대상으로 하는 경우도 증가하고 있다. 국제법은 국가나 국제조직 사이에서 명시적으로 합의하여 그 내용을 문서화한 조약, 그리고 국제사회의 관행이 법적 확신을 획득하여 성립한 국제관습법으로 이루어져 있다. 국내법은 한 국가 안에서 제정 또는 형성되어 원칙적으로 그 국가 안에서만 효력을 가지는 법이다.

Ⅲ. 공법 · 사법 · 사회법

1. 공법과 사법의 구별 기준

법을 공법(公法)과 사법(私法)으로 구별하는 것은 멀리 고대 로마시대에까지 거슬러 올라가는 가장 기본적인 분류이다. 그러나 그 구별 기준이 뚜렷하지는 않고, 다음과 같은 여러 학설이 대립하고 있다.

첫째는 이익설이다. 공익 보호를 목적으로 하는 법이 공법이고, 사익 보호를 목적으로 하는 법을 사법으로 보는 견해이다. 그러나 공익과 사익 구별 자체가 분명치 않고, 공익과 사익이 동시에 존재하는 경우가 많다는 점에서 이익설은 구분의 적절한 기준이 될 수 없다는 비판을 받고 있다. 가령 교통법규는 교통안전과 원활한 교통 흐름을 확보한다는 점에서는 공익 목적의 법이라고 할 수 있으나, 이것이 교통 이용자들 각자의 이익에도 부합한다는 점에서는 사익 목적의 법이라고도 볼 수 있다.

둘째는 주체설이다. 법률관계의 당사자 쌍방 또는 어느 일방이 국가나 공공단체인 경우는 공법이고, 양 당사자 모두 사인인 경우에는 사법이라고 보는 견해이다. 주체설은 구별의 기준이 명확하다는 점에서 장점이 있다. 그러나 국가나 공공단체가 사인과 같은 자격으로 사인과 매매계약을 체결하는 등과 같은 경우에는 사법의 적용을 받는데도 공법으로 분류될 수밖에 없다는 점에서 주체설은 문제가 있다.

셋째는 성질설(법률관계설)이다. 성질설은 법률관계의 성질이 명령과 복종의 불평등관계이면 공법에 속하고, 대등한 당사자 사이의 대등한 관계이면 사법이라고 보는 견해이다. 그러나 평등한 국가 사이의 관계를 규율하는 국제법은 공법이고, 친족법상 부모와 자녀의 관계는 불평등한 관계인데도 사법의 규율을 받는다는 점에서 성질설은 난점을 보인다.

넷째는 생활관계설이다. 생활관계설은 국민의 지위에서 발생하는 국가생활을 규율하는 법이 공법이고, 개인적인 사회생활을 규율하는 법이 사법이라고 보는 견해이다. 그러나 생활관계설도 무엇이 국가생활이고 사회생활인지 구분이 명확하지 않다는 점에서 어려움이 있다.

이처럼 공법과 사법을 어느 하나의 기준으로 구별하는 것에는 문제가 있다. 따라서 여러 학설에서 주장하는 복수의 기준을 복합적으로 고려하는 수밖에 없다. 구체적인 사안에서 공법과 사법의 구분은 어느 학설에 의하더라도 대체로 명확히 결정된다. 다만 일부 경계선상에 놓인 문제에서 결정이 필요한데, 궁극적으로는 사법적 원리를 적용하는 것과 공법적 원리를 적용하는 것 어느 쪽이 더 타당한 결과를 보장하는가도 함께 고려하여 결정되어야 할 것이다. 헌법, 행정법, 형법, 민사소송법, 형사소송법 등은 대표적인 공법이고, 민법과 상법은 대표적인 사법이다.

2. 공사법 구별의 실익

공법과 사법의 구별이 중요한 이유는 어느 영역에 속하느냐에 따라 실질적인 차이가 생기기 때문이다. 첫째로 공법과 사법은 법의 기본원리가 서로 다르다.

사법은 최대한 사적자치의 원칙을 존중한다. 즉 당사자의 의사를 최대한 존중한다는 원칙에 따라 법의 해석과 적용이 이루어진다. 그러나 공법은 권력의 자의적 행사를 방지하는 것이 중요하기 때문에 사적차지의 원칙이 배제된다. 둘째로 재판관할권이 달라지고, 그에 따라 적용되는 절차법도 달라진다. 특히 행정소송 사안인지 민사소송 사안인지 문제되는 경우가 종종 발생하는데, 공법상의 소송인 행정소송은 제1심 법원이 행정법원이 되고, 사법상의 소송인 민사소송은 일반 법원이 관할권을 갖는다는 점에서 양자의 구별이 중요하다.

3. 사회법의 등장

근대의 대륙법계 국가들은 공법과 사법을 준별함으로써 사적 영역에 국가가 개입하는 것을 막고 사인의 자유를 최대한 보장하고자 했다. 그러나 사적 영역에 대한 국가의 방임은 자본주의가 발전함에 따라 극단적인 부익부 빈익빈 사태를 야기하는 등 사회적 병폐가 심화되었다. 이에 종래 사적자치가 보장되는 영역에서도 국가가 어느 정도 개입하여 양극화와 불균형 등의 문제를 완화하는 노력이 필요하게 되었다. 이로 말미암아 사법적 원리와 공법적 규제가 혼합된 제3의 영역이 출현하게 되었는데, 이를 사회법이라 일컫는다. 가령 종래 임금 문제는 당사자가 계약을 통해 자유롭게 결정할 수 있는 사적자치의 영역에 맡겨져 있었다. 그러나 피고용인은 계약 단계에서 고용인에 비해 협상력의 열위에 서는 경우가 일반적이기 때문에 대등한 이익의 균형을 확보하기가 어려운 것이 사실이다. 이런 사정을 감안하여 국가가 법으로 최저임금을 정하여 당사자 사이에서도 그 이하로는 임금을 정하지 못하도록 최저임금제를 시행하고 있다. 이와 같이 사회법 영역에서는 일정 부분에서 공법적 규제를 통해 사적자치를 일부 제한하는 것을 특색으로 하고 있다. 사회법에 속하는 대표적인 법 분야로는 노동법, 경제법, 사회보장법 등이 있다.

★ 이상의 공법과 사법, 사회법의 분류는 학문상 성질에 따른 것이다. 그러나 이
   와는 별개로 강학상으로는 형식적 기준에 따른 다음의 분류가 통용되고 있다.
 • 민사법 : 민법, 상법, 민사소송법 등

- 형사법 : 형법, 형사소송법 등
- 공법   : 헌법, 행정법 등
- 기초법 : 법철학, 법사학, 법사회학 등
- 기타 최근에는 사회적 문제 중심으로 그 해결에 필요한 여러 법 분야의 법을 함께 다루는 다양한 전문법 영역이 등장하여 그 중요성을 더해 가고 있다. 의료법, 환경법, 인공지능법 등이 그 예이다.

IV. 일반법과 특별법

1. 의의 및 구별의 기준

법은 그 효력 범위를 기준을 일반법과 특별법으로 나눌 수 있다. 일반법이란 법의 효력 범위가 상대적으로 더 넓은 범위에 미치는 법이고, 특별법이란 상대적으로 더 좁은 범위에 미치는 법을 말한다. 일반법과 특별법의 구분은 절대적 구분이 아니고, 비교 대상 사이의 상대적 구분이다. 법률 상호간의 관계에서뿐만 아니라, 하나의 법률 안의 개개 조문의 사이에서도 일반규정과 특별규정의 관계로 구분할 수도 있다. 효력 범위는 적용 대상인 사람, 사항, 장소를 기준으로 달라진다.

첫째로 인적 범위를 기준으로 일반법과 특별법을 나눌 수 있다. 가령 일반인 모두에게 적용되는 형법은 일반법이고, 군형법은 군인들에게만 적용된다는 점에서 형법에 대한 특별법이다. 또한 공무원법과 경찰공무원법은 전자가 모든 공무원에게 적용되는 반면에, 후자는 경찰공무원에게만 적용된다는 점에서 전자에 대한 특별법의 지위를 가진다. 둘째로 적용 사항의 범위에 따라 구분할 수도 있다. 가령 민법은 민사에 관한 사항을 일반적으로 규율한다는 점에서 일반법에 해당하고, 상법은 민사 중 상인들의 상거래만을 규율하기 때문에 특별법에 해당한다. 그러나 가령 '자본시장과 금융투자업에 관한 법률'과의 관계에서는 상법이 일반법이 된다. 전자는 상거래 중에서도 자본시장과 금융투자업에 관련된 사항에만 적용되기 때문이다. 셋째로 장소를 기준으로 더 넓은 장소에 적용되면 일반법이고, 상대적으로 더 좁은 장소에 적용되면 특별법이 된다. 가령 '아시아 문화중심도시 조성에 관한 특별조치법'은 광주광역시만을 대상으로 하기 때문에 그 규정 사항에 대해 전국 모든 지역을 적용 범위로 하는 다른 법들에 대해 특별법의 지위를 갖는다.

2. 구별의 실익

일반법과 특별법을 구별하는 이유는 동일한 사안에서 일반법과 특별법이 서로 충돌하는 경우에 특별법을 우선하여 적용할 필요가 있기 때문이다. 이를 특별법 우선의 원칙이라 부른다. 특별법의 취지가 일반법에 비해 특정한 경우를 특별히 취급해야 할 필요에서 제정된 것이므로 특별법을 우선 적용하는 것은 당연한 이치이다. 다만 특별법은 예외적인 취급이므로 가급적 좁게 해석하는 것이 바람직하며, 특별법의 적용 범위를 벗어나는 경우에는 당연히 일반법이 보충적으로 적용된다.

V. 실체법과 절차법

실체법은 권리와 의무의 종류, 내용, 성질, 발생, 변경, 소멸 등의 사항을 규정하는 법이고, 절차법은 권리와 의무를 실현하기 위한 절차를 규율하는 법이다. 헌법, 민법, 상법은 대표적인 실체법에 해당하고, 민사소송법이나 형사소송법, 비송사건절차법, 부동산등기법 등은 대표적인 절차법이다. 실체법과 절차법을 구별하는 실익은 다음과 같다.

첫째로 법원은 실체법이 없더라도 재판을 거절할 수 없으나, 절차법이 없는 경우에는 재판을 할 수 없다. 따라서 실체법상 권리가 인정되더라도 재판을 통해 권리를 구제받을 수 없는 경우가 생긴다. 가령 실체법이 없더라도 민사의 경우는 조리에 의해 재판을 해야 하고, 형사의 경우는 무죄 판결을 내려야 한다. 그러나 일제강점기 식민지 조선을 예로 들면, 당시 조선에는 행정소송법이 마련되지 않았기 때문에 행정기관의 위법한 행위에 대해서도 법적 구제를 받을 수 있는 길이 제한되었다. 둘째로 실체법은 일반적으로 신법을 제정되기 전의 과거 사건에 적용해서는 안 된다는 법률불소급의 원칙이 적용되지만, 절차법은 특별한 규정이 없는 한 신법을 적용한다.

VI. 강행법과 임의법

강행법은 당사자의 의사로 그 적용을 배제할 수 없는 법을 말하고, 임의법은 반대로 당사자의 의사에 따라 그 적용을 배제할 수 있는 법을 말한다. 따라서 임의법은 당사자의 의사가 없거나 불분명할 때 보충적으로 적용된다. 일반적으로 공법, 그리고 사법 중에서도 공공의 사회질서나 선량한 풍속에 관계되는 사항을 규율하는 규정은 강행법에 해당하고, 이와 관련 없는 사법 규정들은 임의법의 성질을 갖는 경우가 많다.

강행법과 임의법의 구별은 규정에 명시적으로 표시되어 있는 경우는 그에 따라 구별한다. 예를 들어 "… 하여야 한다" 등과 같은 표현으로 규정되어 있으면 강행법이고, "다른 의사표시가 없으면 …" 등과 같은 표현으로 규정되어 있으면 임의법이다. 그러나 명시적 규정이 없는 경우는 규정의 목적이나 입법 취지, 내용 등을 종합적으로 고려하여 판단할 수밖에 없다. 사회 전체의 이익을 보호하는 목적의 규정이면 강행법이 되고, 당사자의 이익 보호를 우선하는 목적의 규정이면 임의법이 된다.

임의법은 당사자가 그와 다른 의사표시를 하더라도 유효하다. 그러나 강행법은 그 의사표시가 무효 또는 취소가 되거나, 의사표시 자체는 유효하더라도 일정한 제재가 가해지는 효과가 발생한다. 전자를 효력규정이라 부르고, 후자를 단속규정이라 부른다. 효력규정과 단속규정의 구별도 규정에 명시적 표현이 있는 경우는 그에 따르고, 명시적 표현이 없는 경우는 규정의 취지 및 목적 등을 고려하여 판단한다.

 ## 제 5 절 법의 효력기간

I. 법의 시행기간

법은 그 시행기간, 즉 시행일로부터 폐지일까지 효력을 갖는다. 시행일은 제정일 또는 공포일과는 다르다. 법은 반드시 공포를 통하여 국민 일반에게 공지해야 한다. 공포는 관보에 게재하는 방식으로 한다. 법의 시행일은 부칙이나 시행법령 등을 통해 직접 규정하는 경우가 일반적이다. 공포한 날로부터 시행한다고 규정하는 경우도 있고, 시행일을 공포일로부터 일정 기간이 경과한 후로 정하는 경우도 있다. 국회가 제정하는 법률의 경우는 시행일에 관한 특별한 규정을 두고 있지 않으면 대통령이 공포한 후 20일을 경과함으로써 효력이 발생한다.

법이 효력을 상실하는 폐지에는 명시적 폐지와 묵시적 폐지가 있다. 명시적 폐지의 대표적인 경우는 시행기간이 규정되어 있는 한시법의 폐지이다. 한시법은 규정된 시행기간이 만료됨으로써 폐지된다. 또 다른 명시적 폐지로는 신법이 구법의 폐지를 명시한 경우를 들 수 있다. 묵시적 폐지의 대표적인 예로는 신법이 제정되어 그에 저촉되는 구법이 효력을 잃게 되는 경우이다. 이런 경우에 신법우선의 원칙이 적용되기 때문이다. 그러나 특별법 우선의 원칙도 존재하기 때문에 일반법이 새로 제정된 경우에는 구 특별법을 폐지하지 못한다. 또 다른 묵시적 폐지의 예로는 법의 목적 사항이 완료된 경우이다. 이런 경우에는 법이 더 이상 시행될 필요가 없기 때문에 자연스럽게 폐지된다.

II. 법률불소급의 원칙

법률불소급의 원칙이란 새로 제정되거나 개정된 법률을 과거에 소급하여 적용할 수 없다는 원칙을 말한다. 당연히 시행일 이전에 일어난 사항에 대해 적용해서는 안 될뿐더러, 시행일을 제정 또는 개정 전으로 정하는 것도 금지된다. 만일 행위 당시에 적법했으나 사후의 입법에 의해 부적법한 것으로 취급한다면, 법적 안정성과 예측가능성이 현저히 훼손되고 인권 침해에 쉽게 악용될 수 있기 때문이다.

법률불소급의 원칙이 특별히 강조되는 영역은 형법 분야이다. 법률불소급의 원칙은 죄형법정주의의 당연한 귀결이다. 소급입법으로 처벌을 할 경우에 인권 침해가 가장 심대하게 일어날 것이기 때문이다. 따라서 우리 헌법도 국민의 기본권으로 "모든 국민은 행위시의 법률에 의하여 범죄를 구성하지 아니하는 행위에 대하여"(제13조) 소추를 받지 아니할 권리를 선언하고 있으며, 형법 제1조 제1항에서도 "범죄의 성립과 처벌은 행위시의 법률에 의한다."고 규정하고 있다.

그러나 법률불소급의 원칙은 소급입법에 의해 행위자에게 불이익을 주는 것을 금지하기 위한 원칙이기 때문에 오히려 행위자에게 이익이 되는 소급효는 허용된다. 우리 형법은 아예 이를 명문으로 규정하였다. "범죄 후 법률의 변경에 의하여 그 행위가 범죄를 구성하지 않거나 형이 구법보다 경한 때에는 신법에 의한다."(제1조 제2항)고 규정하고 있고, 또 "재판확정 후 법률의 변경에 의하여 그 행위가 범죄를 구성하지 아니한 때에는 형의 집행을 면제한다."(제1조 제3항)고 규정하고 있다. 신법에 소급효를 부여하는 것에 중대한 필요성이 있는 경우에 입법상의 예외가 허용되기도 한다. 제헌헌법 101조는 "이 헌법을 제정한 국회는 1945년 8월 15일 이전의 악질적인 반민족 행위를 처벌하는 특별법을 제정할 수 있다."고 규정하여, 친일파 처단에 대한 소급입법의 헌법적 근거를 마련한 바 있다. 구 민법(1958. 2. 22. 법률 제471호)은 "본법은 특별한 규정이 있는 경우 외에는 본법 시행일 전의 사항에 대하여도 이를 적용한다."(부칙 제2조)고 규정하여 소급효를 인정한 바 있다.

III. 경과법

경과법은 구법 시기에 발생한 어떤 사항이 신법이 시행된 이후에도 지속되고 있는 경우에 구법과 신법 중 어느 법을 적용할 것인지의 문제를 해결하기 위한 규정을 말한다. 시제법(時際法)이라고도 한다. 가령 신법에서 허가 요건이 추가된 경우에 "구 법령에 의하여 행한 허가 등의 처분은 신 법령에 의하여 행한 것으로 본다."는 방식의 규정을 통해 실무상의 혼선을 방지하고 예측가능성을 확보할 수 있다. 경과규정은 내용이 복잡할 때에는 별개 법령으로 제정되기도 하지만, 대부분은 신법의 부칙에서 규정하는 방식이 활용된다.

02

헌법총론 및 기본권

제 2 장 헌법총론 및 기본권

 제 1 절 헌법학 개요

Ⅰ. 헌법이란 무엇인가

헌법(憲法)은 국민의 기본적 권리와 의무 및 국가기관의 조직과 운영에 관하여 규정한 국가의 최고 근본법이다. 이러한 헌법은 국민적 합의에 의해 제정된 국민생활의 최고 도덕규범이며 정치생활의 가치규범으로서 정치와 사회질서의 지침을 제공하고 있기 때문에 민주사회에서는 헌법의 규범을 준수하고 그 권위를 보존하는 것을 기본으로 한다. 그러므로 헌법이라는 것은 국민생활의 기본적 합의이기 때문에 헌법의 존중은 국가존속의 필수적 전제가 되는 것이다. 따라서 헌법의 파괴는 곧 국가라는 공동체의 파괴라고 하여도 과언이 아니다.

국가의 법질서는 헌법을 최고법규로 하여 그 가치질서에 의하여 지배되는 통일체를 형성하는 것이며 그러한 통일체 내에서 상위규범은 하위규범의 효력근거가 되는 동시에 해석근거가 되는 것이다. 따라서 헌법은 효력 면에서 국가 내의 모든 법질서의 최고정점에 위치하는 것이다. 이러한 헌법의 속성상 국가의 모든 권력은 헌법에 근거하여야 하고 헌법에 따라 행사되어야 하는데, 이것을 입헌주의(立憲主義)라고 한다.

그리고 헌법이 추구하는 기본과제는 「정치적 공동체의 형성」과 「공동체 구성원의 인간의 존엄과 가치의 실현」이라 할 수 있다. 즉, 모든 인간의 공존을 확보할 수 있는 정치적 공동체인 국가를 형성·조직하고 유지하면서, 공동체 구성원의 평등성과 자유를 보장하고 복지를 더욱 향상시켜 인간의 존엄과 가치를 보장하는 일이다.

국가의 권력은 삼권분립의 전통 아래에서 입법권·집행권·사법권으로 나누어진다. 입법권은 기본적으로 국민으로부터 민주적 정당성을 획득한 대표자들에 의해 구성되는 권력으로 헌법 아래서 국가의 법률을 정립하여야 하고, 집행권은 헌법과 법률이 규정한 내용과 절차에 따라 일정한 국가의 목표를 수립하고 이를 달성하기 위한 집행기능을 담당한다. 그리고 이러한 집행과정에서 발생하는 권리 혹은 법익 분쟁에 대하여는 사법권이 헌법과 법률에 따라 정당한 분배를 도모한다. 이러한 모든 국가기능은 기본적으로 헌법에서 규정한 내용을 적극적으로 실현하는 것이어야 하며 적어도 이에 위배될 경우에는 정당하지 못한 국가행위로 평가된다. 따라서 헌법은 모든 국가권력을 기속하고 어떠한 국가권력도 헌법에 위배되어서는 아니 된다.

II. 입헌주의의 역사

1. 의의

입헌주의(constitutionalism)란, 국민의 자유와 권리가 국가권력으로부터 침해당하지 않도록(보호하기 위하여) 통치관계를 헌법에 규정하고 국가가 국민에 대하여 행하는 권력작용을(모든 국가작용을) 헌법에 구속되도록 하는「헌법에 의한 통치」의 원리를 의미한다.

2. 역사

1) 절대군주주의에서의 주권은 군주에 있다.
2) 입헌군주주의에서의 주권은 군주에 있고, 의회는 제한적 자유를 가지고 있다. 한편 절대군주주의와 입헌군주제의 혼용의 역사인 고전적 입헌주의에서는 헌법이 권력의 기술로서의 의미를 가지고 있다.
3) 근대 입헌주의에서는 권력분립의 원리를 통해 국민의 절대적 자유를 보장하는 자유의 기술로서의 헌법이다. 진정한 근대입헌주의는 1789 프랑스혁명에서 출발하여 1791 프랑스헌법, 1787 미국연방헌법으로 이어졌으며,

부진정한 근대입헌주의는 1871 비스마르크헌법과 1876 명치유신 헌법을 예로 들 수 있다.

4) 현대 입헌주의는 권력분립의 실질화를 통한 국민의 제한적 자유가 특징이며, 복지의 요람으로서의 헌법의 의미가 있다. 현대 입헌주의 헌법으로는 초기 1919 바이마르공화국헌법과 후기 1949 서독 본 기본법이 있다.

3. 비교

	근대입헌주의	현대입헌주의
시기	18·19C(의회의 세기)	20C(행정의 세기)
이념	시민적 법치국가 (정치적 자유)	사회적 법치국가 (경제적 평등)
국가양태	소극, 자유방임, 경찰, 질서, 야경	적극, 급부, 사회, 행정, 조세
기본원리	국민주권주의 자유권 보장 권력분립주의 형식적 법치국가 의회주의 성문헌법, 경성헌법	국민주권의 실질화 사회권보장 기능적 권력분립(헌법재판제도의 강화) 실질적 법치국가 행정 또는 정당국가화 국제평화주의

사회규범을 성문법전으로 규범화하기 시작한 것은 영국의 청교도 혁명에서 절대권력에 대한 저항으로 처음 시도되었고 17·18C 사회계약론자들에 의해 비로소 단일의 법전을 의미하게 되었고, 미국의 독립과 프랑스 혁명을 거치면서 보편화되었다.

III. 헌법규범의 형성과 유지

1. 헌법의 성립 – 헌법의 잉태

헌법의 3요소로는 Konsens(공감대적 가치)의 형성, 중심세력, 참여의식을 들 수 있다.

2. 헌법의 제정 – 헌법의 출산

(1) 개념

사회공동체를 정치적인 일원체로 조직하기 위해서 일원적인 법공동체의 법적인 기본질서를 마련하는 법창조 행위를 의미한다.

(2) 헌법제정권력이론 – 법실증주의(부인)

1) A. Sieyes의 제3신분이란 무엇인가? – 창시자
　① 주체: 국민
　② 정당성: 시원적(자기정당화이론)
　③ 행사: 제헌의회(간접민주주의의 선구자)
　④ 헌법개정권력(＝전래된 헌법제정권력)과 구별(多)
　⑤ 국가권력(＝헌법제정권력에 의해 형성된 권력)과도 구별

그러나, 시원성이 왜 정당성의 근거가 되는지의 문제는 미해결의 문제로 남아있다.

2) C. Schmitt
　① 주체: 국민(루소의 사상 계승, 국민주권론 확립)
　※ 주체와 헌법제정권력자체 구별(신/군주/귀족/국민)
　② 정당성: 입헌의지(혁명적 성격)
　③ 행사: 국민투표(직접민주주의)
　④ 헌법(국가형태, 주권규정, 헌법전문, 헌법개정조항)과 헌법률(기타 헌법규정) 구별
　⑤ 개정권력, 국가권력과 구별

그러나, 헌법제정권자의 혁명적 입헌의지는 입헌의 원동력은 되어도 스스로를 정당화시키거나 더 나아가 헌법을 정당화시킬 수는 없다. 결국 헌법제정권력의 정당성의 문제는 '이데올로기의 질'의 문제가 아닐까 생각된다.

(3) 헌법제정권력의 한계

1) 한계부정론

   ① A. Sieyes

   ② C. Schmitt

   ③ 법실증주의(순수법학적 관점) - 법학의 영역 밖

헌법제정권력과 헌법개정권력, 그리고 입법권을 동일시 보았다.

2) 한계긍정론

   ① 이데올로기적 한계

   ② 법원리적 한계(기초법원리)로는 정의, 법적 안정성, 법적 이성, 토착적 법
문화

   ③ 국제법적 한계

   ④ 자연법적 한계(국내 결단주의 학자들의 견해로 ①, ②를 인정할 경우 무의미한 한계
이론)

(4) 헌법제정절차

1) 국민회의(제헌의회)에 의한 방법
2) 혼합적인 방법
   ① 제헌의회(제헌위원회적 성격)의 헌법안 작성과 국민투표
   ② 제헌의회(국민회의적 성격)의 헌법안 의결과 국민투표
3) 연방국가의 제헌절차는 지방국의 참여와 승인이 요구

3. 헌법의 개정

(1) 개념

성문헌법에서는 형식적 의미의 헌법과 관련하여 유동성과의 관계도 고려해야
한다.

(2) 방법

① 헌법의회의 소집에 의한 방법으로 번거롭다는 단점이 있다.

② 국민투표에 의한 방법은 의회의결과 국민투표 또는 국민투표만의 방법으로 행사되며 루소의 국민주권사상 반영하고 있으나, 번거롭고 악용되기 쉽다는 단점이 있다.

③ 일반입법기관에 의한 방법은 특별정족수를 요구한다.

④ 연방국가에서는 주의 참여와 동의가 요구된다.

(3) 한계

헌법이론의 문제이지 실정법상의 문제는 아니다. 헌법관별 입장이 다르고, 이것을 전제로 해서만 한계논의가 가능하기 때문이다.

1) 법실증주의(한계부인론)

① 헌법제정권력과 헌법개정권력의 구별부인

② 헌법의 위계질서 부인

③ 헌법의 현실적응성의 요청

④ 개정불가조항의 선정은 개인의 주관적 판단에 불과

⑤ 개정금지조항을 개정했다고 하더라도 무효선언기관이 없음

이에 대한 비판으로는,

① 형식적 합법성에만 중점을 두었지 실질적 합리성을 결여

② 사실의 규범적 효력을 내세운 힘의 철학에 불과

③ 헌법이라는 그릇에 무엇이든 채울 수 있다는 가치상대주의로 흐를 우려

④ 명시적 개정금지조항도 개정절차조항을 통해 개정할 수 있다면 사실상 개정절차조항을 우위에 두는 결과, 조문사이에 우열이 없다는 주장과 모순된다.

한계를 넘는 개헌도 법은 어떻게 할 수 없으며 소여(주어진 것)의 것으로 받아

들일 수밖에 없다는 것은 문제이다.

2) 결단주의(한계인정론(위계질서, 자연법론))

국민투표에 의한 제헌과 개헌의 질적 차이를 설명하기 어렵다.

3) 통합과정론(한계인정론)

① P. Haberle: 헌법의 자동성유지

② K. Hesse: 역사발전과정의 계속성유지를 한계로 인정. 사회통합기능을
약화시키는 개헌배척, 변질과 개정의 조화모색

③ H. Ehmke의 이론

첫째, 실정법적 한계를 주장하며 대표적인 예로 우리의 제2차 개정헌법 제98
조 제6항이 있으며 이는 현행 헌법 제128조 제2항의 개헌효력의 한계 규정과
구별된다. 또한 헌법내재적 한계로서 도덕감정 등과 헌법초월적 한계로서 국제
관계, 경제사정, 국가재정, 정치풍토 등이 있다.

둘째, 헌법개정조항의 개정문제와 관련하여 경성헌법을 연성헌법으로 바꾸는
것은 불가능하나, 그 반대는 가능하다는 것이 통설적 견해이다.

4) 결론과 관련문제

① 헌법개정의 이데올로기적 접근

헌법개정은 동화적 통합의 촉진과 헌법의 규범적 효력의 유지에 불가피한 범
위 내에서 허용하되 한계가 있다.

② 헌법개정의 내재적 한계

헌법에 내재된 근본가치는 개헌의 한계이며, 민주주의, 법치주의, 권력분립,
기본권보장, 국가형태 등이 있다.

③ 개헌의 한계를 무시한 개헌행위

법적으로는 무효지만 실제로 적용되고 있는 경우, 개정론의 영역을 벗어난 것
으로 헌법보장이나 저항권의 문제로 논의되어야 한다.

④ 국제법과 개정문제

국제법우위설(국제법에 반하는 헌법개정 안 됨), 국내법우위설(헌법개정의 한계는 인정

될 수 없음)(多). 그러나, 국제법의 일반원칙에 반하는 개헌은 인정되지 않는다.

4. 헌법의 변천

(1) 개념

조문은 그대로 있으면서 그 의미와 내용만이 실질적으로 변경되는 것을 의미한다. 헌법규범과 현실사이의 GAP을 좁히는 기능을 한다. 헌법개정과의 관계가 중요하다.

(2) 요건

① 상당기간 반복된 헌법적 관례(물적 요건)
② 국민적 승인(심리적 요건)

(3) 유형

1) 동기를 기준으로
① 헌법해석에 의한 변천
② 헌법관행에 의한 변천

2) 성질을 기준으로
① 국가권력의 행사로 이루어지는 변천
② 국가권력의 불행사로 이루어지는 변천

(4) 사례

1) 외국
① 미국의 대법원이 위헌법률심사권을 행사, 대통령 선출방식의 간선제가 직선제처럼 운영
② 영국에서 총선거의 결과에 따라 다수당에게 정권이양
③ 일본의 경우 전력보유를 금하고 있으나 자위대라는 전력유지
④ 노르웨이의 경우 국왕의 실질적 법률안거부권이 형식화된 것

2) 한국

① 제1차 개정헌법이 양원제를 규정하였으나 단원제로 운영한 것

② 제5차 개정헌법이 지방의회구성하지 않고 관치행정으로 운영한 것

③ 현행헌법 제3조와 제4조의 관계상 변천으로 보는 견해도 있다.

(5) 평가

1) 긍정설

헌법과 모순되는 국가행위가 사실상 헌법관습으로의 성격을 취득하고 국민의 법적확신이 인정될 때는 인정된다(P. Laband, G. Jellinek).

2) 부정설

헌법이 정한 개정절차에 의하지 않으면 헌법은 변경되지 않는다(H. Kelsen, P. Haberle).

3) 결론

막연한 헌법의 규범구조에 비추어 볼 때 흠결보완이 필요하다. 따라서 헌법변천의 동기와 내용에 따라 평가해야하며 헌법을 존중하는 변천은 인정될 수 있다(K. Hesse).

Ⅳ. 헌법의 보호(보장)

1. 의의

헌법이 확립해 놓은 헌법생활의 법적·정치적 기초가 흔들리는 것을 막음으로써 헌법적 가치질서(국가의 특정한 존립형식: 국가형태, 정부형태, 핵심적 기본권 등)를 지키는 것으로, 국가의 존립 그 자체를 보호의 대상으로 하는 국가의 보호와는 구별되는 개념이다.

2. 헌법의 수호자 논쟁

1928년 4월 빈에서 열린 독일국법학자대회에서 헌법보장에 관한 Kelsen

VS. Triepel, Kelsen VS. Schmitt의 논쟁을 의미한다.

(1) 독일에서의 수호자 논쟁

Schmitt(공화국대통령)와 Kelsen(대통령, 의회, 사법부-헌법을 최종적으로 해석하는 국가기관인 사법부를 특히 강조)의 논쟁이 있었고, Kelsen(법적 다툼으로 헌법재판제도 강조)과 Triepel(정치적 다툼으로 바라봄)의 논쟁도 있었다.

(2) 영국에서의 수호자 논쟁

Keith(국왕)와 Laski(내각)의 논쟁이다.

3. 헌법보호의 수단의 분류방법

(1) 헌법보호의 수단(침해유형별 분류-허영)

1) 하향식 헌법침해에 대한 보호수단

　① 헌법개정권력: 헌법의 경성, 헌법개정의 한계규정

　② 기타국가권력: 헌법소송제도, 권력분립제도

　③ 헌법보호수단으로서의 저항권

2) 상향식 헌법침해에 대한 보호수단

　① 헌법 내재적 보호수단: 기본권실효제도, 위헌정당해산제도(방어적·투쟁적 민주주의로 야당탄압수단으로 악용가능성, 위헌정당 식별의 어려움, 뿌리 깊은 위헌정당이 있을 때 해산의 실효성 의문이라는 한계가 있다.)

　② 헌법 외적 보호수단: 형사법적 보호수단(내란·외환죄, 국가보안법), 행정법적 보호수단(신원조회제도)

(2) 헌법보호의 수단(다수설: 침해시기별 분류-권영성)

1) 평상시 헌법수호제도

　① 사전예방적: 헌법의 최고규범성 선언, 헌법준수의무의 선서, 국가권력의 분립, 헌법개정의 곤란성(경성헌법성), 방어적 민주주의의 채택, 공무

원의 정치적 중립성 보장

　② 사후교정적: 위헌(법령·처분)심사제도, 탄핵제도, 위헌정당해산제도, 의회
　　해산제도, 국무총리·국무위원 해임건의제도, 공무원의 책임제도

2) 비상시 헌법수호제도
　① 국가긴급권
　② 저항권

①, ②의 관계는 항상 긴장 갈등관계가 아니며, 차이점으로는 행사주체, 공통점으로는 헌법보호수단이라는 특징이 있다.

4. 국가비상사태와 국가긴급권

5. 최종적 헌법보호수단 – 저항권

Ⅴ. 한국헌법사

1. 건국절 논쟁

건국절 논란은 건국절을 만들자는 여러 주장과 이에 따르는 논란들을 말한다. 이 논란은 2006년 이영훈 교수가 동아일보에 우리도 건국절을 만들자라는 칼럼을 올리면서 시작되었다. 2007년 9월 한나라당의 정갑윤 의원이 광복절을 건국절로 변경하는 국경일 법안을 제출하면서 수면 위로 떠오르게 되었고, 2008년 이명박 정부가 건국 60년 기념사업위원회를 출범하고 건국 60년 기념식을 거행함에 따라 논란이 증폭되었다. 2018년 삼일절 경축사에서 문재인 대통령은 대한민국의 뿌리를 대한민국 임시정부에서 찾으며 건국 100년을 여러 차례 언급하였다. 이에 더불어민주당에서는 임시정부의 정통성을 계승하겠다는 논평을 낸 반면 자유한국당은 1948년 건국을 지우려는 것이라며 반발했다.

건국 시기에 대한 논쟁도 난해할 수밖에 없는데, 국가의 개념을 State(통치기구의 성격이 강함)로 보느냐 Nation(국민공동체의 개념이 강함)으로 보느냐에 따라

1919년도, 1948년도 모두 합당한 근거와 논리를 가진 것이 되기 때문이다. 국민공동체의 관점에서 볼 경우, 본질적 주권에서 파생돼 나온 통치자의 주권이 포기되고 국민공동체로 환원되어 거족적인 합의를 통해 독립을 선포한 1919년이 역사적으로 왕조 시대를 마감하고 공화정 시대의 막을 연 건국 시점이 되는 것이고, 통치기구로서의 성격에 강조를 둘 경우, 국토와 주권을 완전 광복하여 한반도 내지에 대한민국이란 이름의 정부와 통치기구를 갖춘 것이 1948년이므로 이 또한 건국 시점으로서 합당하다고 볼 수 있다.

결론적으로 말해 건국 시점에 대한 정확한 답을 내기가 어렵다. 양측 모두 합당한 논거가 있으며, 설령 후자인 1948년을 건국 시점으로 지정해도 임시정부의 계승을 천명한 만큼 3월 1일을 독립기념일 또는 건국기념일로 삼을 수도 있기 때문이다. 더욱이 국제사회에서 인정한 대한제국과 대한민국 간의 국가적 동일성과 당시 조약의 유효성, 국제법상 어느 부분 승인받은 임정의 망명정부적 지위와 현 대한민국 정부 사이의 연속성, 일제의 침략에 따른 '실패 국가화' 등을 고려하면 건국 시기를 명확히 한다는 것은 더욱 불가능해진다. 1919년 독립 선포와 1948년 총선거, 정부 수립 등을 통해 한민족의 본질적 주권이 양시에 행사된 바, 건국이 언제다 하는 것보다는 독립 선포, 임시정부 수립, 해방, 헌법 제정, 정부 수립 등 기존에 사용된 표현으로 가는 것이 적절하다는 것이 학계의 중론이다.

2. 대한민국 헌법연혁

	별칭	대통령	헌법재판기관	특이사항
제헌 (1948. 7. 17.)	제헌헌법	국회 (4년 1차 중임)	헌법위원회(위헌심사) 대법원(권한쟁의) 탄핵재판소(탄핵심판)	정·부통령제, 단원제 국회 구성, 대통령의 국회에 의한 선출, 근로자의 이익분배균점권, 농지개혁제도
1차 개헌 (1952. 7. 7.)	발췌개헌	직선		양원제 국회(민의원과 참의원), 개헌발의절차에서 일사부재의 위배한 발췌안
2차 개헌 (1954. 11. 29.)	사사오입	중임제한 철폐		개헌의 핵심인 초대 대

				통령의 중임규정에 대한 예외규정을 부칙에 설치 (장기집권의 합법화)
3차 개헌 (1960. 6. 15.)	2공 헌법	민·참의원 합동회의 (5년 1차 중임)	헌법재판소 (설치되지 않음)	헌법재판소가 헌법규정에도 불구하고 구성되지 못함
4차 개헌 (1960. 11. 21.)	소급입법			부정선거주동자 공민권 제한과 부정항의자 살상에 책임자처벌 및 부정축재자 재산환수 등 소급입법규정 설치
5차 개헌 (1962. 12. 26.)	3공 헌법	직선 (4년 1차 중임)	대법원 탄핵심판위원회	군사정권하에서 권위주의 대통령제 내용, 최초로 정당공천의무화와 비례대표제 설립(군사정권의 정치조작을 위한 제도조치), 인간존엄규정설치에도 불구하고 인권보장 약화
6차 개헌 (1969. 10. 21.)	3선 개헌	3선 허용		대통령을 3차까지 연임선출할 수 있도록 함(영구집권의 시발)
7차 개헌 (1972. 12. 27.)	유신헌법	통일주체국민회의 (6년 종신 가능)	헌법위원회	사실상 민주헌정 폐지, 대통령 독재의 헌법
8차 개헌 (1980. 10. 27.)	5공 헌법	선거인단 (7년 단임)		행복추구권, 무죄추정, 환경권, 국정조사권 신설, 연좌제 폐지, 구속적부심부활, 정당국고보조
9차 개헌 (1987. 10. 29.)	6공 헌법 (현행)	직선 (5년 단임)	헌법재판소	범죄피해구조제, 최저임금제, 국정감사, 헌법소원신설, 국회해산권 삭제

VI. 헌법의 기본이념

1. 국민주권주의

주권자로서의 군주는 최종적 결정권자이지만 국민주권이 관철된다고 해도 주권자로서의 국민은 구체적 행동통일체로서의 개개인 또는 그들 중의 일정범위의 집합이 아니라 추상적 · 이념적 통일체인 전체로서의 국민에 불과(허영: 관념적 크기로서의 국민)하다. 그러므로 국민주권은 국가질서의 정당성에 대한 근거 내지 기준으로 작용하며 국가질서가 지향해야 할 방향을 제시(지금도 정치적 공동체의 의사를 결정하는 최고의 힘의 행사가 가능하다고 보고 실체성을 긍정하는 견해가 있다)한다.

2. 민주주의의 원리

헌법질서의 형성과 유지에 있어서 가장 중요한 원리, 민주주의는 자유와 평등에 기초한 통치질서이다. 그런데 자유와 평등이 서로 배타적인 또는 반비례적 관계에 있다면 민주주의가 될 수 없다. 자유만이 강조되면 자유주의로, 평등만이 강조되면 공산주의로 발전하게 되므로 조화를 모색할 필요가 있다.

(1) 어원적 정의 - democracy = demos(국민) + cratia(지배하다)

이 말의 뜻에 가장 가까운 제도는 직접민주주의 그러나 현실적으로 불가능하다. 그래서 간접민주주의가 불가피하다. 즉 민주주의에 있어서의 지배란 국민의 자기지배가 아니라 국민에 의해 신탁된 지배, 국민의 신임에 기초한 통치를 의미한다.

① 자유민주적 기본질서에 관한 정의를 내리면서 민주주의의 구체적 내용을 보여주었다.

② 모든 폭력적 지배와 자의적 지배를 배제하고 그때그때의 다수의사에 따른 국민의 자결 그리고 자유와 평등을 기초로 한 법치국가적 통치질서를 의미한다. 또한 민주주의와 법치국가가 헌법의 구조에 있어 상호 밀접한 관계를 갖고 있으며 자유민주적 기본질서는 법치국가 없이는 존재할 수 없다는 의미이다.

(2) 의의

1) 정치원리로서의 민주주의의 의의

① 헌법체계에 있어서 초개인적 계속성의 창설을 가능하게 하는 의의 – 민주국가에 있어서 국가권력은 특정인과 결부되지 않으며 정치과정의 질서가 특정인에 맞도록 만들어져 있는 것이 아니다.

② 헌법체계에 있어서 정치과정을 합리화(공개)하는 의의

③ 헌법체계에 있어서 국가권력을 제한하는 의의 – 민주주의와 법치주의 조화가능

2) 생활의 실천원리로서의 민주주의

넓은 의미의 민주주의는 국가생활과 사회생활에 있어서의 실천원리로서 파악한다. 이러한 의미의 민주주의는 시간과 장소를 초월한 인간생활의 보편적 원리로서의 의의를 가진다.

3) 특정의 정치원리로서의 민주주의(조화가 필요)

좁은 의미의 민주주의는 정치형태(방식)로서 국민에「의한」정치라는 Kelsen의 주장과 정치목적(내용)으로서 국민을「위한」정치라는 Adler의 주장이 있다.

(3) 본질

1) 고전적 이론 – 국민이 국가권력의 주체인 통치형태

국민이 국가권력의 주체인 통치형태를 민주주의라고 보는 고전적 이론은 선재하는 국가권력을 전제로 하고, 국민을 전체로서 행위능력 있는 일종의 인간으로 파악하여 선재하는 국가권력을 쟁취하기 위해 투쟁한 결과 국민이 승리하게 되면 국민은 국가권력의 주체가 되고, 이러한 국가를 민주국으로 보게 된다. 그러나 이 이론은 국가란 인간을 떠나서 존재할 수 없는 인간적 현실임을 간과하고 국가권력을 선재하는 것으로 보고 있으며, 국민이 국가권력을 소유하고 행사할 수 있다는 행위능력 있는 인간을 상정함으로써 국가기관으로서의 국민이라는 환상적 결론에 이르는 문제가 있다.

2) 고전적 이론 - 치자와 피치자가 동일한 통치형태(동일성이론)

이 이론은 루소가 그의 사회계약론과 총의론에서 국가를 의지적 현상으로 파악하고 피치자가 치자의 의사에 복종하는 것은 결국 총의의 형태로 나타나는 자기 스스로의 의지에 복종하는 것이라고 설명함으로써 치자와 피치자의 의지적 동일성을 추정한데서 비롯되었다. 그러나 이 이론은 1)과는 달리 선재하는 국가권력을 전제로 하지 않지만, 국민의 이해관계와 국가의 이해관계를 동일시하는 결과 국가와 사회가 동일한 것으로 간주되어 이른바 일원론의 결론에 이르게 되었다. 또한 이 이론은 국민전체가 유일한 정치적 의사를 갖는다는 의제에서 출발하기 때문에 정치적인 견해차이 내지는 의견대립은 처음부터 상정할 수도 없고, 그 결과 다수결원칙이 반드시 필요한 것도 아니게 되었다. 어찌되었건 국민의 절대적인 평등과 동질성이라는 지극히 이상적인 관념의 세계에서 출발하는 동일성 이론은 민주주의도 인간의 인간에 의한 통치형태라는 점과 민주주의 질서 내에서도 명령복종관계가 존재한다는 사실을 까맣게 잊고 있다. 그러므로 국민의 통치형태란 국민의 자기통치형태를 뜻하는 것이 아니고 국가권력의 창설과 행사의 정당성을 국민의 의사에 귀착시킬 수 있는 통치형태라고 보는 것이 옳다.

3) 민주주의의 본질에 관한 근대적 이론(다수의 통치형태로서의 상대적 민주주의)

Kelsen의 시각에서 보면 민주주의는 다수의 통치형태이며 다수의 힘에 의한다면 민주주의의 내용도 임의로 상대화시킬 수 있다고 보았다. Kelsen은 상대주의의 세계관에서 민주주의는 정치과정에서 지켜야 되는 단순한 정치적인 경기규칙이라고 이해하기 때문에 민주주의란 이념적인 것이 아니고 정치적 의사형성과 결단에 이르기 위한 형식적인 규칙에 지나지 않는다. 그러나 "다수결 = 힘 = 규범 = 국가"의 공식으로 요약되는 이 이론체계는 다수결 만능사상을 가져오고 민주주의의 내용을 지나치게 상대화시키고 다수의 독재를 초래할 위험이 큰 것이며 또한 다수결의 원칙은 민주주의를 실현시키기 위한 하나의 수단에 불과하기 때문에 민주주의의 본질이 될 수 없다고 생각된다.

4) 현대적 · 실질적 민주주의론

민주주의란 국민의 정치참여를 통해서 자유와 평등, 정의라는 인류사회의 기본가치를 실현시키려는 국민의 통치형태를 의미. 따라서 민주주의의 본질은 세 가지 요소로 구성되어 있다고 볼 수 있다. 첫째는 국민주권, 자유, 평등, 정의 등의 실질적 요소가 필요하고 둘째는 민주주의의 실현을 위한 형식원리가 필요하고, 셋째는 민주주의의 형식원리가 지켜지기 위해서 전제되어야 하는 윤리적·도덕적 생활철학이다.

민주주의의 실질적인 요소로는 국민주권, 자유·평등·정의가 있으며, 민주주의의 여러 가지 형식원리로는 복수정당제도, 다수결원칙, 소수의 보호가 있다. 민주주의가 필요로 하는 윤리적 생활철학도 필요하며, 민주주의란 완성된 형태가 아니고 계속해서 발전해야만 되는 과정의 형태라고 생각된다. 따라서 시민의 비판적이고 민주적인 소양을 높일 수 있는 교육제도와 민주시민적인 생활태도가 성숙되지 않는 한 민주주의의 미래는 밝지 못하다.

(4) 방어적 민주주의 이론

최초로 이 개념을 사용한 사람은 Karl Mannheim으로 알려져 있지만 주로 독일연방헌법재판소의 판례를 통해 확립. 동일성 민주주의나 다수결의 원칙에 의한 민주주의적 형식원리의 악용에 의해 바이마르 공화국이 몰락하고 나치독재정권이 탄생될 수 있었던 역사적 경험을 토대로 방어적 민주주의 이론이 탄생하였다. 하지만 이 이론은 오늘까지도 헌법보호와 관련해서 다루어지고 있다. 왜냐하면 민주주의의 이름으로 민주주의의 실질적 요소를 침해하는 민주주의의 적으로부터 민주주의를 지키기 위한 방어적 민주주의는 민주주의의 보호인 동시에 헌법의 보호를 뜻하기 때문이다.

이 이론의 제도화는 기본권 실효제도(GG 18), 위헌정당해산제도(헌법 제8조 제4항)가 있다.

3. 법치주의 원리

(1) 개념

법 우위의 원칙에 따라 모든 국가작용을 법규범에 따르게 함으로서 국민의 자유와 권리를 보장하려는 원리이다.

(2) 성질

국가권력의 제한원리로서 비정치적이고 법기술적 원리로 파악하는 소극적 원리와 국가권력의 구조원리로서 자유·평등·정의를 실현하는 기능적·조직적 원리로 파악하는 적극적 원리가 있다. 한편 Schmitt의 배분의 원리는 자유의 무제한성과 국가권력의 제한성을 강조한다. 헌법질서는 기본권질서로서 자유와 법치국가라는 비정치적, 정적영역과 통치구조라는 평등과 민주주의의 정치적, 동적으로 구분된다.

(3) 민주주의와 법치주의의 관계

① Kelsen - 갈등대립
② Schmitt - 상호무관
③ Smend - 상호보완(이념적 내용의 동질성)

4. 사회국가원리

(1) 개념과 연혁

1) 개념
① 사회정의(실질적 자유·평등)를 구현하기 위하여 법치국가적 방법으로 모든 국민의 복지를 실현하려는 국가적 원리
② 사회국가원리는 실질적 법치국가를 실현목표로 하고 사회적 시장경제질서에 의해 뒷받침

2) 연혁

20C의 노사갈등, 사회적 빈곤을 해결하기 위해 광범위한 사회보장과 완전고용의 실현 등을 국가적 책임으로 하는 사회국가(복지국가)가 등장하였다.

(2) 내용

① 산업사회에서 발생하는 계급적 갈등을 사회개량정책을 통해 해결하려는 국가
② 사회정의의 이념에 입각하여 국민복지를 추구하는 국가
③ 기존의 경제질서와 법체계의 테두리 안에서 새로운 질서를 형성하기 위하여 개인적 생활영역에 적극적으로 개입하는 적극국가
④ 개인적 생활에 대한 국가적 책임은 물론이고 개인의 사회적 책임까지도 강조하는 국가로서 사회국가에서의 인간상은 사회적 구속을 받는 사회적 인간

(3) 한계

① 이념상 한계(기본권 보장상의 한계) - 자유가 평등보다 우선
② 경제정책상 한계 - 국가의 재정능력과 경제력에 의존, 규제와 성장의 적절한 조화
③ 보충성 원리에 의한 한계(방법상의 한계) - 1차적으로 개인의 자유성 존중, 급진적이어서는 안 된다.

(4) 관계

① 법치국가와 사회국가는 상호보완관계이다.
② 민주주의와 사회국가는 자율성 존중의 관계이다.

5. 문화국가원리

(1) 개념

국가로부터 문화의 자유가 보장되고 국가에 의하여 문화가 공급(보호·지원·조

정)되어야 한다는 원리이다.

(2) 국가와 문화

① 초기자유주의(자유방임)
② 국가절대주의(적극적 간섭)
③ H. Krüger의 부동성(불편부당)의 원칙

국가가 어떤 문화현상도 국가 스스로의 입장인 것처럼 표현해서는 아니 되고, 국가는 객관적이고 불편부당한 입장에서 일정한 거리를 유지해 나가야 된다는 원칙이다.

6. 평화국가의 원리

(1) 개념

① 국제적 차원에서 평화공존 · 국제분쟁의 평화적 해결, 각 민족국가의 자결권 존중, 국내문제 불간섭 등을 핵심적 내용으로 하는 국제평화주의를 국가목적으로 지향하는 국가적 원리이다.
② 국내적 차원의 적용 – 평화통일의 지향

(2) 우리 헌법상의 평화국가원리

① 전문 – 평화적 통일의 사명에 입각, 밖으로는 항구적인 세계평화와 인류공영에 이바지
② 헌법 제4조 – 평화통일 정책수립의무
③ 헌법 제5조 제1항 – 국제평화의 유지와 침략적 전쟁 부인
④ 헌법 제69조 – 대통령의 "조국의 평화적 통일 노력"선서(한반도 문제의 해결방안으로서)

제 2 절 기본권 일반이론

I. 기본권보장의 역사

1. 기본권(개념)

인간이 인간이기 때문에 당연히 가지는 권리, 인간의 권리이며 기본권(Grund-recht)을 실정권 또는 인권(Menschenrecht)으로 파악하여 자연권적 의미가 강하다. 이러한 의미에서 기본적 인권으로 부르기도 한다.

2. 성립

17~8C 사회계약론자 및 자연법론자에 의하여 주장되었다.

3. 체계화

Locke의 시민정부이론(1690)과 Monte의 법의정신(1748)을 통해 천부인권, 자연권론에 기초한 인권관념의 체계화가 이루어졌다.

4. 제도화

버지니아 권리장전(1776), 프랑스 인권선언(1789)에서 헌법적 문서화가 이루어졌고, 미국헌법(1787) 이후 1791(기본권)이 규정되었다.

II. 기본권 이론의 현대적 경향(기본권에 대한 인식전환 필요)

기본권침해가 주로 국가권력에 의해 이루어지던 시대에(자유권 보장이 최고의 가치인 시대) C. Schmitte와 같이 기본권의 소극적·방어적 측면이 강조되었지만 기본권보장의 중점이 자유권에서 사회권으로 이동되었고, 국민의 생존배려를 위하여 국가에 대한 적극적 작위를 요구하는 시대적 배경하에서는 기본권에 대한 또 다른 이해가 요구된다.

첫째, 기본권과 국가 권력을 대립적 관계로 보는 시각의 청산(물론 기본권의 방어적 기능이 불가피하다는 인식은 필요불가결이지만)으로 기본권의 적극·형성적 기능(의무적 성격 필요) 및 국가권력과의 협조관계 중요하게 여겼다.

둘째, 기본권을 권리적 측면에서만 보려는 시각을 탈피하였고 셋째, 기본권에 내포된 양면성(이중성, 파급효과, 방사효과)의 인식 강조(특히 기본권의 객관적 가치질서성) 강조하였다.

1. 자유권의 생활권화 경향(기본권목록의 확대)

2. 기본권보장의 국제화 경향(인권의 보편적 가치)

3. 기본권의 직접적 효력성에 대한 인식 증대(특히 제3자적 효력)

4. 신 자연법사상의 부활(2차 대전 후)과 인권보호영역의 확대 → 정보통신기술(IT)과 인간복제생명공학(BT)의 발달로 인한 인권보호영역의 확대

III. 기본권의 본질과 기능

1. H. Kelsen 관계이론

(1) 수동적(국가에 복종관계-강조)

자유는 법적 강제가 없는 반사적 이익에 불과하며 기본권의 주관적 공권성을 부인한다.

(2) 능동적(참여)

(3) 소극적(무관)

2. G. Jellink 지위이론

기본권의 주관적 공권성을 인정하지만, 실정권(Freedom in states)을 기본권의 본질로 보므로 기본권의 기능은 제한적·한정적일 수밖에 없음

(1) 소극적(자유권)

(2) 적극적(수익권)

(3) 능동적(참정권)

(4) 수동적(의무)

3. C. Schmitt 자유주의적 기본권 이론(이원질서론)

(1) 기본권(자유-법치국가-비정치적 질서)

자유는 전국가적 천부 인권으로 기본권의 주관적 공권의 본질을 자연권(Freedom from states)으로 보므로 기본권의 기능은 제한적 한정적일 수밖에 없다.

(2) 통치구조(평등-민주주의-정치적 질서)

4. R. Smend의 객관적 가치질서론(다층구조적 이해-주관적 공권성과 객관적 가치질서성)

기본권의 본질을 실정권도 아닌 자연권도 아닌 공감대적 가치로 보므로 기본권의 형성적이고 적극적 성격을 강조(Freedom to states) 또한 기본권의 객관적 가치질서 형성을 위한 책임과 의무를 강조하였다.

5. P. Haberle의 제도적 기본권 이론(자유＝제도)

(1) 주장 이유

자유실현을 위해 제도와 법질서가 필요한 이유는 자유의 주체가 여러 사람이기 때문에 자유의 주체 모두에게 자유를 누리게 하기 위해서 주장하였다.

(2) 내용

① 자유는 제도일 수밖에 없다. 즉, 기본권의 주관적 권리의 면과 객관적 제도의 면을 모두 인정
② 기본권에 대한 법률유보를 기본권의 실현·강화수단으로 파악
③ 따라서 본질적 내용의 침해 금지 규정도 단순한 선언적 규정으로 해석하여 법률을 권리침해 혐의로부터 해방시키는 입법권 존중

(3) 문제점

① 자유와 제도를 동일시하고 있는 점(제도는 자유를 전제로 하여 그 자유를 구체화하고 실현시키는 수단일 뿐)
② 법실증주의로 회귀할 가능성에 대한 비판
③ 법률로 기본권 침해 가능성 있음

6. K. Hesse의 기본권의 양면성 이론

주관적 공권성과 객관적 가치질서성(제도)을 동시에 가지고 있다고 한다. Smend가 기본권의 주관적 공권성을 소홀히 취급하였다는 비판을 보완하기 위해서 객관적 질서의 성격 못지않게 주관적 권리의 성격 강조하였으며, 기본권의 이중성은 주관적 공권이 대국가적 효력으로서 주관적 공권성을 가지고 있으며 객관적 가치질서로서 제도의 구체성, 수단성, 계속성(제도의 본질)을 주장한다.

한편 기본권의 이중성을 전제로 설명될 수 있는 것은
① 대사인적 효력 → 주관적 사권성(사인 간에도 존중해야)

② 기본권의 상충관계

③ 기본권의 포기 금지 → 자살이 헌법상 허용 될 수 없는 이유임

④ 객관적 질서의 성격으로부터 국민의 생활영역을 침해해서는 안 된다는 국가 권력의 한계성이 도출 → 기본권의 적극적 성격을 강조할 때 나타날 수 있는 방어적 성격의 결여를 보완

⑤ 내재적 한계 설명 가능

⑥ 법인의 기본권 주체성 인정 가능

IV. 기본권의 분류와 체계

1. 인간의 존엄과 가치/행복추구권(기본권 보장의 이념적 기초)

2. 평등권(기본권 실현의 방법적 기초)

3. 생활 영역별 분류(지위이론 + 생활영역)

(1) 자유권

1) 인신영역: 생명권, 신체의 자유
2) 사생활영역: 주거의 자유, 사생활의 자유, 통신의 자유
3) 경제영역: 거주이전의 자유, 직업의 자유, 재산(손실보상)권
4) 정신영역: 양심, 종교, 언론, 출판, 집회, 결사, 학문, 예술의 자유

(2) 사회권

인간다운 생활을 할 권리, 교육을 받을 권리, 근로의 권리, 근로3권, 환경권, 혼인/가족/모성/보건, 소비자의 권리가 있다.

(3) 청구권

청원권, 재판청구권, 형사보상청구권, 국가배상청구권(손실보상과 함께 국가보상청구권으로 설명하는 견해도 있다-권영성), 범죄피해자구조 청구권이 있다.

(4) 참정권

선거권, 공무담임권, 국민투표권이 있다.

Ⅴ. 국민의 의무

국가창설적인 국민의 의무 또는 기본권에 내포된 국민의 윤리적 의무와는 달리 오늘날 많은 나라가 국민의 일정한 의무를 헌법에 명문으로 규정하는 경우가 있다. 이 같은 헌법상의 의무를 국민의 기본적인 의무라고 부르는 것이 일반적인 관례이다. 우리 헌법은 국민은 납세의무(제38조), 국방의 의무(제39조)를 비롯해서 교육을 받게 할 의무(제31조 제2항), 근로의 의무(제32조 제2항), 환경보전의무(제35조), 재산권행사의 공공복리적합의무(제23조 제2항) 등을 국민의 기본적인 의무로 규정하고 있다. 이러한 의무는 선국가적인 것이 아니라 사회공동체의 동화적 통합질서인 헌법에 의해서 비로소 인정된 헌법상의 의무이다.

03

통치구조 및 헌법재판

제 3 장 통치구조 및 헌법재판

 ## 제 1 절 통치구조 일반

Ⅰ. 대의제도

1. 대의제의 본질

대의제도는 국민의 대표기관에 국민적 정당성을 부여하는 원리로서, 대표는 자유위임(기속위임금지)의 원리에 따라 자신의 책임으로 의사를 결정한다.

2. 대의제의 위기와 이에 대한 대책

(1) 대의제의 위기극복

대의제의 위기를 극복하기 위한 방안으로는 ① 선거제도의 개혁, ② 정당의 민주화, ③ 국민의 알 권리 구현, ④ 지방자치단체 단위에서 직접민주주의의 실천 등이 있다.

(2) 합의제의 병리극복

합의제의 병리를 극복할 수 있는 방안으로는 ① 자유투표제도(교차투표제도) 확립, ② 책임정치의 구현, ③ 의사와 표결의 공개 등을 들 수 있다.

Ⅱ. 권력분립의 원리

1. 개념

<u>국민의 자유와 권리를 보장하기 위하여</u> 국가권력을 입법권·집행권·사법권으로 분할하고, 이들 권력을 각각 분리·독립된 별개의 국가기관들에 분산시킴으로써, 특정의 개인이나 집단에게 국가권력이 집중되지 아니하도록 함은 물론 권력상호간에 권력적 균형관계가 유지되도록 하는 통치구조의 구성원리이다.

2. 고전적 권력분립론

고전적 권력분립론은 선재하는 국가권력을 분리시켜 약화·통제하는 수단이나 원리로 작용하였다.

3. 고전적 권력분립원리의 위기=권력의 재융합화

권력의 재융합화 현상으로 고전적 권력분립원리가 위기를 맞게 되었는데, 그 원인으로는 ① 국민주권의 완성(권력통제의 의미상실), ② 개인주의·자유주의의 퇴조(=부익부빈익빈의 사회문제 등장), ③ 정당제도의 출현, ④ 사회국가원리와 행정 국가화경향, ⑤ 비상사태의 만성화, ⑥ 현대적 독재(군사·개발독재)의 출현, ⑦ 사회적 이익집단의 출현 등을 들 수 있다.

4. 새로운 권력분립제의 필요성

<u>국가기관이 효율적으로 봉사할 수 있도록 국가기관의 권한범위를 설정하고 그 활동을 규율하는 공화와 협력의 통치구조</u>(국가기관) <u>구성원리로서 작용될 필요성이 증대되고</u> **개인의 권리와 정당한 국가권력의 수행간 조화의 필요성**이 대두되었다.

5. 현대적·기능적 권력분립론

현대적·기능적 권력분립론의 특징으로는 ① 기능중심의 권력분할(기관간 통제제도의 발전: 헌법재판제도, 차등임기제), ② 수직적 권력분립(연방국가제도, 지방자치제도, 복수정당제도), ③ 기관 내 통제제도 등장(양원제, 직업공무원제도, 부서제도, 독립행정청제도), ④ 권력상호간의 공화와 협조 중시, ⑤ 통치구조 구성원리 강조 등을 들 수 있다.

Ⅲ. 정부형태론

1. 정부형태의 의의

정부형태란 **권력분립의 구조적 실현형태**(입법부·집행부·사법부 간 국가권력과 국가기능의 분배와 행사 및 상호관계)를 말한다.

2. 의원내각제

(1) 개념

의원내각제는 의회에서 선출되고 의회에 대하여 정치적 책임을 지는 내각에게 행정권이 주어지는 정부형태이다.

(2) 구성요소(제도적 요소=구조적 원리): 의존성의 원리

의원내각제의 본질적 구성요소로는 ① 내각의 성립과 존속의 의회 의존, ② 행정부와 의회의 상호의존(공화·협조관계), ③ 행정부의 형식적 이원화 등을 들 수 있다.

3. 대통령제

(1) 개념

대통령제는 의회로부터 독립하고 의회에 대하여 책임을 지지 않는 대통령에게 행정권이 주어지는 정부형태이다.

(2) 구성요소(제도적 요소=구조적 원리): 독립성의 원리

대통령제의 본질적 구성요소로는 ① 행정부와 의회의 엄격한 분리·독립, ② 입법부와 행정부 간 견제와 균형, ③ 행정부의 일원화 등을 들 수 있다.

4. 이원정부제(Double Executive)=이원집행부제

(1) 의의

이원정부제는 집행부가 대통령과 내각의 두 기구로 구성되고 대통령과 내각이 각기 집행에 관한 실질적 권한을 나누어 가지는 정부형태이다.

(2) 구체적 내용

이원정부제는 ① 행정부의 이원적 구조, ② 행정에 관한 권한의 분할행사 등을 그 구체적 내용으로 한다.

5. 현행헌법상 정부형태

(1) 특징

우리나라 정부형태의 특징으로는 대통령직선제, 대통령의 국회해산권과 비상조치권 삭제, 국회의 권한확대, 헌법재판소 관할확대 등을 통하여 권력분산과 권력간 견제장치의 강화 등이 있다.

(2) 문제점

우리나라 대통령제 정부형태의 문제점으로는 ① 대통령의 지위가 상대적으로 우월한 변형된 대통령제, ② 대통령선거 시 상대다수선거제도, ③ 대통령단임제, ④ 부통령제가 아닌 국무총리제도(대통령궐위 시 통치구조의 민주적 정당성 취약) 등을 들 수 있다.

🌀 제 2 절 국회

Ⅰ. 의회제(의회주의)

1. 의회주의의 의의

(1) 개념

의회주의란 국민이 선출한 의원들로 구성되는 의회가 집행부와 권력적 균형을 유지하면서, 입법 등의 방식으로 국가의 정책결정과정에 참여하는 정치원리이다.

(2) 의회의 정치적 기능

의회는 ① 다양한 국민의 의사와 이해관계를 통합·조정, ② 국민들의 정치적 관심과 판단력을 제고하는 정치교육기능, ③ 주권자인 국민을 대표하여 집행부의 활동을 감시·통제·비판하는 기능 등을 수행하고 있다.

2. 의회주의의 기본원리

(1) 국민대표의 원리

주권자인 국민의 의사가 선거를 통하여 대표기관인 의회에 전달되고, 의회가 국민의 의사에 따라 입법 또는 중요한 국가정책을 결정하는 원리이다.

(2) 공개와 이성적 토론의 원리

소수의견의 존중과 반대의견에 대한 설득이 전제된 이성적 토론과 심의의 공개를 통한 의사결정의 공정성을 담보하는 원리이다.

(3) 다수결의 원리

현실적으로 가능한 한 많은 사람의 자유와 최대한의 정치적 평등이 보장되어야 한다는 원리이다.

(4) 정권교체의 원리

소수의견(세력)과 다수의견(세력)의 교체가능성이 존재하여야 한다는 원리이다.

II. 국회의 헌법상 지위

1. 국민대표기관

국회는 국민대표기관으로서 지위를 갖는데, 이때 대표의 성질은 (헌)법적 대표가 아닌 정치적 대표로서 무기속위임원칙이 적용되는데, 오늘날 정당정치의 발달로 정당을 대표하는 기관으로 전락하고 말았다는 비판이 있다.

2. 입법기관

국회는 입법기관으로서, 국민여론을 입법에 반영함으로써 민주주의적 요청을 만족시키기 위하여 실질적 의미의 입법에 관한 권한은 원칙적으로 의회가 행사한다. 그러나, 오늘날 국가(행정)기능 확대(정부제안입법의 증대)와 의원의 정당기속으로 의회의 통법부화현상을 초래하고 있다고 한다.

3. 국정통제기관

(1) 국회의 집행부통제

국회는 집행부통제기관으로서, ① 집행부구성원의 임명, ② 입법을 통한 집행부통제, ③ 재정작용에 대한 통제권, ④ 탄핵소추권, 국정감사·조사권, 계엄해제요구권, 국무위원해임건의권 등의 권한을 가진다.

(2) 국회의 사법부통제

국회는 사법부통제기관으로서, ① 사법부구성원의 임명, ② 법원과 헌법재판소의 설치·조직에 관한 법률제정권, ③ 탄핵소추의결권, ④ 예산안의 심의·확정권, 국정감사·조사권 등의 권한을 가진다.

III. 국회의 운영과 의사원칙

1. 정기회와 임시회

(1) 정기회

100일 동안 진행되는 정기회는 국정감사·예산안 결산 및 확정·대정부질문·기타 안건 처리 등을 수행한다.

(2) 임시회

30일 내에서 진행되는 임시회는 대정부질문·법률안 및 기타 안건 처리 등을 수행한다.

2. 다수결의 원칙=정족수

정족수란 회의를 열고 진행하거나 안건을 의결하는 데 필요한 최소한의 인원수로, 일반적으로는 재적의원 과반수 출석과 출석의원 과반수 찬성으로 의결한다.

3. 의사(회의)공개의 원칙

국회(본회의 및 위원회)의 안건처리과정을 외부에 공개하는 것으로서 민의에 따른 국회운영을 실천한다는 민주주의적 요청에서 유래한다.

4. 회기계속의 원칙

국회에 제출된 법률안 기타의 의안은 회기 중에 의결되지 못한 이유로 폐기되지 아니하고 다음 회기에서 계속 심의할 수 있다는 원칙이다.

5. 일사부재의(一事不再議)의 원칙

일단 부결된 안건은 같은 회기 중에 다시 발의 또는 제출하지 못한다는 원칙이다.

IV. 국회의 내부조직

1. 의장·부의장

임기 2년으로 무기명투표로 선거하되 재적의원 과반수의 득표로 당선, 궐위된 때는 지체없이 보궐선거(임기는 전임자의 잔임기간) 실시하여 선출하며, 국회대표권·의사정리권·질서유지권·사무감독권의 권한을 갖는 의장의 당적보유는 금지된다.

2. 본회의

국회의 의사를 최종적으로 결정하는 본회의는 재적의원 전원으로 구성되고, 재적의원 5분의 1 이상의 출석으로 개의되며, 헌법 또는 국회법에 특별한 규정이 없는 한 재적의원 과반수의 출석과 출석의원 과반수의 찬성으로 의결한다.

3. 위원회

본회의에서의 의안심의를 원활하게 할 목적으로 일정한 사항에 관하여 전문적 지식을 가진 일단의 소수의원들로 하여금 의안을 예비적으로 심사·검토하게 하는 소회의제를 말한다.

4. 교섭단체

국회의 의사를 사전에 통합·조정하여 정파간 교섭의 창구역할을 하도록 함으로써 국회의 운영을 원활하게 하기 위해 동일정당 소속의 의원들로 구성되는 원내정파로, 20인 이상의 소속의원을 가진 정당은 하나의 교섭단체가 된다.

V. 국회의원의 지위·권한·의무

1. 국회의원의 헌법상 지위

국회의원은 헌법상 ① 국회의 구성원으로서의 지위, ② 국민의 대표자로서의 지위, ③ 소속정당의 정당원으로서의 지위 등을 가진다.

2. 국회의원자격의 발생과 소멸

(1) 의원자격의 발생

정수 300인의 국회의원은 연임제한 없이 임기 4년으로 만 25세 이상의 입후보자에 대해 만 19세 이상의 국민에 의한 선거로 선출됨으로써 의원자격을 갖게 된다.

(2) 의원자격의 소멸

국회의원의 자격은 임기만료, 사직(국회의결/폐회-의장허가), 퇴직, 제명(소속정당제명과 구별), 자격심사, 비례대표의원의 당적 이탈·변경(공선법 제192조제2항), 정당강제해산 등의 사유로 소멸된다.

3. 국회의원의 헌법상 특권

(1) 의원의 불체포특권

현행범인 경우를 제외하고는 회기 중 국회의 동의(조건부/기한부 동의 포함) 없이 체포 또는 구금되지 아니하고, 국회의원이 회기 전에 체포 또는 구금된 때에는 국회의 요구가 있으면 회기 중 석방될 수 있는 특권이다.

(2) 의원의 발언·표결에 관한 면책특권

국회의원이 국회에서 직무상 행한 발언과 표결에 관하여 국회 외에서 책임지지 아니하는 특권이다.

VI. 국회의 권한

1. 입법권

입법권이란 일반적·추상적인 성문법규범 정립 작용(실질적 의미의 입법개념)으로, 연혁적으로 의회입법권은 축소화경향을 보이지만, 국회중심입법의 원칙(의회유보의 원칙), 국회단독입법의 원칙이 유지되고 있다.

2. 재정권

(1) 예산안 심의·확정권

예산결정과정에 국민의 의사를 반영하고, 국가의 중대한 재정작용을 적절히 통제하여 그 효율성과 질을 제고하기 위함이다.

(2) 결산심사권

국회는 결산심사를 통해 정부의 예산집행에 대한 정치적 책임을 밝히고, 장래의 재정계획과 그 운영에 중요한 자료를 제공할 수 있다.

(3) 기금심사권

국회는 기금운용계획안과 기금결산에 대한 심사권을 가진다.

3. 국정통제권

(1) 헌법기관의 구성과 존속에 관한 권한(국회의 인사권)

(2) 국무총리·국무위원 해임건의

(3) 탄핵소추권

형벌 또는 보통의 징계절차로는 처벌하기 곤란한 고위 공무원이나 특수한 직위에 있는 공무원이 맡은 직무와 관련하여 헌법이나 법률에 어긋나는 행위를 하였을 경우 국회가 그 공무원을 탄핵소추하기로 의결할 수 있는 권한이다.

(4) 국정조사권

의회가 입법 등에 관한 권한을 유효적절하게 행사하기 위하여 특정한 국정사안에 대하여 조사할 수 있는 권한(5공화국 신설)으로 국정감사의 보조적 권한의 성격을 지닌다.

(5) 국정감사권

국회가 매년 정기적으로 국정 전반에 대하여 감사할 수 있는 권한(건국헌법에서부터 채택된 한국 고유의 제도, 4공화국 삭제, 6공화국 부활)으로, 소수당에게 유효한 제도이다.

4. 국회자율권

국회가 그 밖의 다른 국가기관의 간섭을 받지 아니하고 헌법과 법률 그리고 의회규칙에 따라 의사와 내부사항을 독자적으로 결정할 수 있는 권한이다.

제 3 절 정부

Ⅰ. 대통령

1. 대통령의 헌법상 지위

(1) 국가원수로서의 지위

대통령은 국가원수로서 ① 대외적으로 국가를 대표하고, ② 국헌을 수호하며, ③ 국정을 통합·조정하고, ④ 헌법기관을 구성하는 지위를 가진다.

(2) 행정권 수반으로서의 지위

대통령은 행정권의 수반으로서 ① 집행에 관한 최고지휘감독권자·최고책임자이고, ② 집행부조직권자이며, ③ 국무회의의장으로서의 지위를 가진다.

2. 대통령의 신분상 지위

(1) 대통령 선거

1) 대통령의 선출방식

직선제를 원칙으로 하되, 2명 이상의 최다득표자가 있을 경우 국회 간선제를 예외적으로 인정하고 있다.

2) 대통령의 선거권과 피선거권

대통령 선거권자는 만 19세 이상의 국민이고, 피선거권자는 선거일 현재 만 <u>40세 이상의 국회의원 피선거권이 있는 국민</u>(제67조 제4항)으로 <u>5년 이상 국내에 거주하고 있는 자</u>(공선법 제16조 제1항)이다.

(2) 대통령 유고 · 권한대행

대통령이 궐위나 사고로 직무를 수행할 수 없을 때, 국무총리(제71조)—기획재정부장관(정부조직법 제12조)—교육부장관—과학기술정보통신부장관—외교부장관—통일부장관—법무부장관—국방부장관—행정안전부장관 등이다.

(3) 대통령의 신분상 특권과 의무

1) 형사상 불소추특권: 국가원수인 대통령의 권위를 유지하게 하고 직무수행을 원활하게 해주기 위해서 인정되고 있다.

2) 대통령의 의무: 국가독립 · 영토보전 · 국가계속성 및 헌법수호, 정치적 중립의무, 겸직금지의무 등이 있다.

3. 대통령의 권한

(1) 헌법기관 구성에 관한 권한

대법원, 헌법재판소, 중앙선거관리위원회, 감사원 구성권 등이 있다.

(2) 국민투표회부권(제72조)

대통령이 국가안위에 관한 중요정책을 직접 국민의 의사를 물어 결정할 수 있는 권한으로 <u>대의제를 보완하는</u> 직접민주제적 제도이다.

(3) 입법에 관한 권한

1) 국회에 관한 권한: 임시회 집회요구권, 국회 출석 · 발언권 등이 있다.

2) 헌법개정에 관한 권한: 헌법개정안 발의권을 가진다.

3) 법률제정에 관한 권한

　① 법률안 제출권: 국무회의의 심의를 거쳐 국회에 법률안을 제출한다.

　② 법률안거부권: 국회의 부당한 입법을 견제하고, 입법부에 대한 행정부
　　의 통제수단(단원제 국회의 경솔과 횡포 방지)이다.

　③ 법률공포권

4) 행정입법에 관한 권한

(4) 사법에 관한 권한

1) 위헌정당해산제소권

2) 사면권: 형의 효력이나 소추권을 소멸시키는 것으로, 획일적 정의에 따르
　는 문제점을 시정하여 구체적 형평을 실현하는 법치국가의 사법권 견제
　수단이다.

(5) 행정에 관한 권한

　대통령은 행정에 관하여 ① 집행에 관한 최고결정권과 최고지휘 · 감독권, ②
국군통수권, ③ 공무원임면권, ④ 재정에 관한 권한, ⑤ 영전수여권, ⑥ 각종 회
의주재권 등을 가진다.

(6) 국가긴급권

　전쟁 · 내란 · 경제공황 등과 같이 국가의 존립과 안전을 위태롭게 하는 비상
사태가 발생한 경우에, 국가원수(집행부수반)가 헌법에 규정된 통상적인 절차와
제한을 무시하고, 국가의 존립과 안전을 확보하기 위하여 필요한 긴급적 조치를
강구할 수 있는 비상적 권한이다.

Ⅱ. 행정부

1. 국무총리

(1) 헌법상 지위

국무총리는 헌법상 ① 대통령의 권한대행자의 지위, ② 대통령의 보좌기관의 지위, ③ 집행부 제2인자의 지위 등을 가진다.

(2) 국무총리의 임명과 해임

국무총리는 ① 국회의 동의를 얻어 대통령이 임명하는데, ② 문민을 원칙으로 하고, ③ 국회의원 겸직이 허용되며, ④ 대통령이 자유로이 해임할 수 있다.

(3) 국무총리의 권한

국무총리는 ① 국무위원·행정각부장관의 임면관여권, ② 대통령의 모든 국무행위에 부서할 권한, ③ 국무회의 부의장으로서 심의·의결권, ④ 행정각부 통할·감독권, ⑤ 총리령발포권, ⑥ 국회에의 출석·발언권, ⑦ 대통령 권한대행권(민주적 정당성이 취약하다는 문제점) 등이 있다.

2. 국무위원

국무위원은 대통령보좌기관의 지위와 국무회의구성원의 지위를 동시에 가지는데, 15인 이상 30인 이하 문민의 국무위원을 국무총리의 제청으로 대통령이 임명(제87조)하며, 행정각부장관은 국무위원 중 국무총리의 제청으로 대통령이 임명(제94조)한다. 국무위원 역시 국회의원 겸직이 허용되며, 대통령이 자유로이 해임할 수 있다.

3. 국무회의

대통령(의장)·국무총리(부의장)과 15인 이상 30인 이하의 국무위원으로 구성되는 헌법상 필수기관으로서, 의결기관과 자문기관의 중간형태인 심의기관이고, 집행부의 최고정책심의기관이며, 독립된 합의제기관이다.

4. 행정각부

대통령 또는 국무총리의 지휘 또는 통할 하에 법률이 정하는 소관사무를 담당하는 중앙행정기관(독자적인 행정업무를 처리하는 중앙행정관청=독임제행정관청)이다.

5. 감사원

국가의 세입·세출의 결산, 국가 및 법률이 정한 단체의 회계검사와 행정기관 및 공무원의 직무에 관한 감찰을 하기 위하여 대통령의 소속하에 설치된 대통령직속기관으로, 감사원장과 7인의 감사위원으로 구성되는 합의제 의결기관이며, 업무상 독립되어 있다.

제 4 절 선거관리위원회

Ⅰ. 서설

1. 선거관리위원회의 헌법상 지위

선거관리위원회는 선거와 국민투표의 공정한 관리와 정당에 관한 사무를 처리하는 헌법상 필수적 합의제독립기관(관청)이다.

2. 선거관리위원회의 제도적 의의

과거 관권선거(3.15 부정선거) 등에 대한 반성으로 선거관리업무의 중립성을 보장하고 강화시키기 위해, 업무의 성질이 행정작용임에도 그 조직과 기능 면에서 독립된 기관으로서의 지위를 가진다.

Ⅱ. 선거관리위원회의 조직

1. 중앙선거관리위원회

중앙선거관리위원회는 대통령이 임명하는 3인, 국회에서 선출하는 3인, 대법원장이 지명하는 3인 등 총 9명으로 구성되며, 위원장은 호선한다. 임기는 6년이고 연임 가능하며, 국회의 인사청문을 거쳐야 한다.

2. 각급선거관리위원회

① 서울특별시 · 광역시 · 도선거관리위원회(9인)
② 시 · 군 · 구선거관리위원회(9인)
③ 읍 · 면 · 동선거관리위원회(7인)

3. 선거관리위원회의 의사

위원 과반수의 출석으로 개의하고, 출석위원 과반수의 찬성으로 의결한다.

Ⅲ. 선거관리위원회의 직무와 권한

1. 직무

선거관리위원회는 ① 국가 및 지방자치단체의 선거에 관한 사무, ② 국민투표에 관한 사무, ③ 정당에 관한 사무, ④ 법령에 따른 공공단체선거(위탁선거)에 관한 사무 등의 직무를 수행한다.

2. 선거 및 국민투표의 관리

선거 및 국민투표에 관한 사무에는 ① 선거계도, ② 선거법위반행위에 대한 중지 · 경고, ③ 선거사무에 관하여 관계행정기관에 지시 등이 있다.

3. 정당에 관한 사무

정당에 관한 사무로는 ① 정당의 등록 및 등록취소, ② 정당원의 수와 정당의 활동상황 등에 관한 정기보고, ③ 기탁금의 기탁, 배분, 지급 및 국고보조금의 배부 등을 들 수 있다.

4. 규칙제정권

중앙선관위는 법령의 범위 안에서 선거관리·국민투표관리 또는 정당사무에 관한 규칙을 제정할 수 있으며, 법률에 저촉되지 아니하는 범위 안에서 내부규율에 관한 규칙을 제정할 수 있다.

🔅 제 5 절 법원

Ⅰ. 법원의 지위와 조직

1. 대법원

(1) 대법원의 구성

1) 대법원장·대법관: 대법원장과 대법관(13인)은 국회의 동의를 얻어 대통령이 임명한다.
2) 대법관이 아닌 법관
3) 대법원의 부(部)

(2) 대법원의 권한

1) 상고심(최종심)=법률심
2) 명령·규칙심사권
3) 위헌법률심판제청권
4) 선거소송: 대통령, 국회의원, 시·도지사, 비례대표시도의원 선거
5) 국민투표 무효소송
6) 기관소송: 지자체장 v. 지방의회
7) 대법원규칙제정권

2. 고등법원

(1) 조직

5개 광역시에 설치되며, 합의부에서 심판한다.

(2) 관할

1) 지방법원합의부·가정법원합의부 또는 행정법원의 제1심 판결·심판·결정·명령에 대한 <u>항소 또는 항고사건</u>
2) 지방법원단독판사·가정법원단독판사의 제1심 판결·심판·결정·명령에 대한 항소 또는 항고사건으로서 형사사건을 제외한 사건 중 대법원규칙으로 정하는 사건
3) **다른 법률에 의하여 고등법원의 권한에 속하는 사건:** <u>선거소송</u>(지역구시도의원, 기초의회의원 및 시·군·자치구단체장 선거)

3. 특허법원

(1) 조직

고등법원급으로, 대전광역시에 소재한다.

(2) 관할

1) <u>특허법 제186조 제1항, 실용신안법 제55조, 의장법 제75조 및 상표법 제86조 제2항이 정하는 제1심 사건</u>
2) 다른 법률에 의하여 특허법원의 권한에 속하는 사건

4. 지방법원

(1) 지방법원 본원(本院)

1) 단독판사
2) 합의부

① 제1심: 가액 1억원을 초과하는 민사사건, 사형·무기 또는 단기 1년 이상의 징역 또는 금고에 해당하는 형사사건 등

② 제2심(항소부): 지방법원단독판사의 판결·결정·명령에 대한 항소 또는 는 항고사건

(2) 지방법원 지원(支院)

(3) 시·군법원

1) 소액사건심판법의 적용을 받는 민사사건

2) 화해·독촉 및 조정에 관한 사건

3) 20만원 이하의 벌금 또는 구류나 과료에 처할 범죄사건

4) 협의상 이혼의 확인

5. 가정법원

(1) 조직

5개 고등법원 소재지에 지방법원급으로 설치되어 있다.

(2) 관할

1) 제1심: 가사소송법에서 정한 가사소송과 마류(類) 가사비송사건 중 대법원규칙으로 정하는 사건 등

2) 제2심(항소부): 가정법원단독판사의 판결·결정·명령에 대한 항소 또는 항고사건

6. 행정법원

서울특별시에 소재하는 지방법원급 법원으로, 행정소송법에서 정한 행정사건과 다른 법률에 의하여 행정법원의 권한에 속하는 사건을 제1심으로 심판한다.

7. 군사법원

군사법원은 법관의 자격이 없는 국군장교에 의하여 행해진다는 점이나, 비상계엄하에서 군사재판은 사형을 선고한 경우를 제외하고는 단심으로 할 수 있는 바 모든 군사재판이 대법원에서 상고심이 행해지지 않을 수 있다는 점에서 헌법이 인정하는 유일한 예외법원인 특별법원이다.

Ⅱ. 사법절차와 운영

1. 재판의 심급제

(1) 원칙: 3심제

(2) 예외

1) 2심제
　　① 특허소송: 특허법원(고등법원급) → 대법원의 2심제 채택
　　② 지역구시도의원, 기초의회의원, 시·군·자치구 단체장 선거에 관련된
　　　　선거소송: 고등법원(1심) → 대법원

2) 단심제
　　① 대통령, 국회의원, 시·도지사, 비례대표시도의원 선거에 관한 소송: 대
　　　　법원의 전속관할
　　② 비상계엄하의 군사재판

2. 재판의 공개제

재판의 공개주의는 소송의 심리와 판결을 공개함으로써 여론의 감시하에 재판의 공정성을 확보하고 소송당사자의 인권을 충분히 보장하며, 나아가 재판에 대한 국민의 신뢰를 확보한다.

III. 법원의 헌법상 지위와 권한

1. 헌법상 지위

법원은 ① 사법기관으로서의 지위, ② 중립적 권력으로서의 지위, ③ 헌법수호기관으로서의 지위, ④ 기본권보장기관으로서의 지위 등을 가지며, 대법원은 국가최고기관 중 하나이다.

2. 권한

법원은 ① 쟁송재판권, ② 위헌법률심판제청권, ③ 명령규칙심사권, ④ 행정처분심사권, ⑤ 법정질서유지권(법정경찰권: 법정에서 질서를 유지하고, 심판을 방해하는 행위를 배제하거나 제지하기 위하여 법원이 가지는 권력작용) 등을 가진다.

IV. 사법권의 독립

1. 제도적 의의

사법권을 행사하는 법관은 누구의 간섭이나 지시도 받지 아니하고 오로지 헌법과 법률 그리고 양심에 따라 독립하여 심판하는 것으로, 권력분립원리의 실천과 법질서의 안정성유지 및 공정하고 정당한 재판을 통한 국민의 자유와 권리를 보장하려는 데 그 제도적 의의가 있다.

2. 법원의 독립

법관의 독립을 통해 재판의 공정성을 담보하기 위한 선결조건으로서 입법부와 행정부로부터 조직상·운영상·기능상 독립, 즉 법원의 독립이 이루어져야 한다.

3. 법관의 신분상 독립

(1) 의의

법관의 법적 지위를 보장하여 판결 때문에 법관 개인에게 불이익이 미치지 않도록 함으로써 법관의 물적 독립, 즉 재판의 공정성을 확보하려는 것이다.

(2) 법관인사의 독립(제104조 제3항)

　① 판사의 임명에 국회와 정부의 관여는 배제(유신헌법의 문제점)된다.
　② 판사의 보직은 법관인사위원회의 자문을 거쳐 대법원장이 행한다.

(3) 법관의 자격제·임기제·정년제

(4) 법관의 신분보장 및 정치적 중립보장

4. 재판의 독립

(1) 의의

법관이 재판에 있어서 어떠한 국가적 권력이나 사회적 세력으로부터도 영향을 받지 않고 오로지 헌법과 법률 및 재판관으로서 직업적 양심에 따라서 재판해야 하는 결단의 자유이다.

(2) 외부적 간섭의 금지

　① 국회나 정부의 간섭 금지: 국정감사·조사권의 한계
　② 법원 내부의 간섭 금지: 상급심법원이나 법원장의 간섭 금지
　③ 사회적 간섭도 금지: 사법권 독립 對 표현의 자유 충돌

(3) 헌법과 법률에 의한 심판

(4) 양심에 따른 심판

제 6 절 헌법재판소

Ⅰ. 헌법재판 일반이론

1. 헌법재판의 의의

① 협의(본질적 부분): 위헌법률심판—1803년 Marbury v. Madison 사건
② 광의: 헌법을 적용함에 있어서 헌법의 내용과 의미에 대하여 분쟁이 발생한 경우에 독립된 헌법재판기관이 헌법을 유권적으로 선언하여 그 분쟁을 해결하는 작용이다.

2. 헌법재판의 기능

헌법재판은 민주주의이념(국민주권·자유·평등·정의)구현하고, 헌법질서를 수호하며, 권력의 통제와 권력적 균형의 원리에 입각하여 기본권을 보장하고, 소수자보호 및 정치적 평화유지 등의 기능을 수행한다.

3. 헌법재판소의 지위

헌법재판소는 ① 헌법재판기관으로서의 지위, ② 헌법수호기관으로서의 지위, ③ 기본권보장기관으로서의 지위, ④ 권력의 통제·순화기관으로서의 지위 등을 가지고 있으며, 여러 국가최고기관 중 하나이다.

4. 헌법재판소의 구성과 조직

(1) 구성

대통령이 임명하는 9인의 재판관으로 구성되는데, 3인은 국회에서 선출하는 자를, 3인은 대법원장이 지명하는 자를 임명한다.

(2) 조직

1) **헌법재판소장**: 국회의 동의를 얻어 대통령이 임명한다.

2) 헌법재판관: 임기 6년이고 연임 가능하다.

3) 재판관회의: 재판관 전원으로 구성되며 7인 이상의 출석과 출석 과반수의 찬성으로 의결한다.

5. 헌법재판소의 일반심판절차

(1) 재판부

원칙적으로 전원재판부에서 심판하나, 헌법소원심판의 적법요건 심사는 지정재판부에서 행한다.

(2) 심판당사자와 대표자·대리인

1) 심판당사자: 청구인과 피청구인

2) 대표자와 소송대리인(변호사강제주의)

(3) 심판청구

1) 청구서의 제출: 위헌법률심판은 '법원의 제청서', 탄핵심판은 '국회의 소추 의결서 정본'으로 대신한다.

2) 청구서 등본의 송달

3) 답변서의 제출

(4) 심리

1) 심리정족수: 심리를 위해서는 재판관 7인 이상의 출석이 필요하다.

2) 심리의 방식

탄핵심판·정당해산심판·권한쟁의심판은 구두변론이, 위헌법률심판과 헌법소원심판은 서면심리가 원칙이다.

3) 심판의 공개

심판의 변론과 결정의 선고는 공개하여야 한다. 다만, 서면심리와 평의는 비공개로 진행한다.

4) 일사부재리

5) 증거조사 및 자료제출요구

6) 가처분: 정당해산 · 권한쟁의심판에 대해서만 인정(예외: 헌법소원심판의 가처분신청 인용사례)된다.

7) 심판비용: 국가부담의 원칙(예외: 헌법소원에 대한 공탁금)

8) 심판의 지휘와 법정경찰권

9) 심판기간: 접수한 날로부터 180일 이내

(5) 종국결정

1) **결정의 정족수**: 아래 경우(**6인 이상 찬성**)를 제외하고는 종국심리에 관여한 재판관의 과반수의 찬성이 필요하다.
① 법률의 위헌결정 · 탄핵결정 · 정당해산결정과 헌법소원의 인용결정(권한쟁의심판만 빠져있음)
② 종전에 헌법재판소가 판시한 헌법 또는 법률의 해석적용에 관한 의견을 변경하는 경우

2) **결정유형**: 각하결정, 기각결정, 인용결정(단, 위헌법률심판에서는 합헌 · 위헌 · 변형결정)

3) **결정의 효력**
① 확정력: 불가변력, 불가쟁력(형식적 확정력), 기판력(실질적 확정력)
② 법규적 효력: 법규범에 대한 헌법재판소의 위헌결정이 일반구속력을 가지고 일반사인에게도 그 효력이 미치는 것(대세적 효력)을 말한다.
③ 기속력: 위헌결정과 헌법소원 인용결정은 모든 국가기관을 기속한다.

II. 위헌법률심판

1. 위헌법률심사제의 의의

법률이 헌법에 위반되면 효력을 상실하게 하거나 그 적용을 거부하는 제도로서, ① 헌법의 최고법규성 보장, ② 권력통제, ③ 기본권보장, ④ 소수자보호, ⑤ 실질적 법치주의의 실현, ⑥ 정치세력간 타협촉진 등의 기능을 수행한다.

2. 위헌법률심판의 성질

사후교정적 위헌심사이며, 구체적 규범통제의 성격을 가지나 위헌결정으로 당해 법률은 일반적으로 효력을 상실하여 폐지된 것과 동일한 효과를 가져온다.

Ⅲ. 헌법소원심판

1. 헌법소원의 의의

헌법위반의 법령이나 처분 또는 판결 등 공권력에 의하여, 자신의 헌법상 보장된 기본권이 직접·현실적으로 침해당한 자가, 헌법재판기관에 당해 법령·처분·판결의 위헌심사를 청구하여, 침해된 기본권을 구제받을 수 있는 제도이다.

2. 헌법소원제도의 법적 성격

개인의 주관적 기본권을 보장하는 기본권보장기능과 위헌적인 공권력의 행사를 통제함으로써 객관적 헌법질서를 수호하는 헌법보장기능을 수행한다.

3. 헌법소원심판의 절차

(1) 심판청구서의 제출

헌법재판소에 접수된 날짜를 기준으로 하여 청구기간을 계산하게 된다.

(2) 심판청구서의 기재사항(헌재법 제71조 제1항)

① 청구인 및 대리인의 표시: 변호사강제주의–국선대리인제도
② 침해된 권리: 심판청구취지나 청구이유에서 침해되었다고 주장하는 헌법상 기본권을 특정하여야 한다.
③ 침해의 원인이 되는 공권력의 행사 또는 불행사
④ 청구이유
⑤ 기타 필요한 사항

(3) 사전심사

청구요건(적법요건)의 구비여부만을 심사하여 요건불비 시 지정재판부 재판관 전원의 일치된 의견에 의한 결정으로 헌법소원의 심판청구를 각하한다.

Ⅳ. 권한쟁의심판

1. 개념

국가기관 상호간이나 지방자치단체 상호간 또는 국가기관과 지방자치단체 사이에 권한의 존부와 범위에 관한 다툼을 방치하면, 서로 권한을 행사하려 하거나 아무도 권한을 행사하려 하지 아니하여 국가의 기능이 마비될 뿐만 아니라 국가의 기본질서가 어지러워지고 결과적으로 국민의 기본권이 침해당할 우려가 높기 때문에 이를 조정함으로써 국가의 기능이 원활하게 수행되도록 하는 재판이다.

2. 제도적 의의

각 기관에게 주어진 권한을 보호함과 동시에 객관적 권한질서의 유지를 통해서 국가기능의 수행을 원활히 하고, 수평적 및 수직적 권력 상호간의 견제와 균형을 유지한다.

3. 권한쟁의심판의 종류와 당사자

(1) 국가기관 상호간의 권한쟁의

국회, 정부, 법원 및 중앙선거관리위원회 상호간의 권한쟁의를 말한다.

(2) 국가기관과 지방자치단체간의 권한쟁의

정부와 특별시·광역시 또는 도간의 권한쟁의, 정부와 시·군 또는 지방자치단체인 구간의 권한쟁의를 말한다.

(3) 지방자치단체 상호간의 권한쟁의

특별시, 광역시 또는 도 상호간의 권한쟁의심판, 시·군 또는 자치구 상호간의 권한쟁의심판, 특별시, 광역시 또는 도와 시·군(또는 자치구)간의 권한쟁의를 말한다.

4. 심판청구의 적법요건

① 당사자적격: "헌법과 법률에 의하여 부여받은 권한"을 가진 자
② 피청구인의 처분 또는 부작위의 존재
③ '권한의 침해 또는 현저한 침해위험'의 가능성
④ 권한보호(심판)의 이익
⑤ 청구기간: 사유가 있음을 '안 날'로부터 60일 이내, 사유가 '있은 날'로부터 180일 이내

V. 탄핵심판

1. 개념

헌법재판소가 국회의 탄핵소추에 따라 그 공무원을 탄핵할 것인지 여부를 재판하는 제도이다.

2. 탄핵심판의 개시

탄핵심판은 국회법제사법위원장이 소추위원(청구인 자격)이 되어 소추의결서의 정본을 헌법재판소에 제출함으로써 개시된다.

3. 탄핵심판의 절차

① 구두변론
② 증거조사: 재판부는 탄핵심판의 심리를 위하여 필요하다고 인정하는 경우에는 당사자의 신청 또는 직권에 의하여 증거조사를 할 수 있다.

4. 탄핵 결정의 효력

① 공직파면: 피청구인은 탄핵결정으로 공직에서 파면된다. 그러나 이로 인해 민·형사상 책임이 면제되지 않는다.

② 공무담임권 제한: 파면된 자는 탄핵결정 선고일로부터 5년이 경과하지 않으면 공무원이 될 수 없다.

③ 사면 대상 여부: 탄핵제도의 취지에 비추어 볼 때, 사면은 허용되지 않는다고 보는 것이 타당(미연방헌법 제2조 제2항 참조)하다.

VI. 위헌정당해산심판

1. 의의

정당해산심판은 어떤 정당의 목적이나 활동이 헌법이 정하는 자유민주적 기본질서에 위배되는 경우 정부의 청구에 의하여 그 정당을 해산할 것인지 여부를 심판하는 제도이다.

2. 정당해산의 제소

① 제소권자: 국무회의 심의를 거쳐서 정부가 제소하는데, 이 경우 법무부 장관이 정부를 대표한다.

② 청구서의 기재사항: 대상정당명과 청구이유를 기재해야 한다.

3. 정당해산의 심판

정당해산심판은 헌법재판소장을 재판장으로 하고, 7인 이상의 재판관이 출석한 재판부에서 심판하며, 구두변론주의와 공개주의를 원칙으로 한다.

4. 정당해산의 결정·집행 및 효과

정당해산은 재판관 6인 이상의 찬성으로 결정되고, 각급법원은 물론이고 모든 국가기관을 기속하며, ① 대체정당 창설 금지, ② 잔여재산의 국고귀속, ③

동일정당명칭 사용금지, ④ 소속의원의 의원직 상실 등의 효과가 발생한다.

04

민법총칙

제 4 장 민법총칙

제 1 절 민법의 개념

I. 민법의 의의

민법은 사적 생활관계를 규율하는 가장 기본적인 법이다. 민법은 개인(또는 사인(私人)) 간의 법률분쟁을 조정하는 법률이므로 사법(私法)이다. 또한 사람, 장소, 사항 등 특별한 제한 없이 일반적으로 적용되는 법으로 일반법이다. 민법은 개인의 권리와 의무를 직접적으로 정하는 법이므로 실체법이다. 민법은 두 개의 의미를 가지고 있는데, 하나는 형식적인 측면에서 '민법'이라 하는 민법전(民法典)을 의미한다. 민법은 1958년 2월 22일에 제정되고, 1960년 1월 1일부터 시행되었다. 다른 하나는 실질적 의미에서 민사관계를 규율하는 모든 법규범의 총체를 의미한다. 민법은 총칙, 재산법과 가족법으로 구별되며, 총칙은 민법전의 첫 부분으로 통상 '민법총칙'으로 부른다. 재산법에는 물권법과 채권법으로 구성되어 있고, 가족법은 친족법과 상속법으로 구성되어 있다. 재산법은 가족법에 비하여 합리적이고 세계공통적(특히 채권법)인 성격을 가지고 있으며, 가족법은 재산법에 비하여 전통적이고 관습적인 성격을 가지고 있다.

II. 민법의 법원(法源)

1. 법원의 의의 및 민법상 법원

법원(法源)은 법을 인식할 수 있는 법의 존재형식 또는 인식연원(認識淵源)을 의미한다. 민법의 법원은 민법 제1조에 민사에 관하여 법률에 규정이 없으면 관습법에 의하고 관습법이 없으면 조리(條理)에 의한다. 따라서 민사적 분쟁을 해결하기 위해서는 우선 법률상 규정에 따라 해결을 해야 한다. 이때의 법률은 문자로 표시되고 일정한 형식 및 절차에 따라서 제정되는 법인 성문법을 의미한다. 성문법에는 헌법이 정하는 절차에 따라 제정, 공포되는 형식적 의미를 가지는 법률뿐만 아니라 명령, 규칙, 조약 및 자치법 등이 있다. 이러한 성문법으로 가장 중심적 위치에 있는 법률이 민법이다. 물론 일반법인 민법에 앞서 동일한 사항에 특별법이 존재하는 경우에는 특별법 우선의 원칙에 따라 특별법이 우선 적용된다.

법률상 규정이 없는 경우에는 관습법에 따라 판단하여야 한다. 관습법은 사회에서 발생하는 관행이 법적 확신 내지 법적 인식을 가지는 대다수의 사람이 지키는 규범을 의미한다. 판례에 따르면 사회의 거듭된 관행으로 생성된 사회생활규범이 사회의 법적 확신과 인식에 의해 법적 규범으로 승인되고 강행된 것이 관습법이다. 따라서 관습법이 인정되기 위해서는 관행이 존재하여야 하고, 그 관행이 법원(法院)에 의해 확인됨으로써 인정된다. 따라서 관습법은 매우 예외적인 경우에만 인정된다.

관습법도 존재하지 않는 경우에는 조리에 따라 민사적 생활관계를 조정하여야 한다. 조리는 사물의 본성, 사물의 본질적 법칙, 사람이 건전한 상식으로 판단할 수 있는 자연의 이치 등으로 다양하게 정의되고 있다. 조리는 법률 및 관습법이 존재하지 않는 경우에 하는 법원의 판단에 정당성을 부여하고, 법관의 지나친 자유재량 및 자의적 법해석을 방지하는 역할을 가지고 있다.

2. 그 외 법원 형태

문자로 표시되는 성문법 외에 불문법(不文法)의 형태도 법원으로 존재한다. 관습법도 넓은 의미에서 불문법의 한 종류로 볼 수 있다. 또한 판례법도 법원의 형태로 존재한다. 판례법은 법원 재판을 통해 형성되는 규범으로 주로 영미법계에서 인정되는 형태이다. 우리나라에서는 선례구속의 원칙이 적용되지 않기 때문에 원칙적으로 판례법이 법원의 형태로 인정되고 있지 않는다.

III. 민법의 기본원리

신분제를 근간으로 하는 봉건사회가 근대사회로 이전되면서 새롭게 형성된 근대민법의 질서는 개인의 자유와 평등을 보장하고 개인의 자유 활동을 인정하기 위해 국가의 간섭을 최소화하는 방향으로 형성되었다. 이러한 발전은 사적자치(私的自治)를 보장하고, 사유재산권을 존중하며, 개인의 과실(過失)이 존재하는 경우에만 그 개인이 책임을 부담하는 원칙을 형성하였다.

1. 사적자치의 원칙

사적자치의 원칙은 개인이 자신의 자유로운 의사에 의하여 법률관계를 형성할 수 있는 원칙을 말한다. 개인의 재산을 증식하거나 권리와 의무를 형성하기 위해서는 개인의 자유로운 판단을 근거로 하여야 하기 때문에 근대 민법의 중요한 원칙으로 인정되었다. 개인이 권리와 의무관계를 형성하는 법률행위의 기본적인 요소가 의사표시이기 때문에 사적자치의 원칙을 법률행위 자유의 원칙이라고도 한다. 또한 법률행위의 가장 대표적인 형태가 계약이므로 이를 계약자유의 원칙이라고 한다. 사적자치의 원칙은 개인의 자발적인 의사를 통해 자신의 재화를 변동, 증식시키기 때문에 자본주의의 중요한 위치를 차지하고 있다. 다만 자본주의하에서의 사회발전과 개인의 경제 사회생활의 균형적 공존이 반드시 일치하지는 않는다. 그런 점에서 개인과 사회의 공존적 발전을 위한 노력이 필요한 부분이다.

2. 사유재산권 존중의 원칙

민법은 개인의 소유권을 최대한 보호하는 것을 기본으로 한다. 근대 민법의 이전 사회의 형태인 중세봉건사회는 신분제를 기반으로 하고 있었기 때문에 기본적으로 모든 재화는 왕의 소유였으며, 왕에 의한 재산의 분배를 통해 생활의 영위가 가능했다. 이러한 중세봉건사회가 붕괴되고 근대시민사회가 형성되면서 개인의 지위가 이전의 신분의 굴레에서 벗어나 독자적인 위치를 가지게 된다. 근대시민사회는 개인이 중심이 되는 사회로 형성되면서 개인 재산의 인정과 그에 대한 보호도 중요한 이해를 가지게 되었다. 개인의 노력에 의해 형성한 개인 재산은 최대한 보호되고 간섭할 수 없기 때문에 초기에는 개인 재산은 절대적으로 보호되었고, 국가도 이를 침해할 수 없었다. 다만 근대시민사회가 성숙되면서 재산, 즉 생산수단을 가지는 자본가와 생산수단이 없는 무산자 사이의 대립이 심화되었다. 이를 해결하기 위해 '공공복리'라는 관점에서 재산권의 행사가 제한되었다. 공공복리에 따른 재산권 행사의 제한은 사회 계층의 대립을 완화할 수 있는 범위에 한정되며, 개인의 재산권의 본질적 내용을 침해할 수 없다.

3. 과실책임의 원칙

사회는 개인이 혼자서 생활하는 것이 아니라 다른 사람과 함께 생활한다. 따라서 개인의 행위에 의해 타인에게 손해를 발생시키는 경우가 발생할 수 있다. 타인에게 손해를 발생시키면 그에 대한 책임을 부담해야 하며, 이러한 책임부담은 개인의 활동에 많은 제약을 가져올 수 있다. 중세봉건사회에서는 개인의 행위로 인하여 발생한 타인의 손해에 대해 그 행위를 한 개인만 책임을 부담하는 것이 아니라 가족, 마을 등 집단적 책임이 인정되기도 했다. 자신의 행위가 아닌 집단의 다른 구성원의 행위에 대해서도 개인이 책임을 부담하게 되면 개인의 활동은 더 많은 제약이 발생할 수밖에 없다. 자유로운 개인의 활동을 전제로 하는 근대시민사회에서는 이를 개선할 필요가 있었다. 이에 따라 타인에게 손해를 발생시킨 그 개인만이 책임을 부담하는 관점이 과실책임의 원칙이다. 즉 자신의 잘못으로 타인에게 손해를 발생시키면 그 행위를 한 사람이 책임을 부담하게 된다.

한편 과실책임의 원칙을 엄격하게 적용하면 자신의 잘못(과실)이 없으면 타인에게 발생한 손해에 대해 어떠한 책임도 부담하지 않아도 된다는 결과가 발생한다. 그러나 현대사회는 많은 발전을 통해 기술적, 환경적 측면에서 많은 사람이 상호간 영향을 주며 생활하고 있다. 교통사고, 환경오염 등의 복잡하고 광범위한 역학관계가 형성되면서 이를 통해 발생하는 손해에 대해 책임의 부담문제가 발생하게 되었다. 이를 해결하기 위해 과실책임의 원칙의 적용을 완화하여 일부 부분에서는 무과실책임을 인정하고, 점점 그 적용 범위가 확대되어 가는 현상이 나타나고 있다.

IV. 민법의 해석

민법은 기본적으로 성문법으로 구성되어 있고, 성문법은 추상적이고 포괄적인 문언의 형태로 표시되어 있다. 따라서 많은 난해한 법률용어로 구성되어 있기 때문에 쉽게 이해하기 어렵다. 개인 간에 작성된 문서 또한 법률상 용어를 근간으로 작성됨으로 그 의미를 파악하기 쉽지 않다. 이러한 문제를 해결하고자 하는 것이 해석의 문제이다.

해석은 구체적인 생활관계를 법적으로 평가하고 판단하기 위해 법규 또는 법률문서가 가지는 의미나 내용을 명백하게 확정하는 작업을 말한다. 해석을 하는 것은 법규를 구체적 사건에 적용하여 타당한 결과를 도출하는 구체적 타당성과 유사한 사건의 경우에는 동일한 결과가 도출될 수 있는 법적 안정성을 확보하기 위함이다. 해석의 방법으로는 유권해석(법규의 특정 용어의 의미를 다른 법규로 확장하는 것), 학리해석(문리해석과 논리해석), 논리해석에는 유추해석, 반대해석, 확장해석, 축소해석 등 다양한 방법이 존재한다. 해석을 통하여 민사적 분쟁을 해결하기 위해 적용해야 하는 법규 또는 법률관계에 있는 당사자들의 의사의 의미 또는 내용을 분명하게 파악할 수 있다.

🌐 제 2 절 신의성실의 원칙과 권리남용금지의 원칙

권리는 일정한 이익을 향유하게 하기 위하여 법이 인정한 힘을 의미하고, 의무는 법률상의 구속 또는 법에 의하여 강제되는 것을 의미한다. 권리와 의무관계는 법에 의하여 인정되고 부과되지만, 그 행사에 있어 객관적 한계가 존재한다. 즉 타인을 해할 목적으로 하는 권리 행사는 제한된다.

I. 신의성실의 원칙(민법 제2조 제1항)

신의성실의 원칙은 사회의 구성원으로서 신의와 성실로써 권리행사 및 의무이행을 하여야 한다는 원칙을 말한다. 대단히 추상적 조항이므로 그 내용은 구체적인 사건에 대한 해석을 통하여 파악하여야 한다. 따라서 일반조항 또는 백지조항이라고 한다. 신의성실의 원칙은 사회적 목적에 따라 권리행사를 제한할 수 있는 반면, 법규범상 보충적 규범으로의 역할도 수행하고 있다. 신의성실의 원칙은 계약 내용에 대한 해석의 기능을 제공하고, 불공정한 계약에 대한 규제로써 작용하기도 하며, 경우에 따라 설명의무, 안전배려의무, 보호의무와 같은 의무를 창설하는 기준이 되기도 한다. 신의성실의 원칙에는 다음과 같은 파생원칙이 있다.

1. 사정변경의 원칙

사정변경의 원칙은 법률행위의 성립에 기초가 되는 사정이 법률행위 성립 후 법률행위의 당사자가 예견하지 못한 또는 예견할 수 없었던 중대한 변경을 받게 되어 원래 기대하였던 법률행위의 효과가 부당하게 되는 경우에 그 효과를 적절하게 변경하거나 해제 또는 해지할 수 있다는 원칙을 말한다. 사정변경의 원칙은 민법상 개별적으로 규정되고 있어, 그 범위에서는 인정되는 것에 대해서는 이견이 없으나, 규정되어 있지 않은 경우에도 일반조항으로 적용될 수 있는지에 대해서는 다양한 의견이 제시되고 있다.

2. 실효의 원칙

실효의 원칙은 장기간 권리행사가 없어 거래의 상대방이 이제는 그 권리가 행사되지 않을 것으로 믿을 만한 사유가 있을 때, 그 권리를 행사하는 것은 신의성실의 원칙에 위반된다고 인정하는 원칙을 말한다.

3. 모순행위금지의 원칙(또는 금반언의 원칙)

모순행위금지의 원칙 또는 금반언(禁反言)의 원칙은 동일한 또는 연속되는 법률관계에 있어 앞에서 한 행위로 상대방에게 일정한 신뢰를 부여한 경우에 이와 모순된 행위를 함으로써 상대방의 신뢰를 훼손하는 것은 신의성실을 위반하는 것으로 보아 나중에 한 행위의 효과를 부인하는 원칙을 말한다.

II. 권리남용금지의 원칙(민법 제2조 제2항)

권리남용금지의 원칙은 외형적으로는 권리의 행사로 보이나 실제 내용적 측면에서는 권리의 공용성, 사회성에 반하여 정당한 권리행사로 인정하기 어려운 경우에 그 권리행사의 효과를 인정하지 않는 것을 말한다. 권리남용이 인정되기 위해서는 권리행사로 볼만한 행위가 존재하여야 하며, 그 권리행사가 사회질서를 위반할 정도로 그 정당성이 결여되어야 한다. 권리남용으로 인정되면 행사된 권리의 법률효과가 발생하지 않아 결과적으로 권리행사가 제한된다. 또한 경우에 따라 권리남용으로 상대방에게 손해가 발생하면 불법행위책임이 인정될 수도 있다.

제 3 절 권리의 주체

권리의 주체는 법인격(法人格)을 말하며, 법질서에 의하여 법적인 힘, 즉 권리가 부여된 자를 말한다. 권리의 주체로 인정되기 위해서는 권리능력이 있어야 하고, 독자적인 법률행위를 하기 위해서는 행위능력이 있어야 한다. 권리의 주체로 인정되는 자연인과 법인이 있다.

I. 자연인(自然人)

1. 권리능력의 개념

권리능력은 권리의 주체가 될 수 있고, 의무를 부담할 수 있는 자격 또는 지위를 말한다. 신분제 사회에서는 권리능력이 인정되지 않은 사람이 존재하기도 하였으나, 현재는 모든 자연인에게 권리능력이 인정되고 있다. 또한 권리능력이 인정되는 주체로 법인(法人)이 있다. 법인은 사람의 단체나 재산의 집합체가 사람처럼 사회적으로 활동하는 경우를 말하며, 법인은 법률이 정하는 일정한 요건을 갖추면 자연인처럼 권리능력과 행위능력이 인정된다.

2. 자연인의 권리능력

민법 제3조에 따라 자연인은 생존하는 동안 권리와 의무의 주체가 된다.

(1) 권리능력의 존속기간

1) 시기(始期)

자연인은 출생과 더불어 권리능력이 부여된다. 이때 출생은 학설상 태아가 모체로부터 완전히 분리된 때를 기준한다(전부노출설). 살아서 출생한 경우에만 권리능력이 부여되며, 살아서 출생한 경우에는 그 자연인이 조산한 경우나 기형을 가지고 있어도 권리능력이 인정된다. 기본적으로 자연인은 출생한 때부터 권리능력을 가지기 때문에 모체와 분리되기 전인 태아(胎兒)는 권리능력을 가지지 못한다. 다만 민법에서는 태아의 경우에도 일부 사항에 대해서는 예외적으로 권리능력을 인정하고 있다. 태아에게 권리능력이 인정되는 경우는 불법행위에 기한 손해배상청구권(민법 제762조), 재산상속권(민법 제1000조), 유증(민법 제1064조) 등이다. 그 외 사인증여, 인지 등의 경우에 대해서는 학설이 대립하고 있다.

2) 종기(終期)

자연인이 사망하면 권리능력은 소멸한다. 사망의 시점에 대해서는 심장의 기능이 회복 불가능한 상태로 정지된 때를 사망으로 보는 심장정지설에 따른다. 예외적으로 장기이식법이 적용되는 경우에는 뇌사가 된 때를 사망의 시점으로 보는 뇌사설이 따르고 있다. 뇌사에는 다양한 의학적 내용이 있으나, 일반적으로는 임상적으로 뇌 활동이 회복 불가능하게 비가역적으로 정지된 상태를 말한다(뇌사판정기준에 대해서는 장기이식법 제21조, 별지1을 참조할 것). 통상의 경우에는 사람의 사망사실을 의학적 관점에서 확인할 수 있지만, 사람의 생존여부를 확인하기 어려운 경우도 있다. 이러한 경우를 대비하여 민법상 몇 가지 제도가 마련되어 있다. 2인 이상이 동일한 위난으로 사망한 경우에는 동시에 사망한 것으로 추정한다. 이러한 동시사망은 추정의 효력이 인정되고 있기 때문에 생존사실 또는 구체적인 사망시간을 증명하여 그 내용을 변경할 수 있다. 사망의 확정은 없으나 사망한 것으로 거의 확실한 경우에는 그 사람의 사망상황을 조사한 관공서의 사망보고에 기하여 가족관계등록부에 사망으로 기재하는 인정사망제도가 있다. 이 경우도 추정효가 인정되므로 구체적인 증거로 다툴 수 있다.

종래의 주소 등 거주지를 떠나 상당 기간 동안 돌아오지 않아 다른 사람에 의해 재산관리가 필요한 부재자의 생사가 불분명한 상태로 그 기간이 일정한 기간 계속되는 경우 가정법원이 그 사람을 사망한 사람으로 선고하는 실종선고제도가 있다. 실종선고가 되기 위해서는 부재자의 생존 또는 사망이 불분명하여야 한다. 또한 법률에서 규정하는 실종기간이 경과하여야 한다. 실종기간에는 5년의 보통실종기간과 1년의 특별실종기간이 있다. 특별실종기간이 적용되는 경우는 전쟁실종, 선박실종, 항공실종, 위난실종이 있다. 실종선고가 되기 위해서는 이해관계인 또는 검사의 청구가 있어야 하며, 법원이 실종선고하기 위해서는 필수적으로 6개월 이상의 기간을 정하여 공시최고를 하여야 한다. 실종선고가 되면 실종자는 사망으로 간주된다. 실종선고에는 간주의 효력이 인정되고 있기 때문에 선고의 효과를 다투지 못하며, 그 효과를 변경하기 위해서는 그 선고를 취소하여야 한다. 실종선고가 되면 실종자와 관련된 사법적(私法的) 관계만 종료하고, 따라서 재산상의 권리 또는 의무, 친인척관계 등이 소멸한다.

3. 의사능력

의사능력은 권리와 의무의 변동이라는 결과, 즉 법률효과를 이해하고 판단할 수 있는 능력을 말한다. 의사능력은 자신의 행위에 따른 법률적 의미와 그 결과를 이해하고 판단하는 능력이므로 의사능력이 없으면 법률적 효과가 발생하지 않는다. 의사능력을 불법행위 측면에서 파악한 것이 책임능력이라 할 수 있다. 책임능력은 자기의 행위나 결과에 대해 합리적으로 해석할 수 있는 능력을 의미하지 않고, 단순히 자기의 행위로 발생한 결과가 위법한 것으로 인식할 수 있는 능력을 말한다. 따라서 행위능력이 인정되지 않는 경우라도 책임능력은 인정될 수 있다. 그러나 이러한 의사능력은 외부에서 인식하기 어려운 내적, 심리적 정신능력이므로 행위자가 그러한 행위를 했을 때 의사능력의 유무를 증명하기 어렵고, 행위자 마다 구체적인 상황이 매우 다르기 때문에 의사능력을 기준하여 법률효과를 부여할 수 없고, 경우에 따라서는 거래의 안전을 위협할 수도 있다.

따라서 법에서는 법률효과를 부여하기 위한 기준 능력으로 행위능력을 인정하고 있다.

4. 행위능력

행위능력은 단독으로 완전하고 유효한 법률행위를 할 수 있는 지위 또는 자격을 말한다. 행위능력은 일정한 획일적 기준으로 정해진다. 의사능력은 자신의 행위에 따른 법률적 의미와 그 결과를 이해하고 판단하는 능력으로 법률행위를 할 수 있는 능력으로 인정할 수 있으나, 의사능력은 같은 사람이라고 하더라도 상황에 따라 의사능력이 인정되지 않을 수 있기 때문에 법률행위의 안정적인 효과를 인정하기 어렵다. 또한 권리능력은 권리와 의무의 주체가 될 수 있는 능력으로 단지 권리 주체성을 인정하는 기준이 될 뿐 법률행위를 할 수 있는 능력은 아니다. 안정적인 법률효과를 인정하기 위해 행위능력제도를 도입했으며, 이런 이유로 행위능력은 일정한 기준을 정하여 그 기준에 도달한 사람에게는 획일적으로 행위능력을 인정한다. 이 기준에 도달하지 못한 사람을 제한능력자라고 한다. 제한능력자에는 미성년자와 성년후견제도에 따라 행위능력이 제한되는 사람이 있다. 성년후견제도에 따라 행위능력이 제한되는 사람으로 피성년후견인, 피한정후견인, 피특정후견인이 있다.

(1) 미성년자

민법상 성년자는 19세에 도달한 사람이다. 따라서 19세에 도달하지 않은 사람을 미성년자라 한다. 민법상 나이를 계산할 때는 민법상 원칙인 초일불산입의 원칙이 적용되지 않아, 출생일을 포함하여 계산한다(민법 제158조). 미성년자는 행위능력이 인정되지 않으므로 단독으로 법률행위를 할 수 없어, 미성년자가 법률행위를 하기 위해서는 법정대리인의 동의가 있어야 한다. 미성년자의 법정대리인은 1차적으로 친권자이다. 친권자가 없는 경우에는 후견인이 대리인이 된다. 법정대리인은 미성년자의 법률행위에 대해 동의를 할 수 있고, 대리할 수 있으며, 동의 없이 한 미성년자의 법률행위를 취소할 수 있다. 다만 미성년자는 예외적으로 단독으로 할 수 있는 법률행위를 할 수 있는 경우가 있다. 단순히 권리만 얻거나 의무만을 면하는 행위, 처분이 허락된 행위, 영업이 허락된 미성년자의 그 영업에 관한 행위, 성년의제상의 행위, 대리행위, 유언행위(17세 이상의 경우) 등의 행위는 미성년자가 단독으로 할 수 있다.

(2) 피성년후견인

민법 제9조에 따라 피성년후견인은 질병, 장애, 노령, 그 밖의 사유로 인한 정신적 제약으로 사무를 처리할 능력이 지속적으로 결여된 사람으로 일정한 자의 청구에 의하여 가정법원으로부터 성년후견개시의 심판을 받은 사람을 말한다. 피성년후견인은 종국적, 확정적으로 유효하게 법률행위를 할 수 없다. 다만 예외적으로 가정법원이 취소할 수 없는 피성년후견인의 법률행위의 범위를 정한 경우에 그 범위 내의 행위, 일용품 구입 등 일상생활에 필요하고 그 대가가 과도하지 않은 법률행위는 단독으로 할 수 있다. 피성년후견인에게 필요한 법률행위를 하기 위해서는 성년후견인(법정대리인)을 두어야 한다. 성년후견인은 가정법원이 직권으로 선임하고, 복수로도 가능하며, 법인도 될 수 있다. 피성년후견인은 단독으로 법률행위를 할 수 없기 때문에 성년후견인에게는 동의권이 없으며, 대리권과 취소권은 인정된다.

(3) 피한정후견인

피한정후견인은 질병, 장애, 노령, 그 밖의 사유로 인한 정신적 제약으로 사무를 처리할 능력이 부족한 사람으로서 일정한 자의 청구에 의하여 가정법원으로부터 한정후견개시의 심판을 받은 사람을 말한다. 피한정후견인은 사무처리 능력이 부족한 사람임으로 원칙적으로 종국적, 확정적으로 유효한 법률행위를 할 수 있다. 다만 가정법원은 한정후견인(법정대리인)의 동의가 필요한 행위의 범위를 정하여 피한정후견인의 행위능력을 제한할 수 있다. 피한정후견인에게도 한정후견인이 필요하다. 한정후견인은 가정법원의 직권으로 선임되며, 복수로 선임될 수 있으며, 법인도 가능하다. 한정후견인에게는 원칙적으로 대리권, 동의권, 취소권이 인정되지 않는다. 다만 법원의 심판으로 대리권이 수여될 수 있고, 동의가 유보된 경우에는 동의권과 취소권을 보유하게 된다.

(4) 피특정후견인

피특정후견인은 질병, 장애, 노령, 그 밖의 사유로 인한 정신적 제약으로 일시적 후원 또는 특정한 사무에 관한 후원이 필요한 사람으로서 일정한 자의 청구에 의하여 가정법원으로부터 특정후견개시의 심판을 받은 사람을 말한다. 피특정후견인은 전반적으로 사무처리 능력이 제한되는 사람이 아니므로 행위능력에 대한 제한이 없다. 따라서 특정후견인이 선임되고, 그 특정후견인에게 법정대리권이 부여되어도 피특정후견인의 행위능력은 제한되지 않고 특정후견인의 동의 없이 법률행위를 할 수 있다.

II. 법인(法人)

법인은 법률에 의하여 권리능력이 부여된 법적 주체를 말한다. 권리의무의 주체는 기본적으로 자연인의 자연적인 성질을 전제로 하고 있었기 때문에 법인의 권리주체성 인정에 대해서는 역사적으로 많은 논의가 있었다. 그러나 사회경제적인 측면에서 법인의 법인격의 인정이 요구되었기 때문에 자기책임의 원칙을 수정하여 법인에게도 권리주체성을 인정하게 되었다. 따라서 법인은 법률, 정관상의 목적의 범위 내에서 법률상 요건이 인정되는 경우 권리주체성을 가진다.

1. 법인의 종류

법인에는 법률상 일정한 목적과 조직하에 결합한 사람의 단체인 사단 및 조합과 일정한 목적을 위한 재산으로 구성된 재단이 있다. 또한 법인의 내부적 법률관계에 국가의 영향력이 미치는 정도에 따라 공법인과 사법인으로 구분되며, 영리를 목적으로 하는지 여부에 따라 영리법인과 비영리법인으로 구별된다.

(1) 사단법인

영리사단법인은 준칙주의가 적용되어 법률이 정한 요건만 갖추면 법인으로 성립되어 권리능력을 보유한다. 비영리사단법인은 허가주의를 취하고 있기 때문에 목적의 비영리성, 정관 작성이라는 설립행위, 주무관청의 허가가 있어야 하며, 성립요건으로 설립등기를 하여야 법인으로 인정된다. 설립등기를 하지 않은 경우에는 법인으로 인정되지 않기 때문에 법인 아닌 사단(또는 비법인사단) 또는 설립 중인 사단법인으로의 문제가 발생한다.

(2) 재단법인

비영리법인은 학술, 종교, 자선, 기예, 사교 기타 영리 아닌 사업을 목적으로 하는 사단 또는 재단을 말한다. 비영리재단이 법인으로 인정되기 위해서는 목적이 비영리성을 가져야 하며, 주무관청의 허가와 재산 출연이라는 설립행위가 있어야 한다. 역시 설립등기를 하여야 법인으로 성립한다.

2. 법인의 권리능력

법인의 권리능력은 법률에 의해 부여된다. 법인의 권리능력은 법률에 의해 제한될 수 있으며, 그 외에 법인의 성질 또는 법인의 목적에 의해 권리능력이 제한될 수 있다.

3. 법인의 행위능력

법인의 행위능력은 누구의 행위를 법인의 행위로 인정할 것인가에 관한 문제이다. 법인의 본질에 관한 법인실재설에 따르면 법인도 단체의사 또는 조직적 의사를 보유하는 것으로 본다. 따라서 법인의 행위는 독립적으로 존재하는 것으로 보나, 통상 법인의 대표기관의 행위를 법인의 행위로 인정한다.

4. 법인의 불법행위능력

법인의 불법행위능력은 누구의 어떠한 행위로 인하여 발생한 행위를 법인의 행위로 보아 그 행위로 인한 불법행위 책임을 법인이 부담해야 하는지에 관한 문제이다.

(1) 요건

1) 불법행위책임을 야기한 행위는 대표기관의 행위여야 한다. 여기서 대표기

관은 이사, 임시이사, 특별대리인, 직무대행자, 청산인 등을 의미하며, 사원 총회 및 간사는 제외된다.

2) 대표기관이 '직무에 관하여' 타인에게 손해를 주어야 한다. 여기에서 직무 관련성이 있는 행위란 행위의 외형상 기관의 직무행위로 볼 수 있는 행위 및 직무행위와 사회 관념상 견련성을 가지는 행위를 말한다.

3) 민법 제750조상의 불법행위의 요건을 갖추어야 한다.

(2) 기관 및 개인의 책임

법인의 불법행위가 인정되는 경우에는 법인이 불법행위에 기한 손해배상 책임을 부담한다. 이 경우 불법행위를 한 개인도 피해자 보호 차원에서 개인 책임도 인정된다. 법인이 손해배상을 한 경우에 그 행위를 한 개인에 대해 구상권을 행사할 수 있다. 법인의 불법행위가 인정되지 않으면, 법인의 책임은 없다. 다만 그 행위를 결의한 대표기관의 사원 및 기타 대표자가 연대하여 책임을 부담하여야 한다.

5. 법인의 기관

(1) 이사

이사는 대외적으로 사단을 대표하고 대내적으로 법인의 업무를 집행하는 상설적 필요기관이다. 이사가 법인을 대표하여 하는 행위는 법인 자신의 행위로 평가된다. 이사회는 이사의 전원으로 구성한다.

(2) 사원총회

사원총회는 사단의 구성원인 사원의 전체로 이루어지는 최고의사결정기관이며, 필요기관이다. 재단법인은 정관에 따라 사원총회를 둘 수 있다. 사원총회는 사원의 다수결로 사단법인의 의사를 결정한다. 정관변경과 임의해산은 총회의 결의가 필수적이다. 사단의 정관변경은 총사원의 3분의 2 이상의 동의와 주무관청의 허가가 있어야 한다. 정관변경 금지 규정도 전체사원의 동의로 변경할 수 있는 것으로 보고 있다. 재단법인의 정관은 원칙적으로 변경할 수 없다. 다만 정관변경을 정관에 정하고 있거나, 본질적이지 않은 사항 또는 목적을 달성할 수 없을 때는 예외적으로 정관을 변경할 수 있다.

(3) 감사

감사는 법인의 내부에서 이사의 업무집행을 감독하는 기관이다. 감사는 외부에 대해 법인을 대표할 수 있는 권한은 가지지 않는다. 감사는 법인의 재산상황, 이사의 업무집행을 감사할 수 있고, 부정행위나 불비사항이 있으면 사원총회 또는 주무관청에 보고할 수 있다. 경우에 따라 감사 결과를 보고하기 위해 사원총회를 소집할 수 있다.

제 4 절 권리의 객체

권리의 객체는 권리의 대상 또는 목적을 말한다. 물건이 대표적인 권리의 객체이며, 그 외 채권, 지식재산권, 광업권, 어업권 등도 권리의 객체가 될 수 있다.

I. 물건

1. 의의

물건은 유체물 또는 전기, 가스, 에너지와 같은 자연력을 말한다. 물건은 관리가능성이 있어야 한다. 그리고 물건은 비인격성을 가지므로 사람은 권리의 객체가 될 수 없다. 다만 신체에서 분리된 모발, 치아, 혈액 등은 물건으로 평가될 수 있다. 신체의 일부를 구성하는 장기(臟器)는 권리의 개체로 인정되지 않으나, 장기이식법의 범위 내에서 사회질서를 위반하지 아니하는 한 권리의 객체가 될 수 있다.

2. 물건의 분류

(1) 부동산과 동산

부동산은 토지와 그 정착물이다. 토지는 일정한 지면과 그 지면의 상하(上下)

를 말한다. 토지의 정착물은 토지에 고정된 물건으로, 건물, 수목 등을 말한다. 토지와 건물은 별개의 물건으로 인정된다. 부동산은 공시방법으로 등기를 사용하고 있으며, 공신의 원칙은 인정되지 않는다. 부동산에는 용익물권 또는 담보물권의 대상이 될 수 있으며, 등기부취득시효 또는 점유취득시효로 시효취득될 수 있다. 동산은 부동산 이외의 물건을 말한다. 토지의 정착물이 아닌 토지의 부착물, 전기와 같은 관리가능성이 있는 자연력, 금전 등이 이에 속한다. 무기명채권은 동산이 아니다.

(2) 주물과 종물

물건의 소유자가 그 물건의 경제적 가치를 증대하기 위해 자기 소유의 다른 물건을 부속시키는 경우에 그 중심에 있는 물건을 주물이라고 하고, 보조적 역할을 하는 물건을 종물이라고 한다. 예를 들면 시계와 시곗줄, 자물쇠와 열쇠의 경우 시계와 자물쇠가 주물, 시계줄과 열쇠가 종물이라고 할 수 있다. 주물과 종물의 관계가 성립하기 위해서는 주물과 종물 모두 동일한 소유자에게 속해야 하고, 종물은 주물의 통상적인 사용에 제공되어야 한다. 종물은 주물의 처분에 따르므로, 주물과 종물은 법률적 운명을 같이 한다. 다만 이는 임의규정이므로 당사자 간의 특약으로 변경할 수 있다.

(3) 원물과 과실(果實)

원물은 수익을 생기게 하는 물건이고, 그 수익이 과실이다. 과실에는 천연과실과 법정과실로 구분한다. 천연과실은 원물의 용법에 의하여 얻어지는 물건을 말한다. 열매, 우유 등 유기적 생산물과 석재, 흙, 모래와 같은 무기적 생산물이 이에 속한다. 법정과실은 원물에 대한 사용가치로 획득하는 금전 기타 물건을 의미한다. 이자, 차임이 이에 속한다. 천연과실은 원물로부터 분리될 때 이를 수취할 권리자에게 귀속되고, 법정과실은 수취할 권리와 존속기간의 일수(日數)의 비율에 따라 취득하는 것이 원칙이다.

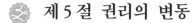

제 5 절 권리의 변동

I. 서설

권리의 변동은 권리 또는 의무의 발생, 변경 및 소멸을 의미한다. 권리와 의무 관계는 법률관계이며, 법률관계는 사람의 사회생활관계 중에 법률의 규율을 받는 관계이다. 사회를 구성하는 사람 사이에 권리 또는 의무가 발생하고 이를 변경하고 발생된 권리와 의무를 소멸하게 하기 위해서 인정되는 제도가 법률행위이다. 즉 법률행위를 통하여 권리와 의무가 발생, 변경, 소멸한다. 따라서 권리변동이라는 법률효과가 발생하기 위해 법률행위가 필요하므로 법률행위는 법률요건으로 분류된다. 법률요건은 법률효과를 발생시키기 위한 모든 사실이다. 법률요건에는 법률행위 외에 사무관리, 부당이득, 불법행위 등이 있다.

II. 법률행위

법률행위는 의사표시를 요소로 하는 법률요건이다. 의사표시는 법률효과의 발생을 목적으로 하는 의사를 결정하는 효과의사와 그 의사를 외부에 표시하는 행위인 표시행위로 구성된다. 또한 법률행위가 효력을 가지기 위해서는 우선 일반적 성립요건으로 당사자와 법률행위의 목적이 특정되어야 하고, 그에 상응하는 의사표시가 있어야 한다. 일반적 효력요건으로 법률행위의 당사자는 권리능력과 행위능력을 보유하여야 한다. 법률행위의 목적은 가능하고 적법하여야 하고, 사회적 타당성이 있어야 한다. 의사표시는 의사와 표시가 일치하여야 하고 하자가 없어야 한다.

III. 법률행위의 분류

1. 의사표시의 모습에 따른 분류

법률행위를 의사표시의 모습에 따라 분류하면 단독행위, 계약, 합동행위로 구별할 수 있다. 단독행위는 한 개의 의사표시만으로 성립하는 법률행위를 말한다. 단독행위는 상대방 있는 단독행위와 상대방 없는 단독행위로 구분된다. 상대방 있는 단독행위는 의사표시가 상대방에게 도달하여야 성립하는 법률행위이다. 예를 들면 동의, 취소, 추인, 해제, 해지 등이 이에 속한다. 상대방 없는 단독행위는 의사표시가 있으면 성립하는 법률행위이다. 예를 들면 유언, 재단법인의 설립행위 등이 이에 속한다.

계약은 2인 이상의 당사자가 하는 교환적이고 대립하는 의사표시(청약, 승낙)의 합치로 성립하는 법률행위이다. 예를 들어 매매계약은 재화(물건)와 금전의 교환을 의미한다. 따라서 매매계약이 성립하기 위해서는 물건을 인도하겠다는 의사표시와 금전(대금)을 지급하겠다는 두 개의 의사표시가 일치하여야 성립한다. 계약은 법률행위 중 사회적 활용도가 가장 높은 형태이다. 우리 민법에는 증여, 매매 등 전형적인 계약으로 15개의 유형을 제시하고 있다. 그러나 사회적으로는 민법에서 규정하고 있는 형태 외에 매우 다양한 형태의 계약이 이용되고 있다.

합동행위는 같은 목적을 가진 두 개 이상의 의사표시가 일치함으로써 성립하는 법률행위이다. 두 개 이상의 의사표시가 있어야 성립한다는 점에서 단독행위와 다르며, 두 개 이상의 의사표시가 평행적이고 구심적이라는 점에서 계약과는 다르다. 사단법인의 설립행위가 합동행위의 중요한 예이다.

2. 요식행위, 불요식행위

요식행위는 일정한 방식을 법률행위의 요건으로 하는 법률행위를 말한다. 즉 유언, 혼인, 법인의 설립행위, 수표, 어음 등과 같이 일정한 형식이 있어야 성립하는 법률행위이다. 일정한 방식이 없어도 성립하는 법률행위를 불요식행위라고 한다. 민법상 원칙은 불요식행위이다. 요식행위를 인정하는 것은 일정한 방식을 마련함으로써 그 법률효과에 대한 신중을 기할 수 있는 기회를 제공하고, 또한 증거를 남기기 위함이다.

3. 법률효과의 종류에 따른 분류

채권은 특정인이 다른 특정인에게 일정한 행위(급부)를 요구할 수 있는 권리를 말한다. 채권이 발생하면 의무부담의 행위가 발생하고, 이는 이행의 문제를 발생한다. 물권은 물권변동을 발생시키는 의사표시를 요소로 하여 성립하는 법률행위이다. 물권변동은 물권의 발생, 변경, 소멸을 의미한다. 준물권행위는 물건 이외의 권리변동을 직접 발생시키는 법률행위를 말한다. 예를 들면 채권양도, 지식재산권의 양도, 채무변제 등이 이에 속한다.

제 6 절 의사표시

I. 의사표시의 의의

의사표시는 일정한 법률효과의 발생을 의욕 하는 의사의 표시행위를 말한다. 의사표시는 법률행위의 필수적인 요소로 법률효과를 이루는 법률사실이다. 의사표시는 통상 3단계로 구성되는데, 효과의사, 표시의사, 표시행위이다. 효과의사는 일정한 법률효과를 의욕하는 단계를 말하며, 표시의사는 효과의사를 상대방에게 표시하기 위해 표시하려는 의사를 말한다. 표시행위는 효과의사를 외부로 표현하는 행위를 말한다. 이 중에 표시의사는 의사표시 구성 단계에서 제외하기도 한다. 의사표시의 형태는 의사표시를 명시적으로 하는 명시적 의사표시의 형태로 표현되는 것이 통상적인 모습이나, 그 외 묵시적 의사표시, 추단된 의사표시, 가정적 의사표시 등이 있으며, 법률이나 약관에 의해 의사표시가 있는 것으로 보아 계약이 성립할 수도 있다.

II. 의사표시의 불일치

법률효과가 발생하기 위해서 의사표시는 의사와 표시가 일치하여야 한다. 의사와 표시 간에 일치하지 않는 경우에는 그 흠결이 있는 것으로 보아 무효 또는 취소될 수 있다.

1. 진의 아닌 의사표시(비진의표시)

진의 아닌 의사표시는 표의자가 진의 아님을 알고 진의와 다른 의사를 표시하는 경우이다. 임대차계약에서 임대인이 차임을 인상하고 싶으나 협상의 우위를 점하기 위해 임대차계약을 해지하는 경우에 임대인의 진의는 차임인상이나 계약해지를 표시하였기 때문에, 이때의 계약해지의 의사표시는 진의 아닌 의사표시가 된다. 진의 아닌 의사표시는 표시된 대로 법률효과가 발생하므로 임대차계약은 해지된다. 다만 임대인이 계약을 해지한다는 의사표시가 차임인상을 의욕한다는 것을 임차인이 알았거나 알 수 있었을 때에는 그 의사표시는 무효이다. 진의 아닌 의사표시는 선의(善意)의 제3자에게 대항하지 못한다. 선의는 법률상 이해관계가 있을 때 그 의사표시가 진의 아닌 의사표시임을 알지 못한 경우를 말한다. 위의 예에서 임차인이 임대차계약이 해지될 것으로 알고 이사하기 위해 이사짐센타와 계약을 체결한 경우에 임대인은 이사짐센터에 대해 무효를 주장할 수 없다. 또한 선의의 제3자로부터 취득한 악의의 전득자에 대해서도 대항하지 못한다. 진의 아닌 의사표시의 적용은 상대방 없는 법률행위에도 적용이 되나, 가족법상의 행위에 대해서는 적용되지 않는다.

2. 허위표시(통정허위표시)

허위표시는 표의자가 상대방과 통정하여 형식적으로는 진정한 의사표시가 있는 것처럼 제3자에게 허위로 표시하는 경우를 말한다. 대표적인 예는 가장매매 행위이다. 표의자가 자신의 채무를 이행하지 않아 자신의 채권자로부터 강제집행을 당할 위험이 있을 때 표의자가 자신의 지인과 통정하여 매매계약을 체결하고 지인에게 소유권을 이전하는 경우이다. 이때 표의자가 지인에게 자신의 재산의 소유권을 실제적으로 이전하고자 하는 의사는 없고, 단지 채권자의 강제집행을 면하기 위해 외형적으로만 소유권을 이전하는 하는 계약을 체결할 때 의사표시는 허위표시가 된다. 허위표시는 당사자 간에는 항상 무효이다. 따라서 소유권 이전도 무효이다. 허위표시의 경우에도 선의의 제3자에게 대항할 수 없다. 위의 예에서 표의자의 지인이 자신에게 소유권이 이전된 것을 기화로 다른 사람에게 그 재산을 매각하는 경우, 표의자는 지인과의 계약이 허위표시로 무효였다는 것을 그 재산을 매수한 사람에 대해 주장할 수 없다.

3. 착오에 의한 의사표시

착오에 의한 의사표시는 표의자가 자신의 효과의사와 표시행위 간의 불일치를 인식하지 못하고 한 의사표시를 말한다. 착오의 종류에는 표시의 착오와 내용의 착오로 구별할 수 있는 행위착오와 동기(動機)의 착오가 있다. 표시의 착오는 표시행위 자체가 잘못되어 효과의사와 표시행위가 불일치하는 경우이며, 내용의 착오는 표시행위 자체에는 착오가 없으나 표시행위가 가지는 의미를 잘못 이해한 경우를 말한다. 동기의 착오는 효과의사를 형성하게 된 사정 또는 법률행위를 하려는 사회적, 경제적 목적인 동기가 잘못된 상황판단에 기초하여 이루어진 경우를 말한다. 착오가 중요부분에 관한 것이면 표의자는 그 의사표시를 취소할 수 있다. 중요부분에 관한 것이라는 의미는 그러한 착오가 없었더라면 그러한 의사표시를 하지 않았을 것이라고 인정될 수 있을 정도의 착오를 말한다.

4. 사기, 강박에 의한 의사표시

사기에 의한 의사표시는 표의자가 타인의 기망행위로 인하여 착오에 빠지고, 그러한 상태에서 한 의사표시를 말한다. 강박에 의한 의사표시는 표의자가 타인의 강박행위에 의하여 공포심을 가지게 되고, 그 해악을 피하기 위해 진의 아닌 의사표시를 하는 경우이다. 사기, 강박에 의한 의사표시는 취소할 수 있으나, 선의의 제3자에게 대항하지 못한다.

III. 준법률행위

준법률행위는 사람의 의식적인 행위가 요소라는 점에서는 법률행위와 같으나 법률행위의 효과가 당사자의 의사에 의하여 발생하지 않고 법률의 규정에 의하여 발생하는 점에서 법률행위와 다르다. 이에는 관념의 통지, 의사의 통지, 감정의 표시 등이 있다. 승낙연착의 통지와 같이 일정한 사실을 통지하는 것이 관념의 통지이다. 채무이행의 청구와 같이 상대방에게 자기의 의사를 통지하는 것이 의사의 통지이다. 감정의 통지는 표의자가 일정한 감정을 표시하는 것을 말한다. 예를 들어 배우자의 부정행위를 용서한다고 표시하면 이혼청구를 할 수 없는 법률효과가 발생한다.

IV. 사실행위

행위자의 의사와 관계없이 발생한 사실만으로 그 법률효과가 발생하는 행위가 사실행위이다. 사실행위의 예로는 유실물 습득, 무주물선점, 매장물발견, 첨부(부합, 혼화, 가공) 등이 있다.

V. 위법행위

위법행위는 법의 명령을 위반하는 행위나 금지된 행위를 하는 행위를 말한다. 이러한 행위는 법률에 의해 불이익이 발생한다. 불법행위나 채무불이행과 같은 행위가 이에 속한다.

 제 7 절 대리(代理)

I. 대리의 의의

법률행위는 법률효과를 발생하고자 하는 당사자가 하는 것이 원칙이다. 그러나 행위능력이 제한되거나 개인의 활동영역에 한계가 있어 일정한 지위에 있는 사람(법정대리인)이나 타인의 협력을 받아 법률행위를 할 수 있다. 이 경우에 인정되는 것이 대리제도이다. 대리는 타인(대리인)이 본인의 이름으로 법률행위를 하거나 또는 의사표시를 받음으로써 그 법률효과가 직접 본인에게 발생시키는 제도를 말한다. 대리는 법률행위와 관련하여 인정되므로 사실행위나 불법행위에 대해서는 인정되지 않는다. 또한 준법률행위도 의사표시에 관한 것이 아니므로 원칙적으로 대리가 성립되지 않는다. 다만 의사의 통지나 관념의 통지의 경우에는 대리가 유추될 수 있다. 가족법상의 행위에 대해서도 원칙적으로 대리가 성립하지 않는다.

II. 대리의 구조

대리는 본인과 대리인, 대리인과 상대방, 상대방과 본인 간의 3가지 측면의 구조가 나타난다.

1. 대리권

대리권은 본인과 대리인에 사이에 존재하며, 본인이 대리인에게 법률상 일정한 법률효과를 발생하게 하는 능력 또는 자격을 수여하는 수권행위를 통해 부여되는 권리이다. 대리권은 법률상 일정한 지위에 의하거나, 지정권자의 지정에 의해 또는 법원의 선임에 의해 정하여지는 법정대리인과 본인의 의사에 의해 대리권이 수여되는 임의대리인이 보유한다. 임의대리인이 가지는 임의대리권의 내용은 수권행위에 의하여 정해지며, 대리권의 범위가 불분명한 경우에는 보존행위, 이용행위, 개량행위, 관리행위는 허용되지만, 처분행위는 할 수 없다. 자기계약 또는 쌍방대리 형태의 대리권 행사는 원칙적으로 금지된다. 이러한 행위는 무효는 아니고 무권대리로 인정되고 추인의 대상이 될 수 있다.

2. 대리행위

대리행위는 대리인과 상대방 사이에 존재하며, 본인의 의해 수여된 대리권을 대리인이 상대방과의 법률행위에 행사하는 행위를 말한다. 민법은 대리행위에서 대리의사를 표시하기 위해 현명(顯名)주의를 취하고 있다. 따라서 대리인은 상대방과 법률행위를 할 때 자신이 본인의 대리인임을 표시하는 것이 원칙이다. 대리인은 의사능력은 있어야 하나 행위능력이 있어야 하는 것은 아니다. 따라서 제한능력자가 대리인이 될 수 있으며, 제한능력자인 대리인에 대한 수권행위 자체를 취소할 수 없다.

3. 대리의 효과

대리의 효과는 본인과 상대방 사이에 발생한다. 비록 법률행위는 대리인이 대신했지만 대리인과 상대방 사이에 성립한 법률행위의 효과는 대리인이 아닌 본인에게 직접 귀속된다. 따라서 법률행위에 따른 소유권 이전, 등기청구권, 하자

담보책임, 취소권, 손해배상청구권 등의 법률행위에 의한 권리는 본인과 상대방 사이에 인정된다. 다만 대리인의 불법행위는 적법행위가 아니므로 본인에게 귀속되지 않는다. 본인은 권리능력은 있어야 하나, 의사능력 및 행위능력이 있어야 하는 것은 아니다.

III. 무권대리

대리행위의 요건은 있으나 대리권이 없는 행위를 무권대리라고 한다. 무권대리에는 본인에게 일정한 부분 책임이 있는 경우에 본인의 이익을 희생하여 대리의 효과를 인정하는 표현대리(表見代理)와 본인에게 책임이 없는 경우에 인정되는 협의의 무권대리가 있다.

1. 표현대리

대리권이 없음에도 대리의 외관이 있고, 그 외관의 발생에 일정 부분 본인에게 원인이 있는 경우에 본인의 책임을 인정하는 대리 형태이다. 민법상 제125조, 제126조, 제129조에 의해 표현대리가 인정된다.

(1) 민법 제125조에 의한 표현대리

본인이 대리권의 수권의사를 상대방에게 표시하였으나 실제는 대리권을 수여하지 않는 경우이다. 즉 대리권이 있다고 표시했으나 실제는 대리권이 없는 상태에서 대리인이 대리행위를 하였고, 이에 대해 상대방은 선의, 무과실인 경우이다. 이 표현대리는 임의대리에만 인정된다. 이러한 형태의 표현대리에서 본인은 무권대리인의 대리행위에 대해 책임을 부담하여야 한다. 표현대리는 상대방만 주장할 수 있으므로, 본인이 표현대리를 주장할 수는 없다. 표현대리가 성립하였다고 하더라도 해당 표현대리가 유권대리가 되는 것은 아니고 무권대리의 성질은 유지된다. 따라서 상대방은 철회권을 행사할 수 있고, 본인의 추인권도 인정된다. 이 표현대리로 인해 본인에게 손해가 발생한 경우에는 본인은 표현대리인에 대해 손해배상을 청구할 수 있다.

(2) 민법 제126조에 의한 표현대리

대리인이 권한 외의 대리행위를 한 경우를 말한다. 이 형태의 표현대리가 성립하기 위해서는 우선 대리인에게 일정한 대리권이 있어야 한다. 즉 대리인에게 일정 범위의 대리권이 존재하지만 대리인이 자신이 가지는 대리권의 범위를 넘어 수권되지 않은 범위에 대한 대리행위를 한 경우이다. 이때의 상대방은 선의, 무과실이어야 한다. 이 표현대리는 법정대리, 임의대리에도 인정될 수 있다. 이러한 권한이 넘은 표현대리의 경우에도 본인은 대리인의 대리행위에 대해 책임을 부담하여야 한다.

(3) 민법 제129조에 의한 표현대리

대리권 소멸 후에 대리행위를 한 경우에 인정되는 표현대리이다. 이 경우는 대리인에게 대리권이 있었으나 그 후 대리권이 소멸하였고, 그러한 상태에서 대리인이 원래 가지고 있던 대리권 범위 내의 대리행위를 한 경우이다. 이때의 상대방은 선의, 무과실이어야 한다. 이 형태도 법정대리, 임의대리에 인정된다. 대리권 소멸 후의 표현대리의 경우에도 본인에게 책임이 인정된다.

2. 협의의 무권대리

대리권 없이 대리인이 대리행위를 한 경우 중 위에서 살펴본 표현대리가 인정되는 경우를 제외한 경우에 인정되는 형태이다.

(1) 계약의 무권대리

대리행위가 계약인 경우에는 본인에 대해 대리의 효과가 발생하지 않는다. 다만 협의의 무권대리는 무효는 아니기 때문에 본인은 추인권을 행사할 수 있다. 추인은 효력 발생의 불확정성에 대해 효력 발생을 목적으로 하는 의사표시를 말한다. 추인이 되면 협의의 무권대리행위는 소급적으로 유권대리행위로 인정되며, 따라서 법률효과가 발생한다. 추인과 관련하여 본인은 자유재량을 가지기 때문에 본인이 추인을 하면 확정적으로 법률효과가 발생하나, 추인을 거절하면 확정적으로 법률효과는 발생하지 않는다.

상대방의 불안정한 지위를 보호하기 위해 민법은 상대방에게 확답촉구권(催告權)과 철회권을 인정하고 있다. 확답촉구권은 상대방이 본인에 대해 추인 여부를 독촉할 수 있는 권리이다. 상당한 기간을 정하여 추인 여부를 본인에게 독촉할 수 있다. 철회권은 본인의 추인권을 제한할 목적으로 인정된다. 즉 상대방은 본인이 추인하기 전에 본인 또는 무권대리인에 대해 대리행위를 철회할 수 있다. 다만 철회권은 대리인에게 대리권이 없음을 알지 못한 선의의 상대방에게만 허용된다. 대리행위가 확정적으로 무권대리로 인정되면 본인에게 책임이 없음으로, 선의, 무과실인 상대방에 대해 무권대리인이 책임을 부담하여야 한다. 상대방은 무권대리인에게 선택적으로 이행책임을 부담시킬 수도 있고, 손해배상책임을 부담시킬 수도 있다.

(2) 단독행위의 무권대리

상대방 없는 대리행위는 항상 무효이며, 추인할 수도 없다. 상대방 있는 단독행위의 경우에는 원칙적 무효이다. 다만 능동대리(의사표시를 하는 경우)에는 상대방이 동의하면 유효로 될 수 있고, 수동대리(의사표시를 받는 경우)에도 상대방이 동의하면 유효로 될 수 있다.

🎗 제 8 절 무효와 취소

법률행위가 효력을 갖기 위해서는 유효요건이 존재하여야 한다. 그러나 유효요건이 존재하지 않은 경우에 권리자의 행사로 그 효력을 인정하지 않는 취소와 권리자의 행위 없이 당연히 효력이 인정되지 않는 무효가 인정된다.

I. 무효

무효는 법률행위가 성립할 때부터 법률상 당연히 효력이 없는 것을 말한다. 유효 또는 무효의 문제는 법률행위가 성립한 후에 효력요건의 결여로 발생하는 법률행위의 효력에 관한 문제이다. 성립요건이 결여된 경우에는 법률행위의 성립, 불성립 문제로 다룬다. 무효가 인정되면 법률상 효과가 발생하지 않는다. 다만 법원이 직권으로 판단하는 것은 아니어서 당사자가 무효를 주장하여야 한다. 법률행위가 무효가 되면 기이행부분(무효가 되기 전에 이미 이행한 부분)은 부당이득으로 반환 청구할 수 있다. 물권행위 후에 채권행위가 무효인 경우에는 물권법상 물권행위의 무인성, 유인성 문제로 해결하여야 한다. 무효는 제3자에게도 주장할 수 있는 것이 원칙이다. 민법상 무효로 인정하고 있는 경우는 의사무능력, 강행법규 또는 사회질서를 위반한 법률행위, 불공정한 법률행위, 진의 아닌 의사표시(상대방이 진의 아님을 알았거나 알 수 있었던 경우), 통정허위표시, 협의의 무권대리행위(본인에 대하여) 등이다.

무효행위에 대한 추인은 인정되지 않는다. 다만 당사자가 그 법률행위가 무효임을 알고 추인한 경우에는 그때부터 새로운 법률관계가 존재한 것으로 인정될 수 있다. 원래 목적했던 행위로서는 무효인 법률행위가 다른 행위의 요건을 갖추고 있고 또한 당사자가 그 무효를 알았더라면 유효로 인정될 수 있는 법률행위를 할 것을 의욕했을 것이라고 인정되는 경우에 무효인 행위 대신 유효인 행위로서의 효력을 인정하는 것을 무효행위의 전환이라고 한다. 예를 들어 갑이 소유하고 있는 A토지를 을이 빌려 사용하고자 할 때, 갑과 을이 체결한 지상권설정계약이 어떤 이유로 무효가 된 경우에 당사자 간의 합의 내용이 토지임대차계약의 요건을 갖추고 있고, 당사자의 의사도 A토지에 대한 차임 지급을 전제로 한 사용이라는 점이 분명하다면 토지임대차계약은 유효로 인정하는 것이다.

II. 취소

일단 유효하게 성립한 법률행위의 효력을 일정한 사유가 존재할 때 특정인(취소권자)의 의사표시에 의해 행위 시로 소급하여 무효로 하는 것을 취소라고 한다. 이와 구별할 개념으로 철회와 해제가 있다. 철회는 법률행위의 효력이 발생하기 전에 그 발생을 저지하는 것을 말하며, 해제는 유효하게 성립한 계약을 소급적으로 소멸시키는 제도이다. 법률행위가 취소가 되면 소급효가 인정되고, 기이행부분은 부당이득으로 반환 청구할 수 있다. 취소 원인이 종료된 이후에 그 행위가 취소될 수 있는 것을 알고 있으면 취소권자는 상대방에 대한 의사표시로 그 법률행위를 추인할 수 있다. 추인이 되면 유효한 법률행위로 확정되고, 따라서 추인을 취소할 수 없다. 민법 제145조에 따라 취소할 수 있는 행위에 관하여 일반적으로 추인을 인정할 수 있는 사실이 있으면 추인의사와 관계없이 법률상 추인으로 인정할 수 있다(법정추인). 예를 들어 취소할 수 있는 채무에 대해 전부 또는 일부이행을 하는 경우에 그 채무를 취소할 수 있는 것을 알고 있음에도 불구하고 그 채무에 대해 이행을 한 것은 그 채무를 추인한 것으로 보는 것이다.

🔄 제 9 절 법률행위의 부관(附款) 및 기간(期間)

법률행위는 통상적으로 성립하면 즉시 효력을 발생하거나 소멸한다. 그러나 경우에 따라 당사자가 법률행위의 효력의 발생 또는 소멸을 제한하기 위해 법률행위에 조건이나 기한을 부가할 수 있다. 이 경우 부가된 약관을 부관이라 한다.

I. 조건

조건은 법률행위의 발생 또는 소멸은 장래의 불확실한 사실의 성부(成否)에 의존하게 하는 법률행위의 부관을 말한다. 조건에는 다양한 종류가 있으나, 중요한 조건으로 정지조건과 해제조건을 들 수 있다. 정지조건은 법률행위의 효력의 발생을 장래의 불확실한 사실에 의존하는 것이다. 예를 들면 '취직을 하면 자동차를 주겠다.'라고 했을 때, 자동차에 대한 증여를 취직이라는 불확실한 사실에 의존하는 경우이다. 해제조건은 법률행위의 효력의 소멸을 장래의 불확실한 사실에 의존하는 것을 말한다. 예를 들어 '부모가 자녀에게 태블릿PC를 증여하면서 다음 학기에 A+ 학점을 받지 못하면 태블릿PC를 반환받겠다.'라고 했다면, 목적물(태블릿PC)의 반환이 다음 학기 학점이라는 불확실한 사실에 의존하게 하는 것이다.

II. 기한(期限)

법률행위의 효력의 발생, 소멸 또는 채무이행을 장래 발생할 것이 확실한 사실에 의존하게 하는 법률행위 부관을 기한이라고 한다. 기한의 종류에는 시기(始期), 종기(終期)가 있고, 확정기한, 불확정기한이 있다. 예를 들면 '1월 1일부터 사용한다.'처럼 시기는 법률행위의 효력이 발생하는 시점 또는 법률행위의 효력으로 채무이행을 해야 할 시점을 정한 기한을 말한다. '12월 31일까지 사용한다.'처럼 법률행위의 효력이 소멸하는 시점을 정한 기한을 종기라고 한다. '1월 1일'처럼 확정기한은 기한의 내용인 사실이 발생하는 시기를 확정하여 정한 경우를 말한다. 이에 비해 '갑이 사망하면…'처럼 불확정기한은 법률행위의 효력이 발생하거나 소멸하는 시점이 존재하나, 다만 그 시기가 정하여지지 않은 경우를 말한다.

기한이 중요한 의미를 가지는 것은 기한의 이익이 존재하기 때문이다. 기한의 이익이란 기한이 도래하지 않음으로써 당사자가 받는 이익을 말한다. 예를 들어 갑이 A주택을 구입하기 위해 을은행으로부터 3,000만 원을 3년 기한으로 대출을 받은 경우에, 채무자인 갑은 3년 동안에는 채권자인 을은행의 간섭 없이 대출금을 사용할 수 있다. 이 때 갑은 기한의 이익을 가진다. 그러나 채무자가 대출계약의 담보로 제공한 물건의 가치를 감소시키거나, 채무자가 파산하거나, 당사자 간의 특약으로 정하는 내용에 따라 채무자의 신용을 소멸하게 하는 사유가 존재하면 기한의 이익이 상실될 수 있다.

III. 기간

1. 의의

기간이란 어느 시점부터 어느 시점까지의 연속하는 시간을 말한다. 사람의 사회생활은 시간을 전제로 하여 형성되는 경우가 많고, 또한 법률생활 역시 시간에 의존하는 경우가 많기 때문에 법률행위 시에 권리변동에 있어 기간은 중요한 의미를 가진다. 민법의 기간에 관한 규정은 다른 특별한 규정이 없으면 사법관계뿐만 아니라 공법관계에도 원칙적으로 적용된다.

2. 기간의 계산방법

기간이 시(時), 분(分), 초(秒) 등과 같이 자연적인 방법으로 계산될 때는 즉시로부터 기산하여 마지막 시점까지 계산한다. 일(日), 주(週), 월(月), 년(年)과 같이 역법적 방법으로 계산될 때는 첫 날(初日)을 계산에서 제외하고 다음 날부터 계산한다. 이를 초일불산입의 원칙이라고 한다. 다만 나이를 계산할 때는 출생일은 계산에 산입하여 만(滿)나이로 계산하고, 연수로 표시한다. 다만 1세에 이르지 아니한 경우에는 월수로 표시할 수 있다. 따라서 2006년 3월 3일 15시에 태어났다면 3월 3일부터 기산하여 19년이 지난 2025년 3월 3일의 전일(前日)인 2025년 3월 2일의 자정 12시에 (만)19세가 되어 성년자가 된다. 나이를 계산할 때 태어난 시간은 고려하지 않는다.

기간의 말일의 종료 시점을 만료점이라 한다. 그 기간이 끝나는 날을 만료일이라 하고, 월, 년으로 정해진 기간은 날짜(日)로 계산하지 않고 해당 월, 년에 따라 계산한다. 또한 기간이 만료되는 최후의 월, 년의 그 기산일에 해당하는 전일을 말일(末日)로 기간을 만료한다. 예를 들어 2025년 1월 1일부터 3년이라고 하면, 첫 날은 산입하지 않으므로 기산일은 2025년 1월 2일이 되고, 3년이 경과한 2028년 1월 2일의 전일인 2028년 1월 1일이 말일이다. 따라서 2025년 1월 1일부터 3년간이라고 한다면, 2025년 1월 2일부터 2028년 1월 1일까지의 기간을 말한다.

 # 제 10 절 소멸시효

I. 의의

시효는 일정한 사실상태가 일정 기간 계속되는 경우에 권리관계의 진정성을 다투지 않고 그 사실상태를 존중하여 일정한 법률효과를 인정하는 제도이다. 민법에서는 시효와 관련하여 두 개의 시효제도를 가지고 있다. 취득시효제도는 물권법에서 규정하고 있고, 소멸시효제도는 민법총칙에서 규정하고 있다. 소멸시효는 일정 기간이 경과하면 진실한 권리관계와의 부합문제를 묻지 않고 그 권리관계의 소멸을 인정하는 제도이다. 소멸시효제도가 인정되는 것은 법적 안정성을 확보하기 위함이다. 또한 장기간 권리를 행사하지 않고 있으면 후에 그 권리관계의 존재를 증명할 수 있는 증거가 소멸하여 증명하기 어려운 점을 구제하는 측면도 있다. 권리행사를 태만한 당사자에 대한 제재의 성격도 가진다.

II. 소멸시효의 요건

소멸시효가 인정되기 위해서는 우선 해당 권리가 소멸시효의 목적이 되어야 한다. 민법 제162조에 따르면 채권, 소유권을 제외한 재산권이 대상이 된다. 소유권은 소멸시효의 대상이 아니다. 또한 권리자가 권리를 행사하지 않고 있어야 한다. 소멸시효는 권리를 행사할 수 있는 때부터 그 기간을 기산한다. 따라서 권리행사를 위해 법률상 장애가 있는 경우에는 그 사유가 소멸한 때부터 기산한다. 권리불행사 기간이 일정 기간을 넘어야 한다. 민법 제162조에 따르면 채권은 10년이다. 소유권 외의 재산권은 20년이다. 다만 단기소멸시효기간도 존재한다. 이자, 부양료, 급료, 의사, 약사 등의 치료, 조제에 관한 채권, 변호사 등의 직무상 보관한 서류반환청구채권, 변호사 등의 직무에 관한 채권, 생산자 및 상인이 판매한 생산물 및 상품의 대가 등은 3년의 소멸시효기간이 적용된다. 여관, 음식점 등의 숙박료, 음식료 등의 채권, 의복, 침구 등의 사용료채권, 학생 및 수업자의 교육 등에 관한 교주, 교사의 채권은 1년의 기간이 적용된다.

III. 소멸시효의 중단과 정지

1. 중단

소멸시효가 진행하는 도중에 권리불행사라는 상태와 어울리지 않는 사실이 발생한 때에는 이미 진행한 시효기간이 무의미하게 되어 그 효력을 상실하게 하는 제도를 소멸시효의 중단이라고 한다. 시효기간이 중단되면 그동안 경과한 기간은 소멸하고 중단사유가 종료한 후에 시효기간이 새로이 시작한다. 민법상 인정되는 중단사유는 청구가 있는 경우, 압류 또는 가압류, 가처분이 있는 경우,

승인이 있는 경우이다. 청구는 재판상 청구뿐만 아니라 파산절차에 참가하는 경우, 지급명령이 있는 경우, 최고를 한 경우 등이 포함된다. 승인은 시효의 이익을 받는 사람이 시효의 완성으로 인하여 권리를 상실하게 될 사람 또는 그 대리인에게 그 권리가 존재함을 인식하고 있다는 의미를 표시하는 행위를 말한다.

2. 정지

시효의 정지는 시효기간이 완성될 무렵에 권리자가 시효를 중단시키는 행위를 할 수 없거나 그 행위를 하는 것이 매우 곤란한 경우에 그 사정이 소멸한 후 일정한 기간이 경과한 시점까지 시효의 완성을 유예하는 것을 말한다. 예를 들어 소멸시효의 기간만료 전 6개월 내에 제한능력자에게 법정대리인이 없는 경우에는 제한능력자가 능력자가 되거나 법정대리인이 정해진 때부터 6개월 이내에는 시효가 완성되지 않는다. 그 외 혼인관계, 상속재산, 천재 기타 사변으로 인한 정지가 인정되고 있다. 시효정지사유가 소멸하면 그동안 진행되었으나 현재 정지된 시효기간이 연속하여 진행한다.

IV. 소멸시효의 효과

소멸시효가 완성되면 권리관계가 소멸한다. 다만 내용에 대해 다툼이 있다. 다수설인 절대적 소멸설에 따르면 시효가 완성되면 권리 그 자체가 소멸하여 존재하지 않은 것으로 본다. 따라서 시효완성 후 변제를 하는 경우에, 권리관계에 따른 채무가 존재하지 않는 것으로 보지만 변제부분에 대해서는 비채변제로 보아 반환은 인정하지 않는다. 소수설인 상대적 소멸설에 따르면 시효완성이 되어도 권리 자체는 소멸하는 것으로는 보지 않고, 다만 채무자가 시효완성의 권리(원용권)를 행사할 수 있는 것으로 본다. 따라서 시효완성 후 채무자가 변제한 경우에는 유효한 변제가 되어 변제한 채무자가 변제부분에 대해 반환청구를 할 수 없다.

V. 제척기간(除斥期間)

제척기간은 일정한 권리에 대해서 법률이 미리 예정하고 있는 그 권리의 존속기간을 말한다. 따라서 그 기간 내에 행사하지 않으면 소멸한다. 소멸시효와 관련하여 당사자 간의 약정으로 연장할 수 없다는 점은 공통점이다. 그러나 제척기간은 장래효만 인정된다는 점, 법원의 직권조사사항이라는 점, 중단사유가 존재하지 않는다는 점 등에 있어 소멸시효제도와 차이가 있다.

제 11 절 생각해 볼 수 있는 문제

I. 동물(動物)은 물건인가?

현재 민법상 동물은 물건이다. 그러나 반려동물에 대한 애호 현상은 매일 증가하고 있고, 우리 주변에 많은 반려동물이 존재하고 있다. 그에 따라 반려동물에 대한 인식이 변화하고 있다. 이러한 흐름에 따라 민법 제98조에 제98조의2를 신설하는 개정안이 2021년에 제출되었다. 이 개정안에 따르면 제1항에 '동물은 물건이 아니다.' 제2항에 '동물에 대해서는 법률에 특별한 규정이 있는 경우를 제외하고는 물건에 관한 규정을 준용한다.'라고 규정하고 있다. 즉 현재 동물을 물건으로 보는 관점에서 일단 동물과 물건의 개념을 분리하고, 입법을 통해 특별한 동물의 지위를 정하고자 한다. 또한 동물에게 권리능력을 인정하고자 하는 관점도 존재한다. 예를 들어 도롱뇽이나 산양 등에 대해 재판에서 원고 자격을 주장하는 경우도 있고, 돌고래를 보호하기 위해 제주도가 생태법인을 만들어 그 권리를 인정할 수 있는 법적 수단을 강구하고 있다. 동물은 물건인가? 아니면 사람과 같은 권리능력을 가질 수 있는가? 아니면 동물의 권리를 인정할 수 있는 그 중간의 경계는 어떻게 설정해야 하는가?

II. AI의 권리주체성은 인정될 수 있는가?

제4차 산업혁명 시기에 가장 큰 사회적 화두는 인공지능에 있다. 인공지능에 대한 많은 기대가 있다. 인공지능을 이용한 산업의 큰 변화가 이미 발생하고 있고, 이러한 변화는 앞으로도 계속될 것으로 보인다. 한편 인공지능이 자의식을 갖게 되면 인류에게 큰 재앙을 가져올 수 있고, 특히 로봇과 결합하면 인간을 압도할 수 있는 위치를 차지하게 될 것이라는 비관적 관점도 있다. 그러나 부동의 사실은 인공지능은 계속 발전할 것이라는 점이다. 만약 인공지능에 자의식이 발생한다면 우리는 인공지능에게 사람과 같은 권리능력을 인정할 수 있는가? 2016년에 EU사법위원회는 로봇에 전자인간(electronic personhood)의 지위를 부여한 것을 내용으로 하는 법안 초안을 제안한 바 있으며, 2017년에는 EU가 로봇에게 일정한 법적 지위를 인정하는 결의안을 채택한 바도 있다. 노예와 법인에 대해 권리능력을 부여하였던 인류가 권리능력을 보유하는 인공지능과 공존하는 사회가 도래할 것인가?

05

물권법

제 5 장 물권법

 ## 제 1 절 물권법 총론

Ⅰ. 물권법 정의

1. 물권과 채권의 다름

(1) 사례 검토

<사례>
- 나는 친구 A와, 친구A로부터 1개월 2만원에 자동차를 빌리는 약속을 하였다. 그런데, A는 그 자동차를 B에 팔아버리고 인도를 마쳤다. A에게는 자동차가 한대밖에 없었다. 나의 권리 관계는?

- 무엇을 생각하여야 할까?
  1. 나와 B의 관계
  2. 나와 친구 A의 관계
  3. 나의 구제 방법

본 사례를 통해서 물권법과 채권의 다름에 관해 살펴보기로 한다. 먼저, 나와 친구 A, 그리고 B가 가지는 권리가 각각 어떠한 권리인지를 생각할 필요가 있다. 나와 친구 A와의 약속은 임대차계약에 해당이 된다. 이러한 임대차계약의 체결은 특히 차를 빌리고자 하는 사람에게 '임차권'의 권리가 발생한다. 이에 반해, 나와 친구 A와의 임대차 계약 이후에 체결된 A와 B 사이의 계약은 자동차의 소유권을 A로부터 B에게 이전하는 내용의 매매계약에 해당이 된다. 자동차 구입자인 B는 A와 B 간의 매매계약 체결에 의해 매매의 목적물인 자동차의 '소유권'을 취득하게 된다. 여기서 임차권과 소유권에 대해 간략하게 정의하면 다음과 같다.

- 임차권-비용(대가)을 지불하고 다른 사람의 물건을 사용, 수익하는 권리를 말한다.
- 소유권-특정의 물건을 자유롭게 사용, 수익, 처분하는 권리를 말한다.
- 여기서, 임차권과 소유권의 권리를 다음과 같이 구분할 수 있다.
  - 임차권-채권
  - 소유권-물권

(2) 채권과 물권은 어떻게 다른가?

위의 사례를 통해 채권과 물권의 다름을 조금 더 구체적으로 살펴본다. 자동차를 빌려 사용하겠다는 나는 채권을 가진다. 그리고 친구 A로부터 자동차를 구입한 B는 물권을 가지게 된다. 채권과 물권은 다음과 같이 정의된다. 채권이란, '특정한 사람에 대한 청구권'을 의미한다. 물권이란, '특정한 물건에 대한 직접적 및 배타적인 지배권'을 의미한다. 이 정의를 조금 더 간략하게 표현하면, 채권은 사람에 대한 권리, 물권은 물건에 대한 권리로 말할 수 있다. 다시 말하면, 채권은 특정한 사람을 개입시키어 물건을 사용, 수익하는 권리, 물권은 사람을 개입시키지 않고 물건을 사용, 수익할 수 있는 권리이다.

(3) 나의 주장

위 사례에서 나는 어떠한 주장을 펼칠 수 있을까? 나는 나와의 약속을 어기고 자동차를 B에게 매매한 친구 A에 대해 '그 자동차를 내가 사용할 수 있게 해라!'라고 하고 또한 B에 대해서는 내가 먼저 빌리겠다고 임대차계약을 하였으니 자동차를 나에게 반환하라는 주장을 할 것이다. 이에 대해 B는 물론 자동차의 소유권을 주장하면서 임대차 계약을 통해 임차권을 가지는 나에게 자동차를 절대 넘겨주지 않을 것이다. 이때, 나의 임차권은 B의 소유권을 이길 수 있을까? 불행하게도, 나는 임대차 계약에 근거하여 오로지 나에게만 사용을 할 수 있도록 하는 임대인으로서의 의무를 가진 계약의 당사자인 친구 A에 대해서만 자동차의 임차권(채권)을 주장할 수 있고, 이미 자동차의 소유권(물권)을 가지는 B에 대해서는 자동차를 가지고 오라는 주장을 할 수 없다. 채권은 물권을 이기지 못한다. 채권인 임차권을 가지는 나는 나와 임대차계약을 체결한 친구 A에 대해서만 자동차의 사용에 관한 주장을 할 수 있고, 이미 물권인 소유권을 취득한 B에 대해서는 어떠한 주장도 할 수 없다. 또한, B는 자동차에 대한 소유권의 취득은 전 세계의 누구라도 상관 없이 그 권리를 주장할 수 있게 된다. 채권은 계약의 당사자에게만 주장할 수 있고, 물권은 누구에게라도 그 주장이 가능하다.

(4) 나의 구제 방법

그렇다면, 나는 일방적으로 손해를 입을 뿐인가? 나는 자동차의 새로운 소유자인 B가 선의로 승낙하지 않는 한 자동차를 사용하는 것이 불가능하다. 이때, 나는 임대차 계약의 상대방인 친구 A에 대해 자동차를 빌려준다는 약속을 이행하지 못한 책임을 물어 '채무불이행'을 원인으로 하는 '손해배상'의 청구가 가능하여 내가 입은 손해를 구제받을 수 있게 된다.

〈 물권과 채권의 상이점 〉

물권	채권
특정의 物에 대한 직접 · 배타적인 지배권	특정의 人에 대한 청구권

· 채권이 특정의 인에 대한 청구권인 것에 대하여, 물권은 특정의 물에 대한 지배권이며 누구에게라도 주장이 가능
· 서로 저촉하는 내용의 채권과 물권이 병존하는 경우, 물권이 우선

2. 일물일권주의

일물일권주의는, 하나의 물건에는 하나의 권리만이 성립한다고 하는 개념이다. 민법 재산법에서 가지는 매우 중요한 원칙 중의 하나로, 동일한 물건에 대해서는 하나의 물권만 존재하고, 그 물권은 배타성을 가지며, 다른 물권과 충돌하지 않는다는 원칙을 의미한다. 일물일권주의는 다음과 같은 특징을 가진다.

- 배타성: 하나의 물건에 대해 특정 물권을 가진 사람은 다른 사람이 동일한 물건에 대해 동일한 권리를 주장하지 못하도록 배제할 수 있다.
- 유일성: 하나의 물건은 하나의 소유자에 의해 소유될 수 있으며, 동일한 물건에 대해 이중으로 소유권이나 다른 물권이 성립할 수 없다.
- 일체성: 물건에 대한 권리는 단일한 구조로 존재해야 하며, 다수의 물권이 동시에 혼재하는 경우 혼란을 초래할 수 있기 때문에 이를 방지한다.

일물일권주의는 물권법의 체계성을 유지하고, 권리의 분쟁을 최소화하며, 거래의 안전성을 확보하기 위한 기본 원칙이다. 이 원칙을 통해 권리관계가 명확하게 규정되고, 사회적 안정과 법적 예측 가능성이 보장된다.

3. 공시

(1) 권리 공시

권리의 공시는 물권이 존재한다는 사실, 그리고 권리의 내용을 권리 당사자 이외의 제3자에게까지 명확하게 알리는 법적 수단이다. 공시는 물권의 대외적 효력을 보장하고, 당사자 및 제3자에 대해 거래의 안전을 도모하기 위한 중요한 원칙이다. 권리 관계를 공시하는 것은, 1) 거래의 안정성 확보, 2) 권리 관계 명확화, 3) 대외적 효력 부여의 목적을 가진다.

(2) 공시 방법

권리의 공시 방식은 그 대상이 부동산인지 또는 동산인지에 따라 구별이 된다.

1) 부동산

부동산에 대한 물권의 공시는 등기에 의해 이루어진다. 이 등기에 의해 물권의 대항력이 인정된다.

2) 동산

동산에 대한 물권의 공시는 점유에 의해 이루어진다. 예를 들어, 자동차나 가구 같은 동산은 누가 점유하고 있는지가 권리의 공시 기능을 한다.

4. 공신

(1) 공신의 원칙

공신은 위의 등기 등으로 공시된 내용을 신뢰한 제3자를 보호하기 위한 제도이다. 공시된 정보에 대한 신뢰를 보장하는 것에 제도의 목적이 있다. 예를 들어, 등기, 점유 등 공시 수단을 믿고 거래한 사람의 신뢰를 보호해야만 거래의 안정성이 확보가 되기 때문이다. A의 물권을 신뢰하여 거래한 사람이 있는 경우, 비록 그 공시방법이 실체적 권리관계와 일치하지 않는다고 하더라도 마치 그 공시된 대로의 권리관계가 존재하는 것처럼 취급하여 그 사람을 보호하고자 하는 원칙이며, 거래안전의 보장과 공시제도의 신용 유지 등의 목적을 가진다. 민법은 이러한 공신의 원칙에 대해 제한적으로만 인정을 하고 있다. 부동산 등기의 경우에는 공신력을 불인정하며 동산 점유에 대해서만 공신력을 인정하고 있다. 부동산 매매의 경우, 부동산 등기는 공신력을 가지지 못하므로 만일 등기부 내용이 실제 권리 상태와 다를 경우, 이를 신뢰한 제3자는 보호받지 못할 수 있게 된다. 예를 들어, 등기부에 소유자로 등재된 사람이 실제 소유자가 아니라면, 매수인은 소유권을 취득하지 못하게 된다. 부동산에 대한 공신의 원칙을 부정하는 이유는, 진정한 권리자와 선의의 취득자 중 누구를 보호할 것인가의 문제에서, 부동산 거래의 특성이 빈번하지 않으며 동산에 비해 진정한 권리자를 발견하는 것이 용이하기 때문에 특별히 등기만을 신뢰하여 거래를 한 자에 대해서 우선적으로 보호를 하여야 하는 법적 책임이 상당부분 미약하다고 판단하기 때문이다.

5. 물권법정주의

(1) 물권법정주의 내용

민법 제185조는 '물권은 법률 또는 관습에 의하는 외에는 임의로 창설하지 못한다'고 규정되어 있다. 물권법정주의는 물권법의 기본 원칙 중 하나로, 물권의 종류와 내용은 법률에 의해서만 정해지며, 민법에서 인정된 물권 외에 임의로 새로운 물권을 창설하거나 기존의 물권을 변경할 수 없다. 당사자가 합의에 의해 법에서 정하고 있지 않은 물권을 새롭게 만드는 것은 금지되어 있다.

(2) 물권법정주의 목적

물권법정주의는 다음의 목적을 가진다. 1) 법적 안정성 확보, 2) 거래 안정성 확보, 3) 사직 자치의 한계성 설정의 3가지의 목적을 가진다.

6. 물권적 청구권

(1) 물권적 청구권 정의

물권적 청구권은 물권이 침해되거나 침해될 우려가 있는 경우, 물권을 가진 사람이 침해자를 상대로 물권의 회복, 방해의 제거, 또는 방해의 예방을 청구할 수 있는 권리를 말한다. 이는 물권의 절대적 성격과 밀접하게 관련된 권리로, 물권을 보호하기 위한 법적 수단으로 작용한다.

(2) 물권적 청구권의 종류

1) 물권적 반환 청구권

물권적 반환 청구권은 주로 소유권의 침해 시 발생하며 예를 들어, 부동산을 무단 점유하고 있는 사람에게 소유자가 반환을 청구하는 경우가 이에 해당한다. 즉, 물권자가 물건을 점유하고 있는 제3자에게 물건의 반환을 요구할 수 있는 권리이다.

2) 물권적 방해배제 청구권

물권적 방해배제 청구권은 물건에 대한 현존하는 방해를 제거하도록 청구할 수 있는 권리로 예를 들어, 타인의 토지 위에 설치된 불법 건축물을 철거하거나, 다른 사람이 설치한 시설물로 인해 발생한 방해를 제거할 수 있는 권리이다.

3) 물권적 방해예방 청구권

물권적 방해예방 청구권은 물건에 대한 침해가 예상될 경우, 침해를 방지하기 위해 필요한 조치를 요구할 수 있는 권리로, 예를 들어, 토지에 무단으로 침입하려는 시도를 방지하기 위해 담을 쌓도록 요구할 수 있는 권리이다.

7. 행위청구권과 인용청구권

행위청구권과 인용청구권은 민법상 권리 행사와 관련된 개념으로, 권리자가 상대방에게 특정한 행위를 요구하거나 법원의 판단을 통해 권리를 확인받고자 할 때 사용된다.

(1) 행위청구권

행위청구권은 권리자가 상대방에게 일정한 행위를 요구할 수 있는 권리를 말한다. 행위청구권은 상대방의 특정 행위를 직접 요구할 수 있는 권리로, 법적 근거가 있는 구체적 의무를 전제로 한다. 예를 들어, 임대인이 임차인에게 임차료를 지급하도록 요구하는 것은 행위청구권의 권리에 기인한다.

(2) 인용청구권

인용청구권은 권리자가 자신의 권리를 확인받거나 보전하기 위해 법원의 판결이나 인정을 청구하는 권리를 말한다. 이 권리는 법원의 개입을 통해 권리 관계를 명확히 하려는 목적을 가진다. 행위청구권은 상대방의 이행을 바로 요구할 수 있는 실질적 권리이고, 인용청구권은 법적 다툼을 해결하거나 권리를 보전하기 위해 법원에 요청하는 절차적 권리라는 차이가 있다.

II. 권리변동

1. 권리변동의 정의

권리변동은 권리의 주체, 내용, 또는 범위가 변경되는 모든 법적 변화를 말한다. 이는 권리의 발생, 변경, 이전, 소멸 등의 형태로 나타나며, 법률행위, 사실행위, 법률 규정 등에 의해 이루어진다. 이는 특정 권리가 법적 관계 속에서 생성되거나, 그 내용이 바뀌거나, 주체가 변경되거나, 완전히 소멸하는 것을 포함한다. 권리변동은 법률행위, 법률 규정, 법률사실과 같은 다양한 원인에 의해 발생하며, 개인 간의 거래, 법적 사건, 또는 제도적 변화 등을 통해 이루어진다.

2. 권리변동 모습

(1) 권리의 발생

권리의 발생은 권리변동의 한 유형으로, 권리가 처음으로 성립하거나 새롭게 생겨나는 법적 상태를 의미한다. 권리의 발생 모습은 크게 원시취득과 승계취득으로 구별된다.

1) 원시취득

원시취득은 권리가 기존의 권리로부터 이전된 것이 아니라, 새로운 권리가 법적으로 처음 성립되어 취득되는 것을 말한다. 즉, 해당 권리가 이전 소유자나 권리자의 의사와 무관하게 발생하거나, 기존 권리와 독립적으로 새롭게 성립하여 취득되는 경우를 의미한다. 어떠한 권리가 타인의 권리에 기대지 않고 특정인에게 새롭게 발생하는 것을 말한다. 신축주택의 소유권 취득, 선점, 부합, 혼화, 시효취득(점유를 오랫동안 한 자에게 점유상태를 보호하기 위해 일정의 조건을 갖추면 소유권 취득) 등의 경우가 원시취득에 해당한다. 원시취득은 기존의 권리관계와 독립적으로 권리를 창설함으로써, 권리관계의 안정성과 법적 정의를 실현하는 데 중요한 역할을 한다. 특히, 무주물이나 장기 미사용 재산의 소유권 귀속을 해결하고, 사회적 자원을 효율적으로 활용할 수 있는 법적 기반을 제공한다.

2) 승계취득

승계취득은 기존의 권리를 다른 사람에게 이전하여 새로운 권리자가 그 권리를 취득하는 것을 말한다. 승계취득은 기존 권리를 기초로 하며, 권리의 내용과 성질은 이전 권리와 동일하게 이어진다. 이는 원시취득과 달리 기존 권리가 전제로 되어 발생한다. 승계취득은 기존의 권리관계를 유지하면서 재산의 소유자 또는 권리자를 변경할 수 있게 한다. 이는 거래 안정성과 법적 연속성을 보장하며, 경제적 활동과 사회적 관계의 기반이 되는 중요한 법적 개념이다.

〈 원시취득과 승계취득의 차이 〉

	원시취득	승계취득
권리의 기초	기존 권리와 무관하게 새롭게 발생	기존 권리를 기초로 권리가 이전
권리의 결함	기존 권리의 하자가 승계되지 않음	기존 권리의 결함이나 제한이 승계될 수 있음
주요 사례	취득시효, 선점, 공용수용 등	매매, 증여, 상속 등

승계취득은 크게 이전적 승계와 설정적 승계로 구분된다.

① 이전적 승계

이전적 승계는 기존 권리가 이전되어 새로운 권리자가 동일한 권리를 취득하는 경우를 말한다. 이전적 승계에서는 기존 권리가 그대로 유지되며, 단지 권리의 주체만 변경된다. 부동산 매매, 채권 양도, 상속 등이 이전적 승계에 해당한다.

② 설정적 승계

설정적 승계는 기존의 권리자가 새로운 권리를 설정하여 제3자에게 부여하는 경우를 말한다. 즉, 기존 권리에서 새로운 권리가 파생되는 형태로 승계가 이루어진다. 새로운 권리의 창설이면서 기존 권리자의 권리는 그대로 유지가 된다. 주로, 저당권 설정, 지상권 설정 등의 설정계약행위 등에 의해 출현한다.

〈이전적 승계와 설정적 승계의 비교〉

구분	이전적 승계	설정적 승계
권리의 형태	기존 권리가 그대로 이전됨	기존 권리에서 새로운 권리가 설정됨
권리자의 상태	기존 권리자는 권리를 상실함	기존 권리자는 자신의 권리를 유지함
권리의 성격	권리가 동일한 내용으로 새로운 권리자에게 승계	권리가 분리 또는 파생되어 독립적인 권리가 생김
주요 예시	매매, 상속, 채권 양도	저당권 설정, 지상권 설정, 전세권 설정

조금 복잡해지지만, 이전적 승계는 다시 특정승계와 포괄승계로 나뉜다.

• 특정승계

특정승계는 특정한 권리나 의무만을 개별적으로 승계하는 형태의 승계취득을 말한다. 이는 승계되는 권리나 의무가 명확하게 특정되어 있으며, 기존 권리자가 가진 권리 중 일부를 새로운 권리자가 승계하는 방식이다. 특정승계는 주로 계약이나 법률행위에 의해 이루어진다. 주로, 매매나 증여, 그리고 교환 등이 여기에 해당한다. 특정승계는 권리와 의무를 명확히 구분하여 필요한 부분만 이전할 수 있게 함으로써 거래의 효율성을 높이고, 권리자 간의 법적 관계를 안정적으로 유지하는 데 중요한 역할을 한다. 특히, 매매나 계약을 통한 재산권 이전에서 실질적인 법적 도구로 널리 사용된다.

• 포괄승계

포괄승계는 권리와 의무를 특정하지 않고, 전체적으로 이전하는 형태의 승계를 말한다. 이는 승계인이 승계인의 모든 권리와 의무를 일괄적으로 승계하며, 특정 권리뿐만 아니라 그에 따른 제한이나 하자, 의무까지 포괄적으로 승계된다. 주로 법률 규정에 의해 이루어진다. 상속, 합병 등이 포괄승계에 해당한다. 포괄승계는 복잡한 권리와 의무를 일괄적으로 이전하여 법적 연속성과 안정성을 확보한다. 특히 상속과 법인 합병 등에서 중요한 역할을 하며, 권리와 의무가 단절되지 않고 유지되도록 보장한다. 이는 거래의 신뢰성과 법적 질서를 유지하는 데 핵심적이다.

<**특정승계와 포괄승계의 차이**>

	특정승계	포괄승계
승계 범위	특정한 권리나 의무만을 승계	권리와 의무를 포괄적으로 승계
승계의 원인	주로 계약이나 법률행위에 의해 발생	법률 규정에 의해 발생
하자 승계 여부	특정 권리나 의무만 승계	권리와 의무의 하자와 제한까지 모두 승계
주요 사례	매매, 증여, 채권 양도	상속, 법인 합병

이전적 승계 - 특정승계, 포괄승계

특정승계-매매, 교환. 목적물만 딱 떼어서 승계.

포괄승계-전주의 권리를 모두 다 가짐. 상속, 합병.

　　　목적물과 관계된 모든 권리

　　　　　A매도인----------------B매수인

　　　　　　매매: 목적물의 소유권 이전

B: 승계취득, 특정승계

A: 소멸원인-절대적 소멸: 권리자체가 이 세상에서 영구히 소멸

　　　　상대적 소멸: 권리주체의 변경에 불과.

　　　　　　권리가 어디엔가 남아 있음.

이전적 승계에서, 취득한 자는 승계취득, 소멸한 자는 상대적 소멸

설정적 승계 - 구권리자의 권리는 그대로 존속하면서 신권리자가 그 권리에
기인하여 어떠한 권리를 취득하는 경우

(2) 권리의 변경

권리의 변경에서는 특히 권리의 질적 변경을 이해하는 것이 중요하다.

```
A(매도자)------------------B(매수자)
           매매계약, 도자기
    A: 대금 지급청구권    B: 목적물 인도 청구권, 재산권 이전 청구권
```

이때, 도자기가 A의 부주의로 파손되어 채무를 이행하는 것이 불가능해지는 이른바 이행불능의 경우가 발생하면, B의 권리는 목적물인도청구권에서 손해배상청구권으로 변경이 되게 되는데, 이때 권리의 동일성은 유지되나 성질이 변경되게 된다. 이를 권리의 질적 변경이라고 한다.

(3) 권리의 소멸

권리 소멸은 권리가 권리주체로부터 이탈하는 경우를 말한다. 이때의 권리 소멸의 모습을 절대적(객관적) 소멸과 상대적(주관적) 소멸로 구분한다.

```
절대적, 객관적 소멸 - 권리 자체의 소멸. 종전의 권리가 다시 태어나지 않음
        cf. 자전거의 소유권, 화재로 멸실.
           천만 원의 채무, 변제 채무이행
상대적, 주관적 소멸 - 권리 자체는 소멸되지 않고 권리주체만 변경
```

⚙ 제 2 절 물권법 각론

1. 점유권

(1) 점유권 정의

민법 제192조는 점유권의 취득에 관해 '물건을 사실상 지배하면 점유권을 취

득한다'고 정하고 있다. 점유권은 물건을 사실상 지배하면 그 권리가 성립한다. 사실상의 지배에는 예를 들어, 집 안의 가구와 같은 공간적 지배관계, 발표자와 마이크와 같은 시간적 지배관계를 따져 판단하며, 이때 점유할 수 있는 권리의 유무는 필요로 하지 않는다. 따라서, 타인의 물건을 점유하는 도둑에게도 경우에 따라 점유권을 인정하기도 한다.

1) 사실상의 지배

점유권에서의 사실상의 지배는 물건을 실질적으로 관리하거나 통제하는 상태를 의미한다. 따라서 위에서 기술하고 있듯이, 타인의 물건을 훔쳐 가지고 있는 도둑도 물건을 물리적으로 지배하거나 간접적으로 통제할 수 있는 상태의 사실상의 지배를 하고 있는 경우에는 점유권을 인정할 수 있다. 따라서, 점유권의 인정을 위해서 '사실상의 지배'는 가장 중요한 구성 요소로 존재한다. 이처럼 권원이 없음에도 사실상의 지배 상태를 점유권으로 인정하고 보호하는 이유는 법적 안정성과 거래 안전성 때문이다. 물건을 지배하고 있는 사람의 권리를 인정함으로써 분쟁을 예방하고, 점유 상태를 근거로 권리 관계를 판단할 수 있다.

> 물건에 대한 점유란 사회관념상 어떤 사람의 사실적 지배에 있다고 보여지는 객관적 관계를 말하는 것으로서 사실상의 지배가 있다고 하기 위하여는 반드시 물건을 물리적·현실적으로 지배하는 것만을 의미하는 것이 아니고, 물건과 사람과의 시간적·공간적 관계와 본유관계, 타인 지배의 배제 가능성 등을 고려하여 사회관념에 따라 합목적적으로 판단하여야 한다(大判 1992. 6. 23. 91다38266).

2) 점유의사

점유권을 가지기 위해 점유자는 물건에 대해 사실적 지배관계를 가지려는 의사를 가지고 있어야 한다. 이 의사를 점유설정의사라고 한다. 자판기에 투입된 동전, 덫에 걸린 동물, 주문하지 않은 물건이 배달되었는데 이를 반환하고 있지 않는 것, 부재 중 집으로 배달된 상품에 대해서는 모두 점유권설정의사가 있다고 보고 있다.

3) 행위능력 불요

위에서 기술하고 있듯이, 점유설정의사는 법률행위에 있어서와 같은 어떤 법률효과를 목적으로 하지 않는, 사실상의 지배를 하고자 하는 자연적 의사이기 때문에, 미성년자 등와 같은 행위능력을 가지지 않는 사람도 점유설정의사를 가질 수 있다고 하고 있어 이때 미성년자도 법정대리인의 동의 없이 독자적으로 점유권을 취득할 수 있다.

(2) 간접점유

민법 제194조(간접점유)는 '지상권, 전세권, 질권, 사용대차, 임대차, 임치 기타의 관계로 타인으로 하여금 물건을 점유하게 한 자는 간접으로 점유권이 있다'고 정하고 있다. 간접점유는 점유자와 물건과의 사이에 타인이 매개하여 그 타인의 점유에 의하여 매개되어 점유하는 것을 말한다. 즉, 물건을 직접 지배하지 않아도, 직접점유자를 통해 물건을 간접적으로 지배하는 경우를 말한다. 간접점유가 성립하기 위한 요건으로는 먼저, 직접점유의 존재가 필요하다. 물건을 실제 물리적으로 지배하고 있는 직접점유자가 있어야 한다. 그리고 제194조에서 정하고 있는 점유매개관계가 있어야 한다. 간접점유자와 직접점유자 사이에 지상권, 전세권, 질권, 사용대차, 임대차, 임치 등 법적·계약적 관계를 점유매개관계라고 한다. 또한, 간접점유자는 물건을 간접적으로 지배하려는 의사를 가지고 있어야 한다. 간접점유자의 권리 및 보호에 관해 보면, 먼저, 간접점유자는 점유권자의 지위를 가진다. 또한, 간접점유자는 직접점유자에 의해 자신의 권리가 침탈당하거나 방해를 받을 경우, 점유보호청구권을 행사할 수 있다. 한편, 간접점유자는 현실적으로 자력구제권의 행사가 불가능하기 때문에 구제권은 부정된다.

(3) 점유보조자

민법 제195조는 점유보조자에 관해 '타인의 지시를 받아 그 지배하에 있는 자는 점유자가 아니다.'고 규정하고 있다. 점유보조자는 다른 사람(점유권자)의 지휘·감독 아래 물건을 관리하거나 사용하는 사람을 말하며, 점유권을 가지지 않고 단순히 물건에 대한 사실상의 지배를 돕는 역할을 한다. 점유보조자는 독립적으로 점유권을 주장할 수 없으며, 점유권자의 의사와 권리를 보조한다. 점유보조자의 지위를 가지기 위해서는, 먼저, 점유보조자는 점유권자의 지휘와 감독을 받는 상태에 있어야 하며, 그 점유가 자신의 의사가 아닌 점유권자의 의사에 의하여야 하며, 점유보조자는 점유권자와의 관계에 있어 법률적 또는 경제적으로 종속 관계에 있어야 한다.

그렇다면, 처는 점유보조자인가? 판례를 보면, '처가 아무런 권원 없이 토지와 건물을 주택 및 축사 등으로 계속 점유·사용하여 오고 있으면서 소유자의 명도요구를 거부하고 있다면 비록 그 시부모 및 부(夫)와 함께 이를 점유하고 있다고 하더라도 처는 소유자에 대한 관계에서 단순한 점유보조자에 불과한 것이 아니라 공동점유자로서 이를 불법점유하고 있다고 봄이 상당하다(大判 1998. 6. 26. 98다16456·16463)'고 하고 있어, 따라서 처는 점유보조자가 아닌 공동점유자의 지위를 가진다고 확인할 수 있다. 점유보조자의 법적 지위를 보면, 먼저 점유권 행사는 불가하지만, 예를 들어, 점유자를 위한 자력구제권은 인정하고 있다. 또한, 점유보조자의 사실상의 지배의 취득 또는 상실에 따라 점유주는 점유를 취득 또는 상실하게 된다. 점유보조자는 점유권자의 지휘·감독 아래 물건을 관리하거나 사용하는 역할을 하며, 독립적인 점유권을 주장할 수 없다. 이는 점유권자의 권리를 보조하기 위한 관계로, 법적 안정성과 책임 분배를 명확히 하는 데 중요한 역할을 한다.

〈간접점유와 점유보조 관계〉

간접점유 (점유매개관계)	점유보조관계
① 직접점유가 매개가 되어 점유가 겹하여 성립 직접점유가 매개되기 때문에 점유가 중첩적으로 성립	① 점유보조가의 점유는 부정, 점유주만의 점유가 인정
② 점유매개자는 자신을 위하여 사실상의 지배를 함	② 점유보조자는 타인의 권리를 바탕으로 타인의 이름으로 사실상의 지배를 함
③ 사회적 종속관계의 존재 불요	③ 사회적 종속관계의 필요

④ 점유매개자는 점유매개관계로부터 권리와 의무가 예정되어 있음	④ 점유보조자는 수시로 점유주의 명령에 따라 그 내용에 따른 가변적 의무를 부담
⑤ 간접점유자에게 점유보호청구권 인정	⑤ 점유보조자에게 점유보호청구권 불인정
⑥ 간접점유자에게 자력구제권 불인정	⑥ 점유보조자에게 자력구제권 인정

2. 소유권

(1) 소유권 정의

민법 제211조(소유권의 내용)는 '소유자는 법률의 범위 내에서 그 소유물을 사용·수익·처분할 권리가 있다.'고 규정하고 있다. 소유권은 법률이 인정하는 가장 포괄적인 재산권으로, 물건을 사용하고, 수익하며, 처분할 수 있는 권리를 말한다. 소유권을 가지는 것은 다음의 권능을 가지는 것을 의미한다.

- 사용: 물건을 자신의 필요와 목적에 따라 사용하는 권리
- 수익: 물건으로부터 경제적 이익(과실 등)을 얻는 권리
- 처분: 물건의 경제적 가치를 소멸시키거나, 이전하는 권리

또한 소유권은 다음의 권리적 성질을 가진다.

- 포괄적 권리: 소유권은 물건을 사용하는 권리뿐 아니라, 처분할 권리까지 포함하는 가장 포괄적인 권리
- 독점성: 소유자는 법률이 허용하는 한도 내에서 자신의 물건을 독점적으로 지배
- 배타성: 타인은 소유자의 허락 없이 소유물을 사용하거나 간섭 불가능
- 영속성: 소유권은 물건이 소멸하지 않는 한 영구히 지속
- 절대성: 소유권은 대세권(모든 사람에 대해 주장할 수 있는 권리)으로서, 다른 권리에 비해 절대적

소유권은 절대적, 배타적이면서 전면적인 지배권을 가지는 매우 강력한 권리이다. 그렇다고 하여 소유권을 가지는 사람이 어떠한 제한도 없이 자신의 소유권을 무제한적으로 향유할 수 있는 것은 아니다. 소유권의 제한이 발생하는 부

분이다. 소유권은 법률의 범위 내에서 행사되어야 하며, 공공복리와 타인의 권리를 침해하지 않아야 한다. 자신의 소유권의 행사로 인해 타인의 권리를 부당하게 침해한다든지, 공공의 질서와 선량한 풍속(공서양속)에 반하는 향유를 한다든지의 경우에는 소유권에 대한 제한이 발생하게 된다.

(2) 소유권 취득

1) 취득시효

취득시효란, 일정 기간 동안 타인의 물건을 점유하면서 법적 요건을 충족한 경우, 해당 물건에 대한 소유권을 취득하는 제도다. 이는 물권법상 점유를 통해 소유권을 새롭게 원시취득할 수 있는 방법으로, 재산권의 안정성과 거래의 안전을 보장하려는 취지에서 도입되었다. 물건 또는 권리의 점유상태가 일정기간 계속되는 경우에, 그것이 진실한 권리관계인가를 묻지 않고 권리취득의 효과가 생기게 하는 제도이다. 이하에서는 취득시효에 관한 내용 중, 부동산과 동산을 구분하여 시효를 토대로 하는 소유권 취득에 대해 살펴보기로 한다.

민법 제245조(점유로 인한 부동산소유권의 취득기간)
① 20년간 소유의 의사로 평온, 공연하게 부동산을 점유하는 자는 등기함으로써 그 소유권을 취득한다.
② 부동산의 소유자로 등기한 자가 10년간 소유의 의사로 평온, 공연하게 선의이며 과실없이 그 부동산을 점유한 때에는 소유권을 취득한다.

제245조는 각각의 항에서 점유에 의한 취득시효와 등기에 의한 취득시효로 구분하여 정하고 있다.

① 점유취득시효

제245조 제1항은 점유취득시효에 대해 규정하고 있다. 점유취득시효는 1. 20년 점유, 2. 소유의 의사, 3. 평온, 공연, 4. 등기의 요건을 갖추면 소유권을 취득하도록 하고 있다.

ⓐ 20년

ⓑ 소유의 의사: 내 물건으로 하고 싶다라는 내심의 의사가 아니라, 권리의 성질로부터 객관적으로 판단하여 소유자로서의 의사를 가림(自主점유와 他主점유) cf. 임차인과 盜人의 차이

> 민법 제197조 제1항이 점유자는 소유의 의사로 선의, 평온 및 공연하게 점유하는 것으로 추정한다고 규정하고 있는 터이므로 점유자의 시효취득을 막으려는 자에게 이와 같은 점을 증명할 거증책임이 돌아간다. (大判 1986. 2. 25. 85다카1891)
>
> 점유자의 토지점유가 불법임을 이유로 하여 그 지상건물의 철거를 청구하는 등 분쟁이 생기면 평온·공연의 추정이 깨어진다(大判 1981. 1. 27. 80다2238).

ⓒ 평온, 공연: 폭력적으로 점유를 개시하지 않고 또 점유를 은폐하지도 않는 것. §197의1 점유자와 평온, 공연

ⓓ 등기

> <자연공물> 자연의 상태 그대로 공공용에 제공될 수 있는 실체를 갖추고 있는 이른바 자연공물은 자연력 등에 의한 현상변경으로 공공용에 제공될 수 없게 되고 그 회복이 사회통념상 불가능하게 되지 아니한 이상 공물로서의 성질이 상실되지 않고 따라서 시효취득의 대상이 되지 아니한다(大判 1994. 1. 12. 94다12593).
>
> ※ 자연공물이란 자연상태에서 공공의 목적에 이용될 수 있는 실체를 갖춘 것이고, 인공공물이란 행정주체가 인공을 가하여 공공의 이용에 제공함으로써 비로소 공물이 되는 것을 뜻한다. 자연공물은 하천 · 호수 · 해변 · 항만 등과 같이 자연상태로 이미 공공목적에 제공할 수 있는 형태를 갖추고 있는 물건을 의미하며, 이에 반해 도로 · 공원 · 광장 · 운동장 · 항만 · 운하 등은 인공공물이다. 국유재산의 관리 · 취득 · 처분 따위를 규정한 국유재산법(國有財産法) 제4조 제2항 1호에서는 자연공물에 관하여 국가의 일반적 의미에서의 소유권을 부정하고, 이를 공공물이라 부른다고 하였다.

② 등기부취득시효

제245조 제2항은 등기부취득시효애 대해 규정하고 있다. 등기부취득시효는 1. 등기, 2. 10년, 3. 소유의 의사, 4. 평온, 공연, 5. 선의, 무과실의 요건을 갖추면 소유권을 인정한다.

ⓐ 등기

ⓑ 10년, 등기의 승계도 가능하며, 등기기간과 점유기간이 모두 때를 같이하여 10년일 필요는 없다.

<등기부취득시효에서 등기의 승계 인정 여부>

1) 등기부취득시효에 관한 민법 제245조 제2항의 규정에 의하여 소유권을 취득하는 자는 10년간 반드시 그의 명의로 등기되어 있어야 하는 것은 아니고 앞 사람의 등기까지 아울러 그 기간동안 부동산의 소유자로 등기되어 있으면 된다고 할 것이다(大判(全合) 1989. 12. 26. 87다카2176)

2) 상속의 경우에는 피상속인과 상속인의 등기를 합산하여 10년을 넘으면 충분하다(大判 1989. 3. 28. 87다카2587).

ⓒ 소유의 의사

ⓓ 평온, 공연

ⓔ 선의, 무과실: 선의·무과실은 점유개시 時에 있으면 족하고 그 후 악의로 되어도 무방하다.

<등기부 취득시효에서의 점유의 선의, 무과실>…민법 제245조 제2항에서 정한 등기부시효취득을 인정하기 위하여는 소유자로 등기된 자가 10년간 소유의 의사, 평온, 공연하게 선의로 부동산을 점유하였다는 요건 외에 점유의 개시에 과실이 없었음을 필요로 하며, 이러한 무과실은 그 주장자가 입증하여야 한다. (大判 1986. 2. 25. 85다카771)

등기부취득시효에 있어서 선의·무과실은 등기에 관한 것이 아니고 점유의 취득에 관한 것이므로, 등기경료 이전부터 점유를 하여 온 경우에는 그 점유개시

당시를 기준으로 그 점유의 개시에 과실이 없었는지 여부에 관하여 심리판단하여야 한다. (大判 1994. 11. 11. 93다28089).

A는 문제가 된 토지소유자(B)의 양자로 선정된 C가 상속받은 재산으로 믿어서 C로부터 그 토지를 사들여 소유권이전등기까지 마치고 점유를 시작한 이래 10년 이상 계속 점유해왔고, B의 출가한 딸들은 C가 위 토지를 점유하고 있는 동안은 물론 A가 C로부터 인도받은 이후 소송제기 전까지는 별다른 이의제기를 하지 않았으므로, A의 위 토지매입과정에는 아무런 과실이 없으므로 등기부취득시효가 완성되었다고 인정하여, 위 토지에 대한 A의 소유권취득은 정당하다(大判 1992. 4. 28. 91다46779).

2) 동산소유권의 취득시효

> 제246조(점유로 인한 동산소유권의 취득기간)
> ① 10년간 소유의 의사로 평온, 공연하게 동산을 점유한 자는 그 소유권을 취득한다.
> ② 전항의 점유가 선의이며 과실없이 개시된 경우에는 5년을 경과함으로써 그 소유권을 취득한다.

취득시효에 대해 그 객체가 부동산인지 또는 동산인지에 따라 그 규정 내용이 상이하다. 동산의 취득시효는 취득기간 10년의 점유가 필요하며 동산 소유권에 대해서는 등기를 요하지 않고 물리적 점유 상태가 취득시효의 주요 요건으로 작용한다.

(3) 선점, 습득, 발견

1) 무주물 선점

무주물이란 현재 소유자가 없는 물건(고대인류의 유물, 고대물의 화석 등)이다(cf. 야생동물과 사육하는 야생동물).

제252조(무주물의 귀속)

① 무주의 동산을 소유의 의사로 점유한 자는 그 소유권을 취득한다.

② 무주의 부동산은 국유로 한다.

③ 야생하는 동물은 무주물로 하고 사양하는 야생동물도 다시 야생상태로 돌아가면 무주물로 한다.

2) 유실물 습득

제253조(유실물의 소유권취득) 유실물은 법률에 정한 바에 의하여 공고한 후 6개월 내에 그 소유자가 권리를 주장하지 아니하면 습득자가 그 소유권을 취득한다.

유실물이란 소유자의 의사에 의하지 않고 소유자의 점유를 떠난 물건이다. 준유실물이란 ① 범죄자가 놓고 간 물건 ② 착오로 인하여 점유한 물건 ③ 타인이 놓고 간 물건이다. 유실물의 소유권을 취득하는 데에는 소유의 의사로 점유할 필요가 없다.

3) 매장물 발견

제254조(매장물의 소유권취득) 매장물은 법률에 정한 바에 의하여 공고한 후 1년내에 그 소유자가 권리를 주장하지 아니하면 발견자가 그 소유권을 취득한다. 그러나 타인의 토지 기타 물건으로부터 발견한 매장물은 그 토지 기타 물건의 소유자와 발견자가 절반하여 취득한다.

매장물이란 소유자가 있긴 하나 현재 누가 소유자인지 판명되지 않은 물건이다. 매장물의 발견이란 매장물의 존재를 처음 아는 것으로 점유의 취득은 불필요하다. 타인의 물에서 발견한 매장물은 토지소유자와 발견자가 절반씩 공유한다.

(4) 첨부 ― 부합, 혼화, 가공

- 첨부 - 부합, 혼화, 가공 - 소유권 취득의 원인이 동일
  어떤 물건에 타인의 물건이 결합하거나 타인의 노력이 가해지는 것
  cf. 자신의 책에 친구의 책커버를 씌운 경우 - 소유권이전 발생하나?
    자신의 천에 친구의 실을 가지고 양복을 만든 경우,
    자신의 의자에 친구의 페인트를 가지고 칠한 경우,
    자신이 가지고 있는 단순한 목판을 유명 조각가인 친구가 자기 마음대로 가
    지고가 아름다운 비너스상을 조각한 경우
- 새로운 소유권의 취득원인은 무엇인가, 이를 인정하기 위한 요건은 무엇인가.
  소유권을 상실한 사람에게는 어떠한 조치가 고려되어야 하는가? 의 문제
- 첨부는, 위의 사례와 같이 매매계약 또는 청부계약 등의 법률관계가 보이지 않는
  경우, 즉 예외적 경우에 있어서의 소유권 귀속의 관계를 정립하는 것이 목적

1) 부합
① 부동산에의 부합

제256조(부동산에의 부합) 부동산의 소유자는 그 부동산에 부합한 물건의 소
유권을 취득한다. 그러나 타인의 권원에 의하여 부속된 것은 그러하지 아니하다.

• 부합하는 물건에 대한 통설과 판례의 차이
통　설 : 동산에 한함.
판　례 : 동산, 부동산 불문(大判 1962.1.31 4294 민상445)
• 부합의 정도
동산의 부합 요건과 동일 - '훼손하지 않으면 분리할 수 없거나 그 분리에 과다
한 비용을 요할 경우'

주유소의 지하에 매설된 유류 저장탱크를 토지로부터 분리하는 데 과다한 비용이 들고 이를 분리하여 발굴하는 경우 그 경제적 가치가 현저히 감소할 것이 분명한 경우에 그 유류저장탱크는 토지에 부합한다(大判1995. 6. 29. 94다6345).

토지에 건물이 부합하는가? 토지와 건물은 별개의 부동산이다. 부동산에의 부합은 예외다. 건물을 증·개축한 경우, 개축한 부분이 종래의 건물과 독립된 별개의 건물인 경우는 부합하지 않는다. cf. 타인 소유의 건물을 증축, 개축한 경우, 그 부분의 소유권은 누구에게 귀속하는가?

> <부합의 판단(주건물에 증·개축된 부분이 부합된 물건인지 독립된 물건인지의 구별)> … 1) 주건물에 부합된 건물인가 여부의 판단기준의 하나는 과연 부속된 부분이 독립한 건물로서의 가치와 기능을 시인할 수 있는가, 아니면 오로지 주건물에 부착되어 분리하여서는 독립된 건물로서의 가치가 없고 주건물의 사용편의에 제공될 뿐인가 하는 것이다. (大判 1991. 4. 12. 90다11967)
> 2) 건물이 증축된 경우에 증축 부분의 기존 건물에의 부합 여부는「증축 부분이 기존 건물에 부착된 물리적 구조뿐만 아니라 그 용도와 기능의 면에서 기존 건물과 독립한 경제적 효용을 가지고 거래상 별개의 소유권의 객체가 될 수 있는지의 여부」및 증축하여 이를 소유하는 자의 의사 등을 종합하여 판단하여야 한다. (大判 1994. 6. 10. 94다11606)

부합의 효과는 ⓐ 부합된 동산의 소유권은 부동산 소유자가 취득, 부합한 물건의 면적이나 가격은 불문한다.

건물을 증축한 경우에 증축 부분이 기존 건물보다 면적도 두 배 이상이며, 가격이 훨씬 높은 경우에도 기존 건물에 부합한다(大判 1981. 12. 8. 80다2821).
건물의 증축부분은 기존건물에 부합하면 민법 제358조에 의하여 부합된 증축부분에도 효력이 미치는 것이므로 기존건물에 대한 경매절차에서 경매목적물로 평가되지 아니하였다고 할지라도 경락인은 부합된 증축부분의 소유권을 취득한다(大判 1992. 12. 8. 92다26772).

ⓑ 권원에 의하여 부속된 물건은 부합하지 않는다(256조 단서). 그러나 부속된 물건이 부동산의 구성부분이 되는 경우는 단서의 적용이 없고 부당이득 성립할 뿐이다.

<부합과 타인의 권원에 의한 부속>

민법 제256조 단서 소정의 "권원"이라 함은 지상권·전세권·임차권 등과 같이 타인의 부동산에 자기의 동산을 부속시켜 그 부동산을 이용할 수 있는 권리를 뜻하므로 그와 같은 권원이 없는 자가 토지소유자의 승낙을 받음이 없이 그 임차인의 승낙만을 받아 그 부동산 위에 나무를 심었다면 특별한 사정이 없는 한 토지소유자에 대하여 그 나무의 소유권을 주장할 수 없다. (大判 1989. 7. 11. 88다카9067)

토지의 사용대차권에 기하여 그 토지상에 식재된 수목은 이를 식재한 者에게 그 소유권이 있고 그 토지에 부합되지 않는다 할 것이므로 비록 그 수목이 식재된 후에 경매에 의하여 그 토지를 경락받았다고 하더라도 경락인은 그 경매에 의하여 그 수목까지 경락취득하는 것은 아니라고 할 것이다(大判 1990. 1. 23. 89다카21095).

대지의 공동소유자가 다른 공유자로부터 그의 지분에 대한 사용권을 설정받은 후 그 대지상에 정원수를 심은 것이라면, 그 정원수는 그 대지사용권에 의하여 식재한 것으로서 대지지분권과 상관없이 그 정원수의 소유권을 취득하였다고 보아야 한다(大判 1991. 4. 12. 90다20220).

부속물에 대하여 부합시킨 자에게 소유권이 인정되기 위해서는 그 부속된 물건이 독립물로서의 효용성을 가짐으로써 그것이 독립한 경제적 가치를 가져야 하며 그것이 부동산의 구성부분을 이루는 경우에는 설사 권원이 있더라도 부합이 성립한다. (大判 1975. 4. 8. 74다1743)

ⓒ 타인의 토지에서 경작한 농작물은 권원 없이 한 것이라도 경작자에게 있다(大判 1970.11.30. 68다1995).

② 동산 간의 부합

> 제257조(동산간의 부합) 동산과 동산이 부합하여 훼손하지 아니하면 분리할
> 수 없거나 그 분리에 과다한 비용을 요할 경우에는 그 합성물의 소유권은 주된
> 동산의 소유자에게 속한다. 부합한 동산의 주종을 구별할 수 없는 때에는 동산
> 의 소유자는 부합당시의 가액의 비율로 합성물을 공유한다.

주된 동산의 소유자에게 속한다. 주종을 구별할 수 없을 때에는 부합당시의 가액의 비율로 공유한다.

③ 부합과 종물-민법 제100조와의 구별

> 제100조(주물, 종물)
> ① 물건의 소유자가 그 물건의 상용에 공하기 위하여 자기소유인 다른 물건을
> 이에 부속하게 한 때에는 그 부속물은 종물이다.
> ② 종물은 주물의 처분에 따른다.

종물은 주물의 소유자의 소유물이다(원칙론). 종물이 주물에 부합되는 목적은 주물의 계속적인 경제적 효용을 증가시키기 위함이다. 종물의 종속은 부합의 정도에까지 미치지 않는다.

2) 혼화

> 제258조(혼화) 전조의 규정은 동산과 동산이 혼화하여 식별할 수 없는 경우
> 에 준용한다.

쉽게 섞이어 원물 구별의 어려움 존재, 성질은 동산간 부합으로 취급한다. 동

산 간 부합의 일종이므로 제257조가 준용된다.

3) 가공

> 제259조(가공)
> ① 타인의 동산에 가공한 때에는 그 물건의 소유권은 원재료의 소유자에게 속한다. 그러나 가공으로 인한 가액의 증가가 원재료의 가액보다 현저히 다액인 때에는 가공자의 소유로 한다.
> ② 가공자가 재료의 일부를 제공하였을 때에는 그 가액은 전항의 증가액에 가산한다.

가공은 타인의 재료를 이용해 새로운 물건을 만들어 낼 때, 그 물건의 소유권이 누구에게 귀속되는지를 규정한 조문이다. 가공의 결과물(가공물)에 대해 재료의 소유권과 가공자의 노력 및 비용 중 어느 것이 더 큰 가치를 가지는지에 따라 소유권의 귀속을 결정한다. 가공을 통한 소유권의 귀속에 있어, 가공물의 가치가 더 클 경우 가공자가 가공물의 소유권을 취득한다(예: 원재료로 고가의 예술품을 제작한 경우). 원재료의 가치가 더 클 경우에는, 원재료의 소유자가 가공물의 소유권을 유지한다(예: 재료로 만든 결과물이 원재료보다 큰 부가가치를 가지지 않는 경우).

3. 공동소유

공동소유는 하나의 물건에 대해 여러 사람이 함께 소유권을 가지는 상태를 말한다. 공동소유는 소유권의 내용과 행사 방식에서 독특한 법적 규율을 받으며, 대한민국 민법은 이를 공유, 합유, 총유로 구분하여 규정하고 있다.

〈공유, 합유, 총유 비교표〉

	공 유	합 유	총 유
지분여부	공유지분(§262①)	합유지분(§271①)	지분 없음
지분의 처분	자유(§263전단)	전원의 합의(§273①)	
보존행위	각자 단독	각자 단독	총회의 결의(§276①)
목적물의 변경, 처분	전원의 동의(§264)	전원의 동의(§272본문)	총회의 결의(§276①)
목적물의 사용, 수익	지분의 비율에 따라 공유물 전부를 수입 가능(§263후단)	합유물 전부에 미침 (§271후단)	정관 기타 규약에 따른(§276②)
분할의 청구	자유(§268①본문) 금지 특약도 가능 (§268①단서)	불가(§276②)	
종료 사유	① 공유물의 양도 ② 분할	① 조합체의 해산 ② 합유물의 양도 (§274①)	① 총유물의 양도 ② 사원지위의 득실

공유(개인주의적 공동소유)……지분권 있음, 분할의 자유

합유(개인주의 + 단체주의)……지분권 있음, 분할의 금지

총유(단체적주의)……지분권 없음

(1) 공유

1) 공유의 의의

1개의 소유권이 분량적으로 분할되어 수인에게 속하는 상태이다(통설, 판례).

<공유의 의의> … 공유는 물건에 대한 공동소유의 한 형태로서 물건에 대한 1개의 소유권이 분량적으로 분할되어 여러 사람에게 속하는 것이다. (大判 1991. 11. 12. 91다27228)

공유에 관한 대표적 예는 다음과 같다: cf. 친구 A, B, C 3인이 돈을 합쳐 벤츠 한대를 구입하는 경우에 발생하는 문제, 사람의 물에 대한 관계(즉, 물권관계) - 일물일권주의가 원칙

공유는 일물일권주의의 원칙의 예외다. 즉, 한 개의 물위에 특수한 소유권이 복수 성립한다. 위와 같은 특수한 소유관계에 대한 규정이 §262 이하다(공유).

2) 지분의 의의
1개의 소유권의 분량적 일부분(통설, 판례)

3) 공유지분
① 지분의 비율
ⓐ 법률의 규정, 당사자의 의사 → ⓑ (당사자의 합의가 없는 경우) 균등 추정

> 제262조(물건의 공유)
> ① 물건이 지분에 의하여 수인의 소유로 된 때에는 공유로 한다.
> ② 공유자의 지분은 균등한 것으로 추정한다.

② 지분의 내용

> 제263조(공유지분의 처분과 공유물의 사용, 수익) 공유자는 그 지분을 처분할 수 있고 공유물 전부를 지분의 비율로 사용, 수익할 수 있다.
> 제264조(공유물의 처분, 변경) 공유자는 다른 공유자의 동의없이 공유물을 처분하거나 변경하지 못한다.

③ 지분의 처분의 자유

> 공유자의 1인이 단독 처분한 경우에도 전부 무효가 아니라 그 자신의 지분에 한해서는 유효하다. (大判 1965. 6. 16. 65다301)

4) 공유의 대내 관계

① 공유물의 관리(이용·개량) → 과반수

　　<공유자 1인의 배타적 사용, 수익>

　　공유물의 관리에 대하여 민법 제 265조 본문의 규정에 따른 공유자 사이에 특별한 약정이 없는 한, 토지의 공유자는 그 공유토지의 일부분이라고 하더라도 자의로 이를 배타적으로 사용, 수익할 수 없다(大判 1978. 7. 11. 78다695).

　　부동산에 관하여 과반수 공유지분을 가진 자는 공유자 사이에 공유물의 관리 방법에 관하여 협의가 미리 없었다 하더라도 공유물의 관리에 관한 사항을 단독으로 결정할 수 있으므로 공유토지에 관하여 과반수공유지분권을 가진 자가 그 공유토지의 특정된 한 부분을 배타적으로 사용수익할 것을 정하는 것은 공유물의 관리방법으로서 적법하다(大判 1991. 9. 24. 88다카33855).

　　<과반수 결정의 방법> … 공유물의 관리에 관한 사항은 공유자의 지분의 과반수로써 결정한다고 함은 공유물의 관리방법에 관하여 공유자의 지분의 과반수의 의사 또는 찬성이 있으면 이는 적법하다는 의미이므로 피고들의 공유지분을 합치면 780/963이 되는 이상, 피고들이 원고를 제외하고 서면으로 공유물의 관리방법을 정하였다고 하더라도 그 결의는 공유자 전원에 대한 관계에 있어서 유효하다(大判 1980. 9. 9. 79다1131·1132).

② 보존 → 각자

　　<공유자 1인의 제소와 시효중단의 효력범위> … 부동산 공유자 중의 한 사람은 당해 부동산에 관하여 제3자 명의로 원인무효의 소유권이전등기가 경료되어 있는 경우 공유물에 관한 보존행위로서 그 제3자에 대하여 그 등기 전부의 말소를 구할 수 있으나, 공유자의 한 사람이 공유물의 보존행위로서 그 공유물의 일부 지분에 관하여서만 재판상 청구를 하였으면 그로 인한 시효중단의 효력은 그 공유자와 그 청구한 소송물에 한하여 발생한다.(大判 1999. 8. 20. 99다15146)

③ 공유물의 처분, 변경 - 전원의 동의

④ 공유물에 관한 부담 - 지분의 비율

(2) 합유

> 제271조(물건의 합유)
> ① 법률의 규정 또는 계약에 의하여 수인이 조합체로서 물건을 소유하는 때에는 합유로 한다. 합유자의 권리는 합유물 전부에 미친다.
> ② 합유에 관하여는 전항의 규정 또는 계약에 의하는 외에 다음 3조의 규정에 의한다.

1) 합유의 의의와 성질

개인주의적인 공동소유가 공유다, 이에 단체적 규제가 더해진 것은 합유다. 합유의 대표적 예로 조합(수인이 동일한 목적(공유의 경우, 공동의 목적 없음))으로 결합되어 있으나 구성원의 개별성이 강하여 아직 단체(법인 또는 사단)로서의 체제를 갖추지 못한 수인의 결합체가 있다. 단체이기는 하나 독자성을 가지지는 못한다.

> cf. 공동의 목적을 위하여 소인이 동업하여 이익을 나누는 경우 - 조합
> 재건축 조합 등은 비법인 사단으로 취급을 함 - 여기서의 조합에 해당되지 않음

2) 합유의 성립

3) 합유지분의 처분 — 합유물의 분할금지

> 제273조(합유지분의 처분과 합유물의 분할금지)
> ① 합유자는 전원의 동의없이 합유물에 대한 지분을 처분하지 못한다.

② 합유자는 합유물의 분할을 청구하지 못한다.

합유자는 전원의 동의없이 합유물에 대한 지분을 처분하지 못한다.

<합유지분의 매매> … 합유자는 전원의 동의없이는 합유물에 대한 지분을 처분하지 못하는 것이므로 그 동의가 없는 이상 지분매매도 할 수 없다. (大判 1970. 12. 29. 69다22)

4) 합유의 종료 — 합유의 종료원인 — 합유자의 사망과 지분의 상속여부

<조합원이 사망한 경우> … 조합원이 사망한 경우 그 조합원은 조합에서 탈퇴하고(717조) 그 조합원의 지위는 일신전속적인 권리의무관계로서 상속인에게 상속되지 않는다(大判 1981. 7. 28. 81다145). 따라서 그 상속인에 대해서는 지분계산의 방법으로 청산이 되어야 하고(719조), 상속등기를 할 수 있는 것은 아니다.

<잔존 합유자가 1인인 경우> … 부동산의 합유자 중 일부가 사망한 경우 합유자 사이에 특별한 약정이 없는 한 사망한 합유자의 상속인은 합유자로서의 지위를 상속하는 것이 아니므로 해당 부동산은 잔존 합유자가 2인 이상일 경우에는 잔존 합유자의 합유로 귀속되고, 잔존 합유자가 1인인 경우에는 잔존 합유자의 단독소유로 귀속된다(大判 1994. 2. 25. 93다39225).

(3) 총유

제275조(물건의 총유)
① 법인이 아닌 사단의 사원이 집합체로서 물건을 소유할 때에는 총유로 한다.
② 총유에 관하여는 사단의 정관 기타 계약에 의하는 외에 다음 2조의 규정에 의한다.

1) 총유의 법적성질과 형태

법인 아닌 사단의 소유형태로서 물건을 소유하는 것이다. 법인격 없는 사단이다. cf. 재건축조합, 종중, 교회재산, 학회, 동창회 등

> 민법상 조합의 명칭을 가지고 있는 단체라 하더라도 고유의 목적을 가지고 사단적 성격을 가지는 규약을 만들어 이에 근거하여 의사결정기관 및 집행기관인 대표자를 두는 등 조직을 갖추고 있고, 구성원의 가입, 탈퇴 등으로 인한 변동에 관계없이 단체 그 자체가 존속되고, 그 조직에 의하여 대표의 방법, 총회나 이사회 등의 운영, 재산의 관리 기타 단체로서의 주요사항이 확정되어 있는 경우에는 비법인사단으로서의 실체를 가진다(大判 1994. 4. 26. 93다51591).

2) 총유물의 관리, 처분, 사용, 수익

총유재산의 관리, 처분, 보존행위는 총회의 결의로 해야 한다.

> 제276조(총유물의 관리, 처분과 사용, 수익)
> ① 총유물의 관리 및 처분은 사원총회의 결의에 의한다.
> ② 각 사원은 정관 기타의 규약에 좇아 총유물을 사용, 수익할 수 있다.

> <총유물의 보존행위의 방법> … 총유물의 보존에 있어서는 공유물의 보존에 관한 민법 제265조의 규정이 적용될 수는 없고 특별한 사정이 없는 한 민법 제276조 1항 소정의 사원총회의 결의를 거쳐야 하고 이는 그 총유재산에 대한 보존행위로서 대표자의 이름으로 소송행위를 하는 경우에도 그대로 적용된다(大判 1994. 10. 25. 94다28437).

4. 담보물권

(1) 담보물권의 의의

채권의 회수를 확보하기 위한 제도로 담보가 있다. 채권회수불가능의 리스크를 피하기 위한 대책을 사전에 해 둘 필요가 있다. 또, 일정의 채권에 대해(예를 들면, 노동자의 채권) 법률에서 우선적인 지급이 가능하도록 해 둘 필요가 발생한다.

(2) 담보물권의 본질

1) 부종성

피담보채권의 존재를 전제로 해서만 담보물권이 종속하고 피담보채권이 소멸하면 담보물권도 소멸하는 성질이다(예외: 근저당). 채권이 없는 곳에 담보물권은 없다. 담보물권은 채권을 담보하는 것에 의의가 있기 때문에 채권이 존재하지 않으면 담보물권은 의미를 가지짐 못한다. 따라서 채권이 성립하지 않으면 담보물권은 성립하지 않고, 채권이 변제 등에 의해 소멸되면 담보물권도 따라서 소멸한다.

2) 수반성

피담보채권의 이전에 따라 담보물권도 이전하는 성질이다. 채권이 타인에게 이전하면 담보물권도 그 채권자체를 담보하기 위한 것이므로 채권과 함께 이전한다는 것이다. 부종성이 담보물권의 '존재'에 관한 성질이라면, 수반성은 담보물권의 '귀속'에 관한 성질이다.

3) 불가분성

담보물권은 피담보채권의 전부가 변제될 때까지 목적물의 전부 위에 효력을 미치는 성질이다(예외: 공동저당). 담보물권은 원칙적으로 채권전부의 변제를 받을 때까지 목적물 위에 존속한다. 담보물권이 피담보물권의 변제를 강제하여 피담보물권의 채권으로서의 효력을 강화하기 위한 권리이기 때문에 최후의 1원까지 변제할 때까지 목적물 위에 담보물권의 효력을 가지며 존속함으로써 당해채권의 이행을 보다 확실하게 할 수 있다.

4) 물상대위성

담보물권의 목적물이 멸실, 훼손, 공용징수로 인하여 소멸한 경우, 그로 인한 가치변형물(금전 기타 물건)이 목적물 소유자에게 귀속되는 경우 담보물권이 이 가치변형물에 존속하는 현상이다(교환가치의 취득을 목적으로 하지 않는 유치권에는 그 적용이 없다). 예를 들면, 저당권을 설정한 건물이 매각된 경우, 그 매각대금의 위에 저당권의 효력을 발생시키는 것이 가능하다. 저당권의 담보물권은 목적물의 교환가치, 즉 경제적인 가치를 파악하는 물권이기 때문에 목적물 자체가 건물로부터 매각대금으로 그 모습을 바꾸어도 저당권자가 파악하고 있는 가치 자체는 변하지 않기 때문이다. 이 성질은 저당권이 어디까지나 목적물의 경제적인 가치를 파악하여 그 목적물이 가지는 경제적인 가치로부터 우선적으로 변제를 받을 수 있는 효력, 즉 우선변제적인 효력을 가지기 때문에 당연히 인정된다.

(3) 담보물권의 효력

1) 우선변제적 효력(질권, 저당권)

채무의 변제를 받지 못한 경우 담보권자는 목적물을 환가(換價)해서 다른 채권자보다 먼저 그 매각대금으로부터 변제받는 효력이다. 질권, 저당권에서 인정된다. 담보물권의 본질적 기능은 우선변제적인 효력에 있다. 유치권에는 법적으로는 우선적 변제 효력은 인정되지 않으나 경매를 한 경우 그 매수인에 대하여도 유치권자는 그 목적물을 유치하여 간접적으로 피담보채권의 변제를 강제하는 것이 가능하기 때문에, 이른바 '사실상'의 우선 변제적 효력이 있다. 즉, 유치권은 자신이 가지는 피담보채권을 누군가가 변제하여 줄 때까지는 목적물을 인도하지 않는다는 것을 목적물의 매수인에 대해서도 주장할 수 있다. 따라서 매수인은 목적물을 인도받고자 한다면 피담보채권을 변제하지 않으면 안 되어, 사실상 유치권에도 우선적 변제 효력이 있는 것과 마찬가지이다.

2) 유치적 효력(질권, 유치권의 경우)

목적물을 채권자의 수중에 유치함으로서 채무자에게 '심리적 압박'을 가하여 변제를 촉구하는 효력, 유치권과 질권에 인정된다.

3) 수익적 효력(전세권의 경우)

전세권은 그 실질에 있어서 수익적 효력이 있는 일종의 부동산 질권으로서의 담보물권이라고 볼 수 있다.

〈담보물권의 성질과 효력〉

	부종성	수반성	불가분성	물상대위성	우선변제적효력	유치적효력
유치권	○	○	○	×	× (단, 사실상의 우선변제적효력 있음)	○
질권	○	○	○	○	○	○
저당권	○	○	○	○	○	×

5. 저당권

(1) 저당권 정의

저당권은 목적물의 점유를 이전하지 않으면서 채무의 변제가 없는 경우에 그 목적물로부터 우선 변제 받을 수 있는 비점유담보물권에 해당한다.

(2) 근대 저당권의 특질

1) 공시의 원칙

저당권의 존재는 반드시 등기, 등록에 의하여 공시되어야 한다. 저당권의 존재를 모르고 그 목적물을 취득한 제3자의 이해를 위함이다.

2) 특정의 원칙

특정, 현존의 목적물 위에 성립토록 하여 가치에 대한 객관성을 부여 그리고 일반 저당권을 배척한다.

3) 순위확정의 원칙

등기의 선후에 따라 순위가 정해지고 선순위 저당권이 소멸해도 순위가 상승하지 않는다. 그러나 우리민법은 순위승진의 원칙을 채용하고 있다.

4) 독립의 원칙

저당권은 공시되지 않은 채권의 하자에 의하여 영향받지 않는다.

5) 유통성의 확보

금융시장에서 신속, 안전하게 유통할 수 있는 능력이다. 저당권의 증권화.

(2) 저당권의 효력의 효력이 미치는 목적물의 범위

1) 부합물

> ☞ 사례
>
> S는 G은행으로부터 융자를 얻어 주택을 구입하고 이때 G와의 사이에 저당권을 설정하였다. 이 저당권은 ① 건물 내의 냉장고, ② 지붕의 기와에 효력을 가지는가?
>
> ①의 냉장고: NO 저당부동산으로부터 완전히 독립한 물건
>
> ②의 기와: YES 저당부동산의 일부
>
> - 부합물 358조
>
> 이유: 부합물은 부동산의 구성부분이어서 독립성을 가지고 있지 않기 때문
>
> cf. 토지에 저당권을 설정한 때에는 그 토지에 무권원으로 누군가가 심은 수목에 대해서도 저당권의 효력이 발생. 자신이 토지에 수목을 심은 경우도 당연 효력이 미침

2) 종물 358조

☞ 사례

X는 S의 토지와 주택에 저당권을 가지고 있는데, S의 일반채권자인 Y는 S의 주택 정원에 있는 나무, 수석 등을 압류하였다. 이들은 모두 X의 저당권 설정 전에 S가 정원에 가져다 놓은 것들이다. X는 이들의 나무, 수석 모두에 저당권이 미친다고 하는 소를 제기하였다. X의 주장은 인정되는가?

- 저당권 설정 전의 종물

탈착 가능한 작은 수석 등은 택지의 종물로 취급하며, 나무 및 다른 수석 등의 탈착이 곤란한 것들은 부합으로 판단 가능, 모두 저당권 설정 전-저당권의 효력이 미침

- 저당권 설정 후의 종물

저당권의 효력이 미친다고 본다. 이유-경제적, 가치적 일체물로 판단하기 때문

3) 물상대위

☞ 사례

A가 저당권을 가지고 있는 채무자 B의 건물이 화재로 모두 멸실되어 버렸다. 저당권은 어떻게 되나?

- 저당권의 목적물인 건물의 멸실은 저당권의 소멸로 이어지는가

위 사례의 경우 무엇을 생각하여야 하나? ① 저당권 설정자인 건물소유자B는 어떠한 권리를 가지는가 - ⓐ 화재에 B이외의 원인자가 있는 경우, 불법행위 및 채무불이행을 이유로 하는 손해배상청구 가능. ⓑ 보험에 가입하고 있는 경우에도 B에게 발생한 손해는 회복됨. 즉, 저당권 설정자의 손해가 회복됨에도 불구하고 저당권자는 저당권을 상실하는 것은 타당하지 않음

② 화재의 원인자가 있는 경우 또는 채무자 B의 건물이 화재보험에 가입되어 있는 경우, 담보물권 의 효력이 목적물의 변형된 물건 위에도 미치도록 하

여, 채권자의 이익을 보호 - 물상대위

물상대위란 목적물의 교환가치가 현실화된 경우, 그 가치대표물에 대하여 저당권의 효력을 인정하는 제도이다(교환가치의 현실화-목적물의 교환가치가 금전(보험금, 손해배상금, 등으로 모습을 변형시킨 것)).

(3) 저당권의 침해에 대한 보호

1) 침해의 특수성
목적물의 가치감소가 있어도 피담보채권액을 넘으면 침해는 불성립한다.

2) 보호수단
① 물권적 청구권
방해배제나 방해예방은 가능하나 반환 청구권은 불가능하다.

☞ 사례

G를 위하여 저당권이 설정되어 있는 A소유의 극장건물로부터, A가 조명기구 등 고가의 무대설비의 반출을 하려고 하고 있다. G는 이를 저지하는 것이 가능한가. 또, 이미 반출된 설비 등에 대하여 반환청구가 가능한가?

1. 물권적 청구권 행사
2. 밑의 판례 참조

문제의 취지는 저당권이 설정되어 있는 물을 설정자가 분리, 반출하려고 하는 때에 저당권자는 어떠한 조치를 취할 수 있는가에 있다. 극장의 설비는 종물에 따라서 저당권의 효력이 미친다. 수목의 경우는 토지에 부합한다. 즉, 부가일체물(附加一體物). 분리 시 저당권의 목적물적 기능을 상실하기 때문에, 저당권자는 이를 저지하여야 한다(물권적 청구권).

그렇다면, 이미 반출된 물을 돌려달라고 할 수 있는가? 고려해야 할 점은 저당권자의 보호와 제3자의 거래안전 보호이다.

> <저당권자의 저당목적물에 대한 방해배제청구권의 내용> … 저당권자는 물권에 기하여 그 침해가 있는 때에는 그 제거나 예방을 청구할 수 있다고 할 것인바, <공장저당권>의 목적 동산이 저당권자의 동의를 얻지 아니 하고 설치된 공장으로부터 반출된 경우에는 저당권자는 점유권이 없기 때문에 설정자로부터 일탈한 저당목적물을 저당권자 자신에게 반환할 것을 청구할 수는 없지만, 저당목적물이 제3자에게 선의취득 되지 아니하는 한 원래의 설치 장소에 원상회복할 것을 청구함은 저당권의 성질에 반하지 아니함은 물론 저당권자가 가지는 방해배제권의 당연한 행사에 해당한다(大判 1996. 3. 22. 95다55184).

② 손해배상청구권

저당권의 실행이전이라도 불법행위 후 곧 손해배상 청구가 가능하다(침해가 있더라도 채권의 만족을 얻을 수 있는 경우에는 발생하지 않음).

(4) 특수저당권

1) 공동저당

채권자가 동일한 채권의 담보로서 수개의 부동산 위에 저당권을 설정하는 것이다. 예를 들어, 건물과 그 대지인 토지를 저당권 설정하는 행위이다. 피담보채권이 각부동산에 분할되는 것이 아니라 어디까지나 1개의 채권이 모든 저당목적물에 의해 담보된다. 장점은 목적물의 증가하면 담보가치가 증대하고, 일부 부동산의 멸실 및 가격의 하락에도 그 리스크의 분산이 가능하다. 그러나 어느 부동산으로부터 먼저 저당권을 실행하는가에 의해 후순위자의 배당에 차이가 발생한다. 따라서 민법은 이해관계인들의 공평을 위하여 공동저당권부동산의 경매대가에 비례하여 각 저당물의 책임분담액을 정하고, 그 책임분담액을 넘는 잉여가치에 대하여 설정된 후순위자를 보호하고 있다.

cf. 5천만 원의 채권을 가지는 저당권자가 G가, S의 갑부동산 6천만 원, 을부동산 4천만 원에 공동저당권을 가지는 경우

- 이때 G는 갑 또는 을만의 부동산을 경매해도 좋고, 갑과 을 부동산을 동시에 경매를 해도 좋다. 이때 하나씩 순차적으로 경매하는 것을 이시배당, 동시에 경매하는 것을 동시배당이라고 한다. 문제는 이때 각각에 어떻게 배당이 이루어지는가이다.

동시배당이 이루어지는 경우 - G의 피담보채권은 부동산가격에 따라 나누어지므로, 갑부동산에 3천만 원, 을부동산에 2천만 원이 배당됨. 이러한 처리는 갑을부동산에 후순위저당권자가 있는 경우, 합리적이다. 예를 들면, 갑부동산의 후순위저당권자X는 동시배당이 이루어지는 경우, 자신에게 어느정도의 배당이 돌아오는지 예측가능하다(3천만 원의 가치가 남음).

이시배당이 이루어지는 경우 - 그렇다면, 저당권자G가 이시배당을 선택하여 갑부동산의 저당권만을 실행하는 경우는 어떻게 되나. G가 5천만 원의 배당을 받으면 X에는 천만 원밖에 남지 않는다. 그러면, G의 선택여부에 따라 후순위자의 지위가 크게 달라지므로 이는 공평하지 않다. 368조 제2항의 문제다.

cf. 저당권자G가 채무자S의 소유의 갑(6천만원), 을(4천만원)부동산에 5천만 원의 채권을 담보하기 위하여 공동저당을 가진다. 갑부동산에 4천만원의 채권을 담보하기 위하여 2번저당권을 가지는 X도 존재하고 있다. 동시배당, 이시배당의 각각의 경우의 배당액은 어떻게 되나?

2) 근저당

제357조(근저당)

① 저당권은 그 담보할 채무의 최고액만을 정하고 채무의 확정을 장래에 보류하여 이를 설정할 수 있다. 이 경우에는 그 확정될 때까지의 채무의 소멸 또는 이전은 저당권에 영향을 미치지 아니한다.

② 전항의 경우에는 채무의 이자는 최고액 중에 산입한 것으로 본다.

① 근저당의 정의

계속적인 거래관계로부터 발생·소멸하는 블특정다수의 장래채권을 결산기에 계산한 후 잔존하는 채무를 일정한 한도액(최고액)의 범위내에서 담보하는 저당권이다. 근저당권은 채권자와 채무자 간의 '거래'를 전제로 하는 담보권이다.

> cf. 가전판매업자인 하이마트와 가전제조업자인 삼성전자의 거래관계에서, 하이마트가 삼성의 물건을 사 와 이를 판매하려고 하는 때에, 제품에 대한 대금은 일정기간 별로 지불하는 것이 일반적인 경우. 이때 삼성이 거래 별로 발생하는 하이마트의 채무에 대하여 그 거래시마다 대금채무를 담보하기 위하여 점포의 토지건물에 저당권을 설정한다고 하자. 대금채무-저당권 설정-변제-새로운 대금채무…의 반복. 계속적 거래에 있어서 매우 불편
>
> 다시 설명하면, 하루에 삼성으로부터 하이마트로 들어오는 가전의 액이 2000만원. 저당권이 설정인 경우, 매월 10일에 가전제품에 대한 채무 지급을 한다고 하는 경우, 그때마다 저당권의 부종성의 성질에 따라 저당권이 소멸. 그럼 다음 달 제품이 다시 들어오는 경우에는 또 저당권을 설정해야 하는 번거로움이 발생. 이 경우, 한달의 물품 거래액(삼성에서 하이마트로의)을 약 6억 정도로 보고, 이 6억을 최고한도액으로 하는 근저당권을 설정. 매일의 거래액에 대한 저당권을 매일 반복하여 설정하지 않아도 됨

근저당권의 3요소로 한도액(6억), 채권의 범위(전기제품의 공급거래), 채무자(하이마트)가 있다. 은행과 상인 간에 체결된 당좌대월계약이나 도매상과 소매상 간의 약속어음계약처럼, 계속적인 거래관계에서 그 동안의 채권액이 증감하는 경우에, 장차 일정한 결산기일에 변제되지 못한 대월액이나 약속어음의 미결제액을 담보하기 위하여 미리 설정되는 저당권. 장래의 채권의 담보이기는 하나 특정의 채권을 담보하는 것이 아니라 증감 변동하는 일단의 불특정채권(不特定債權)을 최

고한도 내에서 담보하는 점에 특색이 있다. 근저당은 은행과 그 거래처간의 계속적 신용관계나 객주(客主)·도매상과 소매상간의 계속적 물품 공급관계에서 생기는 여러 채무를 일괄하여 담보하기 위해 관행으로 인정되어 온 것이다. 현재 채무가 없는데도 저당권은 성립하고 한번 성립한 채권이 변제되어도 다음 순위의 저당권의 순위가 승격하지 않는 점 등이 보통의 저당권과 다르나, 다만 근저당이라는 뜻과 채권의 최고액을 등기해야 한다(부동산등기법 140). 그러나 근저당의 존속기간의 등기는 반드시 필요한 것은 아니다. 소정기간이 만료되거나 계속적 거래관계가 종료하면 채권액이 확정되고 근저당권자는 우선변제(優先辨齊)를 받을 수 있게 된다. 근저당의 효력은 보통의 저당권과 다르지 않으나, 채권액이 많은 경우에는 약정된 최고액 이상의 우선변제권은 없다.

② 근저당권의 특징

ⓐ 부종성이 없다.

근저당권의 설정시 피담보채권액의 액이 0원이어도 설정 가능. 앞으로의 거래를 위하여 설정 가능하다. 매월 10일에 거래대금이 전부 변제되어도 근저당권은 소멸하지 않는다. 이후, 거래가 계속될 것이기 때문이다.

ⓑ 수반성이 없다.

거래대금이 채권양도 되어도 근저당권은 양수인에게 이전하지 않는다. 오로지 하이마트와 삼성전자와의 거래에 있어서만 발생하는 채권에 대하여 담보할 뿐이다.

추가로 근저당권의 확정은 거래의 종료를 의미한다. 근저당이란 원칙적으로 거래 종료 후에 잔존하는 매매대금을 담보가 하는 것으로 '확정'한다.

06

채권법

제 6 장 채권법

　채권은 특정인이 다른 특정인에 대하여, 즉 채권자가 채무자에 대하여 특정한
행위, 즉 급부(Leistung, 이행)를 청구할 수 있는 권리이다. 채권법은 이러한 채권
에 관한 법규를 말한다. 특정인과 다른 특정인, 즉 채권자와 채무자 사이에 법률
관계, 즉 채권관계가 존재한다. 형식적 의미의 채권법은 민법 제3편, 제373조부
터 제766조까지를 말한다. 채권법은 채권의 발생, 채권관계의 형성, 급부청구 효
력, 다수 당사자 관계, 채권주체의 변경, 채권의 소멸 등이 주요 내용으로 한다.

제 1 절 채권총설

I. 채권의 발생

　채권은 법률행위 또는 법률 규정에 의해 발생한다. 법률행위(대표적인 형태인 계
약)에 의해 발생하는 채권은 당사자의 의사표시의 합의에 의해 발생함으로 그
내용을 자유롭게 구성할 수 있다. 그러나 그 내용의 확정성, 실현가능성, 적법
성, 사회적 타당성 등에 의해 제한을 받으며, 불공정한 법률행위 역시 효력을 가
지지 못한다. 법률 규정에 의해 채권 발생은 사무관리, 부당이득 및 불법행위가
성립하는 경우이다.

II. 채권의 종류

1. 특정물채권

특정물의 인도를 목적으로 하는 채권을 특정물채권이라고 한다. 특정물은 법률행위로 당사자 간의 의사에 의해 정해진 물건으로, 예를 들면 부동산, 중고품, 예술품 등이다. 특정물채권에는 그 물건을 인도할 때까지 선량한 관리자의 주의의무로 보존해야 하는 선관주의의무가 인정된다. 특정물채권은 당사자 간의 합의로 정해진 현상 그대로의 상태로 인도할 의무가 있다(민법 제462조). 이행장소는 당사자 간의 특약이 없으면 채권이 성립할 당시에 물건이 있던 장소가 된다.

2. 종류채권

종류채권은 일정한 종류에 속하는 물건의 일정량의 인도를 목적하는 채권이다. 종류물은 대체성이 있는 물건이나, 거래 일반관념에 따라 객관적으로 결정된다. 종류채권은 채권관계가 성립할 때 인도해야 할 물건이 구체적으로 정해지지 않았기 때문에 인도해야 할 물건을 구체적으로 선정하는 것을 특정(또는 집중)이라고 한다. 종류채권에 있어 특정 시기는 채무의 형태가 지참채무(채무자가 채권자의 주소에 가서 목적물을 인도하여 이행하는 경우. 민법상 원칙)의 경우에는 목적물이 채권자의 주소에 도달하고 채권자가 언제든지 수령할 수 있는 상태에 있을 때(현실제공)이다. 추심채무(채권자가 채무자의 주소에 가서 목적물을 인도 받는 경우)의 경우에는 변제의 준비가 완료되었음을 통지하고 그 수령을 최고한 때(구두의 제공)이다. 송부채무(채무자가 채권자에게 물건을 송부하여야 하거나 제3의 장소로 송부하는 경우)의 경우에는 당사자 합의에 따라 정해진 장소로 채무자가 채권자에게 물건을 송부했을 때이다.

3. 금전채권

일정액의 금전의 인도를 목적으로 하는 채권이 금전채권이다. 금전채권은 이행불능 형태를 인정하지 않아, 이행지체 형태만 인정된다. 금전채권이 이행지체된 경우에는 약정된 지연배상을 하여야 하고, 약정이 없으면 법정이율에 따른 손해를 배상하여야 한다.

4. 이자채권

이자채권은 이자의 지급을 목적으로 하는 채권이다. 이자는 금전 기타의 대체물의 사용대가로 원본액과 사용기간에 비례하여 지급되는 금전 기타 대체물을 말한다. 따라서 고정자본의 사용료인 지료, 차임은 이자가 아니며, 월부상환금, 주식배당금 등도 이자로 분류되지 않는다. 이자는 이율로 정해진다. 이율은 법령의 범위 내에서 당사자 간에 자유롭게 정할 수 있다. 이율에 대한 합의가 없으면 법정이율로 정해진다. 법정이율은 민사의 경우 연 5%, 상사의 경우는 연 6%이다. 이자에 대해 제한하는 두 개의 특별법이 존재한다. 대부업법은 금전의 대부를 업으로 하거나 대부채권매입추심업을 하는 것을 대부업이라 하고, 이러한 대부업자는 현재 연 20% 이내에서만 이자를 정할 수 있다. 그 외의 경우에는 이자제한법이 적용된다. 이자제한법에서도 최고이자율은 연 20%이다.

5. 선택채권

채권의 목적이 두 개 이상 존재하고, 각 급부가 다른 개성을 가지고 있고, 독립적 가치를 가지고 있어 선택적으로 정하여져 있는 채권을 선택채권이라 한다. 선택채권의 경우 특정의 문제가 존재한다. 선택권은 당사자 간의 합의 또는 법률규정에 의해 정해지며, 정할 수 있는 기준이 없는 경우에는 채무자가 보유한다. 선택권은 계약당사자인 경우에는 상대방에 대한 의사표시로 행사하고, 제3자가 선택권을 가지고 있는 경우에는 채권자 또는 채무자에게 의사표시로 행사한다.

III. 채권의 효력 및 채무불이행

1. 채권의 효력

채권이 성립하면 채권자는 채무자에 대해 급부를 청구할 수 있는 청구력을 가지고, 채무자가 이행을 하면 이행된 급부의 내용을 보유할 수 있는 급부보유력을 가진다. 이에 따라 채무자가 임의이행을 하면 채권자는 채권의 만족을 얻어 채권은 소멸한다.

2. 채무불이행

채무자가 채무의 내용에 좇는 이행을 하지 아니하면 채무불이행이 발생한다. 채무불이행은 채무자의 사유로 발생하는 이행지체, 이행불능, 불완전이행이 있으며, 채권자의 사유로 발생하는 채권자지체(수령지체)가 있다.

(1) 이행지체

채무가 이행기에 있고 또한 그 이행이 가능함에도 불구하고 채무자가 그에게 책임 있는 사유(유책사유)로 위법하게 채무의 내용에 좇은 이행을 하지 않은 경우가 이행지체이다.

1) 요건
　① 채무의 이행기가 도래하여야 한다. 확정기한부 채무인 경우에는 그 기한이 도래한 때이다. 불확정기한부 채무인 경우에는 채무자가 그 기한이 도래하였음을 안 때 또는 채권자가 최고를 한 때이다. 기한이 없는 채무의 경우에는 채권자가 최고한 때가 이행기이다.
　② 이행이 가능하여야 한다.
　③ 채무자의 유책사유가 있어야 한다. 유책사유는 채무자가 고의 또는 과실로 이행을 지체하는 것을 말한다. 법정대리인 및 이행보조자의 고의, 과실도 채무자의 고의, 과실로 본다. 이행보조자는 채무자가 채무의 이행을 위하여 사용하는 자를 말하며, 이에는 협의의 이행보조자와 이행대행자(대용자)가 있다. 협의의 이행보조자는 채무자가 채무의 이행을 위해 이행보조자을 선임, 지휘, 감독하는 사람이며, 이행대행자는 독립하여 채무의 전부 또는 일부를 채무자에 갈음하여 이행하는 자를 말한다.

2) 효과
이행지체가 성립하면 채권자는 채무자에 대해 이행의 청구를 위해 채권의 강제력을 행사(이행강제)할 수 있다. 또한 지연배상을 청구할 수 있고, 이행지체로 손해가 발생한 경우에는 손해배상을 청구할 수 있다. 이행지체가 인정되면 채권자는 상당한 기간을 정하여 최고를 한 후 계약해제권을 행사할 수 있다.

(2) 이행불능

이행불능은 채권이 성립한 후에 채무자의 유책사유로 위법하게 이행이 불가능하게 된 경우를 말한다.

1) 요건

① 채권이 성립한 후 이행이 불가능하게 되어야 한다. 채권이 성립된 후에 발생하는 불가능이기 때문에 후발적 불가능의 경우에만 인정된다. 다만 불가능으로 인정되는 경우는 물리적 불가능뿐만 아니라 거래관념상의 불가능, 경제적 불가능도 포함되며, 주관적, 객관적 불가능도 포함된다.
② 채무자의 유책사유로 불가능이 발생되어야 한다. 채무자의 유책사유는 채무자의 고의, 과실에 의해 발생하는 불가능으로, 이행지체의 내용과 같은 의미로 이해하고 있다.
③ 위법한 것이어야 한다. 즉 채무자가 채무를 이행하지 못한 정당한 사유가 있는 경우에는 이행불능으로 인정되지 않는다.

2) 효과

이행불능의 경우에는 이행강제의 방법을 사용할 수 없다. 채권자는 채무자의 이행불능으로 발생된 손해에 대해 배상을 청구할 수 있고, 최고 없이 계약을 해제할 수 있다.

(3) 불완전이행

불완전이행은 채무자가 채무의 이행으로 일정한 급부를 하였으나 그 이행된 급부가 채무의 내용에 좇는 완전한 급부가 아니라 불완전한 경우 또는 채무이행과 관련된 부수적 의무를 위반하여 채권자에게 손해를 발생하게 한 경우에 인정된다.

1) 요건

불완전이행이 성립하기 위해서는 우선 이행행위가 있어야 한다. 다만 그 이행이 불완전한 것이어야 한다. 불완전성은 급부행위의 내용, 방법, 시기, 장소 등 채무의 내용을 위반한 것을 말한다. 또한 채무자의 유책사유로 불완전한 이행이 있어야 한다. 그 불완전하게 이행한 것이 위법하여야 한다.

2) 효과

완전이행이 가능하다면 채권자는 완전이행청구권, 손해배상청구권을 가진다. 다만 추완(追完)청구권이 신의칙상 인정된다는 견해가 있다. 완전이행이 불가능하다면 채권자는 손해배상을 청구할 수 있다. 계약해제권은 완전이행이 가능한 경우에는 상당한 기간을 정하여 최고한 후 해제권을 행사할 수 있고, 완전이행이 불가능하다면 최고 없이 해제할 수 있다.

(4) 채권자지체(수령지체)

채권자지체는 채무의 이행에 있어 채권자의 협력이 필요한 경우, 채무자가 채무의 내용에 좇는 이행을 했음에도 불구하고 채권자가 이를 수령하지 않거나 협력하지 않음으로써 이행이 지연되고 있는 것을 말한다. 채권자지체의 성립은 채권자가 채무자의 이행을 수령해야 할 의무가 있는지 여부와 관련이 있다. 만약 채권자에게 수령의무가 없다면 채권자지체 형태는 성립할 수 없다. 그러나 채권자에게 수령의무를 인정한다면 채권자가 자신의 의무를 위반했기 때문에 채권자지체 형태가 인정될 수 있고, 그에 대한 책임을 부담해야 한다. 이에 대해 소수설인 법정책임설은 민법상 법률, 관습 또는 특약 외의 경우에 채권자는 의무를 부담하지 않으므로, 채권자에게는 수령의무가 없고, 다만 민법 제400조부터 제403조까지의 효력만 부담하면 된다고 본다. 그에 비하여 다수설과 판례가 취하고 있는 채무불이행책임설에 따르면 채권관계는 채권당사자가 공동의 목적하에 형성된 관계이므로 이러한 채권관계가 원활하게 소멸될 수 있도록 신의칙상 채권자에게도 협력의무가 인정될 수 있다고 본다. 이에 따라 채권자가 수령의무를 위반하면 불이행책임을 부담하여야 한다고 이해하고 있다.

1) 요건

다수설인 채무불이행책임설에 따른 요건으로, 채권의 성질상 이행에 있어 채권자의 협력이 필요하여야 하고, 채무자는 채무의 내용에 좇은 이행의 제공이 있어야 한다. 그리고 이러한 이행에 대해 채권자가 자신의 유책사유로 수령을 거절하거나 수령불능 상태에 있으면 성립한다. 채권자의 수령거절 또는 수령불능이 위법하여야 한다.

2) 효과

채무불이행책임설에 따르면 채무자는 주의의무가 경감되어 고의 또는 중과실의 경우에만 책임이 인정된다. 이자가 정지되며, 증가된 보관비용 등의 비용은 채권자가 부담하여야 한다. 채무자는 채권자지체로 발생한 손해에 대해 배상을 청구할 수 있으며, 수령이 가능한 경우에는 상당한 기간을 정하여 최고를 한 후 계약을 해제할 수 있다. 법정책임설에 따르면 민법상 규정되어 있지 않는 손해배상청구권과 계약해제권은 인정하지 않는다.

IV. 채무불이행에 대한 구제

채무불이행이 발생하면 과거와는 달리 근대민법하에서는 재산에 대한 책임으로 해결한다. 그 방법으로는 이행강제, 손해배상, 계약해제가 있다. 계약해제는 계약부분에서 다룬다.

1. 이행강제

채무자가 채무의 이행이 가능함에도 이행하지 않은 경우에 채권자가 국가권력(법원)에 의하여 강제적으로 채권의 내용인 급부를 실현하는 것을 이행강제라 한다. 채무자의 재산에 대해 강제집행하기 위해서는 우선 채권자는 집행권원을 획득해야 한다. 집행권원을 획득하는 방법으로 가장 대표적인 방법은 이행판결을 받는 것이며, 그 외 지급명령, 화해조서 또는 조정조서를 작성하는 방법, 채무자가 장제집행을 승낙하는 취지의 기재가 있는 공증증서(예: 공증된 약속어음) 등이 있다. 이행강제에는 국기기관이 유형적 실력을 행사하여 채무자의 의사와 상관없이 채권의 내용을 실현하는 직접강제, 채무자로부터 비용을 추심하여 그 비용으로 채권자 또는 제3자가 채무자를 갈음하여 채권의 내용을 실현하는 대체집행, 손해배상을 명하거나 벌금을 부과하거나 채무자를 구금하는 방법 등으로 채무자를 심리적으로 압박하여 채권의 내용을 실현하는 간접강제가 있다.

2. 손해배상

(1) 의의

채무자의 유책사유로 인한 채무불이행이 인정되면 채권자는 채무자에 대해 그 불이행으로 발생한 손해의 배상을 청구할 수 있다. 다수설인 차액설에 따르면 손해는 법익에 관하여 받은 불이익으로 가해원인이 없었더라면 존재했을 이익상태와 가해가 발생한 후의 이익상태의 차이를 말한다. 손해배상의 방법으로 금전배상과 원상회복 방법이 있다. 금전배상은 발생된 손해를 금전으로 환산하여 배상하는 방법이고, 원상회복은 손해가 발생하지 않은 상태로 회복하는 방법이다. 민법상 원칙은 금전배상이며, 원상회복방법을 선택하기 위해서는 다른 의사표시가 있어야 한다.

(2) 손해배상의 범위

배상범위를 결정하기 위해서는 손해를 발생시킨 원인과 발생된 결과 사이에 인과관계가 필요하다. 그 인과관계를 획정하기 위해 다양한 견해가 피력되었으나, 현재 손해배상의 범위에 대해서는 상당인과관계설이 적용되고 있다. 상당인과관계설에 따르면 배상해야 할 범위는 평균인의 인식과 채무자의 인식을 함께 고려하여 결정한다(상당인과관계설 중 절충설). 손해배상의 범위에 관련하여 민법 제393조가 적용된다. 민법 제393조 제1항에서는 통상손해를 정하고 있고, 제2항에서는 특별손해를 정하고 있다. 통상손해는 특별한 사정이 없는 한 어떤 종류의 채무불이행이 있으면 사회일반관념에 따라 보통 발생하는 것을 인정하는 범위의 손해를 의미한다. 예를 들어 주택매매계약에 따라 인도되어야 할 주택이 채무자(매도인)의 과실로 화재가 발생하여 전소된 경우에 통상손해는 그 주택의 시가(時價)이다. 특별손해는 채무자가 자신의 채무불이행으로 채권자에게 특별하게 발생될 것으로 알았거나 알 수 있었던 손해를 의미한다. 따라서 특별손해는 당사자 간의 개별적, 구체적 사정을 고려하여 판단한다.

(3) 손해배상 범위와 관련된 특수문제

1) 손익상계

채무불이행으로 손해를 받은 사람에게 채무가 불이행됨으로 인하여 발생한 이익이 있으면 그 이익을 손해배상의 청구에서 제외하는 것을 말한다. 예를 들면 어떤 연예인을 지방에 초대하여 공연하는 계약을 체결하였으나 그 공연이 불이행된 경우, 주최자는 공연이 예상대로 진행되었더라면 지출했을 비용(숙박비, 식비 등)을 공연이 불이행되어 지출하지 않았기 때문에 이익이 발생되었고, 따라서 그 이익을 손해배상에서 제외하는 것이다.

2) 과실상계

채무불이행에 있어 채권자에게도 과실이 있는 경우에는 채권자의 과실도 참작하여 손해배상의 범위를 정하는 것을 말한다. 고려되는 과실은 민법상 원칙인 추상적 경과실보다는 약한 의미를 가지며, 채권자뿐만 아니라 채권자의 수령보조자의 과실도 대상이 된다. 참작하는 과실의 정도는 법원의 자유재량을 정하나, 과실상계는 필요적 침작사항이고 법원의 직권조사사항이다.

V. 책임재산의 보전

채무를 이행하기 위해서는 채무자는 자신의 재산이 있어야 하고, 채무불이행이 발생하면 채권자는 이행강제를 하거나 손해배상을 청구한다. 이행강제도 많은 경우에 결국 손해배상으로 귀결된다. 따라서 채권자가 손해배상을 받으려면 채무자가 자신의 재산을 보유하고 있어야 한다. 그러나 많은 경우 채무자는 강제집행되어 자신의 재산을 빼앗길 우려가 있으면 재산을 도피할 방법을 강구하게 된다. 채권자는 비록 채권을 보유하고 있다고 하더라도 채무자의 재산을 직접 관리할 수는 없다. 따라서 민법은 채무자가 자신의 재산을 보유할 수 있도록 채권자에게 채권대위권과 채권자취소권을 인정하고 있다.

1. 채권자대위권

(1) 의의

채권자대위권은 채권자가 자신의 채권을 보전하기 위해 자신의 채무자에게 속하는 권리를 행사할 수 있는 권리를 말한다. 채권자대위권은 강제집행하기 위해서는 복잡한 절차를 거쳐 집행권원을 획득하여야 하는 어려움을 회피할 수 있고, 청구권뿐만 아니라 취소권, 해제권, 환매권 등의 권리에도 행사할 수 있으며, 특정채권의 보존을 위해서도 행사할 수 있어 그 유용성이 인정된다.

(2) 요건

1) 채권자가 자신의 채권을 보전할 필요가 있어야 한다. 채권보전의 필요성은 판례이론에 따르면 채무자의 책임재산이 피보전채권(보전되는 채권)에 비하여 부족한 상태(예: 채무자가 무자력인 경우) 또는 피보전채권의 현실적 이행을 확보하기 위하여 채무자의 자력과 상관없이 채무자의 권리를 행사할 필요한 경우(즉, 금전채권 외의 특정채권을 보전할 필요가 있는 경우)에 인정된다.

2) 채무자가 스스로 자신의 권리를 행사하지 않는 경우. 채무자 자신이 타인에 대해 권리를 가지고 있으나 권리를 행사하여 자신의 재산을 확대되면 자신의 채권자가 강제집행 등을 통해 자신의 재산이 감소되는 것을 회피하기 위해 자신이 타인에게 가지는 권리를 행사하지 않는 것이다. 행사하지 않은 이유나 권리불행사에 대한 채무자의 고의, 과실은 묻지 않는다.

3) 채권자의 채권이 이행기에 있어야 한다.

(3) 효력

1) 채무자에게 효과 귀속. 채권자가 채무자의 권리를 행사하면 그 효과는 채무자에게 귀속된다. 즉, 채권자 전체에 대한 공동담보로 제공되어 대위채권자(채권자대위권을 행사하는 채권자)가 우선변제를 받을 수 없다. 다

만 상계적상에 있는 경우에는 상계를 통하여 우선변제의 효과가 발생할 수 있다.

2) 비용상환청구권. 채권자는 채무자에게 대위비용의 상환을 청구할 수 있다.

3) 대위소송의 판결효력. 채권자가 소송당사자가 되어 대위소송을 제기한 경우에 채무자에게 기판력이 미친다(반대 견해 있음). 즉, 채권자대위소송의 소송물인 피대위채권의 존부에 관하여 채무자에게도 기판력이 미친다.

2. 채권자취소권

(1) 의의

채권자취소권은 채무자가 채권자를 해(害)함을 알면서도 법률행위를 한 경우에 채무자의 그 법률행위를 취소하고 채무자의 재산을 회복하는 것을 목적으로 하는 채권자의 권리를 말한다. 이는 사해행위의 취소와 일탈된 재산의 반환을 목적으로 하고 있기 때문에 사행행위의 취소부분의 형성의 소(訴)와 재산 회복 부분의 이행의 소가 결합된 형태로 이해되고 있다.

(2) 요건

1) 채무자가 법률행위를 했을 것. 채무자 자신 또는 채무자의 대리인이 법률행위를 하여 그 법률행위가 성립한 것을 의미한다.

2) 채무자의 법률행위는 재산권을 목적으로 하는 것일 것. 직접 채무자의 일반재산을 구성하는 재산권을 대상으로 인정하고 있다.

3) 채권자를 해하는 법률행위일 것. 채무자의 법률행위로 자신의 일반재산이 감소하여 채권의 공동담보가 부족하게 되고, 그로 인해 채권자에게 완전한 변제가 불가능하게 되는 것을 말한다.

4) 채무자의 악의(惡意). 채무자가 사해행위를 할 당시에 그 행위로 인하여 채권자에게 해가 발생할 것이라는 것을 알고 있어야 한다.

5) 수익자 또는 전득자의 악의: 채무자로부터 재산권을 이전 받은 수익자 또는 그 수익자로부터 재산권을 이전받은 전득자의 악의가 있어야 한

다. 수익자와 전득자의 악의는 추정됨으로 수익자 및 전득자는 자신의 선의를 스스로 증명하여야 한다.

(3) 행사 및 효과

채권자취소권은 제3자와의 중대한 이해가 발생하기 때문에 법원의 판단과 공시의 효과가 필요하여 재판상 행사(즉, 소송을 제기)하여야 한다. 취소소송은 채무자가 아니라 수익자 또는 전득자에 대해 제기되어야 한다. 채무자는 취소소송의 상대방이 아니다. 채권자취소권은 채권자의 이름으로 채권자 자신에게 직접 인도할 것을 청구할 수 있다. 따라서 선의의 전득자에게 확정적으로 재산권 이전이 인정된 경우에는 악의의 수익자에 대해서는 사해행위의 취소와 가액상환을 청구하며, 악의의 전득자에게 소송을 제기하는 경우에는 사해행위의 취소와 재산의 반환을 청구한다. 다만 수익자가 선의인 경우에는 악의의 전득자에 대해서 취소권을 행사할 수 없다. 반환된 재산은 모든 채권자의 공동담보로 제공된다.

VI. 다수당사자의 채권관계

하나의 급부에 대하여 여러 명의 채권자 또는 채무자가 존재하는 경우를 다수당사자의 채권관계라 한다. 이에는 분할채권관계, 불가분채권관계, 연대채무, 보증채무가 있다.

1. 분할채권관계

분할채권관계는 한 개의 가분급부에 대하여 채권자 또는 채무자가 여러 명인 경우에 특별한 의사표시가 없으면 그 채권 또는 채무가 다수의 채권자 또는 채무자 사이에 분할되는 채권관계를 말한다. 분할에 대해 특별한 의사표시가 없으면 그 채권 또는 채무는 균등하게 분할한다. 분할채권관계는 다수당사자의 채권관계에 있어 민법상 원칙이다.

2. 불가분채권관계

불가분급부를 목적으로 하는 다수당사자의 채권관계를 의미한다. 불가분은 채무의 성질상 불가분일 수 있고, 성질상 가분채무이나 당사자의 의사표시에 의해 불가분급부로 할 수도 있다. 채무가 불가분임으로 채무자는 모든 채권자를 위하여 각 채권자에게 이행할 수 있다. 불가분채권의 변제를 받은 채권자는 다른 채권자에 대하여 내부비율에 따라 그의 급부이익을 배분해야 한다. 내부비율은 다른 규정이 없으면, 균등으로 추정한다.

3. 연대채무

여러 명의 채무자가 동일한 내용의 급부에 관하여 각각 독립하여 전부의 급부에 이행할 채무를 부담하고, 그 중 어느 한 채무자가 전부의 급부를 하면 모든 채무자의 채무가 소멸하는 다수당사자의 채권관계가 연대채무이다. 인적 담보 형태의 한 종류이다.

(1) 성립

1) 약정연대채무

약정연대채무는 법률행위로 성립하며, 따라서 계약 또는 유언으로 성립한다. 한 개의 계약만 성립하는 것은 아니고, 별개의 계약으로 연대채무자 간의 합의가 있다면 연대채무가 성립할 수 있다.

2) 법정연대채무

법률 규정에 의해 연대채무가 성립하는 경우로 법인의 불법행위로 인한 손해배상의무에 있어 법인과 이사 기타 대표기관의 손해배상의무, 사용대차 또는 임대차의 공동차주(共同借主)의 의무, 공동불법행위에 따른 손해배상의무 등에서 인정된다.

(2) 효력

  1) 채권자는 한 연대채무자에 대하여 채무의 전부 또는 일부의 이행을 청구할 수도 있고, 모든 채무자에 대해 동시에 또는 순차적으로 채무의 전부 또는 일부에 대해 이행 청구할 수 있다.
  2) 연대채무자 1인과 채권자 사이에 절대적 효력이 인정되는 경우는 이행

청구, 경개, 상계, 면제, 혼동, 소멸시효, 채권자지체의 경우이다.

   3) 한 연대채무자가 변제 기타 자기의 출재로 총연대채무자를 면책한 경우에는 변제한 연대채무자는 다른 연대채무자에 대해 각각의 부담부분에 대하여 상환을 요구할 수 있는 권리(구상권)를 가진다.

4. 보증채무

주(主)채무자가 자신의 채무를 이행하지 아니하면 채권자는 타인(보증인)에게 주채무자의 채무의 이행을 청구할 수 있는 형태를 보증채무라 한다. 타인의 채무를 담보하기 위해 자신의 재산에 저당권 등의 담보권을 설정한 자를 물상보증인이라 한다. 그러나 물상보증인은 채무가 없으나 책임을 부담하는 경우여서 독립된 채무를 담보하는 보증인과는 구별된다.

(1) 성립

보증채무는 주채무자의 채권자와 보증인 간의 보증계약으로 성립한다. 보증계약은 민법 제428조의2에 따라 보증 의사가 보증인의 기명날인 또는 서명 있는 서면으로 표시되어야 효력이 발생한다. 또한 주채무가 존재하여야 하고, 주채무는 대체적 급부이어야 한다. 보증인의 자격에는 원칙적으로 제한이 없어 행위능력만 있으면 된다.

(2) 효력

   1) 채권자는 주채무자가 자신의 채무를 이행하지 않으면 보증인에게 그 채무의 이행을 청구할 수 있다.

   2) 보증인은 주채무자의 항변(抗辯)으로 채권자에게 대항할 수 있고, 주채무자가 항변을 포기해도 보증인은 그 항변사유를 주장할 수 있다.

   3) 보증인은 연대채무의 보충성에 의해 최고의 항변권과 검색의 항변권을 가진다. 즉 채권자가 주채무자에게 이행을 청구하지 않고 직접 보증인에게 이행을 청구하는 경우에 보증인은 채권자가 주채무자에게 이행을 먼저 청구하지 않으면 자신의 채무 이행을 거절할 수 있는 최고의

항변권이 인정된다. 또한 채권자가 보증인에게 이행을 청구하기 전에 먼저 주채무자에 대해 집행을 할 것을 요구할 수 있는 검색의 항변권이 있다.

4) 보증인이 자신의 출재로 공동 면책을 얻은 경우에 보증인은 주채무자에 대해 구상권을 행사할 수 있다.

5) 주채무자의 부탁으로 보증채무를 부담하는 보증인(수탁보증인)은 사전구상권을 가진다. 즉 보증인이 과실 없이 채권자에게 변제해야 할 재판을 받은 때, 주채무자가 파산선고를 받은 경우에 채권자가 파산재단에 가입하지 않은 경우, 채무의 이행기가 불확정하고 그 최장기도 알 수 없는 경우에 그 보증계약이 5년을 경과한 때 그리고 채무의 이행기가 조래한 때에 인정된다.

(3) 연대보증

보증인이 주채무자와 연대하여 주채무의 이행을 담보하는 보증채무를 말한다. 연대보증은 보충성이 인정되지 않아 최고, 검색의 항변권이 인정되지 않는다.

VII. 채권양도와 채무인수

채권관계가 형성되면 채권자와 채무자 간에 직접적인 권리의무관계가 발생한다. 그러나 권리와 의무에는 본질적으로 양도성이 인정되고, 또한 사회의 복잡한 발전으로 인하여 이러한 권리, 의무의 양도성이 더욱 필요하게 되었다. 이런 이유로 인정되는 것이 채권양도와 채무인수이다.

1. 채권양도

(1) 의의

채권양도는 채권의 동일성을 유지하면서 이전하는 계약을 채권양도계약이라 한다. 채권양도계약의 당사자는 지명채권(채권자가 특정되어 있는 채권)이 대상인 경우에는 채권자와 양수인이다. 증권적 채권(채권의 성립, 존속, 양도, 행사 등의 권리가 표창되어 있는 증권)의 경우에는 당사자 간의 양도계약과 그 증서의 배서 또는 교부가 필요하다.

(2) 지명채권의 양도

채권은 원칙적으로 양도할 수 있기 때문에 지명채권의 양도도 원칙적으로 인정된다. 지명채권의 양도는 채권자와 양수인 간에 형성되며, 채무자는 계약의 당사자가 아니다. 따라서 채무자는 자신이 알지 못하는 가운데 자신의 채권자가 변경되는 상황이 발생할 수 있고, 자신의 채무를 이행하기 위해서는 급부의 정당한 채권자에게 이행해야 할 필요성이 발생한다. 이처럼 양도는 당사자 간의 계약으로 형성됨으로 제3자를 보호하기 위한 대항요건을 인정하고 있다. 민법 제450조에 의해 지명채권이 양도된 경우 채무자에게의 통지 또는 승낙이 있어야 한다. 채무자에게 채권자가 통지하여야 하고, 양수인이 통지하는 경우에는 효력이 인정되지 않는다. 채무자는 채권양도의 사실에 대한 인식을 표시하는 행위인 승낙을 채권자(양도인), 양수인에게 할 수 있다. 사전통지는 인정되지 않으나 사전승낙은 가능하다.

(3) 증권적 채권의 양도

증권적 채권에는 기명채권, 지시채권, 지명소지인출납채권, 무기명채권이 있다. 그 중 대표적인 형태가 지시채권이다. 지시채권은 특정인 또는 그가 지시하는 사람에게 변제하여야 하는 증권적 채권을 말한다. 그 대표적 예가 수표, 어음, 화물상환증, 창고증권 등이 있다. 지시채권의 양도는 증서에 배서(背書)하여 양수인에게 교부하는 방법으로 이루어진다. 배서는 채권양도의 의사표시를 증권에 기재하는 것이고, 교부는 증권의 점유를 이전하는 행위이다. 지명소지인출납채권과 무기명채권은 증권의 교부로 채권이 양도된다.

2. 채무인수

(1) 의의

채무의 동일성을 유지하면서 채무를 인수인에게 이전하는 것을 목적으로 하는 계약이다. 채무인수는 당사자 간의 약정으로 성립함으로, 상속, 회사합병, 임대인의 의무승계 등과 같이 법률규정에 의해 채무가 이전되는 경우를 채무인수라 볼 수 없다. 민법상 원칙적 형태의 채무인수계약의 당사자는 채권자와 인수인 사이에 체결하는 형태이다. 그러나 채권자, 채무자, 인수인 간의 3면계약으로도 성립할 수 있다고 보고 있으며, 채무자와 인수인 간의 계약으로도 가능하다. 다만 채무자와 인수인 간의 계약인 경우에는 채권자의 승낙이 필요하다.

(2) 요건

유효한 채무가 존재하여야 하고, 채무가 이전될 수 있는 성질을 가지고 있어야 한다.

(3) 효과

채무는 동일성을 유지하며 인수인에게 이전된다. 인수인은 전(前)채무자가 가지는 항변으로 채권자에게 대항할 수 있다. 종된 채무는 원칙적으로 이전되며, 전채무자의 채무에 부종하는 담보는 그 담보가 법정담보(예: 유치권 등)인 경우에는 계속 유지하나, 제3자가 제공한 약정담보인 경우에는 원칙적으로 소멸한다.

(4) 병존적 채무인수

인수인이 채무인수를 통해 채무관계에 가입하여 채무자가 되고, 종래의 채무자와 더불어 새로이 동일한 내용의 채무를 부담하는 형태를 병존적 채무인수라 한다. 이에 비해 인수인이 채무인수를 통해 채무자가 된 후에 종래의 채무자가 기존의 채무관계에서 이탈하여 더 이상 채무의 내용을 부담하지 않는 형태를 면책적 채무인수라 한다.

VIII. 채권의 소멸

채권소멸 원인이 발생하면 법률상 당연히 채권은 소멸한다. 당사자가 채권소멸을 주장할 필요는 없다. 채권소멸원인으로 민법상 변제, 대물변제, 공탁, 상계, 경개, 면제, 혼동의 7개 사유가 규정되어 있다. 그 외에 목적의 소멸, 소멸시효의 완성, 권리의 존속기간의 도과, 법률행위의 취소, 해제조건의 성취 등도 소멸원인으로 인정된다.

1. 변제

채무자가 채무의 내용인 급부를 실행하는 행위를 말한다. 채무자가 변제를 할 때 채무의 일부를 이행하는 경우에 여러 개의 채무 중에 어느 채무를 먼저 소멸시키는지에 관한 문제가 발생한다. 변제의 충당에 관한 문제이다. 충당은 변제자와 변제수령자 간의 합의에 의해 정하는 합의충당이 우선적으로 적용된다. 합의충당이 없거나 합의가 이루어지지 않으면 지정충당, 법정충당방식을 적용한다.

2. 대물변제

채권의 목적인 본래의 급부와 다른 급부를 제공함으로써 채권을 소멸시키는 것이 대물변제이다. 채권자의 동의 또는 합의가 필요하다.

3. 공탁

채권자가 변제의 수령을 거절하거나 수령할 수 없을 때 또는 채무자가 과실 없이 채권자의 소재를 알 수 없을 때 채무의 목적물을 공탁기관에 보관함으로써 채무를 소멸시키는 것을 말한다. 채권자는 공탁물을 직접 수령할 수 있는 권리를 가진다.

4. 상계

당사자 상호간에 동종의 채무를 가지고 있는 경우 대등액에 관하여 채무를 소멸시키는 채무자의 의사표시를 말한다.

5. 경개

구채무를 소멸시키고 신채무를 발생하게 하는 계약이다.

6. 면제

채권자가 채무자에 대해 채권을 소멸시킨다는 의미로 하는 의사표시를 말한다. 면제는 단독행위이다.

7. 혼동

채권과 채무가 동일인에게 귀속되면 채권과 채무는 소멸한다. 법적 성질은 당사자의 의사표시가 개입되지 않으므로 사건이다.

 # 제 2 절 계약

I. 의의 및 성립

계약은 사법상 일정한 법률효과의 발생을 목적으로 하는 2인 이상의 당사자의 의사표시의 합치, 즉 합의에 의해 성립하는 법률행위이다. 따라서 계약이 성립하기 위해서는 복수의 의사표시가 있어야 하고, 그 의사표시는 교환적이나 대립적이어야 하며, 그 의사표시는 합치되어야 한다. 의사표시의 합치는 의사표시가 내용적으로 일치하는 객관적 합치와 한 당사자의 의사표시가 다른 당사자의 의사와 합치하는 주관적 합치가 있어야 한다. 계약이 성립하기 위해서는 두 개이상의 의사표시가 필요하다. 일정한 계약을 성립시킬 목적으로 일방적이고 확정적으로 하는 의사표시를 청약이라 하고, 계약을 성립시킬 목적으로 그 청약에 응하여 하는 의사표시를 승낙이라 한다. 의사표시의 효력이 발생하는 시기에 대해 격지자 간에는 발신주의를 원칙으로 하고 있다. 발신주의는 승낙자가 승낙의 의사표시를 발신만 하면 효력이 인정되어 계약이 성립하는 것을 말한다. 이는 의사표시에 대한 민법상 도달주의 원칙에 대한 중요한 예외이다. 대화자 간에는 도달주의를 취하고 있다. 도달주의는 승낙의 의사가 청약기간 내에 도달하여야 효력이 인정되는 것을 말한다.

그 외 교차청약(민법 제533조), 의사실현에 의한 계약성립(민법 제522조) 등의 방법에 의한 계약성립도 인정된다. 또한 의사표시의 내용과 관련하여 약관(約款)에 의해 계약도 가능하다. 약관은 기업 또는 개인이 다수의 계약을 체결하기 위해 미리 일방적으로 작성한 계약 내용 또는 계약조건을 말한다. 약관에 의해 성립하는 계약은 거래의 위험을 사전에 제거할 수 있고, 신속하고 확실한 계약을 체결할 수 있다는 장점이 있으나, 통상 판매자가 약관을 작성하기 때문에 소비자에게 불리한 내용으로 계약이 채결될 가능성이 높고, 경우에 따라 사실상 계약 체결이 강제되는 현상이 나타나는 단점이 있다.

II. 계약의 종류

1. 전형계약과 비전향계약

계약에는 매우 다양한 종류가 있다. 그 중 민법상 전형적인 형태로 인정하는 15개의 계약이 있다. 이를 전형계약이라고 하며, 이름이 명시되어 있다는 점에서 유명계약이라고도 한다. 그에 비하여 민법상 규정되지 않은 계약을 비전형계약 또는 무명계약이라고 한다.

2. 쌍무계약과 편무계약

쌍무계약은 계약 당사자가 서로 대가적인 채무를 부담하는 계약을 말한다. 이 대가적인 채무 사이에는 견련성이라는 성질이 존재하며, 이러한 견련성으로부터 동시이행항변권과 위험부담 문제가 발생한다. 쌍무계약의 예로 매매, 임대차 등이 있다. 편무계약은 당사자 일방만이 채무를 부담하거나 또는 쌍방채무가 대가적 채무관계를 형성하지 않는 계약을 말한다. 편무계약의 예는 증여, 사용대차 등이 있다.

3. 유상계약과 무상계약

유상계약은 계약 당사자가 상호간 대가적 의미가 있는 재산상의 출연(出捐)을 하는 계약이다. 모든 쌍무계약은 유상계약이다. 무상예약은 계약 당사자 중 일방만 급부하거나 쌍방급부를 하더라도 대가적 의미를 가지지 않는 계약을 말한다.

4. 낙성(諾成)계약과 요물(要物)계약

낙성계약은 당사자 간의 합의만으로 성립하는 계약을 말한다. 현상광고를 제외한 모든 전향계약이 낙성계약이다. 요물계약은 당사자 간의 합의 외에 일방당사자가 물건의 인도 기타의 급부를 하여야 성립하는 계약이다. 계약설에 따른현상광고가 그 예이다.

III. 쌍무계약의 효력

계약이 효력을 가지기 위해서는 계약의 일반적 효력발생요건이 있어야 한다. 즉 내용의 확정성, 실현가능성, 적법성 및 사회적 타당성이 필요하다. 계약의 종류 중에서 쌍무계약을 중심으로 그 효력을 살펴본다. 쌍무계약은 대가적 채무가 존재하는 계약으로, 그 대가적 채무 간에는 채무 상호간의 의존관계인 견련성이 존재한다. 이러한 견련성은 단계별로 발현이 되는데 그 중 이행상의 견련성과 존속상의 견련성을 살펴본다.

1. 동시이행항변권

쌍무계약은 대가적 채무가 존재함으로 공평, 신의칙에 따라 일방 당사자가 자신의 이행을 하지 않으면서 상대방에게 이행을 요구하는 경우에 상대방은 일방당사자가 이행을 하지 않았다는 이유로 자신의 이행을 거절할 수 있는 제도를 의미한다. 이행상의 견련성에서 인정되는 성질이다. 동시이행항변권이 인정되면 일방 당사자가 이행을 할 때까지 자신의 이행을 거절할 수 있고(연기적 항변권), 동시이행항변권을 행사하고 있는 채무자는 이행지체에 빠지지 않는다. 또한 동시이행항변권이 붙어 있는 채권을 자동채권으로 상계하지 못한다.

2. 위험부담

쌍무계약의 일방 당사자의 채무가 그 채무자의 책임 없는 사유로 이행불능된 경우에 그에 상응하는 상대방의 채무부담문제를 의미한다. 쌍무계약의 존속상의 견련성에서 인정되는 문제이다. 예를 들어 갑과 을이 갑 소유의 A주택에 대한 매매계약을 체결한 후에 아직 인도하기 전에 제3자인 병에 의해 A주택에 화재가 발생하여 전소한 경우, 갑이 을에게 매매대금을 청구할 수 있는지 여부에 관한 문제이다. 이 경우 A주택의 전소에 갑의 책임도 없고, 을의 책임도 없기 때문에 대가의 위험은 채무자인 갑이 부담한다. 따라서 갑은 을에게 매매대금을 청구할 수 없고, A주택을 인도할 필요도 없다. 이를 채무자책임주의라 한다. 만약 기이행부분이 있다면 부당이득으로 반환하여야 한다.

IV. 계약의 해제와 해지

유효하게 성립한 계약의 효력을 당사자의 일방적 의사표시에 의해 그 계약을 소급하여 소멸시키는 제도를 해제라고 한다. 계약이 성립하면 계약의 양 당사자는 계약에 구속되어 계약의 내용을 이행하여야만 한다. 그러나 특정한 계약해제 사유가 발생하는 경우에는 해제권을 보유하는 당사자는 자신의 일방적 의사표시를 계약을 해제하고 구속력에서 해방될 수 있다.

1. 약정해제권의 발생

당사자는 계약에 내용에 미리 계약을 해제할 수 있는 사유를 약정한 경우, 그 사유를 행사할 수 있는 상황이 발생하면 해제권이 발생한다. 약정해제권은 후술하는 법정해제권에 관한 규정이 적용되기 때문에 해제권의 행사, 효과 소멸에 관하여 동일한 내용을 가지고 있다. 다만 손해배상청구 규정은 적용되지 않는다. 약정해제권과 관련하여 참고할 사항은 계약금에 관한 내용이다. 계약에 따른 대금을 지급할 때 많은 경우 계약금을 지급한다. 이 계약금은 여러 가지 성격을 가지고 있는데, 그 중 해약금의 성격도 있다. 이러한 해약금의 성격으로 계약금이 지급된 경우 이행에 착수하기 전까지는 자유로이 계약을 해제할 수 있다. 다만 계약금교부자는 계약금을 포기하여야 하고, 계약금수령자는 배액상환하여야 한다. 이 경우 원상회복의무도 없고, 손해배상의무도 인정되지 않는다.

2. 법정해제권의 발생

(1) 이행지체의 경우

채무불이행의 형태 중 이행지체가 발생하면 채권자는 계약을 해제할 수 있다. 해제하기 위해서는 우선 채무자의 유책사유에 의해 이행지체가 발생하여야 한다. 채권자는 상당한 기간을 정하여 이행을 최고하여야 한다. 최고기간 중에 채무자의 이행이 없어야 한다. 최고기간이 만료되면 해제권이 발생한다. 계약해제권이 발생 후에 채무자가 이행을 하면 해제권은 소멸한다. 해제권은 포기할 수 있다. 해제권이 발생했다고 하더라도 이를 포기하고, 계속 이행을 청구할 수 있다. 이행지체는 기본적으로 채무자가 이행이 가능함에도 이행을 하지 않고 있는 상황이기 때문에 가능하다.

(2) 이행불능의 경우

채무자의 유책사유로 이행불능이 된 경우에는 채권자는 최고 없이 해제할 수 있다. 이 경우 이행 청구 문제는 발생하지 않는다. 또한 이행불능의 경우에는 이행기와 상관없이 이행불능이 발생하면 계약을 해제할 수 있다.

(3) 불완전이행의 경우

불완전이행의 경우에는 계약해제권 인정과 관련하여 학설 대립이 있다. 민법상 불완전이행에 관한 규정에 계약해제권이 인정되고 있지 않기 때문에 법정책임설의 견해에서는 계약해제권을 부인하고 있으며, 채무불이행책임설에 따르면 불완전이행도 하나의 채무불이행 형태로 보기 때문에 계약해제권을 인정하고 있다.

(4) 채권자지체의 경우

채권자지체의 경우에도 계약해제권 인정과 관련하여 학설 대립이 있다. 채권자의 수령의무를 인정하는 견해는 수령의무 위반이 채권자에게 인정된 협력의무 위반으로 보아 채무자에게 계약해제권을 인정하는 반면, 채권자의 수령의무를 부인하고 있는 견해에서는 수령의무 위반을 이유로 해제권을 행사할 수 없다고 본다.

3. 해제의 효과

계약이 해제되면 미이행채무는 소멸하고 기이행부분은 원상회복하여야 한다. 그리고 해제로 인하여 손해가 발생한 경우에는 손해배상을 청구할 수 있다. 원상회복은 원물이 존재하는 경우에는 원물을 반환하고, 원물이 훼손, 멸실 또는 소비되어 반환할 수 없으면 가격반환한다. 과실(果實)은 존재 유무와 상관없이 반환하여야 한다.

4. 해지

계속적 채권관계의 경우에 계약의 효력을 장래에 향하여 소멸시키는 일방적 행위를 해지라고 한다. 해제는 소멸효를 가지는 반면, 해지는 장래효를 가진다. 따라서 해지의 경우에는 미이행부분은 소멸하나, 기이행부분은 유효하기 때문에 반환의 문제는 발생하지 않는다. 해지에도 약정해지권과 법정해지권이 인정된다. 해지로 인해 손해가 발생한 경우에는 손해배상을 청구할 수 있다.

V. 전형계약

1. 증여

당사자 일방(증여자)이 대가 없이(즉 무상으로) 재산을 상대방(수증자)에게 준다는 의사를 표시하고, 상대방은 이를 승낙하여 성립하는 계약을 말한다. 증여계약은 낙성계약이고, 불요식계약이다. 다만 서면에 의하지 않은 증여계약의 구속력이 약하여 각 당사자는 이를 해제할 수 있다. 망은(忘恩)행위(민법 제556조)가 있는 경우에도 증여를 해제할 수 있다. 또한 증여자의 재산상태가 악화된 경우에도 증여계약을 해제할 수 있다.

2. 매매

매매는 재화와 금전을 교환하는 계약이다. 즉 재산권의 이전과 대금지급을 목적하는 계약이다. 매매계약이 성립하기 위해서는 목적재산권의 이전과 대금에 대한 의사표시의 합치가 있어야 한다. 낙성, 유상, 쌍무계약이며 불요식계약이다. 다만 부동산매매계약에 있어 소유권을 이전하기 위해서는 소유권이전등기를 해야 하는데, 이 이전등기하기 위한 필수서류로 검인된 매매계약서를 제출해야 한다. 따라서 부동산매매에 있어서는 계약서가 없다고 하더라도 계약의 성립에는 문제가 없으나, 사실상 계약서 작성이 필요하다고 볼 수 있다.

(1) 효력

매매계약이 성립하면 매도인은 재산권을 이전해 주어야 할 의무를 부담한다. 권리 자체를 이전해야 하기 때문에 공시방법까지 이행하여야 한다. 따라서 부동산의 경우에는 이전등기까지 협력하여야 한다. 권리증명서류도 이전하여야 한다. 종물, 종된 권리도 함께 이전된다. 쌍무계약이므로 재산권이전의무는 대급지급의무와 동시이행관계에 있다. 매매목적물로부터 발생하는 과실은 대금 완납 후에는 매수인에게 이전된다.

(2) 매도인의 담보책임

매매에 의하여 매수인이 취득하는 권리 또는 물건에 대하여 하자가 또는 불완전한 점이 있는 때에 매도인이 매수인에게 부담하는 책임을 담보책임이라 한다. 담보책임이 발생하는 원인으로 권리하자의 경우에는 재산권 전부 또는 일부가 타인에게 속하는 경우, 재산권 일부가 존재하지 않는 경우, 재산권이 타인의 권리에 의해 제한받는 경우가 있다. 물건하자의 경우(하자담보책임)에는 특정물매매에 있어 목적물에 하자가 있는 경우, 불특정물매매에서 목적물에 하자가 있는 경우가 있다. 또 경매에 있어서의 담보책임도 인정되고 있다. 담보책임이 인정되면 경우에 따라 매수인은 계약해제권, 대금감액청구권, 손해배상청구권, 완전물급부청구권을 행사할 수 있다.

3. 교환

당사자 쌍방이 금전 외의 재산권을 상호간 이전할 것을 약정하여 성립하는 계약이다. 소위 물물교환의 형태로 이해될 수 있다.

4. 소비대차

일방 당사자(貸主)가 금전 기타 대체물의 소유권을 상대방(借主)에게 이전할 것을 약정하고, 상대방은 동일 종류, 동일 품질, 동일 수량의 물건으로 반환할 것을 약정하여 성립하는 계약이다. 금전소비대차의 경우에 이자율 제한에 대한 내용을 참조할 필요가 있다.

5. 사용대차

일방 당사자(貸主)가 상대방(借主)에게 무상으로 사용, 수익하게 하기 위해 목적물을 인도하는 것을 약정하고, 상대방은 그 물건을 사용, 수익한 후 그 물건을 반환할 것을 약정하여 성립하는 계약이다.

6. 임대차

일방 당사자(貸主)가 상대방(借主)에게 목적물을 사용, 수익하게 할 것을 약정하고, 상대방은 이에 대하여 차임을 지급할 것을 약정하여 성립하는 계약을 말한다.

7. 도급

일방 당사자(수급인)가 어떤 일의 완성을 약정하고, 상대방(도급인)은 그 일의 결과에 대해 보수를 지급할 것을 약정하여 성립하는 계약이다.

8. 그 외

그 외의 전형계약으로 고용, 여행, 현상광고, 위임, 임치, 조합, 종신정기금, 화해계약이 있다.

제3절 법정채권관계

I. 사무관리

1. 의의

　관리자가 법률상 또는 계약상 의무 없이 타인(본인)을 위하여 그의 사무를 처리해 줌으로써 발생하는 권리자와 본인 사이의 법정채권관계를 말한다. 권리 당사자의 허락 없이 권리자의 영역을 침범하는 것은 위법한 행위이다. 따라서 사무관리도 기본적으로 본인의 동의나 허락이 없었기 때문에 위법한 행위로 평가될 수 있다. 그러나 사회부조설에 따르면 사회공동생활에서 상호부조이념에 따라 관리자가 본인의 사무를 처리해 줌으로 인하여 본인의 이익을 보존하기 때문에 그 위법성을 조각하여 합법한 행위로 인정하고 있다.

2. 요건

(1) 타인의 사무의 관리가 있어야 한다. 여기에서 타인은 관리자 이외의 사람을 의미하며, 사무는 사람의 생활상 이익에 영향을 미치는 모든 일을 말한다. 관리한다는 것은 보존, 개량행위를 의미하며, 경우에 따라 본인의 의사에 반하지 않는다면 처분행위도 포함될 수 있다.
(2) 타인을 위하여 하는 의사(관리의사)가 있어야 한다. 관리의사는 관리의 사실상의 이익을 본인에게 귀속시키려는 의사를 말한다. 관리자 자신의 이익이 포함되어 있는 경우도 인정될 수 있다.
(3) 법률상 의무가 없어야 한다. 법률규정이나 계약에 따른 관리는 사무관리로 평가될 수 없다.
(4) 본인의 의사와 이익에 반하지 않아야 한다. 본인에 대하여 불리하거나 본인의 의사에 반하여 사무관리가 이루지지 않아야 하고, 본인의 의사가 확인되면 그에 따라 하여야 한다.

3. 효력

사무관리가 성립하면 관리자는 본인, 본인의 상속인, 법정대리인이 사무를 처리할 수 있을 때까지 관리를 계속해야 한다. 본인의 의사를 확인할 수 있으면 그에 따라 관리해야 한다. 본인의 청구가 있으면 언제든지 관리상황을 보고하고 관리가 종료한 후 그 전말을 보고하여야 한다. 관리 중에 취득한 금전 기타 과실은 본인에게 인도하여야 한다. 본인은 비용상환의무를 부담하며, 관리자가 과실 없이 손해를 받을 때에는 본인의 현존이익의 한도 내에서 그 손해를 배상하여야 한다. 관리자는 사무관리행위에 대한 보수를 본인에게 청구할 수 없다. 관리자의 보수청구권은 인정되지 않는다.

II. 부당이득

1. 의의

부당이득은 법률상 원인 없이 타인의 재산 또는 노무로 인하여 이익을 받고, 이로 인하여 타인에게 손해를 가한 자에게 그 이익을 반환하도록 하는 제도를 말한다. 부당이득은 사람의 의사표시에 의하여 발생되는 것이 아니고, 법률상 원인 없이 이득이 생겼다는 상태에서 인정됨으로 법적 성질은 사실이다.

2. 요건

(1) 부당이득자에게 수익이 발생되어야 한다. 타인의 재산 또는 노무로 인하여 이익이 발생되어야 한다. 이러한 이익은 적극적인 재산 취득뿐만 아니라 지출해야 할 것을 지출하지 않음으로써 발생하는 소극적 증가도 포함된다.

(2) 타인에게 손실이 발생하여야 한다. 여기에서 손실은 불법행위에서의 손해보다 더 광의로 해석한다. 타인의 적극적인 재산의 감소뿐만 아니라 증가할 재산을 저지한 경우도 포함한다.

(3) 수익과 손실 사이에 인과관계가 있어야 한다. 이에는 직접설과 상대설이

대립하고 있다. 학설에 따라 결과가 다르게 나타난다. 상대설을 적용했을 때 부당이득으로 인정되는 경우가 많아진다.

(4) 법률상 원인이 없어야 한다(이익의 부당성). 이에는 이익이 손실자의 급부 행위로 인하여 발생하는 경우(급부부당이득), 침해부당이득, 지출부당이득 의 형태가 있다.

3. 효력

(1) 수익자는 부당하게 얻은 이익을 반환하여야 한다. 이익이 원물로 존재하 는 경우에는 원물반환을 하는 것이 원칙이다. 원물반환이 불가능한 경우 에는 가액으로 반환한다.

(2) 선의 수익자는 그 받은 이익의 현존하는 한도 내에서 반환한다. 가액반환 의 경우에는 이득이 발생함으로써 증가한 재산 또는 감소를 면한 재산적 이익이 존재한 때에는 그 이익을 반환하여야 한다.

(3) 악의의 수익자는 발생된 이익, 그에 대한 이자 전부를 반환하여야 한다. 부당이득으로 손실자에게 손해가 발생한 경우에는 그에 대한 손해배상책 임도 인정된다. 가액반환의 경우에는 수익 당시를 표준하여 반환가액을 산정한다.

(4) 수익자가 이득을 반환할 수 없는 경우에는 악의의 전득자가 무상으로 취 득한 이익은 반환하여야 한다.

4. 특수한 부당이득

(1) 비채변제

채무가 없음에도 불구하고 변제로서 급부하는 경우, 부당이득으로 파악하여 부당이득반환이 인정되어야 하나, 특별한 이유가 있는 경우에는 부당이득으로 인정하지 않아 부당이득의 반환을 인정하지 않는 형태를 말한다. 이에는 협의의 비채변제, 도의관념에 적합한 비채변제, 기한 전의 변제, 타인 채무의 변제의 형 태가 있다.

(2) 불법원인급여

불법원인에 의하여 행하여진 급여를 말한다. 민법 제103조는 사회적 타당성이 없는 행위를 한 사람의 행위의 실현을 법이 협력하지 않는 것을 내용하고 있지만, 불법원인급여의 경우에는 이미 행하여진 불법원인의 급부행위를 불법하다는 이유로 다시 반환하고자 할 때 법이 이에 협력하지 않는 것이다. 불법원인급여가 성립되기 위해서는 급부로 한 행위가 있어야 하고, 그 급부의 원인이 불법하여야 한다. 불법원인급여가 성립하면 급부자는 그의 급부로 수령자가 얻은 이익의 반환을 청구할 수 없다.

III. 불법행위

1. 의의

불법행위는 고의 또는 과실(過失)로 인한 위법행위를 한 자에게 그 행위로 인하여 타인의 손해를 발생시킨 경우에 그 손해에 대한 배상책임을 인정하는 제도이다(민법 제750조). 민법은 행위자의 과실을 요건하고 있어 과실책임주의를 취하고 있다.

2. 요건

(1) 가해자의 고의, 과실에 의한 행위가 존재하여야 한다. 민법상 고의와 과실은 특별한 경우를 제외하고 구별하지 않는다. 따라서 과실이 있으면 요건이 충족된다. 민법상 과실은 추상적 경과실을 원칙으로 한다. 추상적 경과실은 평균인에게 요구되는 통상적 주의의무의 결여상태를 의미한다. 가해자의 고의 또는 과실에 대한 증명책임은 피해자가 부담한다. 그러나 현실적으로 피해자가 가해자의 과실 여부를 증명하는 것이 용이한 일은 아니다. 이러한 문제를 해소하기 위해 증명책임의 전환이라는 방법을 사용하기도 한다. 증명책임의 전환은 가해자에게 자신의 과실이 없음을 증명하도록 하는 것이다. 증명한다면 가해자는 면책되고, 증명하지 못하면 불

법행위책임을 부담하여야 한다. 입법적인 측면에서는 특수불법행위로 인정되고, 법원은 사실상의 전환(과실의 추정)논리를 인정하여 피해자의 증명책임을 완화시키려 노력하고 있다.

(2) 가해자에게 책임능력이 있어야 한다. 불법행위에서의 책임능력은 자기의 행위가 위법한 행위이고, 그 결과에 대해서 책임을 부담해야 한다는 것을 판별할 수 있을 정신능력을 말한다. 따라서 행위능력이나 의사능력과는 구별되는 개념이다. 책임능력에 대해서 민법은 제753조에서 '행위의 책임을 변식할 지능이 없을 때'라고 규정하고 있어 지능주의를 채택하고 있는 것으로 보이나, 구체적인 기준을 설정하고 있지 않다. 판례는 14세 정도를 그 기준으로 하는 것으로 보이나, 책임능력의 존재 여부는 구체적인 사건에서 판단해야 할 것이다.

(3) 가해행위는 위법하여야 한다. 타인의 재산권이나 생명, 신체 침해가 있으면 기본적으로 위법성을 인정할 수 있다. 외견상 불법한 행위가 존재하지만 경우에 따라 그 불법행위가 조각(阻却)될 수 있다. 정당방위, 긴급피난, 피해자의 승낙, 그 외 정당성이 인정되는 행위 등의 경우에는 위법성이 조각되어 불법행위책임이 면책될 수 있다.

(4) 가해행위에 의해 손해가 발생되어야 한다. 기본적으로 불법행위책임은 발생된 손해에 대한 배상으로 인정되기 때문에 발생된 손해가 있어야 한다. 다만 그 손해는 불법행위에 의하여 발생된 손해여야 하기 때문에 가해행위와 손해 사이의 인과관계가 중요한 의미를 가진다. 인과관계에 대한 증명책임도 피해자가 부담한다. 과실의 문제처럼 피해자가 인과관계를 증명하는 것 역시 어려운 문제이다. 이러한 문제를 해결하기 위해 법원은 인과관계를 추정하기 위해 개연성이론 등을 적용하기도 한다. 개연성이론은 인과관계가 존재한다고 볼 만큼 상당한 정도의 개연성을 보여주는 정도만 증명되어도 인과관계를 인정하고자 하는 관점이다.

3. 효과

불법행위가 성립하면 피해자는 가해자에 대해 불법행위에 기한 손해배상청구권을 가진다.

(1) 손해

손해는 법적 보호이익에 대한 침해로 발생한 모든 불이익을 의미한다. 불법행위에서는 손해배상의 대상이 되는 손해를 적극적 손해, 소극적 손해, 정신적 손해로 구분하고 있다. 적극적 손해는 물건의 멸실 또는 훼손, 신체침해와 같이 기존의 이익을 상실시키거나 감소시키는 것을 말한다. 소극적 손해는 법익 침해가 없었더라면 얻을 수 있었던 이득이 불법행위로 발생하지 않은 경우에 그 이득을 의미한다. 정신적 손해는 정신적 고통에 대한 손해를 의미하며, 통상 정신적 손해에 대한 배상을 위자료라고 한다.

(2) 배상

배상을 하기 위해서는 우선 손해배상 범위를 정하여야 한다. 소유물의 멸실, 이용권의 침해, 담보권의 침해, 변호사 비용, 생명신체 침해 등이 손해배상 범위에 속한다. 특히 생명신체 침해의 경우에 적극적 손해로는 입원치료비, 향후치료비, 개호비, 의료보조기구비, 장례비 등이 포함된다. 소극적 손해는 일실이익(일실수입), 일실퇴직금, 일실연금 등을 포함한다. 정신적 손해는 민법 제751조, 제752조의 경우뿐만 아니라 제750조를 근거로 해서 인정하고 있다. 불법행위에 기한 손해배상액을 산정함에 있어 특별히 고려될 사항으로 손익상계, 과실상계가 있다.

(3) 청구권

직접 피해자뿐만 아니라 피해자와 상당인과관계를 가지는 자인 간접 피해자(직계존속, 직계지속, 배우자, 형제자매)도 청구권을 보유한다. 태아도 불법행위의 경우에는 태어난 것으로 보기 때문에 권리능력이 인정된다. 불법행위에 기한 손해배상청구권에는 상속성과 양도성이 인정된다. 다만 고의불법행위자는 피해자의 손해배상채권을 수동채권으로 하여 상계할 수 없다.

(4) 소멸시효

민법 제766조에 따라 불법행위에 기한 손해배상청구권은 '손해 및 가해자를 안 날로부터 3년' 이내에 행사하여야 하고, '불법행위를 한 날로부터 10년' 내에 행사하여야 한다. 그리고 제3항에 미성년자가 성적 침해를 당한 경우에 이로 인한 손해배상청구권의 소멸시효는 침해당한 미성년자가 성년이 될 때까지 진행하지 않는다는 규정을 신설하였다. 이에 따라 미성년자가 성적 침해를 당한 경우에는 19세가 될 때까지 시효가 진행되지 않는다. 성년이 된 후에는 위 제766조 제1항과 제2항이 적용될 것이다.

4. 특수불법행위

(1) 감독자책임(제755조)

피감독자가 책임능력이 없어 피해자에 대하여 불법행위책임을 부담하지 않을 때 보충적으로 감독의무자가 피해자에 대해 직접 부담하는 손해배상책임을 말한다. 19세에 달한 성년자는 제750조에 의한 불법행위책임을 부담하고, 아직 판단능력이 없는 어린아이는 책임능력이 없어 직접 책임을 부담하지 않아 감독자책임이 인정된다. 책임능력이 있는 미성년자의 경우에는 감독자가 제750조에 근거하여 책임을 부담한다. 감독자책임은 중간책임이며, 자기책임이다.

(2) 사용자책임

사용자가 피용자의 불법행위로 인하여 제3자가 입은 손해를 그 피해자에 대해서 직접 부담하는 손해배상책임을 말한다. 사용자책임은 중간책임이며, 대위책임으로 이해하고 있다. 사용자와 사용관계에 있는 자가 사무집행에 관하여 제3자에게 손해를 주었을 때, 사용자가 직접 행위를 한 자가 아니어도 피용자의 행위에 대해 책임을 부담한다. 사용자는 배상 후에 피용자에게 구상할 수 있다.

(3) 공작물책임

공작물의 설치 또는 하자로 인하여 타인에게 손해를 발생시키면 그 공작물의 점유자가 제1차 손해배상책임을 부담하고, 만약 점유자가 충분한 주의를 한 것이 증명되어 면책이 되면 공작물의 소유자가 제2차 책임을 부담한다. 소유자가 부담하는 책임에 대해서는 면책 규정이 없어 무과실 책임으로 본다.

(4) 동물점유자책임

동물의 점유자 또는 보관자의 지배하에 있는 동물이 제3자에게 손해를 발생시킨 경우에는 부담하는 손해배상책임이다.

(5) 공동불법행위

하나의 손해발생에 관하여 여러 사람이 관여한 불법행위로 인한 손해배상책임을 의미한다. 민법상 공동불법행위로 협의의 공동불법행위, 가해자 불명의 공동불법행위 그리고 교사, 방조에 의한 공동불법행위가 인정된다. 협의의 공동불법행위는 여러 사람이 행위를 공동하여 하나의 손해를 발생시킨 경우에 인정된다. 가해자 불명의 공동불법행위는 하나의 손해가 여러 사람에 의해 발생하였으나 누구의 행위인지 구별할 수 없는 경우에 인정되는 공동불법행위이다. 교사, 방조에 의한 공동불법행위에서 교사는 타인이 불법행위를 할 의사결정에 도움을 주는 행위이고, 방조는 불법행위의 실행에 물리적, 정신적 측면에서 보조 또는 조력을 하는 행위를 말한다. 공동불법행위가 인정되면 공동행위자 모두가 연대책임을 부담한다. 이 연대책임은 부진정연대책임으로 보고 있다. 공동행위자 중 한 사람이 자기 부담부분을 초과한 배상을 한 경우 다른 공동행위자에 대해서 구상할 수 있다.

🜨 제 4 절 생각해 볼 수 있는 문제

I. 징벌적 손해배상을 일반적 손해배상의 형태로 인정할 필요가 있는가?

현재 징벌적 손해배상은 제조물책임법 등 상당히 다양한 특별법에서 인정되고 있다. 이에 징벌적 손해배상을 민법의 손해배상의 일반적 형태로 인정하자는 일부의 견해가 있다. 그렇게 할 필요가 있다고 보는가?

II. 민법에 추가로 도입되어야 할 계약유형은 무엇인가?

전형계약이든 비전형계약이든 계약의 요건을 갖추고 있으면 계약으로의 효력이 인정된다. 다만 전형계약은 민법에 규정되어 다양한 계약의 대표적인 형태로 인정되는 의미가 있다. 매우 다양한 계약의 형태 중에 추가적으로 민법에 규정할 필요가 있는 정도의 대표적 계약 형태가 있는가?

III. 무과실책임은 확대되어야 하는가?

현행 민법은 과실책임주의를 취하고 있어 가해자의 과실을 요건으로 하고 있다. 그러나 손해는 존재하지만 가해자의 과실을 인정하기 어려운 경우가 있다. 이에 따라 무과실책임을 인정하는 특별법이 많이 나타나고 있다. 가해자의 과실 없이 불법행위책임을 인정하는 무과실책임을 확대할 필요가 있는가?

07

가족법

제 7 장 가족법

 제 1 절 가족법 개관

I. 가족법의 의의와 체계

가족법(家族法, family law)은 가족관계 내 약자를 보호하고, 사회보장적 역할을 강조함으로써 가족 질서를 유지하는 역할을 하고 있다. 형식적으로 제4편 친족과 제5편 상속을, 실질적으로는 성문법과 불문법을 포괄하여 가족관계를 규율하는 모든 법을 가리킨다.

성문법원으로서 가족법은 제4편 친족은 총칙, 가족의 범위, 자녀의 성과 본, 혼인, 부모와 자녀, 후견, 부양의 여섯 장으로 구성되고, 제5편 상속은 상속, 유언, 유류분의 세 장으로 이루어진다. 그뿐 아니라 「가족관계의 등록 등에 관한 법률」, 「혼인신고특례법」, 「입양특례법」, 「가사소송법」, 「가정폭력방지법」 등 가족생활 및 신분 관계와 관련된 법률들이 포함된다.

불문법원은 성문법의 보완적 역할로서 전체 법질서를 반하지 않는 범위 내에서 관습가족법과 조리, 도덕, 습속 같은 사회규범이 실질적으로 적용되고 있다.

II. 가족법의 특성

가족법은 재산법의 계약처럼 대가적이고 타산적인 관계보다 혈연이나 혼인처럼 본질적 의사로서 형성되는 관계를 다루는 법이다. 혈연과 감정을 중심으로 하는 관계를 다루다 보니, 각국의 가족법에는 관습 등 사회문화적 배경이 반영되어 다소 비합리적으로 생각되는 규정이 있다. 동시에 대부분 가족법상의 법률행위는 본인의 의사를 가장 중요한 요소로 인정하나, 법률이 정한 요건을 따라야만 그 효과를 인정하는 특성이 있다.

 ## 제 2 절 친족법

I. 친족의 의의

전통적인 관념에서 친족은 자연적인 애정이나 혼인, 입양 등 혈연·친족적 공동생활 관계의 일정 범위에 있는 사람들을 가리켜 왔다. 이러한 기준에서 비롯된 법률상의 친족 개념은 친족 관계의 발생 연원을 근거로 하여 배우자, 혈족, 인척으로 친족을 분류한다(제767조).

1. 배우자

혼인을 통해 형성된 가장 밀접한 친족관계로, 혈족과 인척 관계의 시작과 범위를 결정짓는 기준점에 있다. 민법은 법률상 혼인 관계에 있는 배우자만을 친족으로 인정하고 있다.

2. 혈족

혈족은 혈연을 바탕으로 한 자연혈족과 사실상 혈연은 없으나 법률적으로 인정된 법정혈족이 있다.

자연혈족은 친자, 형제자매, 조부모와 손자녀 등 기본적으로 생물학적 혈연관계에 기초한다. 다만 혼인 외 출생자는 그 부(父)와 인지 절차를 거쳐야 혈족 관계가 되는 것처럼 법적 인정 여부에 따라 달라지는 경우가 있다.

법정혈족은 입양을 통한 양친과 자녀의 관계를 예로 들 수 있다.

(1) 형성

자연혈족 관계는 출생을 통해 형성된다. 부모 중 모와의 관계는 출생만으로

확정되나, 부와의 관계는 추정이나 인지를 해야만 법적으로 혈족 관계가 인정된다.[1]

법정혈족 관계는 제772조 제1항에 따라 양부모의 공동 입양이 성립된 경우 양친족관계가 인정되어 양부모와 양자녀가 친생자 관계와 동일한 법적 지위를 가진다.

(2) 소멸

혈족 관계는 당사자 일방의 사망으로 소멸한다. 다만 법정혈족의 경우 사망 외 입양 취소 혹은 파양으로도 소멸된다. 이 경우 양부모와 양자녀는 물론 그 직계비속과 양부모 간의 관계도 소멸하게 된다. 반면 자연혈족 관계에서 사망자로 형성된 관계는 유지되어 부모가 사망하였더라도 부모와 자녀의 관계가 소멸할 뿐, 조부모와 자녀의 관계는 유지된다.

3. 인척

원칙적으로 인척은 배우자의 혼인 관계를 통해 형성된 관계를 의미한다. 혈족 및 혈족의 배우자를 포함한다. 법률상 혼인 또는 입양을 통해 형성되며, 혼인의 취소, 이혼 또는 배우자 일방의 사망 후 생존 배우자의 재혼으로 소멸된다. 법정혈족으로서 입양으로 성립된 인척 관계는 파양 시 자동으로 소멸한다.

II. 혼인의 성립과 효과

1. 약혼

(1) 의의

약혼은 장래의 혼인 할 것을 약속하는 당사자 간의 합의다. 사실혼은 이미 사실상의 혼인이 성립된 관계라는 점에서 구별된다.[2] 혼인 예약이나 혼약으로 혼용되기도 한다.

---

1) 대법원 1967. 10. 4. 선고 67다1791 판결.
2) 대법원 1998. 12. 8. 선고 98므961 판결.

(2) 성립요건

1) 의사합치

약혼은 당사자 사이의 장래 혼인하려는 의사의 합의로 성립한다. 다만 당사자가 의사능력을 갖춘 경우에만 유효하며, 법으로 정해진 형식이 없어 약혼식, 예물 교환 등은 개인이 자유롭게 선택할 수 있다. 사회질서에 반하지 않는 한 조건이나 기한을 둘 수 있다.

2) 약혼적령

제801조에서는 약혼 나이를 남녀 모두 18세로 명시하고 있다. 18세 미만자와 피성년후견인의 약혼은 부모 또는 성년후견인 등의 동의가 있어야 하며, 부모 또는 성년후견인 등의 동의가 없는 약혼은 취소될 수 있다.

3) 무효사유

약혼은 18세 이상이 될 때까지 유지되었다면 혼례 당시 18세 미만이었다는 사유만으로 무효라 할 수 없지만,[3] 근친혼이나 중혼 등 시간이 경과된다고 하여도 위법 상태에서 벗어나지 못하는 장애사유는 무효다.

(3) 효력

약혼은 당사자 사이의 합의에 따라 장래의 혼인을 약속한 일종의 약혼계약이라 할 수 있다. 이에 따라 당사자 간에는 신의성실의 원칙과 부부공동체의 성립을 위한 노력 의무 등 도덕적 성격의 채무가 발생한다. 다만 일반적인 계약과는 달리 혼인의 강제이행은 불가능하며, 의무를 다하지 않은 의무불이행자가 약혼 해제에 따른 손해배상책임의무를 진다.

약혼이 성립된 후, 당사자 간 법률적인 친족관계는 성립하지 않으므로 약혼 중 자녀를 출생하였다면 혼인 외 자녀가 된다.

---

3) 대구고등법원 1966. 7. 13. 선고 66르72, 73 판결.

(4) 해제

1) 해제사유

약혼의 해제는 구체적인 사안에 따라 약혼 관계의 지속이 어렵다고 판단되는 정당한 사유가 있을 때 가능하며, 제804조에서 다음과 같이 열거하고 있다.

1. 약혼 후 자격정지 이상의 형을 선고받은 경우
2. 약혼 후 성년후견개시나 한정후견개시의 심판을 받은 경우
3. 성병, 불치의 정신병, 그 밖의 불치의 병질(病疾)[4]이 있는 경우
4. 약혼 후 다른 사람과 약혼이나 혼인을 한 경우
5. 약혼 후 다른 사람과 간음(姦淫)한 경우
6. 약혼 후 1년 이상 생사(生死)가 불명한 경우
7. 정당한 이유 없이 혼인을 거절하거나 그 시기를 늦추는 경우
8. 그 밖에 중대한 사유가 있는 경우

법원은 당사자 일방에게 자신의 학력, 경력 및 직업과 같은 혼인의사를 결정하는 데 중요한 영향을 미치는 사항을 상대에게 사실대로 고지할 신의칙상의 의무가 있다는 입장에서 학력과 경력, 직업 등을 속인 경우는 기타 중대한 사유에 해당한다고 판단한 바 있다.[5]

이상의 정당한 사유가 없어도 약혼의 해제는 일방적인 의사표시로 가능하나, 상대방에 대하여 손해배상책임을 진다.

2) 해제의 효과

약혼이 해제된 경우, 정당한 사유 없이 약혼을 해제케 한 자가 손해배상책임을 지며, 약혼 시 교환한 약혼 예물은 원상회복에 따라 반환하여야 한다. 여기서 정당한 사유 없이 약혼을 해제케 한 자를 법률 용어로서 '과실' 있는 상대방이라 한다.

약혼 해제로 인한 손해배상에는 재산적 손해는 물론 정신적 손해가 포함되며,

---

4) 저시력증은 포함되지 않는다. 서울가정법원 2005. 9. 1. 선고 2004드합7422 판결.
5) 대법원 1995. 12. 8. 선고 94므1676, 1683 판결.

약혼 파기와 손해 사이에 상당인과관계가 있을 때 인정된다. 따라서 약혼 중 데이트 비용은 포함되지 않으며, 신혼살림으로 구입한 가재도구의 소유권 또한 여전히 준비한 자에게 있어 손해로 인정되지 않는다.[6]

약혼이 합의해제되었다면 예물을 상호 반환하고, 합의해제가 아닌 경우에는 부당이득반환법리에 따라 반환하여야 한다. 이에 관하여 법원은 과실 있는 자의 약혼 예물 반환 요청(청구권)을 인정하지 않고 있어[7] 과실 있는 자(유책자) 입장에서는 법률상 원인 없는 증여(약혼 예물)와 손해배상책임의무라는 이중책임 문제가 발생할 여지가 있다.

2. 혼인

(1) 실질적 요건

1) 의사의 합치

혼인은 당사자 간의 혼인의사가 합치되어야만 성립한다. 당사자 일방만의 혼인 의사는 합의 없는 혼인으로서 무효다.[8] 현행법상 가장혼, 위장결혼[9]은 민법에 위배될 뿐 아니라 형법상 공정증서 원본 불실기재죄로 처벌될 수 있으며, 동성 간 결합은 법률상 혼인은 물론 사실혼의 성립[10] 또한 인정되지 않는다.

두 사람의 혼인의사는 혼인신고 작성과 신고서 제출 당시에도 존재하여야 하고, 혼인신고서를 제출하기 전이라면 의사의 철회가 가능하다. 의사 철회 후 신고서가 제출되었다면 이 또한 무효의 혼인이다.[11]

그렇다면 당사자 일방이 상대방의 인장을 위조하거나 동의 없이 사용하여 혼인신고서를 제출하였다면 어떠한가?

이 경우에도 혼인신고는 무효로 보아야 한다.[12] 다만 이후 그 혼인에 불만

---

6) 대법원 2003. 11. 14. 선고 2000므1257, 1264 판결.
7) 대법원 1976. 12. 28. 선고 76므41, 42 판결.
8) 대법원 2010. 6. 10. 선고 2010므574 판결.
9) 대법원 1985. 9. 10. 선고 85도1481 판결; 대법원 1996. 11. 22. 선고 96도2049 판결.
10) 서울서부지방법원 2016. 5. 25.자 2014호파1842 결정.
11) 대법원 1983. 12. 27. 선고 83므28 판결.
12) 대법원 1983. 9. 27. 선고 83므22 판결.

없이 부부생활이 지속되었다면 당해 혼인신고는 유효가 된다.[13] 이와 유사하게 협의이혼하였으나 이후 당사자 일방이 상대의 동의 없이 혼인신고를 한 사실을 알면서도 혼인 생활을 지속한 경우에도 마찬가지다.[14]

2) 혼인적령

민법상 유효한 혼인을 할 수 있는 나이는 18세로, 18세 미만자의 혼인신고는 수리되지 않는다. 설사 수리되었다고 하더라도 취소할 수 있다. 18세라 할지라도 미성년자의 경우 부모의 동의가 있어야 하며, 피성년후견인의 혼인은 부모나 성년후견인의 동의가 필요하다. 미성년자나 피성년후견인이 이러한 동의를 받지 않았다면 혼인신고의 수리가 거부되며, 수리된 경우에는 혼인이 성립하여 당사자나 법정대리인이 취소할 수 있을 뿐이다.

3) 근친혼 금지

생물학적 · 사회윤리적 사유에 따라 민법은 다음 범위의 혈족 간 혼인을 근친혼으로서 금지하고 있다.

첫째, 8촌 이내의 혈족으로서(제809조 제1항) 자연혈족과 법정혈족, 양자, 친양자 입양 전 혈족이 포함된다. 둘째, 6촌 이내 혈족의 배우자, 배우자의 6촌 이내의 혈족, 배우자의 4촌 이내 혈족의 배우자인 인척이거나 이러한 인척이었던 자로서(제2항) 형제의 아내, 자매의 남편, 고모의 남편, 조카의 배우자 등이 포함된다. 셋째, 6촌 이내 양부모계의 혈족, 4촌 이내 양부모계의 인척이었던 자(제3항)이다. 헌법재판소는 제809조 제1항이 혼인의 자유를 침해하지 않는다고 판단하였다.[15]

4) 중혼 금지

법률상 배우자 있는 자는 일부일처제에 따라 이중의 혼인신고를 할 수 없다. 이중의 혼인신고가 된 경우를 중혼이라 한다. 취소되지 않는 한 유효하므로, 취소되기 전까지 재판상 이혼 원인이 있는 경우 중혼의 당사자 일방은 다른 일방

---

13) 대법원 1965. 12. 28. 선고 65므61 판결.
14) 대법원 1995. 11. 21. 선고 95므731 판결.
15) 헌법재판소 2022. 10. 27. 선고 2018헌바115 결정.

을 상대로 이혼 청구가 가능하다.[16)

(2) 형식적 요건

1) 혼인신고

혼인은 혼인 성립을 원하는 당사자 간의 합의만으로는 성립하지 않는다. 원칙적으로 가족관계등록법에 따른 혼인신고를 하여야 유효한 혼인이 되며(다수설), 예외적으로 조정이나 재판의 확정으로 혼인신고를 인정한다.

신고 기간 및 장소의 제한은 없으며, 혼인 당사자 쌍방과 성년의 증인 2명이 서명한 서면을 제출하여야 한다. 외국에 거주하는 자는 해당 대사, 공사, 영사를 통해 신고할 수 있다.

(3) 혼인의 무효와 취소

1) 무효

혼인의 무효란, 혼인의 성립 요건을 충족하지 못하여 법적으로 유효하다고 인정될 수 없는 경우를 뜻한다. 즉 처음부터 부부가 아니었던 것이 되어(소급효), 출생한 자녀는 혼인 외의 자녀가 된다.

혼인무효는 당사자 간의 합의가 없는 경우와 직계인척관계였거나 양부모계의 직계혈족관계가 존재하였던 경우에 해당된다. 민법은 8촌 이내의 혈족(친양자의 입양 전의 혈족을 포함한다) 사이에서는 혼인하지 못하도록 규정하면서(제809조 제1항), 이 규정에 위반한 혼인은 무효로 규정하였다(제815조 제2호). 그러나 헌법재판소는 이 무효조항은 헌법에 위반된다고 하여 헌법불합치 결정을 선고하였다.[17)

혼인무효사유의 발생 시 당연무효가 되며 소송을 통한 혼인의 무효는 당사자의 선택에 따른다. 혼인무효로 발생한 손해는 과실 있는 상대방이 손해배상책임의무를 진다.

---

16) 대법원 1991. 12. 10. 선고 91므344 판결.
17) 헌법재판소 2022. 10. 27. 선고 2018헌바115 결정.

2) 취소

혼인의 취소는 무효와 달리 반드시 혼인 취소의 소를 제기하여야 하며, 승소 판결이 확정된 때로부터 혼인이 해소된다. 이러한 판결의 효력은 제3자에게도 미친다.

혼인 취소사유는 만18세 미만자의 혼인과 근친혼, 중혼, 악질 등 혼인을 계속하기 어려운 중대한 사유가 있는 경우, 사기·강박으로 이루어진 혼인이다.

혼인이 취소된 경우, 혼인으로 형성된 인척관계는 소멸하나 자녀와 태아의 친생추정은 유지된다. 이혼과 같이 장래를 향하여 혼인 관계가 소멸하므로 재산분할청구권, 양육권, 면접교섭권 등이 인정된다.

(4) 혼인의 효과

혼인으로 부부는 배우자로서 서로 친족관계를 형성하며, 배우자의 혈족과 인척 관계가 생긴다.

1) 동거·부양·협조의무

함께 거주하며 생활을 공유할 의무로서 정당한 사유가 있는 경우에만 일시적 별거가 허용된다. 동거 장소는 부부의 협의에 따라 정해지며 협의가 되지 않는 경우 가정법원에 청구할 수 있다.

재산적 의무로 부부는 서로 생활을 유지할 수 있도록 부양할 의무가 있다. 혼인 전의 부부재산계약이나 이후 생활비용 분담을 통해 이루어지는 의무다. 혼인 관계의 본질적 의무라 할 수 있으며, 정당한 이유 없이 부양의무를 다하지 않은 경우 부양 청구 심판을 청구할 수 있다. 만약 이러한 부양의무의 위반이 악의의 유기로 판단된다면 재판상 이혼 사유가 된다.

특별한 약정이 없는 한 부부는 혼인 생활을 유지하는 데 있어 필요한 비용을 공동으로 부담하며, 일방이 일상가사와 관련된 법률행위를 한 경우 다른 일방도 함께 연대책임을 지는 일상가사대리권과 일상가사채무의 연대책임이 인정된다.

인격적 의무로서 부부는 혼인생활의 유지, 발전, 조화를 위하여 서로에게 협조할 의무가 있다. 협조의무를 계속하여 거부한다면 혼인을 계속하기 어려운 중

대한 사유에 해당되어 재판상 이혼 사유가 된다.

2) 성적성실의무(정조의무)

부부는 서로에게 성적으로 신의를 다해야 한다. 이를 1번이라도 위반한 경우 부정행위로서 이혼 사유가 된다.

3) 성년의제

미성년자가 혼인한 경우 성년자로 대우한다. 가정생활에서 비롯된 계약을 체결할 때마다 법정대리인의 동의를 받는 등의 문제로 인한 혼인 생활의 독립성을 보장하고, 혼인 당시 부모의 동의를 받음으로써 미성년자의 정신적 성숙이 보증되었다고 보기 때문이다. 다만 이러한 성년의제는 사법 영역에 한하며, 미성년자일 때 혼인이 해소되었다고 하더라도 성년의제는 계속된다(다수설).

3. 혼인의 해소

유효하게 성립된 혼인이 사망 또는 이혼으로 인하여 부부 관계가 장래를 향해 소멸되는 것을 이른다.

(1) 사망

부부 중 일방의 사망 혹은 실종선고를 받은 경우, 사망 시 또는 실종기간 만료 시로부터 혼인 관계가 해소된다.

사망으로 혼인 관계가 해소된 경우, 부부의 공동생활을 기초로 발생한 법적 의무와 효과가 장래를 향해 소멸하며, 그 외 인적 관계와 자녀의 관계는 소멸하지 않는다.

(2) 이혼

1) 협의이혼

부부 간의 합의로 이루어지는 방법으로 가정법원의 이혼 의사 확인과 그 신고를 통해 이혼의 효력이 발생한다. 이혼 신고는 부부 쌍방과 증인 2인이 연서한 서면을 제출하며, 미성년자의 자녀가 있는 경우 자녀의 양육권과 친권 결정을 합의한 협의서 또한 제출하여야 한다.

2) 재판상 이혼

법률에 정해진 사유에 따라 소송을 통하여 혼인이 해소되는 경우로서, 가정법원의 조정으로 해결되지 않은 경우 가정법원의 판결로서 해소된다(조정전치주의). 재판상 이혼은 다음의 사유가 있는 경우 가능하다.

1. 배우자에 부정한 행위가 있었을 때
2. 배우자가 악의로 다른 일방을 유기한 때
3. 배우자 또는 그 직계존속으로부터 심히 부당한 대우를 받았을 때
4. 자기의 직계존속이 배우자로부터 심히 부당한 대우를 받았을 때
5. 배우자의 생사가 3년 이상 분명하지 아니한 때
6. 기타 혼인을 계속하기 어려운 중대한 사유가 있을 때

먼저 부정행위란, 배우자가 부부간 성적성실의무를 지키지 않은 경우로 실제 성관계가 없었더라도 배우자가 아닌 이와 동거하였다면 부정행위에 포함된다.[18]

악의의 유기는 정당한 이유 없이 동거, 부양, 협조의 의무를 다하지 않아 부부공동생활의무를 위반한 경우를 뜻하며, 상당한 기간 지속되었을 때 성립한다.

다음으로 심히 부당한 대우란, 혼인 관계를 지속하는 것이 가혹하다고 여겨질 정도의 폭행, 학대, 모욕 등을 받은 경우에 해당한다.[19]

이상의 여섯 가지 사유의 주된 책임이 있는 배우자를 유책배우자라고 한다. 판례는 유책배우자의 이혼청구가 원칙적으로 인정될 수 없다는 종래 입장을 유지하면서도, 예외적으로 유책배우자의 이혼청구를 허용할 수 있는 경우를 종전보다 확대하여 인정하면서 그 판단기준을 제시하였다.[20] 즉, ① 상대방 배우자도 혼인을 계속할 의사가 없어 일방의 의사에 따른 이혼 내지 축출이혼의 염려

---

18) 대법원 1992. 11. 10. 선고 92므68 판결.
19) 대법원 1981. 10. 13. 선고 80므9 판결; 대법원 1999. 2. 12. 선고 97므612 판결.
20) 대법원 2015. 9. 15. 선고 2013므568 전원합의체 판결.

가 없는 경우, ② 이혼을 청구하는 배우자의 유책성을 상쇄할 정도로 상대방 배우자 및 자녀에 대한 보호와 배려가 이루어진 경우, ③ 세월의 경과에 따라 혼인파탄 당시 현저하였던 유책배우자의 유책성과 상대방 배우자가 받은 정신적 고통이 점차 약화되어 쌍방의 책임의 경중을 엄밀히 따지는 것이 더 이상 무의미할 정도가 된 경우 등과 같이 혼인생활의 파탄에 대한 유책성이 이혼청구를 배척해야 할 정도로 남아 있지 아니한 특별한 사정이 있는 경우에는 예외적으로 유책배우자의 이혼청구를 허용할 수 있다고 본다.

3) 이혼의 효과

부부관계의 장래를 향한 소멸로 동거, 부양, 협조, 정조 의무, 부부재산관계 등 혼인으로 발생한 권리 의무가 모두 소멸하나 근친혼의 범위와 자녀와의 신분 관계에는 영향을 미치지 않는다.

이에 따라 이혼 시 미성년자의 자녀가 있는 경우 친권자 및 양육자를 결정하여야 한다. 자녀의 양육자, 비용, 면접교사권 등과 그 방법에 관하여 부부간의 협의로 정하나, 그 결정이 자녀의 복리에 반한다면 가정법원이 보정을 명하거나 직권으로 필요한 사항을 정한다. 협의가 되지 않은 경우 당사자들의 청구에 따라서 또는 가정법원이 직권으로 결정한다. 후자는 재판상 이혼에서만 가능하다.

친권이 자녀의 신분, 재산, 양육에 관한 권리 등을 포함한다면, 양육권은 자녀를 보호하고 교육할 권리 의무에 한정된다고 할 수 있다. 면접교섭권은 이혼 후 자녀를 직접 보호하거나 양육하지 않는 부모 일방이 자녀와 만나거나 서신교환, 연락, 접촉 등을 하는 권리로서, 미성년자에 한하여 보장되고 자녀의 복리를 위하여 제한되거나 배제·변경될 수 있다.

4) 재산분할청구권

이혼이나 혼인취소 시 혼인 중의 공유재산은 언제든 분할이 가능하며, 협의되지 않은 경우 당사자의 청구로 가정법원이 심판할 수 있다. 다만 재산분할청구권은 이혼한 날로부터 2년 내에 행사하여야 한다.

분할 대상 재산은 혼인 관계가 파탄되기 전 부부 쌍방의 협력으로 형성된 유무형의 자원으로 혼인 전부터 일방이 가지고 있던 재산과 혼인 후 상속·증여·

유증으로 취득한 재산 등은(특유재산) 해당하지 않는다. 예외적으로 다른 일방이 적극적으로 특유재산의 감소를 방지하였거나 증식에 협력하였다고 인정되는 경우에 한하여 분할대상이 된다.[21]

퇴직금과 연금 등 혼인 당시 이미 수령한 수입은 재산분할 대상이 되며,[22] 아직 수령하지 않았더라도 이혼 소송의 사실심 변론 종결 시점에 이미 잠재적으로 존재하는 퇴직급여채권은 포함될 수 있다.[23]

채무의 경우 공동재산 형성에 수반하여 부담한 것이라면 분할 대상이 된다.

5) 위자료청구권

이혼, 혼인의 무효, 혼인의 취소 시 과실 있는 자에게 정신적 고통에 대한 배상을 청구할 수 있으며, 유책배우자로 인해 이혼하게 된 상대방의 정신적 고통을 위로하는 것이 그 목적이다. 원칙적으로 양도 또는 승계가 불가능하나 당사자 간 약정에 의한 경우나 소제기 이후에는 양도 또는 승계가 가능하다.

4. 사실혼

사실혼이란 당사자 사이에 혼인의 의사가 있고, 객관적으로 사회관념상으로 가족질서적인 면에서 부부공동생활을 인정할 만한 혼인생활의 실체가 있는 경우를 말한다. 판례는 법률혼에 대한 민법의 규정 중 혼인신고를 전제로 하는 규정(상속권)은 유추적용할 수 없으나, 부부재산의 청산의 의미를 갖는 재산분할에 관한 규정은 부부의 생활공동체라는 실질에 비추어 인정되는 것이므로, 사실혼관계에도 준용 또는 유추적용할 수 있다고 한다.[24] 사실혼관계의 당사자 중 일방이 의식불명이 된 상태에서 상대방이 사실혼관계의 해소를 주장하면서 재산분할심판청구를 한 경우, 위 사실혼관계는 상대방의 의사에 의하여 해소되었고 그에 따라 재산분할청구권이 인정된다.[25]

반면, 법률상 혼인관계가 일방 당사자의 사망으로 인하여 종료된 경우에도 생

---

21) 대법원 1998. 2. 13. 선고 97므1486, 1493 판결.
22) 대법원 1995. 5. 23. 선고 94므1713, 1720 판결; 대법원 1995. 3. 28. 선고 94므1584 판결.
23) 대법원 2014. 7. 16. 선고 2013므2250 전원합의체 판결.
24) 대법원 1995. 3. 28. 선고 94므1584 판결.
25) 대법원 2009. 2. 9. 자 2008스105 결정.

존 배우자에게 재산분할청구권이 인정되지 아니하고 단지 상속에 관한 법률 규정에 따라서 망인의 재산에 대한 상속권만이 인정된다는 점 등에 비추어 보면, 사실혼관계가 일방 당사자의 사망으로 인하여 종료된 경우에는 그 상대방에게 재산분할청구권이 인정된다고 할 수 없다.[26] 결국 사실혼관계가 생전에 해소되면 상대방에게 재산분할청구권이 인정되는 반면, 사망으로 해소되면 재산분할청구권도, 상속권도 모두 인정되지 않는다.

민법은 혼인관계가 '일방 당사자의 사망으로 종료된 경우'에는 생존 배우자도 다른 상속인들과 마찬가지로 상속제도의 규율을 받도록 정하고, 혼인관계가 '쌍방 생전에 해소된 경우'에는 재산분할제도의 규율을 받도록 정하여 그 체계를 달리하고 있으므로, 입법자는 이혼과 같이 쌍방 생존 중 혼인이 해소된 경우의 재산분할제도만을 재산분할청구권조항의 입법사항으로 하였다. 따라서 '일방의 사망으로 사실혼이 종료된 경우 생존 사실혼 배우자에게 재산분할청구권을 부여하는 규정을 두지 않은 부작위'는 입법자가 애당초 그러한 입법적 규율 자체를 전혀 하지 않은 경우(진정입법부작위)로서, 이를 헌법소원으로 다투는 것은 그 자체로 부적법하다.[27]

 ## 제 3 절 상속법

I. 상속

상속은 자연인의 사망으로 그에게 속하였던 법률관계와 권리의무가 일정한 친족관계에 있는 이에게 포괄적으로 승계되는 것을 뜻한다. 고인을 피상속인, 승계인을 상속인이라 한다.

1. 상속의 개시

상속은 자연인(피상속인)의 사망으로 그의 주소지에서 개시된다. 여기서 말하

---

26) 대법원 2006. 3. 24. 선고 2005두15595 판결.
27) 헌법재판소 2024. 3. 28. 선고 2020헌바494 결정.

는 사망이란 자연적 사망, 실종선고, 등록법상의 인정사망을 포함한다.

자연적 사망은 심박수와 호흡의 영구적 정지 및 동공 확산 상태에 따른 의사의 진단으로 확정되는 것이 보통으로, 뇌사의 경우 뇌사판정을 받은 시각이 사망시로 간주된다.

실종선고를 받은 자는 그 기간이 만료된 때에 사망한 것으로 보며, 인정사망은 재해발생 시 시신이 발견되지 않아 공무원의 사망보고서에 의거하여 사망기재를 한 것으로 관공서가 인정한 시기에 상속이 개시된다.

재난으로 두 명 이상이 사망한 경우 동시사망으로 추정한다. 원칙적으로 동시사망자 사이에는 상속이 개시되지 않으며, 부모와 자녀가 동시에 사망한 경우 자녀가 먼저 사망한 것으로 본다.

2. 상속인

(1) 상속능력

상속인이 될 수 있는 법률상의 자격으로 권리능력을 가진 자를 전제로 한다. 민법상 피상속인과 일정한 친족관계가 있는 자연인만이 상속인으로 인정되나 유증을 통해 상속능력 없는 법인도 상속재산을 받을 수 있다. 국적은 상속능력과 관계가 없으며 태아는 예외적으로 이미 출생한 것으로 간주하여 인정하고 있다.

(2) 상속순위

상속순위는 다음과 같다.

1. 피상속인의 직계비속
2. 피상속인의 직계존속
3. 피상속인의 형제자매
4. 피상속인의 4촌 이내의 방계혈족

피상속인의 배우자는 직계비속과 공동상속인이 되며, 직계비속이 없는 경우 직계존속과 공동상속인이 되고, 직계비속과 직계존속 모두 없는 경우 단독상속인이 된다. 여기서 말하는 배우자는 법률상 배우자에 한하고, 사실혼 배우자에게는 상속권이 인정되지 않는다. 헌법재판소는 사실혼 배우자의 상속권을 인정하지 않은 것은 헌법에 위반되지 않는다고 한다.[28] 다만, 사실혼 배우자는 특별연고자로서 재산분여청구는 할 수 있으며, 근로기준법이나 주택임대차보호법 등 특별법을 통해 보호받을 수 있다.

상속인들 간에는 최근친이 우선하며, 동일한 촌수의 상속인이 수인인 경우 공동상속인이 된다.

상속인이 없는 경우 상속재산은 국가로 귀속된다.

3. 대습상속

대습상속이란 피상속인의 직계비속이나 형제자매가 상속개시 전 사망하거나 상속결격사유로 상속권을 잃은 경우, 그 직계비속이나 배우자가 그를 대신하여 그 순위의 상속인이 되는 것을 의미한다. 본 상속인을 피대습자, 그를 대신하여 상속인이 된 자를 대습자라고 한다. 피대습자는 피상속인의 직계비속이나 형제자매로 직계존속과 4촌 이내의 방계혈족은 포함되지 않는다.

대습자는 피대습자의 순위에 따라 그 상속분을 상속받고, 대습상속인이 수인이라면 피대습자의 상속분을 법으로 정해진 상속분에 따라 나누어 가진다. 배우자는 다른 상속인의 상속분에 5할을 가산한다.

4. 상속결격 및 상속분 박탈

법률상 결격사유가 있는 상속인의 상속권을 박탈하는 것을 상속결격이라 한다. 법정 결격사유는 다음과 같다.

1. 고의로 직계존속, 피상속인, 그 배우자 또는 상속의 선순위나 동순위에 있는 자를 살해하거나 살해하려 한 자

---

28) 헌법재판소 2024. 3. 28. 선고 2020헌바494 결정.

2. 고의로 직계존속, 피상속인과 그 배우자에게 상해를 가하여 사망에 이르게 한 자
3. 사기 또는 강박으로 피상속인의 상속에 관한 유언 또는 유언의 철회를 방해한 자
4. 사기 또는 강박으로 피상속인의 상속에 관한 유언을 하게 한 자
5. 피상속인의 상속에 관한 유언서를 위조·변조·파기 또는 은닉한 자

이상의 결격사유가 발생하면 해당 상속인의 상속권은 재판을 통한 선고 없이도 당연히 상실된다. 이러한 상속결격자가 상속재산을 처분하였다면 그 행위는 무효가 되고, 그에게 상속재산을 양수한 제3자는 반환할 의무를 진다.

다른 한편, 이른바 '구하라법'(제1004조의2)이 신설되어 2026년 1월 1일부터 시행될 예정이다. 첫째, 피상속인은 상속인이 될 사람이 피상속인의 직계존속으로서 피상속인에 대한 부양의무(미성년자에 대한 부양의무로 한정)를 중대하게 위반한 경우, 공정증서유언으로 상속권 상실의 의사를 표시할 수 있다. 이 경우 유언집행자는 가정법원에 그 사람의 상속권 상실을 청구하여야 한다. 둘째, 피상속인이 유언을 하지 않고 사망한 경우, 공동상속인은 피상속인의 직계존속으로서 피상속인에 대한 부양의무(미성년자에 대한 부양의무로 한정)를 중대하게 위반한 사람이 상속인이 되었음을 안 날부터 6개월 이내에 가정법원에 그 사람의 상속권 상실을 청구할 수 있다. 셋째, 공동상속인이 없거나 모든 공동상속인에게 이러한 사유가 있는 경우에는 상속권 상실 선고의 확정에 의하여 상속인이 될 사람이 이를 청구할 수 있다.

상속개시 후에 상속권 상실의 선고가 확정된 경우 그 선고를 받은 사람은 상속이 개시된 때에 소급하여 상속권을 상실한다. 다만, 이로써 해당 선고가 확정되기 전에 취득한 제3자의 권리를 해치지 못한다.

5. 상속의 효과

상속이 개시되면 포괄승계의 원칙에 따라 상속인은 피상속인의 재산에 관한 권리와 의무를 포괄적으로 승계한다.

상속재산은 장례비용 및 상속비용을 제하고, 상속인에게 이익이 되는 적극재

산과 피상속인의 채무에 해당하는 소극재산을 포함하여 승계된다. 상속재산 중 제사용 재산은 별도의 상속재산으로 취급되며 제사주재자가 승계한다. 이외 피상속인의 일신전속권 중 귀속상의 일신전속권은 그의 사망과 함께 소멸하여 상속되지 않는다.

6. 상속분

상속인이 수인인 경우, 공동상속인으로서 각자의 상속분에 따라 피상속인의 권리 의무를 승계한다.

(1) 유언상속분

피상속인은 법정 방식에 따른 유언을 통해 각 상속인의 상속분이나 구체적인 상속재산을 지정할 수 있으며, 다른 상속인의 유류분을 침해하지 않는 범위에서 법정상속분에 우선된다.

(2) 법정상속분

수인의 상속인이 동순위인 경우 상속분은 균등하며, 배우자의 상속분은 다른 상속인의 1.5배로 가산한다. 대습상속인의 상속분은 피대습자의 상속분에 따르며, 대습상속인이 수인인 경우에도 균등하게 분배되고, 배우자의 상속분은 1.5배로 가산한다.

(3) 특별수익자의 상속분

공동상속인 중 피상속인으로부터 재산을 증여받았거나 유증받은 자를 특별수익자라 하며, 그가 수증받은 재산을 특별수익이라 한다. 법정상속분에 따라서만 상속재산이 분할된다면 공동상속인 간의 불공평한 결과가 발생할 수 있어, 특별수익이 상속분에 미치지 못한 경우 그 부족분만큼의 상속분을 인정하고, 초과된 경우에는 초과분을 반환할 의무를 부과하고 있다.

특별수익자가 있는 경우 상속개시 당시 피상속인의 현존재산에 특별수익을 더한 값을 상속재산으로 하여 각 상속분을 계산한다.

{(상속재산 + 각 상속인의 특별수익의 가액) × 각 상속인의 상속분율}
   - 특별수익을 받은 경우 그 특별수익의 가액

(4) 기여분

기여분이란 공동상속인 중 상당한 기간 동안 피상속인을 특별히 부양하거나 그의 재산을 유지 또는 증가하는 데 특별히 기여한 자가 있는 경우, 상속분 산정 시 그러한 기여나 부양의 몫을 인정함으로써 공동상속인 간의 형평을 도모하는 제도이다. 기여분은 공동상속인 간의 협의로 결정하며, 협의가 되지 않은 때에는 기여자의 청구에 따라 가정법원이 심판으로 결정한다.

기여분 권리자는 상속재산분할에 참가하는 공동상속인으로서 피상속인의 재산 유지 및 증가와 기여 행위 사이에 인과관계가 있거나, 일반적인 부양 또는 간호의 의무 및 정도를 넘어선 특별한 기여가 인정되어야 한다.

기여분 인정 시 상속개시시의 피상속인의 재산가액에서 기여분을 공제한 상속재산을 전제로 각 상속분을 계산하며, 기여분은 상속유증의 가액을 공제한 액을 넘을 수 없다.

{(상속재산의 가액 - 기여분) × 각 상속인의 상속분율}
   + (기여자인 경우 기여분)

7. 상속재산 분할

상속재산은 상속개시시 공동상속인의 공유가 된다. 상속재산의 분할은 공유관계를 종료하고 상속분에 따라 배분하는 행위다. 모든 상속재산은 분할 가능하나, 가분채권·채무는 원칙적으로 분할할 수 없다. 상속재산이 분할된 경우 현물분할에 한정하여 상속개시시점으로 소급하여 효력이 발생하고, 선의 무과실인 제3자의 권리를 해하지 못한다.

피상속인의 유언으로 상속재산의 분할 방법이 지정되었거나 제3자에게 위탁된 경우를 지정분할이라고 하며, 이러한 지정 혹은 유언에 따른 분할금지가 없거나 인정되지 않는 경우 공동상속인의 협의로 분할하는 협의분할, 협의가 이루어지지 않거나 할 수 없는 경우 가정법원에 분할을 청구하는 조정 및 심판분할이 있다.

8. 상속회복청구권 및 상속분가액지급청구권

상속회복의 소는 상속권이 참칭상속인으로 인하여 침해된 때에 진정한 상속권자가 그 회복을 청구하는 소를 가리킨다(제999조). 재산상속에 관하여 진정한 상속인임을 전제로 그 상속으로 인한 소유권 또는 지분권 등 재산권의 귀속을 주장하고, 참칭상속인 또는 자기들만이 재산상속을 하였다는 일부 공동상속인들을 상대로 상속재산인 부동산에 관한 등기의 말소 등을 청구하는 경우에도, 그 소유권 또는 지분권이 귀속되었다는 주장이 상속을 원인으로 하는 것인 이상 그 청구원인 여하에 불구하고 이는 상속회복청구의 소에 해당한다.[29]

참칭상속권자에게 상속권이 침해된 상속권자 또는 그 법정대리인은 상속권 침해를 안 날로부터 3년, 상속권이 침해된 날로부터 10년 내의 기간 동안 상속회복청구의 소를 제기할 수 있다.

한편, 제1014조에 의한 피인지자 등의 상속분상당가액지급청구권은 그 성질상 상속회복청구권의 일종이므로 제999조 제2항에 정한 제척기간이 적용되고, 같은 항에서 3년의 제척기간의 기산일로 규정한 '그 침해를 안 날'이라 함은 피인지자가 자신이 진정상속인인 사실과 자신이 상속에서 제외된 사실을 안 때를 가리키는 것으로서, 혼인외의 자가 법원의 인지판결 확정으로 공동상속인이 된 때에는 그 인지판결이 확정된 날에 상속권이 침해되었음을 알았다고 본다.[30] 즉, '침해를 안 날'은 인지 또는 재판이 확정된 날을 의미하므로, 그로부터 3년의 제척기간은 공동상속인의 권리구제를 실효성 있게 보장하는 것으로 합리적 이유가 있다. 그러나 '침해행위가 있은 날'(상속재산의 분할 또는 처분일)부터 10년 후에 인지 또는 재판이 확정된 경우에도 추가된 공동상속인이 상속분가액지급

---

29) 대법원 1991. 12. 24. 선고 90다5740 전원합의체 판결.
30) 대법원 2007. 7. 26. 선고 2006므2757, 2764 판결.

청구권을 원천적으로 행사할 수 없도록 하는 것은 '가액반환의 방식'이라는 우회적·절충적 형태를 통해서라도 인지된 자의 상속권을 뒤늦게나마 보상해 주겠다는 제1014조의 입법취지에 반하며, 추가된 공동상속인의 권리구제 실효성을 완전히 박탈하는 결과를 초래하므로, 제999조 제2항의 '상속권의 침해행위가 있은 날부터 10년' 중 제1014조에 관한 부분은 헌법에 위반된다.[31]

9. 상속의 승인과 포기

상속의 승인은 상속의 효과를 거부하지 않는다는 의사표시로서 단순승인과 한정승인으로 나누어진다. 단순승인은 피상속인의 권리의무를 무한정으로 승계함을 승인하는 것으로 소극재산에 대하여도 상속인이 책임을 져야 한다. 이와 달리 한정승인은 상속으로 취득하는 재산의 한도에서 피상속인의 채무와 유증을 변제할 것을 조건으로 승인하여 소극재산이 더 많은 경우 자신의 재산으로 나머지 부분을 변제할 책임을 지지 않는다.

피상속인의 권리의무 일체의 승계를 거부하는 것을 상속의 포기라 하며, 처음부터 상속인이 아니었던 것으로 된다. 일부 포기는 인정되지 않으며 조건이나 기한 또한 붙일 수 없다.

상속인은 상속개시가 있음을 안 날로부터 3개월 내에 승인 또는 포기하여야 한다. 이 3개월을 고려(숙려)기간이라 한다. 상속인이 상속채무가 상속재산을 초과하는 사실을 중대한 과실 없이 고려기간 내에 알지 못하고 단순승인(제1026조 제1호 및 제2호에 따라 단순승인한 것으로 보는 경우를 포함)을 한 경우에는 그 사실을 안 날부터 3개월 내에 특별한정승인을 할 수 있다(제1019조 제3항). 미성년자인 상속인이 상속채무가 상속재산을 초과하는 상속을 성년이 되기 전에 단순승인한 경우에는 성년이 된 후 그 상속의 상속채무 초과사실을 안 날부터 3개월 내에 특별한정승인을 할 수 있다. 미성년자인 상속인이 제3항에 따른 한정승인을 하지 아니하였거나 할 수 없었던 경우에도 같다.

---

31) 헌법재판소 2024. 6. 27. 선고 2021헌마1588 결정.

II. 유언

유언은 자연인이 사망한 후의 법률관계를 정한 생전의 최종 의사표시로서, 유언자의 사망으로 효력이 발생한다. 유언의 내용은 재산에 한정되지 않으며, 상대방의 수락을 요하지 않는 단독행위다.

유증은 유언으로 타인에게 자신의 재산상 이익을 교부하는 것을 뜻한다.

1. 유언의 능력

유언은 의사능력이 있는 17세 이상의 자이면 할 수 있고, 피성년후견인은 의사능력이 회복된 때에만 가능하다. 피성년후견인이 유언을 하는 경우 의사가 그의 심신회복 상태를 유언서에 부기한 후 서명날인하여야 인정된다.

2. 유언의 방식

유언은 법에서 정한 방식에 따라야 그 효력이 인정되며, 민법은 자필증서, 녹음, 공정증서, 비밀증서, 구수증서의 다섯 가지를 인정하고 있다. 다만 구수증서는 질병 기타 급박한 사유로 앞선 네 가지의 방식에 의하여 할 수 없는 경우에만 허용된다.[32] 유언의 증인은 미성년자, 피성년후견인, 유언으로 이익을 받는 자와 그의 배우자, 그의 직계혈족을 제외하여야 하고, 공정증서의 경우 공증인법을 적용한다.

1) 자필증서
유언자가 직접 자필로 전문과 연월일, 주소, 성명을 작성하여야 하며 서명날인 또한 이와 같다. 이후 수정하는 경우에도 자필로서 하고 날인하여야 한다.

2) 녹음
유언자가 유언의 취지, 성명, 연월일을 구술하고 증인이 자신의 성명과 유언이 정확함을 구술하여야 한다.

---

32) 대법원 1999. 9. 3. 선고 98다17800 판결.

3) 공정증서

유언자가 증인 2인이 참여한 공증인의 앞에서 유언의 취지를 구수하고 공증인이 필기 후 낭독하여 유언자와 증인이 유언의 정확함을 승인한 다음 각자 서명 또는 기명날인하여야 한다.

4) 비밀증서

유언자가 필자의 성명을 기입한 증서를 엄봉날인하고, 2명 이상의 증인의 앞에 제출하여 자신의 유언서임을 표시한 다음 그 봉서의 표면에 제출연월일을 기재하고 유언자와 증인이 각자 서명 또는 기명날인하여야 한다. 표면에 기재된 날로부터 5일 내에 공증인이나 법원서기에게 제출하여 확정일자인을 받아야 한다.

5) 구수증서

질병이나 급박한 사유로 앞선 네 가지 방식으로 유언할 수 없는 경우, 유언자가 2명 이상의 증인의 참여로 그 중 한 사람에게 유언의 취지를 구수하고, 그 구수를 받은 자가 필기낭독하여 유언자의 증인이 정확함을 승인한 후 각자 서명이나 기명날인을 하여야 한다. 구수증서는 그 증인이나 이해관계인이 급박한 사유가 종료된 날로부터 7일 내에 법원에 검인을 신청하여야 한다.

3. 유언의 철회

유언자는 생전 언제든지 유언의 전부나 일부를 철회할 수 있다(임의철회). 철회가 없더라도 먼저 한 유언과 나중에 한 유언이 저촉되는 경우 이전의 유언은 철회한 것으로 보고, 유언을 한 후 생전행위가 유언과 모순되는 경우에도 이와 같다(법정철회). 유언이 철회되면 처음부터 없었던 것으로 간주한다.

III. 유류분

1. 유류분제도의 의의와 위헌 여부

유류분제도란, 피상속인이 증여 또는 유증으로 자유로이 재산을 처분하는 것을 제한하여 법정상속인 중 일정한 범위의 근친자에게 법정상속분의 일부가 귀속되도록 법률상 보장하는 제도를 말한다. 유류분제도는 피상속인의 재산처분행위로부터 유족들의 생존권을 보호하고, 법정상속분의 일정비율에 상당하는 부분을 유류분으로 산정하여 상속재산형성에 대한 기여, 상속재산에 대한 기대를 보장하려는 데에 그 취지가 있고,[33] 가족의 연대가 종국적으로 단절되는 것을 저지하는 기능을 갖는다.[34]

오늘날 사회구조가 산업화 · 정보화 사회로 변화하고, 가족의 모습과 기능이 핵가족으로 바뀌었으며, 남녀평등이 점차로 실현되고 있지만, 가족의 역할은 오늘날에도 중요한 의미를 가지고, 상속인들은 유류분을 통해 긴밀한 연대를 유지하고 있으며, 유류분이 공동상속인들 사이의 균등상속에 대한 기대를 실현하는 기능을 여전히 수행하고 있다.

다만, 피상속인의 형제자매는 상속재산형성에 대한 기여나 상속재산에 대한 기대 등이 거의 인정되지 않음에도 불구하고 유류분권을 부여하는 것은 타당한 이유를 찾기 어렵다. 한편, 피상속인을 장기간 유기하거나 정신적 · 신체적으로 학대하는 등의 패륜적인 행위를 일삼은 상속인의 유류분을 인정하는 것은 일반 국민의 법감정과 상식에 반한다고 할 것이므로, 제1112조에서 유류분상실사유를 별도로 규정하지 아니한 것은 불합리하다. 또한 제1118조는 기여분에 관한 제1008조의2를 유류분에 준용하는 규정을 두고 있지 않아서, 피상속인을 오랜 기간 부양하거나 상속재산형성에 기여한 기여상속인이 그 보답으로 피상속인으로부터 재산의 일부를 증여받더라도, 해당 증여 재산은 유류분 산정 기초재산에 산입되므로, 기여상속인은 비기여상속인의 유류분반환청구에 응하여 위 증여재산을 반환하여야 하는 부당하고 불합리한 상황이 발생하게 된다.[35]

그리하여 헌법재판소는 ① 피상속인의 형제자매의 유류분을 규정한 제1112조 제4호를 단순위헌으로 결정하고, ② 유류분상실사유를 별도로 규정하지 아니한 제1112조 제1호부터 제3호 및 기여분에 관한 제1008조의2를 준용하는

---

33) 헌법재판소 2010. 4. 29. 선고 2007헌바144 결정.
34) 헌법재판소 2013. 12. 26. 선고 2012헌바467 결정.
35) 대법원 1994. 10. 14. 선고 94다8334 판결.

규정을 두지 아니한 제1118조는 모두 헌법에 합치되지 아니하고 2025. 12. 31. 을 시한으로 입법자가 개정할 때까지 계속 적용된다는 결정을 선고하였다(위헌 및 헌법불합치).36) 이에 따라 피상속인의 형제자매는 2024. 9. 20. 민법 개정으로 유류분권리자에서 제외되었다.

유류분은 상속개시시 피상속인의 현존재산 가액과 증여재산의 가액을 가산한 데에서 채무를 공제하여 산정한다. 피상속인의 생전행위로 인한 재산 처분이 유류분을 침해한 경우 피상속인이 처분한 권리나 목적물의 반환을 청구할 수 있으며, 유류분율은 피상속인의 직계비속과 배우자의 경우 법정상속분의 1/2, 직계존속은 법정상속분의 1/3이다.

(적극상속재산액 + 증여액 - 상속채무액) × (각 상속인의 유류분율)
- 특별수익액

2. 유류분 반환청구권

유류분권리자가 피상속인의 증여 및 유증으로 자신의 유류분이 부족해진 경우, 그 한도에서 그 재산의 반환을 청구할 수 있는 권리를 유류분 반환청구권이라 한다. 유류분액을 침해당한 자가 청구권자가 되며 그 상대방은 유류분액을 침해하여 유증 또는 증여를 받은 자가 된다. 상대방이 수인인 경우, 각자가 얻은 증여가액의 비례로 반환하여야 한다.

반환청구는 재판 혹은 그 외 방법으로 가능하고, 재판은 상속개시와 반환해야 할 증여 또는 유증을 한 사실을 안 때로부터 1년, 상속개시시로부터 10년이 경과되기 전 민사법원에 청구함으로써 민사소송절차에 따라 진행된다.

---

36) 헌법재판소 2024. 4. 25. 선고 2020헌가4 결정.

제4절 가족법과 현대사회

현대 가족은 다양화, 개인주의화, 고령화, 국제화, 유동화 등 다양한 변화 양상을 보이고 있다. 이에 따라 가족법은 이러한 변화를 반영하여 새로운 형태의 가족 구성과 개인의 권리를 보호할 수 있는 제도를 마련해야 한다.

I. 비혼 출산과 등록동거혼의 도입

현행 민법상 비혼 동거, 다시 말해 사실상의 혼인 관계에 있는 자는 법률혼 배우자가 법으로 보호받는 범위에 한참 미치지 못하고 있다. 특히 비혼자의 출생에 있어 친자법과 연관된 문제가 발생할 소지가 있다. 이에 프랑스에서 시행되고 있는 PACS(pacte civil de solidarité 등록동거혼)의 도입 여부 필요성이 제기된 바 있으나, 동시에 가족의 해체 위험성이 있는 위 제도를 도입하는 것에 대한 우려 또한 제기되고 있다.

II. 동성혼(same-sex marriage)

서울서부지방법원 2016. 5. 25. 자 2014호파1842 결정은, 남성으로 동성(同性)인 甲과 乙의 혼인신고에 대하여 관할 구청장이 신고불수리 통지를 하자, 甲과 乙이 불복신청을 한 사안에서, 혼인제도가 다양하게 변천되어 왔지만 혼인이 기본적으로 남녀의 결합관계라는 본질에는 변화가 없었고, 아직까지는 일반 국민들의 인식도 이와 다르지 않은 점 등의 여러 사정을 종합하면, 헌법, 민법 및 가족관계의 등록 등에 관한 법률에 규정되어 있는 '혼인'은 '남녀의 애정을 바탕으로 일생의 공동생활을 목적으로 하는 도덕적, 풍속적으로 정당시되는 결합'을 가리키는 것으로 해석되고, 이를 넘어 '당사자의 성별을 불문하고 두 사람의 애정을 바탕으로 일생의 공동생활을 목적으로 하는 결합'으로 확장하여 해석할 수 없으므로, 현행법의 통상적인 해석으로는 동성(同性)인 신청인들의 합의를 혼인의 합의라고 할 수 없고 합의에 따른 신고를 적법한 혼인신고라고 할 수 없다고 판시하였다.

반면, 대법원 2024. 7. 18. 선고 2023두36800 전원합의체 판결은, 甲이 동성(同性)인 乙과 교제하다가 서로를 동반자로 삼아 함께 생활하기로 합의하고 동거하던 중 결혼식을 올린 뒤 국민건강보험공단에 건강보험 직장가입자인 乙의 사실혼 배우자로 피부양자 자격취득 신고를 하여 피부양자 자격을 취득한 것으로 등록되었는데, 이 사실이 언론에 보도되자 국민건강보험공단이 甲을 피부양자로 등록한 것이 '착오 처리'였다며 甲의 피부양자 자격을 소급하여 상실시키고 지역가입자로 甲의 자격을 변경한 후 그동안의 지역가입자로서의 건강보험료 등을 납입할 것을 고지한 사안에서, 위 처분이 행정절차법 제21조 제1항과 헌법상 평등원칙을 위반하여 위법하다고 판시하였다. 이에 대해서는 국민건강보험법상 '배우자'의 개념은 이성 간의 결합을 본질로 하는 '혼인'을 전제로 하고, '동성 동반자'는 이에 해당하지 않으며, 국민건강보험공단은 동성 동반자인 甲을 피부양자에 해당하지 않는다고 보고 위 처분을 하였으므로, 동성 동반자를 피부양자에서 제외하여 지역가입자로 분류한 것을 합리적 근거 없는 자의적 차별이라고 하기 어렵다는 소수의견도 제기되었다. 앞으로 혼인의 본질이 무엇인지 치열하고 활발한 논의가 이루어질 것으로 예상된다.

III. 자연과학의 발달과 친자법

인공생식기술이 발달하며 인공수정으로 출생한 자녀의 친자관계를 둘러싼 문제를 해결할 필요가 있게 되었다. 체외수정이 가능해짐에 따라 시험관 아이나 혼인하지 않고 정자은행에서 구입한 정자로 인공수정하여 자녀를 출생한 경우는 물론, 피상속인이 사망한 후 인공적인 방법으로 출생한 자녀에게도 상속권을 인정할 수 있는지의 여부와 대리모에 의한 자녀의 출산 등에 대해 입법적 규제의 필요성이 있다.

IV. 고령사회의 도래에 따른 상속법의 과제

현대사회는 산업화와 도시화, 저출산, 고령화 사회로 접어들며 이전보다 가족의 결합이 약화됨에 따라 부모의 노후대책과 자녀 간 상속을 둘러싼 갈등이 심화되었다. 과거와 달리 자녀의 부양 의무 인식이 약해져 부모는 재산을 끝까지 자기 손에 두려는 경향이 있다. 이로 인해 상속을 둘러싼 분쟁이 발생하며, 일부는 상속재산을 은닉하거나 유언을 조작하기도 한다. 상속법은 유언의 자유와 분할의 자유를 보장하나, 궁극적인 해결은 가족 간 관계 회복 및 갈등 극복에 달려 있다. 가족법과 가정법원은 이러한 가족 간 분쟁 해결을 위해 노력하면서도 사적영역과의 균형을 유지할 필요가 있다.

08

형법

제 8 장 형 법

제 1 절 형법 개관

I. 형법의 개념

형법은 범죄와 형벌 및 보안처분에 관한 법이다. 예를 들어, 형법 제250조 제
1항은 "사람은 살해한 자는 사형, 무기 또는 5년 이상의 징역에 처한다"고 규
정한다. 사람을 살해하는 것은 범죄이고 여기에 사형 등 형벌을 과한다는 것이
다. 범죄란 형식적 의미로는 형법에 규정되어 형벌이 부과되는 행위를 의미한
다. 예를 들어, 살인, 강도, 절도는 형법상 형사처벌의 대상인 범죄행위이다. 음
주운전도 도로교통법상 징역 또는 벌금의 형벌이 부과되는 범죄행위이다. 그러
나 신호위반이나 과속은 형벌이 아닌 과태료 또는 범칙금이 부과되며 범죄행위
에 해당하지 않는다. 범죄에 부과되는 형사제재에는 형벌과 보안처분이 있다.
형벌은 이미 행해진 과거의 범죄행위에 대하여 불법의 정도에 비례하여 과해지
는 것이다. 반면, 보안처분은 범죄자의 장래 재범의 위험성을 고려하여 부과되
는 것이다. 형벌에는 생명형, 자유형, 벌금형 등이 있다. 보안처분으로는 치료감
호처분, 보호관찰처분, 범죄자신상공개, 전자발찌부착명령 등이 있다.

II. 협의의 형법과 광의의 형법

넓은 의미의 형법은 일반형법, 특별형법, 행정형법을 포함한다. 우리가 보통
형법이라 하는 것은 일반형법을 의미한다. 특별형법에는 '폭력행위 등 처벌에
관한 법률', '특정강력범죄의 처벌에 관한 특례법', '성폭력범죄의 처벌 등에 관

한 특례법', '아동청소년의 성보호에 관한 법률' 등이 있다. 행정형법에는 도로교통법, 조세범처벌법, 환경범죄단속법 등이 있다. 특별법의 일반법에 대한 우선의 원칙에 따라 특별형법이 적용되면 일반형법은 적용되지 않는다. 예를 들어, 2인 이상이 공동하여 주거에 침입하면, 형법상 주거침입죄 규정에 앞서 '폭력행위 등 처벌에 관한 법률'상 공동주거침입죄 규정37)이 적용된다. 현대사회에는 무수히 많은 특별형법이 양산되고 있으며, 특별형법의 과잉으로 형법의 형해화와 과중한 처벌의 문제점 등이 지적되고 있다.

III. 형사법

형법, 형사소송법, 행형법을 포함하는 형사법이라는 용어도 사용된다. 형법은 무엇이 범죄인가라는 범죄의 실체를 규정한다. 형사소송법은 범죄에 형법을 적용하여 처리해 가는 형사절차에 관한 것이다. 형사절차는 수사, 공소제기, 공판, 형선고의 단계를 거친다. 행형법은 형선고 이후 형집행 단계에 적용된다. 실체법인 형법뿐 아니라 형사절차에 관한 형사소송법과 행형법까지 모두 포함하여 형사법이라 하는 것이다.

제 2 절 형법의 체계

I. 형법총칙과 형법각칙

형법은 총칙과 각칙으로 구성되어 있다. 형법총칙은 개별 범죄 유형에 공통으로 적용될 내용을 모아 놓은 것이다. 예를 들어, 형법총칙은 형법의 장소적·시간적 적용범위, 범죄의 성립요건, 미수론, 공범론 등을 주요 내용으로 하는데, 이들 내용은 모든 범죄유형에 함께 적용되는 것들이다. 형법각칙은 개개 범죄의 유형을 나열한 것이며, 개개 범죄의 기본적 구성요건과 법정형을 기술하고 있다. 형법총칙을 대상으로 하는 것이 형법총론이며, 형법각칙을 대상으로 하는

---

37) '폭력행위 등 처벌에 관한 법률' 제2조 제2항.

것이 형법각론이다.

II. 형법총론과 형법각론의 구성

형법총론은 크게 서론, 범죄론, 형벌론으로 구성되어 있다. 서론 부분에서는 형법의 의의와 역사, 죄형법정주의, 형법의 적용범위를 다룬다. 범죄론은 형법총론의 핵심 부분으로 구성요건, 위법성, 책임으로 구성되는 범죄 성립요건론, 미수론, 위법성론 및 죄수론을 대상으로 한다. 형법각론은 범죄의 유형을 크게 개인적 법익을 침해하는 죄, 사회적 법익을 침해하는 죄, 국가적 법익을 침해하는 죄로 분류한다. 살인죄, 상해죄, 성범죄, 명예훼손죄, 주거침입죄, 절도죄, 횡령죄 등은 개인적 법익을 침해하는 죄이다. 문서위조죄와 방화죄 등은 사회적 법익을 침해하는 죄이며, 내란죄, 뇌물죄, 위증죄, 무고죄 등은 국가적 법익을 침해하는 죄이다.

❀ 제 3 절 형법의 역사와 죄형법정주의

I. 형법의 역사

아직 국가체제가 확립되기 전에는 사적인 복수 시대였다. '눈에는 눈', '이에는 이'라는 탈리오 법칙은 이를 잘 나타낸다. 그 뒤 국가체제가 확립되면서 국가의 사법제도에 의한 공적인 형벌 시대가 되었다. 그리고 고대에서 중세 및 근세에 이르기까지 국가의 형벌권 행사는 매우 엄한 것이며 때로는 잔혹하기까지 했다. 그러나 계몽주의 시대와 프랑스혁명을 거치면서 인도주의적인 형벌, 범죄의 크기에 비례하는 처벌과 죄형법정주의를 강조하는 생각이 나타났고, 사형폐지 운동도 일어났다. 이후 산업혁명 시기를 거치면서 도시의 인구집중과 범죄의 격증에 따라 실증적 방법에 따라 과학적으로 범죄의 원인을 규명하려는 노력이 있었고, 개별적인 범죄자의 특성 따른 처벌을 강조하는 생각이 나타났다. 현재는 객관적인 행위와 주관적인 행위자의 측면을 모두 고려하는 방향으로 형법이론이 전개되고 있다. 형법이 전제하는 인간상도 자유의사가 있지만 환경적 · 생물학적 요인으로 의사의 자유가 제약되는 상대적 자유의사를 갖는 인간이다.

Ⅱ. 죄형법정주의

1. 의의 및 가치

죄형법정주의란 무엇이 범죄이고 거기에 어떠한 형벌을 과할 것인가는 미리 법률로 정해져야 한다는 원칙을 말한다. 이 원칙은 "법률 없으면 범죄 없고 형벌 없다"(nullum crimen nulla poena sene lege)는 격언으로도 표현된다. 죄형법정주의는 국가형벌권의 남용으로부터 개인의 자유와 권리를 보장하려는 근대 법치국가 형법의 근간이 되는 기본원칙이다.

2. 내용

(1) 법률주의

어떠한 행위가 범죄로 처벌될 것인가는 미리 성문의 법률로 정해져 있어야 한다는 원칙을 말한다. 여기의 법률은 국민의 대의기관인 의회에서 제정된 법규범을 의미한다.

> 사례) 광주광역시 조례로 아파트와 같은 공동주택의 건물 내 흡연을 형사처벌하는 입법을 할 수 있는가? 예: "공동주택 내에서 흡연하는 자는 500만원 이하의 벌금에 처한다."

지방자치단체의 법규범인 조례는 국회가 입법한 법률보다 하위의 법규범이며, 법률이 아닌 조례에 형사 처벌하는 내용의 입법을 하는 것은 죄형법정주의 위반이 된다.

(2) 소급효 금지의 원칙

형법 제1조 제1항은 "범죄의 성립과 처벌은 행위 시의 법에 따른다"고 하여 행위시법주의와 소급효 금지의 원칙을 규정하고 있다. 형법은 시행 이후의 행위에만 적용되는 것이며, 시행 이전의 과거 행위에 적용하여 이를 처벌할 수는 없다. 다만, "법률이 개정되어 더 이상 그 행위가 처벌 대상이 아니거나 형이 가벼워진 경우"처럼 피고인에게 유리한 경우는 행위 후의 재판시법을 적용할 수 있다(형법 제1조 제2항).

(3) 명확성의 원칙

명확성의 원칙이란 어떠한 행위가 처벌 대상이고 거기에 어떠한 형벌이 적용되는지가 명확히 법률에 규정되어야 한다는 원칙이다. 명확성의 원칙은 범죄를 구성하는 요건의 명확성과 처벌의 명확성을 포함한다. 예를 들어, "공공의 질서에 반하는 행위를 한 자"는 처벌한다는 규정은 명확성의 원칙에 반한다. 또한 타인의 재물을 절취한 자는 "징역형에 처한다"는 규정도 명확성의 원칙에 반한다. 따라서 절대적 부정기형은 명확성의 원칙에 반하며 금지된다. 그러나 형의 장기와 단기를 정하는 상대적 부정기형은 허용될 수 있다. 소년법은 소년범에 대하여 상대적 부정기형을 인정한다.

> 판례) "미성년자에게 음란성 또는 잔인성을 조장할 우려가 있거나 기타 미성년자로 하여금 범죄의 충동을 일으킬 수 있게 하는 만화를 '불량만화'라 하고, 불량만화의 반포 등 행위를 처벌하는 (구)미성년자보호법 조항이 위헌인가?"

헌법재판소는 해당 조항에서 '불량만화'의 개념이 분명하지 않으므로, 명확성의 원칙에 반하여 위헌인 것으로 판단했다(헌법재판소 2002.02.28., 99헌가8).

(4) 유추해석금지의 원칙

유추해석금지의 원칙은 법률에 처벌 규정이 없는 행위에 대하여, 그와 유사한 사항에 관한 법률을 적용하는 것을 금지하는 원칙이다. 그러나 문언의 해석 가능한 범위 내에서 변화하는 사회현상에 대응한 유연한 해석은 허용되는 것이며, 금지되는 유추해석과 구별해야 한다. 형법상 절도죄는 타인의 재물을 절취하는 것이다. 재물에는 관리가능한 동력과 전기가 포함된다. 타인의 컴퓨터에 저장된 파일을 무단으로 복제해 간 경우나 타인의 전화를 무단으로 사용하여 통화상 이익을 취득한 경우는 절도죄가 성립하지 않는다. 만약 이 경우 절도죄의 성립을 인정한다면, 유추해석 금지의 원칙에 반하게 된다.

> 판례) "A는 B가 두고 간 전화기를 무단으로 통화에 사용하였다."

이 사례에서 A는 전기통신설비업자가 가입자를 상대방과 연결시켜 주는 역무(서비스)를 부당하게 이용한 것이다. 그런데 이러한 역무(서비스)는 무형적인 이익에 불과하고 재물이 아니므로 절도죄가 성립하지 않는다(대법원 1998. 6. 23. 선고, 98도700 판결).

제4절 범죄의 성립요건

Ⅰ. 서론

범죄란 형식적 의미로는 형법에 규정되어 형벌이 부과되는 행위를 의미한다. 범죄의 의의를 실질적으로 정의하면, 사회질서에 반하는 행위라 할 수 있다. 범죄의 성립요건은 구성요건해당성, 위법성, 책임이다. 행위가 범죄를 구성하는 기본적인 요건을 갖추고, 사회질서에 반하며, 행위자에 대한 책임비난이 가능하다면 범죄로 성립된다.

1. 고의범과 과실범

범죄는 크게 고의범과 과실범으로 구별된다. 범죄는 고의범이 원칙이다. 고의란 자신의 행위가 일정한 범죄의 성립요소에 해당한다는 것을 인식하는 것이다.[38] 과실범은 행위자의 부주의로 인하여 결과를 발생시키는 것이다. 과실범의 주의의무위반이란 범죄에 해당하는 결과 발생을 예견할 수 있었고 그에 따라

---

[38] 형법 제13조 (고의) 죄의 성립요소인 사실을 인식하지 못한 행위는 벌하지 아니한다. 단, 법률에 특별한 규정이 있는 경우에는 예외로 한다.

결과 발생을 피할 수 있었는데 그렇게 하지 않았다는 것을 내용으로 한다. 형법상 원칙적으로 고의범이 처벌되며, 과실범은 법률에 처벌 규정이 있는 경우만 예외적으로 처벌된다.[39]

2. 작위범과 부작위범

범죄는 사람의 행위이다. 사람의 행위는 크게 작위와 부작위로 구분된다. 작위는 신체의 움직임을 수반하는 행위이며, 부작위는 요구되는 행위를 하지 않는 형태의 행위이다. 형법상 범죄는 작위범이 원칙이며, 부작위범은 예외적인 것이다. 부작위범에는 본래 부작위로 하는 범죄인 진정부작위범과, 원래 작위로 하는 범죄를 부작위로 하는 부진정부작위범이 있다. 진정부작위범의 대표적인 것이 퇴거불응죄[40]이다. 부진정부작위범에서 중요한 것은 부작위자의 피해자에 대한 법적 보호의무이다. 부진정부작위범의 예로는, 친권자가 물에 빠진 자녀를 구조할 수 있음에도 의도적으로 구조하지 않는 경우를 들 수 있다. 이 경우 친권자에게는 자녀를 보호할 법적 의무가 있으므로, 부작위에 의한 살인죄가 성립한다.

Ⅱ. 구성요건

구성요건이란 범죄를 구성하는 기본적 요건을 말한다. 객관적 구성요건 요소에는 주체, 객체, 행위, 결과, 인과관계가 있다. 주관적 구성요건 요소에는 고의, 목적, 불법영득의사가 있다.

---

39) 형법 제14조 (과실) 정상의 주의를 태만함으로 인하여 죄의 성립요소인 사실을 인식하지 못한 행위는 법률에 특별한 규정이 있는 경우에 한하여 처벌한다.
40) 형법 319조 제2항. 타인의 주거 등에 허락받고 들어간 자가 주거자의 퇴거요구를 받고 응하지 아니한 경우이다.

1. 객관적 구성요건 요소

(1) 범죄의 주체와 객체

자연인은 모든 범죄의 주체가 될 수 있다. 그러나, 신분범은 일정한 신분이 있는 자만이 주체가 된다. 예를 들어, 수뢰죄는 공무원이라는 신분이 있어야 주체가 된다. 범죄의 주체는 원칙적으로 자연인으로서 사람이며 법인은 범죄의 주체가 아니다. 그러나, 법인도 양벌규정이 있는 경우 위반행위를 한 자연인과 함께 형사처벌의 대상이 될 수 있다. 살인죄의 객체는 '사람'이며, 절도죄의 객체는 '타인의 재물'이다. 상해죄의 객체는 '타인의 신체'이며, 자기 신체에 대한 상해 행위는 상해죄의 구성요건에 해당하지 않는다.

(2) 행위와 결과

행위도 구성요건의 객관적 요소이다. 살인죄의 행위는 '살해'이며, 절도죄의 행위는 '절취'이다. 결과도 구성요건의 객관적 요소이며, 결과범에서 결과가 발생하지 않으면 미수범이 된다.

(3) 인과관계

1) 인과관계의 의의

범죄가 성립하기 위해서는 행위와 결과 사이에 인과관계가 있어야 한다. 어떠한 행위가 결과에 대한 원인이 아니라면 범죄가 성립할 수 없는 것이다. 인과관계는 범죄의 객관적 구성요건 요소이며, 인과관계가 부정되면 당해 범죄의 구성요건에도 해당하지 않게 된다. 종래 인과관계는 주로 결과적 가중범의 성립 여부나 원래의 행위와 결과 사이에 제3의 행위나 사건이 개입된 경우 주로 문제되었다.

> 사례) "A가 폭행의 의사로 B를 가격하였는데 B가 얼굴을 맞고 뒤로 넘어지면서 뇌진탕을 일으켜 사망하였다."

이 사례에서 A의 폭행과 B의 사망의 결과 사이에 인과관계가 있으면 폭행치사죄이고, 인과관계가 없으면 단순 폭행죄이다. 이러한 사례에서는 일반적으로 인과관계를 인정하여 폭행치사죄가 되는 것으로 본다.

> 사례) "A가 B를 강간하였는데, B가 이러한 사실의 비관하여 며칠 후 자살하였다."

이 사례에서 A의 강간과 B의 사망의 결과 사이에 인과관계가 있으면 강간치사죄이고, 인과관계가 없으면 강간죄이다. 대법원은 이러한 사례에서 인과관계를 부정하여 강간죄가 성립하는 것으로 본다.

> 사례) "A가 B를 살해하기 위해 칼로 찔렀는데, 칼에 찔린 B가 병원에 입원하여 치료를 받던 중 음식물 섭취를 부주의하게 하여 합병증으로 사망하였다."

이 사례에서는 A의 행위와 B의 사망 사이에 B의 부주의한 음식물 섭취 행위가 개입되어 있다. 대법원은 이 사례에서 인과관계를 인정하면서, 행위와 결과 사이에 제3의 행위가 개재되어 있다 하더라도 이것이 통상 예견할 수 있는 범위 내에 있는 것이라면 인과관계가 인정된다고 보았다(대법원 1994. 3. 22. 선고 93도3612 판결).

2) 사실상 인과관계와 법적 인과관계(객관적 귀속)

인과관계는 사실상 인과관계와 법적 인과관계의 두 단계로 판단된다. 사실상 인과관계의 판단에는 가설적 제거공식(but-for test)이 적용된다. 행위가 없다고 가정했을 때 결과도 없어지면, 행위와 결과 사이에 인과관계가 인정되고, 행위가 없다고 가정했는데도 결과가 남는다면 행위와 결과 사이에 인과관계는 없는 것이다. 사실상 인과관계를 먼저 판단하고, 다음 단계에서 법적 인과관계를 판단한다. 사실상 인과관계가 인정되는 것 중 최종적으로 법적 측면에서 인과관계가 인정되는 것을 결정하는 것이다. 이 단계의 판단을 다른 말로 '객관적 귀속'

이라고 한다. 예를 들어, 앞의 사례 중 "A가 B를 강간하였는데, B가 이러한 사실을 비관하여 며칠 후 자살하였다."는 사례를 보자. 이 사례에서 A가 B를 강간하지 않았다면 B가 자살할 일도 없었을 것이므로, A의 행위와 B의 사망의 결과 사이에 사실상 인과관계가 인정된다. 그런데 다음으로 법적 인과관계를 보면, A가 자신의 강간행위로 B가 자살하리라는 것은 일반적으로 예견가능하지 않기 때문에, A의 행위와 B의 사망의 결과 사이에 법적 인과관계는 부정된다. 다른 말로는, B의 사망의 결과가 A의 행위에 객관적으로 귀속되지 않는다고 한다. 결국 A에게는 강간치사죄가 아니라 강간죄의 죄책이 인정된다.

2. 주관적 구성요건 요소

(1) 고의

고의란 죄의 성립요소인 사실을 인식하는 것이다. 예를 들어, 살인죄의 고의란 사람을 살해한다는 사실에 대한 인식이며, 절도죄의 고의란 타인의 재물을 절취한다는 인식이다. 고의가 없으면 고의범으로 처벌되지 않는다. 다만, 과실범 처벌 규정이 있다면 과실범으로 처벌될 수 있다.

1) 확정적 고의(직접고의)와 미필적 고의

고의는 확정적 고의와 미필적 고의로 분류할 수 있다. A가 B를 살해하기 위해 자동차로 친 경우 살인의 확정적 고의가 있다. 반면, A가 B를 치어 사망케 할 위험성이 있다는 것은 인식했지만, 일이 급해서 치어도 할 수 없다는 생각으로 차를 과속으로 몰다가 B를 친 경우 미필적 고의가 인정된다. 미필적 고의와 인식 있는 과실의 구별과 관련하여 다양한 학설이 등장한다. 미필적 고의가 있는 경우는 고의범이 되고 인식 있는 과실의 경우는 과실범으로 처벌되므로 양자의 구별은 중요한 문제이다. 미필적 고의와 인식 있는 과실의 구별에 관한 인용설 내지 감수설에 따르면, 예를 들어, A가 B의 머리 위에 있는 사과를 향해 활을 쏘면서 혹 잘못되어 화살이 B의 머리에 맞을 수도 있다고 생각했으나, B의 머리에 맞아도 할 수 없다고 생각한 것처럼 결과 발생을 인용하거나 감수했다면 미필적 고의가 인정된다. 만약 이 경우 A가 내심으로 혹시 화살이 B의 머리에 맞을지도 모르겠다고 생각했지만, 자신의 실력에 비추어 그런 일은 도저히 일어날 수 없다고 생각했다면 인식 있는 과실에 해당한다.

2) 택일적 고의와 개괄적 고의

택일적 고의는 양자택일과 다자택일의 경우를 모두 포함한다. 예를 들어, A와 B 두 사람 중 아무나 맞아도 좋다고 생각하고 총을 쏘았는데 A가 맞아 사망한 경우 A에 대한 살인의 고의가 인정된다. 또한 예를 들어, 군중을 향해서 아무나 맞아 죽어도 좋다고 생각하고 총을 쏘았는데 군중 중 한 사람이 총에 맞아 사망한 경우 살인의 고의가 인정되며 살인죄가 성립한다. 개괄적 고의는 아래와 같은 사례에서 문제 된다. 첫 번째 행위시에 있었던 고의가 두 번째 행위시까지 개괄적으로 효력을 미치는가의 문제이다.

> 판례) "甲은 A가 평소 약간 저능아인 자신의 아내를 희롱하는 것에 분개하고 있었다. 어느 날 A가 또다시 자신의 아내를 희롱하였다는 말을 들은 甲은 A를 찾아가 A의 머리를 돌멩이로 내리쳐 쓰러뜨렸다. 땅바닥에 쓰러진 A를 보고 甲은 A가 사망한 것으로 생각하였다. 甲은 범행을 은폐하기 위하여 모래사장에 구덩이를 파고 A를 묻어 버렸다. 그 후 A의 사체가 발견되었다. 그런데 사체를 부검한 결과 A의 기도에서 모래가 발견되었다. A는 암매장에 따른 산소 부족으로 사망한 것이었다."

이 사례에서 개괄적 고의설은 제1행위시(돌멩이로 머리를 내리친 행위)의 살인의 고의가 제2행위시(모래구덩이에 묻은 행위)에까지 개괄적으로 미쳐 행위자는 살인기수의 죄책을 진다고 한다. 대법원은 이 사례에서 전 과정을 개괄적으로 보면 처음에 예견된 사실이 결국 실현된 것으로서 甲에게 살인죄가 성립하는 것으로 판단하였다(대법원 1988. 6. 28. 선고 88도650 판결). 그러나 다수설인 인과관계의 착오설은 이러한 사례에서의 착오는 인과관계의 착오의 일종이며, 행위자가 처음에 생각했던 인과과정과 실제 발생한 인과과정 사이의 차이가 본질적이지 않으므로, 즉 중요하지 않으므로, 甲에게 살인죄가 성립하는 것으로 본다.

3. 사실의 착오

사실의 착오란 행위자의 생각한 사실과 실재의 사실이 일치하지 않는 경우이다. 예를 들어, 甲이 A를 살해하려고 했는데 착오로 A의 동생 B를 A로 오인하여 살해하거나, A를 살해하려고 총을 쏘았는데 실수로 옆에 있던 B가 맞아 사망한 경우이다.

> 판례) "甲은 형수 A를 살해하려고 형수의 머리를 몽둥이로 내리쳤는데, 잘못하여 형수 A의 등에 업혀 있던 조카 B의 머리를 타격하여 B를 사망케 하였다."

이 사례에서 대법원은 甲이 의도한 것과 실제 발생한 결과가 모두 살인에 해당하여 범죄유형이 같으므로, B에 대한 살인의 고의를 인정하여 살인기수가 성립하는 것으로 본다. 이러한 대법원의 입장을 법정적 부합설이라 한다. 그러나 다수설은 엄밀히 보아 甲에게는 A에 대한 살인의 고의만 있었고, B는 과실로 사망케 한 것이므로, A에 대한 살인미수와 B에 대한 과실치사죄가 성립하는 것으로 본다. 이러한 다수설의 입장을 구체적 부합설이라 한다.

III. 위법성

위법성이란 행위가 법질서에 반하는 것을 의미하며, 구성요건에 해당하는 행위가 일정한 위법성조각사유에 해당하지 않는 경우 위법성이 인정된다. 형법상 위법성조각사유로는 정당행위, 정당방위, 긴급피난, 자구행위, 피해자의 승낙에 의한 행위가 있다.

1. 정당행위

형법 제20조는 법령에 의한 행위, 업무로 인한 행위, 기타 사회상규에 반하지 않는 행위는 위법하지 않다고 규정한다. 형법은 제20조 후단에서 기타 사회상규에 위배하지 않는 행위라는 포괄적 위법성조각사유를 규정하고 있으므로, 정당행위는 일반적 위법성조각사유라 불리며, 기타의 위법성조각사유는 개별적 위법성조각사유라 한다.

2. 정당방위

형법 제21조는 자기 또는 타인의 법익에 대한 현재의 부당한 침해를 방어하기 위한 상당한 이유 있는 행위는 위법하지 않은 것으로 규정한다. 정당방위는 개인의 자기 권리보호라는 자기보호의 원리와 법질서 전체의 수호라는 법질서 수호의 원리에 기초한 것이다. 따라서 정당방위는 자기를 위한 정당방위뿐 아니라 제3자를 위한 정당방위도 인정된다. 정당방위는 현재의 침해에 대한 것이며, 과거의 침해에 대한 정당방위는 허용되지 않는다. 장래의 예상되는 침해에 대한 예방적 정당방위도 원칙적으로 인정되지 않는다. 과거에 계속적으로 법익침해가 있었고 앞으로도 법익침해가 계속될 것으로 예상되는 경우라도 정당방위를 인정할 수는 없다. 현재 위법한 침해가 없는데도 이를 오인하여 정당방위로 나간 경우를 오상방위라 한다. 오상방위는 정당방위 상황이 객관적으로 존재하지 않음에도 불구하고 착오로 그러한 상황이 존재한다고 생각하고 방위행위로 나간 경우이다. 일반적으로 이러한 착오를 위법성조각사유의 전제사실의 착오라 한다. 대법원은 이 경우 착오에 정당한 이유가 있다면 위법성이 조각되는 것으로 본다.

3. 긴급피난

형법 제22조는 자기 또는 타인의 법익에 대한 현재의 위난을 피하기 위한 행위는 상당한 이유가 있는 때에는 벌하지 아니한다고 규정한다. 부정(不正) 대 정(正)의 관계인 정당방위와 달리 긴급피난에서는 피난행위에 의해서 법익침해를 받는 사람에게 잘못이 없으므로 정(正) 대 정(正)의 관계이다. 긴급피난은 제3자의 법익을 침해해서 자기 또는 타인의 법익을 보호하는 것이므로, 긴급피난에는 보충성의 원칙과 우월적 이익의 원칙이 엄격히 적용된다. 즉, 당해 긴급피난 이외에 달리 위난을 피할 방법이 없어야 하고, 피난으로 보호되는 이익이 침해되는 이익보다 커야 한다.

4. 자구행위

형법 제23조는 법정절차에 의하여 청구권을 보전하기 불능한 경우에 그 청구권의 실행불능 또는 현저한 실행 곤란을 피하기 위한 행위는 상당한 이유가 있는 때에는 벌하지 아니한다고 규정한다. 자구행위는 국가가 개인의 청구권을 보호해줄 수 없거나 곤란한 상황에서 개인이 국가를 대행하여 권리를 행사하는 것이다. 피해자가 자신의 물건을 절취 한 절도범을 우연히 길거리에서 만나 폭행을 가하고 물건을 탈환한 경우는 자구행위가 될 수 있다. 이 경우 절취당한 물건을 반환받을 수 있도록 법률에서 정한 절차는 반환청구의 소송을 제기하고 승소판결을 받은 후 강제집행하는 것인데, 이러한 절차를 거칠 수 없는 긴급한 상황에서 청구권을 보전하기 위한 행위가 자구행위이다.

5. 피해자의 승낙에 의한 행위

형법 제24조는 처분할 수 있는 자의 승낙에 의하여 그 법익을 훼손한 행위는 법률에 특별한 규정이 없는 한 벌하지 아니한다고 규정한다. 법익주체의 자유로운 처분이 가능한 법익에 대한 침해를 본인이 유효하게 승낙한 때에는 위법성이 조각되는 것이다. 다만, 피해자의 승낙에 의한 행위는 법질서 전체의 정신 내지 사회윤리에 비추어 용인될 수 있는 것이라야 한다. 따라서 채무자가 변제기일에 채무를 변제하지 않으면 자신의 살의 일부를 채권자가 떼어가도 좋다고 승낙한 것은 유효한 승낙이 아니다.

IV. 책임

책임이란 행위자에 대한 법적 비난 가능성이다. 책임무능력자의 행위는 책임이 조각되어 범죄가 성립하지 않으며, 한정책임능력자의 행위는 책임이 감경되어 감경 처벌될 수 있다. 책임무능력자에는 형사미성년자와 심신상실자가 있으며, 한정책임능력자에는 심신미약자와 청각 및 언어 장애인이 있다. 기타 위법성인식이나 적법행위에의 기대가능성이 없는 경우에도 책임이 인정되지 않으며 범죄가 성립할 수 없다.

1. 책임능력

책임능력이란 법규범의 명령·금지를 인식할 수 있는 통찰능력(사물변별능력)과 이 통찰에 따라 행위 할 수 있는 행위의 조종능력(의사결정능력)을 의미한다. 만약 행위자에게 자유로운 의사결정능력과 법규범에 따른 행위를 할 능력이 없다면, 행위자가 법 위반행위를 했더라도 그를 비난하기는 어려울 것이다. 책임비난은 행위자에게 책임능력이 있을 것을 전제로 하며, 책임능력은 책임의 전제조건이며 책임의 요소이다.

(1) 형사미성년자

형법 제9조는 만 14세 되지 아니한 자의 행위는 벌하지 아니한다고 규정한다. 형법은 14세 미만자를 책임무능력자로 보는 것이다. 14세 미만자가 충분한 판단능력과 의사결정능력을 갖추었더라도, 연령을 기준으로 14세 미만이면 책임비난이 가능할 정도로 성숙하지 못한 것으로 본다. 근래 형사미성년자의 기준연령을 14세에서 13세로 낮추어 흉포해지는 소년범죄에 대처해야 한다는 논의도 있다.

(2) 심신장애자(심신상실자, 심신미약자)

형법 제10조 제1항은 심신장애로 인하여 사물을 변별할 능력이 없거나 의사를 결정할 능력이 없는 심신상실자의 행위는 벌하지 아니한다고 규정한다. 형법 제10조 제2항은 심신장애로 인하여 이러한 능력이 미약한 심신미약자의 행위는 형을 감경할 수 있다고 규정한다. 형법 제10조 제3항은 원인에 있어서 자유로운 행위를 규정한다. 이에 따르면, 위험의 발생을 예견하고 자발적으로 심신장애를 야기한 자에게는 심신장애에 관한 규정을 적용하지 않으며, 완전한 책임능력자로 취급한다. 예를 들어, 의도적으로 대마초를 피우고 심신미약 상태에서 살인한 경우, 심신미약자에 대한 감경처벌 규정을 적용하지 않는다.

(3) 청각 및 언어 장애인

청각기능과 발음기능 양자에 모두 장애가 있는 청각 및 언어 장애인의 행위는 형을 감경한다(형법 제11조). 그러나 근래 특수교육의 발달로 이들을 일률적으로 한정책임능력자로 판단하는 것은 문제가 있으므로 형법 제11조는 폐지해야 한다는 주장도 있다.

2. 위법성 인식

(1) 의의

위법성인식이란 자기의 행위가 법질서에 반하고 따라서 금지되어 있다는 행위자의 인식을 말한다. 위법성인식이 인정되기 위해서 행위자가 실질적 위법성을 인식하고 있는 한, 법질서의 구체적 내용(예컨대, 형법 조문)에 대한 인식까지는 필요치 않다. 단지 자신의 행위가 전체 법질서에 위반된다거나 법적으로 금지된 것이라는 점에 대한 인식이 있으면 족하다. 법률전문가로서의 식견이 요구되는 것이 아니라 소박한 문외한으로서의 인식이 있으면 된다.

(2) 법률의 착오

법률의 착오란 자신의 행위가 위법함에도 위법하지 않다고 오인한 경우인데, 이때 위법성인식을 인정할 수 있는지가 문제된다. 형법 제16조는 법률의 착오에 관하여, "자기의 행위가 법령에 의하여 죄가 되지 아니하는 것으로 오인한 행위는 그 오인에 정당한 이유가 있는 때에 한하여 벌하지 아니한다."고 규정한다. 법률의 착오로 행위 한 경우 형법 제16조가 적용되어 그 착오에 정당한 이유가 있는 경우 위법성인식이 없는 것으로 보아 처벌하지 않으며, 그 착오에 정당한 이유가 없는 경우 위법성인식이 있는 것으로 보아 처벌한다. 인·허가권을 갖는 관청의 법률해석을 신뢰한 경우, 예를 들어 허가를 담당하는 공무원이 허가를 요하지 아니하는 것으로 잘못 알려 주어 이를 신뢰한 경우나, 검찰의 종전의 '혐의 없음' 결정 내용을 신뢰한 경우는 착오에 정당한 이유가 있는 것으로 본다.

3. 기대가능성

행위자에게 위법행위 대신 적법행위로 나올 것이 기대될 수 있었어야 행위자에게 책임을 물을 수 있다. 만약 행위자에게 적법행위의 기대가능성이 없었다면 책임이 인정될 수 없다. 대법원은 입학시험 문제를 우연히 입수한 수험생이 답을 암기하여 시험에 응시한 경우 적법행위를 기대할 수 없어서 업무방해죄가 성립하지 않는다고 판단했다.

> 판례) 입학시험에 응시한 수험생이 우연한 기회에 미리 출제될 시험문제를 알게 되어 그에 대한 답을 암기하여 시험에 응시하였는데 그 암기한 답에 해당하는 문제가 출제되었다 하여도, 암기한 답을 입학시험 답안지에 기재하지 않는 것을 일반적으로 수험생에게 기대한다는 것은 보통의 경우 도저히 불가능하다 (대법원 1966.3.22. 선고 65도1164 판결).

 ## 제 5 절 미수론

일반적인 범죄의 실현 단계를 보면, 범행의 결심, 예비·음모, 미수, 기수, 범행 종료의 과정을 거친다. 혼자 범행을 결심한 것만으로는 형사처벌의 대상이 아니다. 예비·음모는 살인죄나 강도죄 등 일부 중범죄의 경우 처벌된다. 형법 제28조는 "범죄의 음모 또는 예비행위가 실행의 착수에 이르지 아니한 때에는 법률에 특별한 규정이 없는 한 벌하지 아니한다."고 규정한다. 예비단계를 지나 실행의 착수에 이르게 되면, 미수 단계가 된다. 예비와 미수를 구별하는 기준이 실행의 착수이다. 실행에 착수했으나 행위를 종료하지 못하거나, 결과가 발생하지 않은 경우 미수가 된다. 미수는 제25조의 일반적인 미수, 제26조의 중지미수, 제27조의 불능미수로 구분된다.

Ⅰ. 일반적인 미수

형법 제25조 "범죄의 실행에 착수하여 행위를 종료하지 못하였거나 결과가 발생하지 아니한 때에는 미수범으로 처벌한다. 미수범의 형은 기수범보다 감경할 수 있다." 미수범이란 범죄실현의 의사로써 실행에 착수하였으나, 행위를 종료하지 못하였거나 결과가 발생하지 않은 경우를 말한다. 미수란 구성요건에 해당하는 실행행위를 개시했다는 점에서 이전 단계인 예비·음모와 구별되고, 구성요건의 내용을 충족시키지 못했다는 점에서 구성요건의 내용을 모두 충족한 기수와 구별된다. 미수범의 요건은 고의가 있을 것, 실행에 착수했을 것, 결과가 발생하지 않았을 것의 세 가지이다. 이 중 실행의 착수는 미수범 성립의 기본적인 요건이다.

1. 실행의 착수

미수와 그 이전 단계인 예비를 구분하는 기준이 실행의 착수이다. 어느 시점에서 실행의 착수를 인정할 것인가에 대하여 견해가 나뉘며, 형식적 객관설, 실질적 객관설, 주관설이 있다. 형식적 객관설은 형식적으로 보아 범죄 유형에 해당하는 행위가 있을 때 실행의 착수를 인정한다. 실질적 객관설은 실질적으로 보아 보호법익의 침해의 직접적인 위험을 야기하는 행위가 있을 때, 또는 법익침해와 밀접한 행위가 있을 때 실행의 착수가 있다고 본다. 주관설은 범죄의 의사가 확연히 드러나는 시점이면 이미 실행의 착수가 있다고 본다. 예를 들어, 타인 집 안방에 있는 금고 안의 돈을 훔치는 경우를 보자. 형식적 객관설에 따르면, 금고 문을 열고 돈을 꺼내려고 금고 안으로 손을 뻗치는 시점 정도 되어야 실행의 착수가 인정된다. 반면, 실질적 객관설에 따르면 금고 문의 손잡이를 막 잡아당기는 시점에 벌써 실행의 착수가 인정된다. 주관설에 따르면, 그 집의 마당에 들어선 시점, 또는 그 집 안방에 들어선 시점에 이미 실행의 착수가 있다고 본다. 형식적 객관설은 실행의 착수의 인정 시점이 너무 늦게 되고, 주관설은 너무 이른 시점에 실행의 착수를 인정하게 된다. 다수설과 대법원은 판례는 실질적 객관설에 따른다.

판례) 피해자 소유의 자동차 안에 들어 있는 밍크코트를 발견하고 이를 절취할 생각으로 공범이 차 옆에서 망을 보고 있는 사이 차 오른쪽 앞문을 열려고 앞문 손잡이를 잡아당기다 발각된 경우는 실행의 착수를 인정한다.

판례) 노상에 세워 놓은 자동차 안의 물건을 훔칠 생각으로 면장갑을 끼고 칼을 소지하고 자동차의 유리창을 통하여 그 내부를 손전등으로 비추어 본 경우는 실행의 착수를 부정한다.

주간에 절도의 목적으로 방 안까지 들어갔다가 절취할 물건을 찾지 못하여 거실로 돌아 나온 경우, 소매치기가 피해자 양복상의 주머니로부터 금품을 절취하려고 그 호주머니에 손을 뻗쳐 그 겉을 더듬은 경우, 금품을 절취하기 위하여 고속버스 선반 위에 놓인 손가방의 한쪽 걸쇠만 연 경우 실행의 착수가 인정된다.

2. 처벌

일반적인 미수는 임의적 감경사유로 되어 있다. 미수범은 주관적인 면에서는 기수와 다를 바 없지만, 객관적인 면에서는 처벌할 수 없는 면이 있다. 이러한 두 가지 측면을 고려하여 임의적 감경사유로 하고 있는 것이다.

II. 중지미수

형법 제26조 "범인이 실행에 착수한 행위를 자의(自意)로 중지하거나 그 행위로 인한 결과의 발생을 자의로 방지한 경우에는 형을 감경하거나 면제한다." 중지미수는 실행에 착수한 이후에 자발적으로 더 이상의 행위를 중지하거나 행위로 인한 결과의 발생을 방지한 경우이다. 중지미수는 필요적 감면사유이며 미수 유형 중 가장 관대하게 취급된다. 중지미수를 관대하게 처벌하는 이유는 비록 범죄의 실행에 나아갔더라도 더 이상의 행위를 중지하거나 결과 발생을 방지하면, 형의 면제까지 가능하게 함으로써, 행위자에게 범죄를 중지하도록 자극을 주기 위한 것이다. 중지미수도 고의가 있을 것, 실행에 착수했을 것, 결과가 발생하지 않았을 것이라는 미수범의 기본적인 요건을 갖춰야 한다. 그러나, 결과가 발생하지 않은 것이 행위자의 자발적인 중지로 인한 것이어야 한다. 따라서 형법 제26조의 중지미수와 장애미수인 형법 제25조의 일반적인 미수와 형법 제27조의 불능미수를 구분 짓는 개념이 자의성(自意性)이다.

1. 자의성(自意性)

중지미수가 성립하기 위해서 중지는 자발적인 것이어야 한다. 자의성의 판단에 대해서는 객관설, 주관설, 절충설이 있다. 주관설은 윤리적 동기설, 절충설은 사회통념설로도 불린다. 다수설과 판례는 절충설인 사회통념설에 따라 자의성을 판단한다. 사회통념설에 따르면, 사회의 일반적인 경험칙상 범죄수행에 장애가 될 만한 사정이 있었는가를 기준으로 자의성을 판단한다. 사회통념상 범죄수행에 장애가 될 만한 사정이 없었음에도 중지한 경우는 자발적으로 중지한 것으로 보아 중지미수를 인정한다.

> 판례) "피고인이 피해자를 강간하려고 했는데 피해자가 다음번에 만나 친해지면 응해 주겠다는 취지로 간곡히 부탁하자 더 이상의 행위를 중지하고, 피해자를 자신의 차에 태워 집에까지 데려다주었다."

대법원은 이 사례에서 피고인은 자의로 피해자에 대한 강간행위를 중지한 것이고 피해자가 다음에 만나 친해지면 응해 주겠다는 취지의 간곡한 부탁은 사회통념상 범죄실행에 대한 장애라고 여겨지지는 아니하므로 이 사건 피고인의 행위는 중지미수에 해당한다고 판단했다(대법원 1993.10.12. 선고 93도1851 판결).

2. 처벌

중지미수는 필요적 감경 또는 면제 대상이다. 중지미수는 미수의 유형 중 가장 관대하게 취급되는 것이다.

Ⅲ. 불능미수

형법 제27조 "실행의 수단 또는 대상의 착오로 인하여 결과의 발생이 불가능하더라도 위험성이 있는 때에는 처벌한다. 단, 형을 감경 또는 면제할 수 있다." 형법 제25조는 일반적인 미수, 제26조는 중지미수, 제27조는 불능미수를 규정한다. 실행의 수단 또는 대상의 착오로 결과의 발생이 불가능한 경우를 불능범이라고 하며, 불능범은 처벌되지 않는 것이 원칙이다. 그러나 불능범도 위험성이 있는 경우 처벌이 필요하며, 이러한 위험성이 있는 불능범을 형법은 불능미수라 하여 처벌한다. 표제어가 불능범이라 되어 있지만 형법 제27조는 불능미수를 규정한 것으로 본다.

1. 수단의 착오와 대상의 착오

(1) 수단의 착오

수단의 착오란 그 행위수단으로 결과발생이 불가능한데도 행위자가 결과 발생이 가능한 것으로 오인한 경우를 말한다. 예를 들어, 치사량 미달의 독약이나 탄창이 비어 있는 총으로 살해하려 한 경우이다.

(2) 대상의 착오

대상의 착오란 행위자가 범행의 대상으로 생각한 객체가 원래 결과발생이 불가능한데도 행위자가 결과 발생이 가능한 것으로 잘못 안 경우를 말한다. 예를 들어, 죽은 사람을 산 사람으로 오인하고 살해하려 한 경우이다.

2. 위험성

범행 수단 또는 대상의 불가능성으로 인하여 결과발생이 불가능했던 경우는 원래 불능범이라 하여 처벌되지 않는다. 그러나 형법은 불능범이라도 위험성이 있는 경우는 불능미수라 하여 처벌한다. 위험성이라는 기준은 처벌되지 않는 불능범과 처벌되는 불능미수를 구별하는 기준이 된다. 위험성 유무 판단에 대해서는 학설의 대립이 있으며, 추상적 위험설이 다수설이자 대법원의 일부 판례에서 취하고 있는 견해이다. 추상적 위험설은 행위자가 인식한 사정을 기초로 일반인의 관점에서 위험성을 판단한다. 예를 들어, 甲이 A를 살해하기 위해 청산가리 1g을 먹였으나 그것이 사실은 설탕이어서 A가 사망하지 않은 사례에서, 추상적 위험설을 적용한다면, 행위자가 인식한 사정(청산가리)을 기초로 일반인의 관점에서 보면 위험성이 인정될 수 있다.

> 판례) 불능범의 판단기준으로서 위험성 판단은 피고인이 행위 당시에 인식한 사정을 놓고 이것이 객관적으로 일반인의 판단으로 보아 결과발생의 가능성이 있느냐를 따져야 하므로, 히로뽕 제조를 위하여 에페트린에 빙초산을 혼합한 행위가 불능범이 아니라고 인정하려면, 이와 같은 사정을 놓고 객관적으로 제약방법을 아는 과학적 일반인의 판단으로 보아 결과발생의 가능성이 있어야 한다 (대법원 1978.3.28. 선고 77도4049 판결).

3. 처벌

불능미수는 형을 감경 또는 면제할 수 있도록 하고 있다.

◈ 제 6 절 공범론

Ⅰ. 공범론 일반

1. 공범의 의의

범죄는 단독범인 경우도 있으나, 하나의 범죄에 다수 참가자가 있는 사례도 많다. 범죄에 다수 참가자가 있는 경우 일부는 정범이 되고 일부는 공범이 된다. 정범은 그 범죄의 중심인물로서 범행의 전 과정을 지배하는 자이며, 공범은 이에 가담하는 자이다. 정범의 종류에는 직접정범과 간접정범, 단독정범과 공동정범이 있으며, 동시범도 정범의 일종이다. 넓은 의미의 공범에는 공동정범, 교사범 및 방조범(종범)이 포함된다. 좁은 의미로는 교사범 및 방조범(종범)만이 공범이다.

2. 임의적 공범과 필요적 공범

임의적 공범은 단독으로도 행할 수 있는 범죄를 다수인 참가하여 실현한 경우를 말하며, 공동정범, 교사범, 방조범이 이에 해당한다. 필요적 공범이란 범죄구성요건상 2인 이상의 참가자가 필요한 경우이다. 필요적 공범은 다시 집합범과 대향범으로 분류된다. 집합범의 예로는 내란죄, 소요죄 등이 있다. 대향범의 예로는 대향자 쌍방이 모두 처벌되는 수뢰죄와 증뢰죄, 대향자 중 일방만 처벌되는 음화반포죄 등이 있다.

3. 공범종속성의 원칙

공범은 정범의 성립을 전제로 하는 것인지, 아니면 공범은 정범의 성립 여부와 관계없이 독자적으로 성립하는지와 관련하여 공범종속성설과 공범독립성설이 대립한다. 공범종속성설이 통설의 입장이다. 공범종속성설은 정범 없는 공범은 있을 수 없으며, 공범은 정범을 전제로 하며 정범에 종속하여 성립하는 것으로 본다. 종속형식과 관련해서는 공범이 처벌되는 근거가 정범의 불법을 초래한 데 있으므로, 정범의 불법행위가 있으면 공범은 정범의 책임과 관계없이 성립할 수 있다는 점에서 제한종속형식이 타당하다는 것이 다수설의 입장이다. 즉, 공범이 성립하기 위해서는 정범의 구성요건에 해당하고 위법한 행위가 있으면 족하다고 본다.

II. 정범의 종류

정범에는 직접정범과 간접정범, 단독정범과 공동정범이 있다. 형법은 간접정범과 공동정범에 관한 규정을 두고 있다.

1. 간접정범

형법 제34조(간접정범) ① 어느 행위로 인하여 처벌되지 아니하는 자 또는 과실범으로 처벌되는 자를 교사 또는 방조하여 범죄행위의 결과를 발생하게 한

자는 교사 또는 방조의 예에 의하여 처벌한다.

간접정범은 타인을 범행매개자, 즉 생명 있는 도구로 이용하여, 범죄를 실행하는 자를 말한다. 간접정범은 종래 공범종속성원칙에 따를 때 피이용자가 처벌되지 않는 경우 배후의 이용자도 공범으로 처벌할 수 없게 되는 가벌성의 공백에 대처하기 위해 고안된 개념이다.

> 사례) 의사 甲은 자신의 병원에 입원한 환자 A를 살해하기 위하여 아무런 사정을 모르는 간호사 乙에게 독약이 든 주사기를 주어 A에게 주사하게 함으로써 A를 살해하였다. 甲과 乙의 죄책은?

이 사례에서 간호사 乙은 고의가 없으므로 살인죄로 처벌되지 않는다. 의사 甲은 아무런 사정을 모르는 간호사 乙을 심리적으로 지배하여 범행매개자로 삼아 자신의 범행을 실현한 것이다. 의사 甲은 고의가 없어서 살인죄로 처벌되지 않는 간호사 乙을 이용한 살인죄의 간접정범이 된다. 만약 이 사례에서 간접정범 개념이 인정되지 않는다면, 피이용자인 간호사 乙은 고의가 없어서 처벌되지 않으며, 배후의 이용자인 의사 甲은 공범종속성원칙상 정범이 존재하지 않아 공범(교사범)으로 처벌되지 않으므로 처벌의 공백이 발생한다. 간접정범 개념은 바로 이러한 공백을 메꾸기 위해 고안된 개념이다.

2. 공동정범

> 형법 제30조(공동정범) 2인 이상이 공동하여 죄를 범한 때에는 각자를 정범으로 처벌한다.

공동정범이란 2인 이상이 공동의 범행결의를 하고 기능적 역할 분담하에 범죄를 실행하는 것을 말한다. 공동정범에서 각 공동자는 행위 결과의 전체에 대하여 책임을 진다. 이는 일부실행·전부책임을 의미한다. 공동정범이 성립하기 위해서는 주관적으로 공동의 범행결의가 있어야 한다. 공동의 범행결의가 인정되기 위해서는 가담자들 사이에 의사의 연락을 요한다. 그러나 여기서 의사의 연락은 명시적인 것뿐 아니라 묵시적인 것도 포함한다. 가담자가 모두 일정한 장소에 모여 모의할 필요는 없으며, 순차적·간접적 모의도 가능하다. 공동실행의 의사가 어느 일방에게만 있는 편면적 공동정범의 경우에는 공동의 범행결의가 존재하지 않으므로 공동정범이 인정될 수 없으며, 동시범 또는 종범(방조범)이 성립할 수 있다. 공동정범이 성립하기 위해서 객관적으로는 공동의 실행행위가 필요하다. 따라서 전체범행의 완성을 위해 가담자들의 필요한 역할분담이 있어야 하며, 단순히 범행계획이나 모의에 가담한 것만으로는 공동정범이 성립할 수 없다. 다만, 우리 대법원은 2인 이상이 공모하고 그중 일부가 실행행위를 한 경우, 공동의 실행행위는 하지 않고 단지 공모에만 가담한 자도 공동정범의 성립 가능성을 인정한다. 이를 공모공동정범이라 하며, 조직범죄 등에 있어서 배후의 거물을 단순한 공범이 아닌 정범으로 처벌하는 형사정책적 의미가 있지만, 객관적 실행행위의 분담이 없는 단순 공모자에게 공동정범의 성립을 인정하는 것은 이론상 문제가 있다는 비판을 받는다.

III. 공범의 종류

넓은 의미의 공범은 공동정범을 포함하나, 본래의 공범은 교사범과 방조범(종범)을 의미한다.

1. 교사범

교사범이란 아직 범죄의 결의가 없는 타인으로 하여금 범행을 결의하도록 하여 그 범죄를 실행하도록 야기하는 자를 말한다. 교사범은 이미 범행을 결의하고 있는 자를 돕는 방조범에 비하여 불법의 정도가 중하며, 정범과 동일한 법정형을 적용받는다(형법 제31조 제1항). 교사범이 성립하기 위해서 먼저, 교사범의 교사행위가 있어야 한다. 교사란 타인으로 하여금 범행의 결심을 하도록 하는 것이다. 교사행위의 방법에는 제한이 없으며, 범행일시, 장소, 방법 등의 세부적인 사항까지 정하여 교사할 필요는 없다. 다음으로, 교사를 받은 피교사자의 실행행위가 있어야 한다. 교사를 받은 자가 범행을 승낙했으나 실행행위에 나아가지 않은 경우는, 형법 제31조 제2항에 따라 교사자와 피교사자 모두를 예비·음모에 준하여 처벌된다. 교사를 받은 자가 이를 거절한 경우는 형법 제31조 제3항에 따라 교사자만 예비·음모에 준하여 처벌된다.

2. 방조범(종범)

종범이란, 방조범이라고도 하며, 정범의 실행행위를 돕는 자를 말한다. 종범은 이미 범행을 결의한 자의 행위에 가담하여 범행을 돕는 것이기 때문에, 범행의 결의를 야기하는 교사범과 달리 종범은 정범보다 감경하여 처벌된다(형법 제32조 제2항). 형법상 방조행위는 정범의 실행행위를 용이하게 하는 직·간접의 모든 행위를 가리키는 것으로서, 방조행위의 유형은 다양하다. 물질적 방조뿐 아니라 무형적·정신적 방조도 인정된다.

> 판례) 형법상 방조행위는 정범의 범행을 알면서 그 실행행위를 용이하게 하는 직·간접의 모든 행위를 말한다. 따라서 자동차운전면허가 없는 자에게 승용차를 제공하여 무면허운전을 하게 한 경우 도로교통법상 무면허운전죄의 방조에 해당한다(대법원 2000. 8. 18. 선고 2000도1914 판결).

형법상 방조는 작위에 의한 경우뿐만 아니라 부작위에 의하여도 성립되며, 작위의무 있는 자가 의도적으로 타인의 범행을 방치한 경우 부작위에 의한 방조범이 성립할 수 있다. 예를 들어, 은행에 절도범이 든 사실을 알면서도 이를 묵인한 은행경비원은 절도죄의 방조범이 된다.

> 판례) 인터넷 포털사이트 내 오락채널의 총괄팀장과 만화사업의 운영 직원은 콘텐츠제공업체들이 게재하는 음란만화의 삭제를 요구할 조리상의 의무가 있다. 따라서 콘텐츠제공업체들이 포털사이트에 음란만화를 게재한 것을 피고인

들이 알고도 방치했다면 (구)전기통신기본법 위반죄의 방조범이 성립한다(대법원 2006.4.28. 선고 2003도4128 판결).

제 7 절 범죄의 종류

Ⅰ. 살인죄

1. 보통살인죄

> 형법 제250조(살인) ① 사람을 살해한 자는 사형, 무기 또는 5년 이상의 징역에 처한다.

(1) 살인죄의 객체

살인죄의 객체는 사람이다. 사람의 시기(始期)와 종기(終期), 즉 언제부터 사람이 되며, 언제까지 사람인가에 대하여 학설의 대립이 있다. 사람의 시기에 대하여는 진통설, 일부노출설, 전부노출설, 독립호흡설 등이 있으며, 대법원 판례는 진통설을 취하고 있다.

> 판례) 사람의 생명과 신체의 안전을 보호법익으로 하고 있는 형법상의 해석으로서는 사람의 시기는 규칙적인 진통을 동반하면서 태아가 태반으로부터 이탈하기 시작한 때, 즉 분만이 개시된 때(진통설 또는 분만개시설)라고 봄이 타당하다(대법원 1982. 10. 12. 선고 81도2621 판결).

사람의 종기에 대해서는 맥박정지설, 호흡정지설, 맥박 빛 호흡정지설, 뇌사설 등이 주장되고 있다. 이들 학설 중 최근 뇌사설이 장기이식의 필요성이라는 현실적인 문제에 수반하여 유력한 학설이 되고 있다. 뇌사설은 뇌의 중추부를 포함한 전뇌의 불가역적 기능 상실, 즉 뇌사를 사람의 죽음으로 본다. 뇌사설은 '장기 등 이식에 관한 법률'에 반영되어 있다.

(2) 살인죄의 행위

살인죄의 행위는 살해이다. 살해행위는 작위뿐 아니라 부작위로도 행하여질 수 있으며, 간접정범 형태의 살해행위도 인정된다.

> 판례) 피고인이 10세인 조카를 살해하기로 마음먹고 저수지로 데리고 가서 미끄러지기 쉬운 제방 쪽으로 유인하여 함께 걷다가 피해자가 물에 빠지자 구조하지 않고 익사하게 한 경우, 피고인에게 피해자를 구조해야 할 법적인 작위의무가 있다고 보아야 할 것이므로 부작위에 의한 살인죄가 성립한다(대법원 1992. 2. 11. 선고 91도2951 판결).

(3) 안락사 — 소극적 안락사와 존엄사

직접적으로 생명의 단축을 목적으로 하는 적극적·직접적 안락사에 대해 다수설은 절대적 생명보호의 원칙과 안락사의 남용 위험성을 이유로 위법성이 조각되지 않는다고 한다. 그러나, 생명을 연장하기 위한 조치를 취하지 않는 소극적 안락사에 대해서는 통설이 일정한 요건을 갖추면 위법성이 조각된다고 한다. 대법원 판례도 환자의 의사에 합치할 경우 소극적 안락사 또는 존엄사는 위법하지 않다고 본다.

> 판례) 대법원은 환자가 회복 불가능한 사망의 단계에 이르렀고, 환자의 의사에 합치하는 등 요건을 갖춘다면 연명장치를 제거하는 형태의 소극적 안락사는 적법한 것으로 본다. 환자의 의사는 명시적인 사전의료지시서 등에 의해 판단되거나, 환자의 평소 신념이나 가치관에 의하여 판단될 수 있다(대법원 2009.5.21. 선고 2009다17417 전원합의체 판결).

2018년부터 시행된 연명의료결정법에 따라 회복 불가능한 환자가 자기결정에 따라 무의미한 연명치료를 중단할 수 있게 되었다. 임종기의 환자가 자신의 의사를 연명의료계획서 또는 사전의료의향서에서 명시적으로 표현했거나, 가족 2명 이상이 평소 환자의 뜻이라고 진술하면 의사 2명의 확인을 거쳐 연명치료를 중단할 수 있다.

2. 존속살해죄

> 형법 제250조(존속살해) ② 자기 또는 배우자의 직계존속을 살해한 자는 사형, 무기 또는 7년 이상의 징역에 처한다.

존속살해죄는 자기 또는 배우자의 직계존속이 살인의 객체인 경우 가중처벌되는 가중적 범죄유형이며, 직계비속만이 행위주체가 될 수 있는 신분범이자 신분관계로 인하여 형이 가중되는 부진정 신분범이다. 존속살해죄는 헌법상 평등의 원칙에 반하는 위헌적인 규정이라는 주장도 있으나, 다수설과 판례는 합헌이라고 본다. 그러나 위헌설에서는 본죄의 가중처벌은 직계비속이라는 사회적 신분으로 인한 불합리한 차별이며 헌법상 평등권의 침해라고 주장한다. 독일과 일본에서는 각각 존속살해죄 가중처벌 규정을 폐지한 바 있다.

II. 성범죄

1. 강간죄

> 형법 제297조(강간) 폭행 또는 협박으로 사람을 강간한 자는 3년 이상의 유기징역에 처한다.

강간죄는 폭행 또는 협박을 수단으로 하여 사람을 간음함으로써 성립하며, 사람의 성적 자기결정권을 보호법익으로 한다.

(1) 객체

1) 사람

강간죄의 객체는 사람이다. 과거 강간죄의 객체는 부녀, 즉 여자로 제한되어 있었으나, 2012년 형법개정으로 강간죄의 객체는 남자와 여자를 다 포함하는 사람으로 변경되었다.

2) 아내 강간

전통적으로 부부관계의 특수성을 고려하여, 아내의 동의가 없음에도 불구하고, 폭행·협박으로 아내를 간음한 경우 강간죄가 성립하는지 문제되었다. 과거 대법원은 부부 사이의 특별한 관계를 고려하여 아내는 강간죄의 객체가 될 수 없다고 보아, 부부강간죄를 인정하지 않았다(대법원 1970.3.10. 선고 70도29 판결). 그 후, 대법원은 혼인관계가 파탄되어 실질적인 부부관계가 인정될 수 없는 경우라면 아내강간죄가 성립한다고 하였으며, 2013년에는 정상적인 부부관계에서도 아내에 대한 강간죄가 성립한다고 판결하여 43년 만에 판례를 변경하였다(대법원 2013. 5. 16. 선고 2012도14788 전원합의체 판결).

(2) 행위

강간죄는 폭행·협박을 수단으로 피해자를 간음하는 것이다. 전통적으로 강간죄는 폭력범죄로 이해되었으며, 피해자의 반항을 억압할 정도의 유형력 행사를 요건으로 하였다. 따라서 폭행·협박의 의미도 최협의로 이해하여, 상대방의 반항을 억압하거나 현저히 곤란하게 할 정도의 것으로 해석하였다. 그러나, 이제 강간죄는 피해자의 성적 자기결정권을 침해하는 범죄로 이해되며, 피해자의 진지한 거부 의사표시와 가해자의 일반적인 폭행·협박이 있으면 강간죄의 성립을 인정할 수 있다고 보는 견해가 유력하다.

2. 강제추행죄

> 형법 제298조(강제추행) 폭행 또는 협박으로 사람에 대하여 추행한 자는 10
> 년 이하의 징역 또는 1천500만원 이하의 벌금에 처한다.

(1) 객체

강제추행죄의 객체는 사람이며, 여자뿐 아니라 남자도 포함된다. 과거 강간죄
처럼 아내는 강제추행죄의 객체가 될 수 없다는 것이 판례의 입장이었다. 그러
나 하급심 판결은 아내에 대한 강제추행죄를 인정하고 있으며, 대법원이 이제
부부강간죄를 인정하고 있는 점에 비추어, 부부간 강제추행죄도 해석상 인정해
야 할 것이다.

(2) 폭행 · 협박

강제추행죄는 폭행 · 협박을 수단으로 피해자를 추행하는 것이다. 종래 다수
설과 대법원은 강제추행죄의 폭행 · 협박도 강간죄와 마찬가지로 상대방의 반항
을 억압하거나 현저히 곤란하게 할 정도의 것으로 보았다. 그러나, 강제추행죄
의 폭행 · 협박의 정도를 강간죄의 경우보다 완화하여 일반인이 항거에 곤란을
느낄 정도 또는 의사의 임의성을 잃게 할 정도면 족한 것으로 보아야 한다는 주
장도 있었다. 대법원은 최근 판례를 변경하여 강제추행죄의 폭행 · 협박은 일반
적인 폭행 · 협박으로 족하며, 상대방의 반항을 억압할 정도의 것일 필요는 없다
고 하였다. 대법원은 강제추행죄에서 폭행 · 협박을 피해자의 항거가 곤란할 정
도일 것을 요구했던 종래의 판례를 폐기한 것이다. 따라서 이제 일반적인 폭행 · 협
박을 수단으로 상대방을 추행한 경우 강제추행죄가 성립한다.

> 판례) 미용업체를 운영하는 甲이 자신의 회사 가맹점에서 근무하는 乙을 비
> 롯한 직원들과 노래방에서 회식을 하면서, 乙을 자신의 옆자리에 앉힌 후 갑자

기 乙의 볼에 입을 맞추고, 이에 乙이 '하지 마세요'라고 하였음에도 계속하여 오른손으로 乙의 오른쪽 허벅지를 쓰다듬은 경우 강제추행죄가 성립한다(대법원 2020. 3. 26. 선고 2019도15994 판결).

(3) 추행

추행이란 일반인에게 성적 수치심과 혐오의 감정을 일으키게 하는 일체의 음란행위를 의미한다. 그러나 강제추행죄의 대상이 되는 추행은 사람의 성적 자유를 침해하는 것으로 인정될 수 있을 정도의 것이어야 한다.

3. 의제강간죄

13세 미만의 사람에 대하여 간음 또는 추행한 경우 상대방의 동의가 있어도 강간죄와 강제추행죄 등이 성립한다(형법 제350조 제1항). 즉, 동의가 있어도 강간죄와 강제추행죄로 의제하는 것이며, 의제강간죄와 의제강제추행죄로 불린다. 13세 이상 16세 미만의 사람에 대하여 간음 또는 추행한 경우는 가해자가 19세 이상의 성인인 경우 피해자의 동의가 있어도 강간죄와 강제추행죄 등이 성립한다(형법 제350조 제2항).

III. 재산죄

1. 절도죄와 강도죄

(1) 절도죄

형법 제329조(절도) 타인의 재물을 절취한 자는 6년 이하의 징역 또는 1천만원 이하의 벌금에 처한다.

1) 의의

절도죄는 타인이 점유하는 타인 소유의 재물을 객체로 하므로, 자기가 점유하는 타인 소유의 재물을 영득하는 횡령죄와 구별되며, 타인이 점유하는 자기 소유의 재물을 객체로 하는 권리행사방해죄와도 구별된다.

2) 객체 — 재물

절도죄의 객체인 재물은 원칙적으로 형체가 있는 유체물에 국한된다. 다만, 형법상 전기 기타 관리가능한 동력은 재물의 개념에 포함된다. 그러나 파일 형태로 저장된 정보 등은 절도죄의 객체가 될 수 없다.

> 판례) "피고인이 직물원단고무코팅시스템의 설계도면을 빼 내가기 위하여 하이컴텍 회사의 연구개발실 컴퓨터에 내장되어 있던 설계도면을 A2용지에 2장을 출력하여 가지고 나왔다."

이 사례에서 대법원은 컴퓨터에 저장되어 있는 정보 그 자체는 유체물이라 할 수 없고, 관리가능한 동력도 아니므로 재물로 볼 수 없으며, 이를 복사하거나 출력하였다 할지라도 그 정보 자체가 감소하거나 피해자의 점유 및 이용가능성을 감소시키는 것이 아니라고 하여, 절도죄의 성립을 부정하였다(대법원 2002. 7. 12. 선고 2002도745 판결).

3) 행위 — 절취

절취란 몰래 훔쳐 가는 것이며, 타인이 점유하고 있는 재물을 점유자의 의사에 반하여 그 점유를 배제하고 자기 또는 제3자의 점유로 옮기는 것이다. 타인의 점유를 배제하는 수단으로 속임수를 사용한 경우는 '책략절도'로서 절도죄에 해당한다. 예를 들어, 기성복 상점에서 옷이 맞는지 입어보는 척하다가 몰래 입은 채로 도망한 경우나 예식장에서 축의금 접수자인 것처럼 가장하여 축의금을 받아 가로챈 경우 절도죄가 성립한다.

판례) 피고인이 피해자 경영의 금방에서 마치 귀금속을 구입할 것처럼 가장
하여 피해자로부터 순금목걸이 등을 건네받은 다음 화장실에 갔다 오겠다는 핑
계를 대고 도주한 경우 절도죄가 성립한다(대법원 1994.8.12. 선고 94도1487
판결).

(2) 강도죄

1) 단순강도

> 형법 제333조(강도) 폭행 또는 협박으로 타인의 재물을 강취하거나 기타 재
> 산상의 이익을 취득하거나 제3자로 하여금 이를 취득하게 한 자는 3년 이상의
> 유기징역에 처한다.

강도죄는 폭행·협박을 수단으로 하여 타인의 재물을 탈취하거나 재산상 이익
을 취득하는 범죄로서 폭행·협박죄와 절도죄의 결합범이다. 강도죄의 보호법익
은 타인의 소유권 및 의사결정의 자유이다. 강도죄의 객체는 타인의 재물 또는
재산상의 이익이다. 재산상의 이익에는 적극적 이익과 소극적 이익이 모두 포함
된다. 따라서 채무자가 채권자를 협박하여 채무의 면제를 받은 경우 강도죄가
성립한다. 강도죄의 행위 수단은 폭행 또는 협박이다. 그리고 강도죄의 폭행 또
는 협박은 최협의로 이해되며, 상대방의 반항을 억압할 정도의 것이어야 한다.

2) 준강도

> 형법 제335조(준강도) 절도가 재물의 탈환을 항거하거나 체포를 면탈하거나
> 죄적을 인멸할 목적으로 폭행 또는 협박을 가한 때에는 강도죄 및 특수강도죄
> 의 예에 의한다.

준강도는 절도범이 실행의 착수 이후 일정한 요건을 충족하면 강도가 되는 것으로서 사후강도(事後強盜)라고도 한다. 준강도죄의 주체는 '절도'이므로 절도죄의 실행에 착수하면 족하고 기수, 미수를 불문한다. 절도범만이 행위의 주체가 된다는 점에서 신분범이라고 한다. 준강도의 행위 수단도 강도처럼 폭행·협박이며, 역시 최협의의 폭행·협박이 있어야 한다. 그리고 준강도의 폭행·협박은 절도의 기회에 있어야 한다. 절도의 기회란 절도 행위와 폭행·협박 사이에 장소적·시간적 근접성이 있어야 함을 의미한다. 장소적·시간적 근접성이 없는 경우 절도죄와 폭행·협박죄의 경합범이 될 수 있을 뿐이다.

> 판례) 피해자의 집에서 절도범행 후 10분 정도 지나 피해자의 집에서 200m 정도 떨어진 버스정류장 근처에서 피고인을 절도범인으로 의심하고 뒤쫓아 온 피해자에게 붙들려 피해자의 집으로 돌아왔을 때 비로소 피해자를 폭행한 경우, 그 폭행은 사회통념상 절도범행이 이미 완료된 이후에 이루어졌으므로 준강도죄가 성립하지 않는다(대법원 1999. 2. 26. 선고 98도3321 판결).

2. 횡령죄와 배임죄

(1) 횡령죄

> 형법 제355조(횡령) ① 타인의 재물을 보관하는 자가 그 재물을 횡령하거나 그 반환을 거부한 때에는 5년 이하의 징역 또는 1천500만원 이하의 벌금에 처한다.

횡령죄는 타인의 재물을 보관하는 자가 위탁이라는 신임관계에 반하여 그 재물을 횡령하거나 반환을 거부하는 것이다. 횡령죄의 주체는 위탁관계에 의하여 '타인의 재물을 보관하는 자'이며, 횡령죄는 진정신분범의 일종이다. 위탁관계가 불법하기 때문에 위탁자가 수탁자에 대하여 반환청구를 할 수 없는 경우, 즉 불법원인급여물의 경우 수탁자(보관자)가 그 불법원인급여물을 영득한 때에 횡령죄가 성립하는지 문제된다.

> 판례) "A가 甲에게 1천만원을 주면서 공무원 B에게 뇌물로 전달하라고 하였
> 는데, 甲이 받은 1천만원을 B에게 전달하지 않고 임의로 사용해버린 경우, 甲은
> 횡령죄가 성립하는가?"

대법원은 이 사례에서 甲에 대한 횡령죄 성립을 부정한다. 대법원은 민법 제
746조에 불법의 원인으로 인하여 재산을 급여하거나 노무를 제공한 때에는 그
이익의 반환을 청구하지 못한다고 규정한 뜻을 다음처럼 해석한다. 대법원은 민
법 제746조에 따라 급여를 한 A는 급여한 물건의 소유권이 자기에게 있다고
하여 甲을 상대로 소유권에 기한 반환청구를 할 수 없어서, 결국 급여한 물건의
소유권은 급여를 받은 甲에게 귀속된다고 본다. 따라서 이 사례에서, 甲이 A로
부터 B에 대한 뇌물공여 또는 배임증재의 목적으로 전달하여 달라고 교부받은
금전은 불법원인급여물에 해당하여 그 소유권은 甲에게 귀속된다. 결국 甲이 A
로부터 받은 1천만원을 B에게 전달하지 않고 임의로 소비하였다고 하더라도 횡
령죄가 성립하지 않는다(대법원 1999. 6. 11. 선고 99도275 판결).

(2) 배임죄

> 형법 제355조(배임) ② 타인의 사무를 처리하는 자가 그 임무에 위배하는 행
> 위로써 재산상의 이익을 취득하거나 제삼자로 하여금 이를 취득하게 하여 본인
> 에게 손해를 가한 때에도 전항의 형과 같다.

배임죄란 타인의 사무를 처리하는 자가 그 신임관계에 위배하여 타인의 재산
권을 침해하는 것을 내용으로 하는 범죄이다. 배임죄는 횡령죄와 마찬가지로 본
인과의 신임관계 또는 신의성실에 위배하여 타인의 재산을 침해하는 범죄이다.
배임죄의 주체는 위탁자와 신임관계에 의하여 '타인의 사무를 처리하는 자'이

며, 배임죄는 진정신분범의 일종이다.

> 판례) "甲은 A에게 자신의 주택을 팔기로 매매계약을 체결하고 이후 중도금
> 까지 받았다. 그 뒤 甲은 다시 자신의 주택을 팔기로 B와 매매계약을 체결하고
> 대금을 받은 후 B 앞으로 소유권등기이전을 해 주었다."

이 사례는 부동산이중매매 사례이며 대법원은 甲에 대하여 배임죄의 성립을 인정한다. 우리 민법상 부동산 소유권이 이전되려면 등기이전이 필요한데, 甲이 아직 A에게 소유권이전등기를 해 준 것은 아니므로 소유권은 여전히 A에게 있다. 따라서 甲의 이중매매 행위가 A에 대한 횡령죄에는 해당하지 않는다. 그러나, 甲은 제1매수인 A로부터 중도금까지 받은 이후 단계에서는 A 앞으로 등기이전에 협력해야 할 타인의 사무를 처리하는 자가 된다. 따라서 甲은 A에 대하여 배임죄가 성립한다.

🌐 제8절 현대사회에서 형법의 도전과제

I. 온라인 범죄와 디지털 범죄에 대응

과거 전통적인 범죄는 형체가 있는 물건에 대한 물리적인 침해가 주된 형태였다. 사람에 대한 범죄도 주로 대면 상황에서 물리적인 접촉을 통하여 일어나는 것들이었다. 그러나 이제 온라인 가상공간의 비대면 상황에서 물리적인 접촉 없이 일어나는 범죄, 형체가 없는 무형의 이익에 대한 비물리적 침해가 주된 관심사이다. 유체물을 대상으로 대면적 상황에서 물리적 침해를 전제하는 전통적인 형법이론을 새로운 유형의 범죄에 적용하여 대응하기는 쉽지 않다. 인터넷과 디지털 기술의 발달에 따라 새로운 출현하는 범죄현상에 기존의 형법규정으로 대처하는 데 한계가 있는 것이다. 과학기술의 발달에 따른 사회현상과 기존의 실정법 사이의 괴리는 항상 있기 마련이며, 앞으로 이러한 간극을 메우기 위한 형법이론과 입법정책의 연구가 필요할 것이다.

II. 새로운 성범죄 유형에 대응

종래 강간죄는 피해자의 반항을 억압할 정도의 폭행·협박이 수반되어야 하는 폭력 범죄로 이해되었다. 그러나 이제 성적 자율성(sexual autonomy)이 성범죄법의 중심 개념이 되었다. 강간도 폭력 범죄가 아니라 동의가 수반되지 않는 성관계로 이해되기도 한다. 따라서 앞으로 성범죄법의 개념 변화에 따른 새로운 성범죄 유형이 문제될 것이다. 예를 들어, 피임수단을 사용하겠다고 하여 동의를 얻은 성관계 중 몰래 피임수단을 제거하는 스텔싱(stealthing), 온라인 타인 사칭을 포함하는 다양한 속임수를 이용한 성관계 등이다. 또한 전통적으로 성범죄는 대면의 물리적인 신체접촉으로 일어났으나, 이제 온라인상 비대면 상황에서 물리적인 신체접촉 없이 일어나는 경우도 많다. 이 경우 전통적인 형법이론으로 대응하기 어려운 문제가 발생하므로 새로운 형법이론과 입법정책의 개발이 필요할 것이다.

III. 인공지능 기술에 대응

법적 권리의무의 주체를 인(person)이라 한다. 인에는 자연인(natural person)과 법인(legal person)이 있다. 형법상 범죄의 주체는 자연인이며, 법인은 양벌규정이 있는 경우 예외적으로 범죄의 주체가 될 수 있다. 앞으로는 제3의 범죄의 주체로서 인공지능이 문제 될 것이다. 아직 사람처럼 사고할 수 있는 강인공지능은 출현하지 않았으므로 이른 논의라 할 수 있으나, 가까운 미래에 자연인과 법인에 이은 제3의 범죄주체로서 인공지능로봇이 논란의 중심이 될 것이다. 따라서 전통적인 형법이론으로 대응하기 어려운 인공지능로봇의 형사책임에 관한 새로운 법리와 입법정책의 마련이 요구될 것이다.

09

행 정 법

제 9 장 행정법

 ## 제 1 절 행정법 개관

Ⅰ. 개요

행정법을 논의하기 위해 행정법에서의 행정(administration)이 무엇을 의미하는지 살펴볼 필요가 있다. 행정법에서의 행정은 '주체'의 측면에서 입법부, 사법부가 아닌 행정부의 행위이며, '목적'의 측면에서 공익을 달성하기 위한 행위이고, '법적 규제'의 측면에서 민사소송이 아닌 행정소송의 대상이 되는 공법적 행위이다. 즉, 행정은 행정부가 공익을 목적으로 수행하며, 행정소송이 되는 공법적 행위로 정의된다. 행정법은 행정에 관한 법으로 행정주체는 행정법을 근거로 공법적 행위를 할 수 있는 권한을 갖게 되며, 동시에 공법적 행위가 위법한지 여부를 판단하는 기준으로 작용한다.

행정법의 특징으로 크게 공익 목적성, 행정주체의 우월성을 들 수 있다. 첫째, 행정법은 공익 보호를 목적으로 한다는 점에서 사익 보호를 목적으로 하는 사법(私法)과 다르다. 행정주체의 공익 목적 활동 중 사익침해가 발생할 수 있는 만큼 공익과 사익간 합리적인 비례관계가 유지되어야 한다. 예를 들어, 코로나19와 같은 전염병이 발생했을 때, 영업시간 제한만으로 전염병 예방이 가능함에도 영업 자체를 금지하는 것은 공익 보호(전염병 예방)보다 사익 침해(영업행위의 금지)가 크다는 점에서 비례원칙에 위반된다. 둘째, 행정주체는 사인에 대해 우월한 지위에서 일방적으로 공권력을 행사한다. 행정주체의 권력적 지위는 법률에 의해 부여된 것이며, 이는 행정주체가 국민의 권리를 제약하거나 의무를 부과할 때, 법률에 근거해야 한다는 것을 의미한다.

Ⅱ. 행정법의 일반원칙

1. 의의

행정법의 일반원칙은 사법(私法)과 구별되는 행정의 특수성을 반영한 기본 원리로 행정법의 모든 분야에 적용되며, 행정행위의 위법 여부를 판단하는 기준으로 작용한다. 「행정기본법」상 행정법의 일반원칙으로 법치행정의 원칙, 평등의 원칙, 비례의 원칙, 성실의무 및 권한남용금지의 원칙, 신뢰보호의 원칙, 부당결부금지의 원칙이 규정되어 있다. 행정법의 일반원칙은 국민이 아닌 행정청을 대상으로 국민의 권리를 보호하기 위해 준수해야 할 의무를 규정한 것이다. 이하에서는 법치행정의 원칙, 평등의 원칙, 비례의 원칙, 신뢰보호의 원칙을 중심으로 살펴본다.

2. 주요내용

(1) 법치행정의 원칙

「행정기본법」 제8조(법치행정의 원칙) 행정작용은 법률에 위반되어서는 아니되며, 국민의 권리를 제한하거나 의무를 부과하는 경우와 그 밖에 국민생활에 중요한 영향을 미치는 경우에는 법률에 근거하여야 한다.

「행정기본법」에 규정된 법치행정의 원칙(제8조)은 헌법의 법치주의 원칙을 구체화한 것으로 전단은 법률우위의 원칙, 후단은 법률유보의 원칙을 설명하고 있다. 국회가 제정한 법률에 의해서만 국민의 권리와 의무에 대해 규율할 수 있고 (법규창조력), 행정은 법률에 위배될 수 없으며(법률의 우위), 국민의 기본권과 관련된 중요하고 본질적인 사항은 법률에 근거해야 한다(법률의 유보). 법률유보의 원칙에 따라 국민에게 중요한 사항은 법률에 직접 규정되어야 한다는 점에서 입법자에게 일정한 의무를 부여한다.

　　(판례) 어떠한 사안이 국회가 형식적 법률로 스스로 규정하여야 하는 본질적
사항에 해당되는지는, 구체적 사례에서 관련된 이익 내지 가치의 중요성, 규제
또는 침해의 정도와 방법 등을 고려하여 개별적으로 결정하여야 하지만, 규율대
상이 국민의 기본권 및 기본적 의무와 관련한 중요성을 가질수록 그리고 그에
관한 공개적 토론의 필요성 또는 상충하는 이익 사이의 조정 필요성이 클수록,
그것이 국회의 법률에 의해 직접 규율될 필요성은 더 증대된다(대법원 2015. 8.
20. 선고 2012두23808 전원합의체 판결).

(2) 평등의 원칙

　　「행정기본법」 제9조(평등의 원칙) 행정청은 합리적 이유 없이 국민을 차별하
여서는 아니 된다.

　　「행정기본법」에 규정된 평등의 원칙(제9조)은 헌법상 평등의 원칙을 구체화한
것으로 행정청이 합리적 이유 없이 동일한 대상을 다르게 대우하는 것을 금지
한다. 행정법에서 평등의 원칙은 행정청의 재량권 행사에 대한 통제수단으로 작
용한다. 법률에서 행정청에게 행위 여부 또는 행위 내용에 대한 선택권을 부여
하는 경우, 행정청의 재량권이 인정된다. 행정청은 행정의 효율성과 통일성을
위해 내부적으로 재량권의 행사 기준인 재량준칙을 마련한다. 재량준칙이 반복
적으로 시행되어 일정한 관행이 형성되면 행정청은 동일한 사안에 대해 동일한
판단을 해야 한다는 점에서 행정청의 재량권 행사 범위가 축소된다. 예를 들어,
행정청은 「식품위생법」 제75조[1])에 근거해 위생규정을 위반한 음식점에 대해

---

1) 「식품위생법」 제75조(허가취소 등) ① 식품의약품안전처장 또는 특별자치시장·특별자치도지사·
　시장·군수·구청장은 영업자가 다음 각 호의 어느 하나에 해당하는 경우에는 대통령령으로 정
　하는 바에 따라 영업허가 또는 등록을 취소하거나 6개월 이내의 기간을 정하여 그 영업의 전부 또
　는 일부를 정지하거나 영업소 폐쇄(제37조제4항에 따라 신고한 영업만 해당한다)를 명할 수 있다.

영업허가 취소 또는 6개월 이하의 영업정지 등의 처분을 할 수 있다. 행정청은 행정처분의 재량권을 갖더라도 평등의 원칙에 따라 동일한 사안에 대해 기존과 동일한 처분을 해야 할 의무가 있다.

(3) 비례의 원칙

「행정기본법」 제10조(비례의 원칙) 행정작용은 다음 각 호의 원칙에 따라야 한다.
1. 행정목적을 달성하는 데 유효하고 적절할 것
2. 행정목적을 달성하는 데 필요한 최소한도에 그칠 것
3. 행정작용으로 인한 국민의 이익 침해가 그 행정작용이 의도하는 공익보다 크지 아니할 것

비례의 원칙은 행정목적을 달성하기 위한 수단이 목적 달성에 유효·적절하고(적합성), 가능한 한 최소한의 침해를 가져와야 하고(피해의 최소성), 그 수단의 시행에 따른 침해가 의도하는 공익을 능가해서는 안 된다는 것(상당성)을 의미한다. 행정청의 행정권한을 행사시, 내부적 통제수단이 작동하는 만큼 상당성 원칙의 위반 여부가 주로 논의된다. 행정목적을 통해 달성하려는 공익과 이 과정에서 침해되는 사익을 비교형량한 결과, 공익보다 침해되는 사익이 크다면 해당 행정행위는 위법하다.

(4) 신뢰보호의 원칙

「행정기본법」 제12조(신뢰보호의 원칙)
① 행정청은 공익 또는 제3자의 이익을 현저히 해칠 우려가 있는 경우를 제외하고는 행정에 대한 국민의 정당하고 합리적인 신뢰를 보호하여야 한다.
② 행정청은 권한 행사의 기회가 있음에도 불구하고 장기간 권한을 행사하지 아니하여 국민이 그 권한이 행사되지 아니할 것으로 믿을 만한 정당한 사유가

있는 경우에는 그 권한을 행사해서는 아니 된다. 다만, 공익 또는 제3자의 이
익을 현저히 해칠 우려가 있는 경우는 예외로 한다.

신뢰보호의 원칙은 행정청의 견해표명에 대한 상대방의 신뢰가 정당하다면 행정청은 상대방의 신뢰를 보호해야 한다는 것을 의미한다. 예를 들어, 특허청이 변리사 시험을 기존 절대평가제에서 상대평가제로 변경하면서 경과규정을 두지 않았다면, 절대평가제에 따라 시험을 준비한 수험생의 신뢰보호를 위해 특허청의 평가방식 변경은 위법하다고 볼 수 있다.[2] 행정청은 국민의 정당한 신뢰를 보호하기 위해, 일정 기간 기존 제도를 유지하는 등 적절한 경과조치를 마련해야 한다.

🌐 제 2 절 행정법 법률 규정 체계

민사분야의 민법, 형사분야의 형법과 같은 핵심 역할을 수행하는 법률이 행정분야에 부재하였다. 2021년 「행정기본법」이 제정되어 행정의 기본원칙, 행정법의 공통된 개념인 처분, 행정계획, 행정지도 등이 규정되었다. 다만, 행정조직, 행정구제 등의 내용은 「행정기본법」에 포함되지 않아 우리나라의 행정법 체계는 「행정기본법」 외에 「정부조직법」, 「행정절차법」, 「행정심판법」, 「행정소송법」 등으로 구성되어 있다. 또한 행정 분야별 법률이 존재하여 국토행정법 분야의 경우, 「국토기본법」, 「국토의 계획 및 이용에 관한 법률」, 「도시 및 주거환경정비법」 등이 있으며, 환경행정법 분야의 경우, 「환경정책 기본법」, 「대기환경보전법」, 「물환경보전법」, 「폐기물관리법」, 「화학물질의 등록 및 평가 등에 관한 법률」 등이 있다.

행정법은 행정의 조직, 작용, 구제에 관한 법이라는 점에서 행정법을 내용에 따라 행정조직법, 행정작용법, 행정구제법으로 분류할 수 있다. 행정조직법은 행정청이나 행정기관의 조직과 권한, 상호 관계를 규율하는 법으로 「정부조직법」,

---

2) 대법원 2006. 11. 16. 선고 2003두12899.

「지방자치법」, 「공무원법」 등이 이에 해당한다. 행정작용법은 행정청이 국민에게 직접적으로 영향을 미치는 활동(작용)을 규율하는 것으로 「행정기본법」, 「행정절차법」, 「국세기본법」 등이 포함된다. 행정구제법은 행정작용으로 침해된 권리·이익의 구제에 관한 법으로 「국가배상법」, 「행정심판법」, 「행정소송법」 등이 있다.

행정법은 국가활동의 전반에 걸쳐 있으며, 분야별 개별 법령이 마련되어 방대하다. 행정법을 효과적으로 이해하고, 접근하기 위해 행정법을 행정법총론, 행정법각론, 행정구제법으로 분류한다. 행정법총론은 행정법의 기본원칙, 행정작용(행정행위, 행정입법 등), 행정의 실효성확보수단(대집행, 강제징수 등) 등을 의미하며, 행정법각론은 급부행정, 규제행정, 경찰행정 등을 다루는 분야별 법률을 의미한다. 행정구제법은 국민이 행정작용으로 침해받은 권리와 이익을 구제하기 위한 법률을 의미한다.

⚙ 제 3 절 행정상 법률관계

Ⅰ. 행정법 관계의 당사자

1. 행정주체

행정법 관계는 일반적으로 국가와 국민의 관계를 의미하며, 행정권 발동의 주체인 행정주체와 행정권 발동의 상대방을 행정객체를 포함한다. 사인도 행정권 발동의 주체가 될 수 있으며(공무수탁사인), 행정기관도 행정권 발동의 상대방이 될 수 있다는 점에서 행정법 관계가 반드시 국가와 국민의 관계만을 의미하는 것은 아니다.

국가는 행정권의 원천이며, 국가로부터 행정권을 부여받은 지방자치단체, 공공단체(공공조합, 영조물법인, 공법상 재단), 공무수탁사인이 행정주체에 해당한다. 지방자치단체는 헌법과 「지방자치법」에 근거해 국가로부터 독립된 법인으로 관할 지역에서 포괄적인 지방자치권을 보유하며, 공공단체는 특정한 행정목적을 위해 설립되어 법인격이 부여된 단체로 그 목적 범위 내에서 행정주체의 지위를 가지며, 국립대학, 국립도서관, 재건축조합 등이 있다. 공무수탁사인은 공행정사무를 위탁받아 자신의 이름으로 처리하는 사인으로 사립대학교 총장의 학위 수여, 민영교도소 운영 등이 공무수탁사인의 행정작용에 해당한다.

2. 행정청

행정기관은 행정주체를 대신하여 행정사무를 수행하는 기관으로 행정기관을 구성하는 공무원과 구별된다. 행정기관은 행정청(장관, 청장), 보조기관(차관, 국·과장), 의결기관(징계위원회), 자문기관(국가균형발전위원회) 등이 있다. 행정청은 행정에 관한 의사를 결정하고, 이를 표시하는 국가 또는 지방자치단체의 기관으로 중앙정부의 각부 장관(기획재정부장관, 산업통상자원부장관 등)과 지방자치단체장(시장, 도지사 등)을 의미한다.3) 행정청은 행정법관계에서 사인과 밀접한 관계를 형성한다. 행정작용의 효과는 행정주체에 귀속되지만 대외적으로 행정작용을 행하는 주체는 행정청이기 때문이다. 예를 들어, 법무부장관(행정청)의 귀화허가에 따라 외국인은 대한민국 국적을 취득한다. 만일 귀화허가 거부결정에 대해 행정소송을 제기하는 경우, 논리적으로 국가가 피고가 되어야 하지만 「행정소송법」에 따라 해당 처분을 한 행정청이 피고가 된다.4)

II. 개인적 공권

행정법관계에서 국민이 국가를 상대로 특정한 권리를 주장하기 위해서는 개인적 공권이 인정되어야 한다. 즉, 개인적 공권은 '자신의 이익을 위해 주장할 수 있는 법적인 힘'으로 정의되며, 헌법, 법률, 자치법규에 의해 인정된다. 다만, 헌법상 모든 기본권이 개인적 공권으로 인정되는 것이 아니다. 자유권적 기본권

---

3) 「행정기본법」 제2조(정의)
  2. "행정청"이란 다음 각 목의 자를 말한다.
    가. 행정에 관한 의사를 결정하여 표시하는 국가 또는 지방자치단체의 기관
    나. 그 밖에 법령등에 따라 행정에 관한 의사를 결정하여 표시하는 권한을 가지고 있거나 그 권한을 위임 또는 위탁받은 공공단체 또는 그 기관이나 사인(私人)
4) 「행정소송법」 제13조(피고적격) ① 취소소송은 다른 법률에 특별한 규정이 없는 한 그 처분등을 행한 행정청을 피고로 한다.

은 헌법 규정에 의해 개인적 공권으로 인정되지만 청구권적 기본권은 법령에 의한 구체화가 이루어져야 비로소 개인적 공권으로 인정된다.

(판례) 연금수급권의 헌법적 보장과 그 한계와 관련해, 헌법 제34조 제1항은 "모든 국민은 인간다운 생활을 할 권리를 가진다"고 하고, 제2항은 "국가는 사회보장·사회복지의 증진에 노력할 의무를 진다"고 규정하고 있는바, 이 법상의 연금수급권과 같은 사회보장수급권은 이 규정들로부터 도출되는 사회적 기본권의 하나이다. 이와 같이 사회적 기본권의 성격을 가지는 연금수급권은 국가에 대하여 적극적으로 급부를 요구하는 것이므로 헌법규정만으로는 이를 실현할수 없고, 법률에 의한 형성을 필요로 한다. 연금수급권의 구체적 내용, 즉 수급요건, 수급권자의 범위, 급여금 등은 법률에 의하여 비로소 확정된다(전원재판부 97헌마333, 1999. 4. 29).

개인적 공권의 인정 실익은 개인이 자신의 이익을 위해 행정청에 특정 조치를 요구했으나 행정청이 이를 거부할 경우, 행정심판이나 행정소송으로 다툴 수 있는지와 관련된다. 헌법·법률에서 국가, 지방자치단체에 대해 일정한 의무를 부과하는 경우, 그 목적이 공익만을 위한다면 개인적 공권이 인정되지 않는다. 그러나 관련 규정이 공익뿐만 아니라 사익 보호도 목적으로 한다면 개인적 공권이 인정될 수 있다.

예를 들어, 「건축법」 제61조에 따라[5] 주변 건물의 일조 확보를 위해 건축물의 높이가 제한된다. 만일 옆집에 건축허가가 이루어진 경우, 행정청에 건축허가의 취소를 요구할 수 있는 있는지 여부가 개인적 공권과 관련된다. 「건축법」제61조의 규정이 인근 거주자의 일조권 보호라는 사익 보호를 목적으로 하는만큼 위 사례에서 건축허가와 관련된 당사자(행정청-건축허가 신청자)가 아니더라도 해당 행정행위(건축허가)의 취소를 구할 법률상 이익이 인정된다. 다른 예로 지방자치단체 조례로 공공건물의 색상에 대해 규제하는 경우, 이는 도시미관이

---

5) 「건축법」 제61조(일조 등의 확보를 위한 건축물의 높이 제한) ① 전용주거지역과 일반주거지역 안에서 건축하는 건축물의 높이는 일조 등의 확보를 위하여 정북방향(正北方向)의 인접 대지경계선으로부터의 거리에 따라 대통령령으로 정하는 높이 이하로 하여야 한다.

라는 공익만을 목적으로 하기 때문에 지역 주민이 공공건물의 색상 변경을 요구할 법적 권리는 인정되지 않는다.

（판례) 행정처분의 직접 상대방이 아닌 제3자라 하더라도 당해 행정처분으로 인하여 법률상 보호되는 이익을 침해당한 경우에는 취소소송을 제기하여 그 당부의 판단을 받을 자격이 있다 할 것이고, 여기에서 말하는 법률상 보호되는 이익에는 당해 처분의 근거 법규에 의하여 보호되지는 아니하지만 당해 처분의 조건을 성취하거나 당해 처분의 행정목적을 달성하기 위한 일련의 관련 처분들의 근거 법규에 의하여 명시적으로 보호받는 법률상 이익도 포함된다(대법원 2004. 8. 16. 선고 2003두2175 판결).

 ## 제 4 절 행정작용법

Ⅰ. 행정입법

1. 개요

행정입법은 국가, 지방자치단체가 일반적(불특정 다수)·추상적(불특정 다수의 사례) 규범을 정립하는 것으로 개별적(특정 대상)·구체적(특정 사례) 법집행행위인 행정행위와 구별된다. 예를 들어, 「도로교통법」 제160조, 제161조에 근거해 시행령(대통령령)으로 운전 중 신호위반행위에 대한 과태료 부과기준을 규정하고 있다. 법령에 과태료 부과기준을 규정하는 것이 행정입법이며, 과태료 부과기준에 따라 신호위반행위를 한 자에게 과태료를 부과하는 행위(과태료부과처분)는 행정행위에 해당한다.

입법권은 국회에 속하지만(헌법 제40조)6) 행정부도 법률에서 위임받은 사항 또는 법률의 집행을 위해 필요한 사항에 대해 입법(행정입법)할 수 있다(헌법 제75조, 제95조).7) 법률의 추상성과 경직성을 극복하고, 사회의 빠른 변화에 대응하기 위

---

6) 헌법 제40조 입법권은 국회에 속한다.
7) 헌법 제75조 대통령은 법률에서 구체적으로 범위를 정하여 위임받은 사항과 법률을 집행하기

해 행정입법이 적극 활용되지만 법률유보원칙에 따라 국민에게 중요한 사항은 법률에 직접 규정되어야 한다. 운전 중 신호위반행위에 대한 과태료 부과기준을 행정입법으로 규정할 수 있지만 적어도 어떤 행위가 신호위반행위에 해당되는지와 과태료의 상한액은 법률에 명시되어야 한다.

행정입법은 대외적 효력을 갖는지 여부에 따라 법규명령과 집행명령으로 구분된다. 법규명령은 대외적 구속력을 갖는다는 점에서 국민에 대한 강제력과 재판규범성이 인정된다. 행정규칙은 대외적 구속력이 없어 행정규칙을 위반한 행위가 반드시 위법한 것은 아니다.

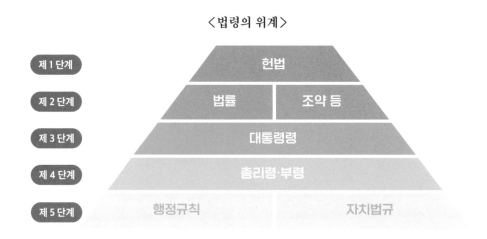

〈법령의 위계〉

제1단계 — 헌법
제2단계 — 법률 / 조약 등
제3단계 — 대통령령
제4단계 — 총리령·부령
제5단계 — 행정규칙 / 자치법규

2. 법규명령

법규명령은 행정권이 정립하는 일반적·추상적 규범으로 대외적 구속력(법규성)에 따라 국민·행정부를 구속하며, 재판의 근거규범으로 작용한다. 법규명령은 형식에 따라 대통령령(시행령), 총리령·부령(시행규칙)으로 구분되며, 행정규칙 형식이지만 법규명령의 성격을 갖는 경우도 있다. 법규명령는 내용에 따라

위하여 필요한 사항에 관하여 대통령령을 발할 수 있다.
헌법 제95조 국무총리 또는 행정각부의 장은 소관사무에 관하여 법률이나 대통령령의 위임 또는 직권으로 총리령 또는 부령을 발할 수 있다.

법률 또는 상위법령에서 구체적으로 범위를 정하여 위임받은 사항을 규정한 위임명령과 법률 또는 상위법령을 집행하기 위하여 필요한 사항을 규정한 집행명령으로 구분된다.

위임명령은 헌법의 국회입법원칙에 대한 예외라는 점에서 국회의 수권(법적 근거)이 요구된다. 법률의 위임없이 행정입법으로 개인의 권리·의무에 관한 사항을 규정하거나 법률의 내용을 변경·보충하는 경우, 해당 조항은 위헌·위법하다.[8] 법률에서 입법권을 위임할 때, 일반적인 위임입법의 한계에 따라 포괄위임의 금지, 명확성 등이 요구된다. 위임입법의 구체성·명확성은 그 규제대상의 종류와 성격에 따라 달라질 수 있다. 국민의 기본권을 직접적으로 제한 또는 침해할 소지가 있는 사항을 행정입법에 위임하는 경우, 위임입법의 구체성과 명확성이 엄격하게 요구된다(헌재 1998. 2. 27. 97헌마64 결정).

집행명령은 법률의 집행을 위해 필요한 세부적·기술적 사항을 규정한다는 점에서 법률 또는 상위명령의 수권이 없더라도 발할 수 있지만 위임명령과 달리 새로운 입법사항을 정할 수 없다. 예를 들어, 「변호사시험법」 시행령의 경우, 제1조에서 "이 영은 「변호사시험법」에서 위임된 사항과 그 시행에 필요한 사항을 규정함을 목적으로 한다."고 하여 위임명령과 집행명령을 규정하기 위한 목적임을 보여준다. 「변호사시험법」에 출제위원에 대한 수당이 규정되지 않았어도 변호사시험 실시를 위해 시험출제는 필요한 만큼 동법 시행령의 출제위원에 대한 수당 규정은 집행명령에 해당한다.[9]

법규명령이 법률 또는 상위법령에서 위임하지 않은 사항을 규정하였거나 위임범위를 벗어난 경우, 사법적 통제가 요구된다. 헌법 제107조 제2항에 따라[10] 법규명령이 재판의 전제가 된 경우에 한해 사법심사의 대상이 된다. 재판의 전

---

8) (판례) 법률의 시행령은 모법인 법률에 의하여 위임받은 사항이나 법률이 규정한 범위 내에서 법률을 현실적으로 집행하는 데 필요한 세부적인 사항만을 규정할 수 있을 뿐, 법률에 의한 위임이 없는 한 법률이 규정한 개인의 권리·의무에 관한 내용을 변경·보충하거나 법률에 규정되지 아니한 새로운 내용을 규정할 수는 없다(대법원 2020. 9. 3. 선고 2016두32992 전원합의체 판결).

9) 「변호사시험법」 시행령 제14조(변호사시험 관리위원회의 위원 등에 대한 수당 지급) 변호사시험 관리위원회의 위원, 시험위원 및 시험관리관 등에게는 예산의 범위에서 수당을 지급한다.

10) 헌법 제107조 제2항 명령·규칙 또는 처분이 헌법이나 법률에 위반되는 여부가 재판의 전제가 된 경우에는 대법원은 이를 최종적으로 심사할 권한을 가진다.

제가 된다는 의미는 구체적인 사건이 법원에 계속 중인 상황에서 해당 조항의 위헌·위법 여부에 따라 그 사건을 담당하는 법원의 판단이 달라지는 경우를 의미한다(대법원 2019. 6. 13., 2017두33985 판결).

3. 행정규칙

행정규칙이란 행정조직 내부에서 조직 운영과 행정사무 처리 등을 규율하는 일반·추상적 규범으로 대외적 구속력(법규성)이 없다. 일반적으로 법규명령은 대통령령, 총리령, 부령의 형식인 반면 행정규칙은 고시, 훈령, 예규, 지침 등의 형식이다. 행정기관은 행정규칙을 통해 법률해석, 재량판단, 사무처리 등에 대한 기준을 설정하고, 이를 통해 자의적인 재량권 행사 방지, 통일된 행정권 행사, 행정의 예측가능성 보장 등을 달성하고자 한다. 행정규칙은 행정조직 내부의 기관 및 구성원을 규율 대상으로 한다는 점에서 법률의 수권이 요구되지 않는다.

행정기관의 행위가 행정규칙에 위배되더라도 행정규칙의 대외적 구속력이 부정된다는 점에서 반드시 위법한 행위라고 볼 수 없다. 다만 행정규칙에 따라 업무를 수행하지 않은 공무원은 상급기관의 명령을 위반하였다는 점에서 징계를 받을 수 있다. 행정규칙은 대외적 구속력이 없지만 예외적으로 평등원칙, 신뢰보호원칙 등을 매개로 대외적 구속력이 인정될 수 있다. 예를 들어, 행정규칙에 따른 행정행위가 반복적으로 이루어져 관행이 된 경우, 행정청은 평등원칙이나 신뢰보호원칙에 따라 그 행정규칙을 따라야 할 자기구속을 받게 된다.

> (판례) 과징금 감경의 기준을 정하는 것은 행정청의 재량에 속하므로 그 기준이 객관적으로 보아 합리적이 아니라든가 타당하지 아니하여 재량권을 남용한 것이라고 인정되지 않는 이상 행정청의 의사는 가능한 한 존중되어야 한다. 이러한 재량준칙은 일반적으로 행정조직 내부에서만 효력을 가질 뿐 대외적인 구속력을 갖는 것은 아니므로 행정처분이 이를 위반하였다고 하여 그러한 사정만으로 곧바로 위법하게 되는 것은 아니고, 다만 그 재량준칙이 정한 바에 따라 되풀이 시행되어 행정관행이 이루어지게 되면 평등의 원칙이나 신뢰보호의 원칙에 따라 행정기관은 상대방에 대한 관계에서 그 규칙에 따라야 할 자기구속

을 받게 되므로, 이러한 경우에는 특별한 사정이 없는 한 그에 반하는 처분은 평등의 원칙이나 신뢰보호의 원칙에 어긋나 재량권을 일탈·남용한 위법한 처분이 된다(대법원 2013. 11. 14., 2011두28783 판결).

II. 행정계획

행정기관은 행정목표를 달성하기 위해 서로 관련된 행정수단을 종합적으로 조정하여 행정계획을 수립한다. 행정계획은 부문, 기간, 구속력에 따라 종합/부문계획, 단기/중기/장기계획, 비구속적/구속적계획 등으로 구분된다. 행정활동은 공익과 사익의 조화가 요구되므로 행정기관이 행정계획을 수립할 때, 관련된 여러 이익을 정당하게 형량할 의무가 있다.[11]

행정계획 중, 구속적 계획은 국민의 권리·의무에 직접적 영향을 미치는 것으로 지구단위계획, 재개발·재건축사업계획 등이 있다. 행정계획 그 자체로 국민의 권리·의무에 영향을 미치는 경우, 행정심판이나 행정소송의 대상이다. 행정계획 가변성, 불확실성이 존재하는 만큼 행정계획의 존속·폐지·변경 등의 계획보장청구권은 원칙적으로 인정되지 않는다. 다만, 행정계획의 입안·변경을 요구할 신청권이 있는 경우, 계획보장청구권이 인정되며, 행정청이 행정계획의 입안·변경 신청을 거부할 경우에는 행정심판이나 행정소송으로 다툴 수 있다.

(판례) 문화재보호구역 내에 있는 토지소유자 등으로서는 위 보호구역의 지정해제를 요구할 수 있는 법규상 또는 조리상의 신청권이 있다고 할 것이고, 이러한 신청에 대한 거부행위는 항고소송의 대상이 되는 행정처분에 해당한다(대법원 2004. 4. 27., 2003두8821 판결).

---

11) 「행정절차법」 제40조의4(행정계획) 행정청은 행정청이 수립하는 계획 중 국민의 권리·의무에 직접 영향을 미치는 계획을 수립하거나 변경·폐지할 때에는 관련된 여러 이익을 정당하게 형량하여야 한다.

III. 행정행위

1. 개념

행정행위는 행정청이 행하는 구체적 사실에 대한 권력적 단독행위를 의미하며, 처분으로 표현되기도 한다. 구체적으로 '행정청'은 행정에 관한 의사를 결정하여 표시하는 국가 또는 지방자치단체의 기관이며, '구체적 사실'은 일반적·추상적 규율(행정입법)이 아닌 특정 사안을 의미하며, '권력적 단독행위'는 행정청이 우월한 지위에서 행위하는 것을 의미한다. 행정행위의 개념이 중요한 이유는 원칙적으로 행정소송의 대상이 행정행위로 한정되기 때문이다.[12]

행정행위는 법적 효과에 따라 침익적 행정행위와 수익적 행정행위로 구분된다. 침익적 행정행위는 국민의 권리를 제한하거나 의무를 부과하는 행위이며, 수익적 행정행위는 국민에게 유리한 법적 효과를 발생시키는 행위이다. 행정청이 국민에게 침익적 행정행위(불이익처분)를 하는 경우, 「행정절차법」에 따라 사전통지를 하고, 의견청취절차를 거쳐야 한다(제21조, 제22조). 반면 수익적 행정행위의 경우, 위 절차가 요구되지 않는다.

행정행위는 행정청이 행위 여부 또는 행위 내용에 대해 선택의 여지가 있는지에 따라 재량행위와 기속행위로 나뉜다. 예를 들어, 법령에서 "행정청은… 해야 한다."고 규정하여 행정청이 특정 행위만 하도록 한 것이 기속행위이며, "행정청은… 할 수 있다."고 규정하여 행정청의 재량적 판단을 인정한 것이 재량행위이다. 법령의 규정이 불분명하다면 법규범의 취지, 목적 등을 종합적으로 고려해 판단해야 한다. 법규범의 목적이 사익보호보다 공익을 위한 것이라면 재량행위로 판단될 가능성이 높다. 법원이 행정행위의 위법 여부를 판단할 때, 기속행위와 재량행위에 대한 심사기준은 다르다. 법원은 기속행위에 대한 심사에 있어 독자적인 결론을 도출하고, 행정청의 판단이 법원의 판단과 다르면 위법하다고 판단한다. 반면 재량행위의 경우, 법원은 입법자가 부여한 행정청의 재량권을 존중해야 한다는 점에서 행정청의 재량권 일탈·남용 여부만을 심사해야 한다.

---

12) 「행정소송법」 제2조 1. "처분등"이라 함은 행정청이 행하는 구체적 사실에 관한 법집행으로서의 공권력의 행사 또는 그 거부와 그 밖에 이에 준하는 행정작용(이하 "處分"이라 한다) 및 행정심판에 대한 재결을 말한다.

(판례) 법원은 해당 심사기준의 해석에 관한 독자적인 결론을 도출하지 않은 채로 그 기준에 대한 행정청의 해석이 객관적인 합리성을 결여하여 재량권을 일탈·남용하였는지 여부만을 심사하여야 하고, 행정청의 심사기준에 대한 법원의 독자적인 해석을 근거로 그에 관한 행정청의 판단이 위법하다고 쉽사리 단정하여서는 아니 된다. 한편 이러한 재량권 일탈·남용에 관하여는 그 행정행위의 효력을 다투는 사람이 주장·증명책임을 부담한다(대법원 2019. 1. 10., 2017두43319 판결).

2. 허가

'법률행위적 행정행위'는 행정행위의 효과의사를 구성요소로 하며, '준법률행위적 행정행위'는 행정청의 의사와 무관하게 법규범에 의해 법적 효과가 발생하는 행위를 말한다. '법률행위적 행정행위'는 인간의 자연적 자유를 규율하는 '명령적 행정행위'와 권리·능력을 창설하는 '형성적 행정행위'로 구분된다. 이하에서는 일상 생활에서 자주 접하는 허가, 특허를 중심으로 살펴본다.

법률행위적 행정행위	명령적 행정행위	하명, 허가, 면제
	형성적 행정행위	특허, 인가, 대리
준법률행위적 행정행위	확인, 공증, 수리, 통지	

허가는 법령에 의해 금지된 '자연적 자유'를 일정한 요건을 갖춘 경우 해제하여, 적법하게 행위할 수 있도록 하는 행정행위이다. 예를 들어, 누구나 자유롭게 식품을 제조·판매할 수 있지만 위생상의 위해를 방지하기 위해 「식품위생법」에 시설 기준을 규정하고,[13] 관할 행정청의 허가를 받도록 하는 것이다.[14] 허가

---

13) 「식품위생법」 제36조(시설기준) ① 다음의 영업을 하려는 자는 총리령으로 정하는 시설기준에 맞는 시설을 갖추어야 한다.
   1. 식품 또는 식품첨가물의 제조업, 가공업, 운반업, 판매업 및 보존업

의 예로 영업허가, 건축허가, 운전면허, 주류판매업허가 등이 있다. 법령에서 '허가'라는 용어를 사용하지만 특허(광업허가), 인가(토지거래허가)의 성격을 가지는 경우도 있다는 점에 유의해야 한다. 허가의 대상은 누구나 자유롭게 할 수 있는 행위이지만 공공의 안녕과 질서를 위해 국가의 개입이 이루어진다. 행정청은 허가를 신청한 국민이 법령에 규정된 요건을 충족한 경우, 허가를 해야 한다는 점에서 기속행위에 해당한다. 다만, '중대한 공익상 필요'가 있는 경우, 행정청은 예외적으로 허가를 거부할 수 있다.

허가는 대상에 따라 대인적 허가(운전면허), 대물적 허가(건축허가) 등으로 구분된다. 대인적 허가는 일신전속적이라는 점에서 양도가 불가능하지만, 대물적 허가는 양도가 가능하다. 만일 대물적 허가를 양도하는 경우, 제재처분의 효과가 양수인에게 이전되는지 생각해 볼 필요가 있다. 대부분의 경우, 법령에서 제재처분의 효과가 양도인으로부터 양수인에게 이전된다고 규정하고 있다.[15] 이와 같은 명문의 규정이 없더라도 대물적 처분인 경우, 영업이 양도된다면 이에 따른 제제처분의 효과도 함께 이전되는 것으로 이해된다.

3. 특허

특허는 행정주체가 특정인을 위해 권리, 능력, 법적 지위, 포괄적 법률관계 등을 설정하는 행위로 「특허법」의 특허와 구분된다. 행정법상 특허의 예로 버스운송사업면허, 광업허가, 국제항공운송사업면허, 재건축정비조합 설립인가 등이 있다. 예를 들어, 「여객자동차 운수사업법」에 따른 고속버스노선면허는 특정 사업자에게 지정 구간의 버스노선을 운영할 권리를 부여한다는 점에서 특허에 해당한다. 이와 같이 특허의 성격을 갖더라도 허가, 면허, 인가 등의 용어가 사용된다는 점에 유의해야 한다.

---

14) 「식품위생법」 제37조(영업허가 등) ① 제36조제1항 각 호에 따른 영업 중 대통령령으로 정하는 영업을 하려는 자는 대통령령으로 정하는 바에 따라 영업 종류별 또는 영업소별로 식품의약품안전처장 또는 특별자치시장·특별자치도지사·시장·군수·구청장의 허가를 받아야 한다.

15) 「공중위생관리법」 제11조의3(행정제재처분효과의 승계) ① 공중위생영업자가 그 영업을 양도하거나 사망한 때 또는 법인의 합병이 있는 때에는 종전의 영업자에 대하여 제11조제1항의 위반을 사유로 행한 행정제재처분의 효과는 그 처분기간이 만료된 날부터 1년간 양수인·상속인 또는 합병후 존속하는 법인에 승계된다.

특허는 새로운 권리를 설정하는 형성적 행위라는 점에서 본래의 자연적 자유를 회복시키는 허가와 구별된다. 허가는 원칙적으로 허가요건이 충족되면 행정청은 반드시 허가해야 하는 기속행위이며, 특허는 공익적 성격이 강한만큼 행정청의 재량적 판단이 인정되는 재량행위에 해당된다.[16] 행정청의 특허신청거부처분에 대해 처분의 상대방이 다투는 경우, 행정청의 거부처분이 재량권을 일탈·남용하였음을 주장해야 한다.

Ⅳ. 공법상 계약

행정청은 행정행위뿐만 아니라 공법상 계약을 활용해 행정목적을 달성할 수 있다. 공법상 계약은 공법적 효과의 발생을 목적으로 하며, 적어도 한쪽 당사자를 행정주체로 하는 계약으로 사법적 효과를 목적으로 하는 사법상 계약과 구별된다. 행정행위가 행정청의 일방적 행위로 이루어지는 것과 달리 공법상 계약은 행정청과 사인간 합의로 이루어진다. 공법상 계약은 행정행위와 달리 상호이익을 조율하거나 협력이 필요한 경우에 유용하다. 예를 들어, 행정청이 고속도로를 건설하려는 경우, 예산으로 직접 건설할 수도 있지만 「사회기반시설에 대한 민간투자법」에 따라 민간이 건설하고, 일정 기간 동안 통행료를 징수하도록 하는 내용의 공법상 계약을 체결할 수 있다. 행정청은 법령을 위반하지 않는 범위 내에서 행정목적 달성을 위해 공법상 계약을 체결할 수 있으며, 이 과정에서 공공성과 제3자의 이해관계를 고려해야 한다.[17] 다만, 경찰행정, 국방분야와 같이 국가의 공익 실현과 국민 보호를 목적으로 하는 권력적·강제적인 성격을

---

16) (판례) 「공유수면 관리 및 매립에 관한 법률」에 따른 공유수면의 점용·사용허가는 특정인에게 공유수면 이용권이라는 독점적 권리를 설정하여 주는 처분으로서 처분 여부 및 내용의 결정은 원칙적으로 행정청의 재량에 속하고, 이와 같은 재량처분에 있어서는 재량권 행사의 기초가 되는 사실인정에 오류가 있거나 그에 대한 법령적용에 잘못이 없는 한 처분이 위법하다고 할 수 없다(대법원 2017. 4. 28., 2017두30139 판결).

17) 「행정기본법」 제27조(공법상 계약의 체결)
　① 행정청은 법령등을 위반하지 아니하는 범위에서 행정목적을 달성하기 위하여 필요한 경우에는 공법상 법률관계에 관한 계약(이하 "공법상 계약")을 체결할 수 있다. 이 경우 계약의 목적 및 내용을 명확하게 적은 계약서를 작성하여야 한다.
　② 행정청은 공법상 계약의 상대방을 선정하고 계약 내용을 정할 때 공법상 계약의 공공성과 제3자의 이해관계를 고려하여야 한다.

갖는 경우, 공법상 계약은 허용되지 않는다.

국가, 지방자치단체, 공공기관 등은 필요한 물품, 공사, 용역 등을 사인으로부터 조달한다. 공공조달계약은 행정주체가 사경제의 주체로서 상대방과 대등한 지위에서 체결하는 사법상 계약이다. 공법상 계약과 관련된 분쟁은 행정소송절차에 따라 이루어지며, 사법상 계약과 관련된 분쟁은 민사소송절차에 따라 이루어진다.

　(판례) 지방자치단체가 일방 당사자가 되는 이른바 '공공계약'이 사경제의 주체로서 상대방과 대등한 위치에서 체결하는 사법상 계약에 해당하는 경우, 그에 관한 법령에 특별한 정함이 있는 경우를 제외하고는 사적 자치와 계약자유의 원칙 등 사법의 원리가 그대로 적용된다(대법원 2018. 2. 13., 2014두11328 판결).

V. 행정절차

1. 개념

행정절차는 행정청이 의사결정을 하기 위한 일련의 절차(사전·사후절차)를 의미하여, 좁은 의미의 행정절차는 행정에 관한 사전절차를 의미한다. 행정절차는 행정의 절차적 통제와 국민의 행정참여를 통해 행정의 공정성·투명성·신뢰성을 확보함으로써 국민의 권익 보호에 기여한다. 행정절차의 헌법적 근거로 헌법 제12조(적법절차의 원리)를[18] 들 수 있으며, 「행정절차법」, 「행정규제기본법」 등을 통해 구체화된다.

　(판례) 헌법 제12조 제3항 본문은 동조 제1항과 함께 적법절차원리의 일반조

---

18) 헌법 제12조 제1항 누구든지 법률에 의하지 아니하고는 체포·구속·압수·수색 또는 심문을 받지 아니하며, 법률과 적법한 절차에 의하지 아니하고는 처벌·보안처분 또는 강제노역을 받지 아니한다.
　제3항 체포·구속·압수 또는 수색을 할 때에는 적법한 절차에 따라 검사의 신청에 의하여 법관이 발부한 영장을 제시하여야 한다.

항에 해당하는 것으로서, 형사절차상의 영역에 한정되지 않고 입법, 행정 등 국가의 모든 공권력의 작용에는 절차상의 적법성 뿐만 아니라 법률의 구체적 내용도 합리성과 정당성을 갖춘 실체적인 적법성이 있어야 한다는 적법절차의 원칙을 헌법의 기본원리로 명시하고 있다(헌재 1992. 12. 24., 92헌가8 결정).

2.「행정절차법」의 주요 내용

(1) 적용 범위

「행정절차법」은 처분, 신고, 확약, 위반사실 등의 공표, 행정계획, 행정상 입법예고, 행정예고 및 행정지도의 절차에 대해 규정하며, 다른 법률에 특별한 규정이 있는 경우를 제외하고, 동법이 적용된다. 다만, 국회의 의결을 거치거나, 법원의 재판에 의한 사항, 성질상 행정절차를 거치기 곤란하거나 불필요하다고 인정되는 처분 등에 대해서는 「행정절차법」이 적용되지 않는다(제3조).

(2) 처분기준의 공표

「행정절차법」은 처분절차를 중심으로 규정하며, 처분절차는 처분의 사전통지, 처분의 이유제시, 의견제출, 청문, 공청회 등으로 구성된다. 행정청은 처분의 성질에 비추어 필요한 처분기준을 구체적으로 정하여 공표해야 하며, 처분의 성질상 현저히 곤란하거나 공익을 현저히 해할 수 있는 경우, 처분기준을 공표하지 않을 수 있다(제20조). 행정청이 처분기준을 공표하도록 하는 것은 국민에게 행정처분에 대한 예측 가능성을 높이고, 행정의 공정성, 투명성, 신뢰성을 확보함으로써 행정청의 자의적인 권한 행사를 방지하기 위해서이다(대법원 2019. 12. 13. 선고 2018두41907 판결).

(3) 처분의 이유제시 및 불복절차의 고지

행정청이 처분을 할 때, 처분의 상대방이 처분의 합리성을 판단하고, 행정구제절차에서 적절히 대응할 수 있도록 처분의 근거와 이유를 제시해야 한다. 다만 당사자가 신청 내용을 모두 그대로 인정하는 처분인 경우, 단순·반복적인 처분 또는 경미한 처분으로서 당사자가 그 이유를 명백히 알 수 있는 경우, 긴급히 처분을 할 필요가 있는 경우, 행정청은 처분의 근거와 이유를 제시하지 않을 수 있다(제23조). 행정청이 처분의 이유를 제시할 때, 적용 법조 및 법원칙을 구체적으로 제시해야 하며, 사실상 사유는 상대방이 처분의 합리성을 판단할 수 있을 정도로 제시해야 한다. 행정청은 처분 시, 당사자에게 해당 처분에 관해 행정심판 및 행정소송을 제기할 수 있는지 여부, 청구절차 및 청구기간 등을 고지해야 한다(제26조).

(4) 불이익처분의 절차

행정청은 '당사자에게 의무를 부과하거나 권익을 제한'하는 불이익처분을 하는 경우, 사전통지 및 의견제출기회를 부여해야 한다(제21조). 예를 들어, 행정청이 「식품위생법」을 위반한 업소에 대해 영업정지 처분을 하는 경우, 처분 상대방에게 사전통지서를 발송하여 위반 사실을 알리고, 의견제출의 기회를 부여해야 한다. 사전통지의 내용에 ① 처분의 제목, ② 당사자의 성명 또는 명칭과 주소, ③ 처분하려는 원인이 되는 사실과 처분의 내용 및 법적 근거, ④ 행정청의 처분에 대해 의견을 제출할 수 있다는 뜻과 의견을 제출하지 아니하는 경우의 처리방법, ⑤ 의견의 제출기관 및 의견의 제출기한 등이 포함되어야 한다. 행정청의 불이익처분 시, 처분의 상대방 등 당사자에게 의견제출기회를 부여하도록 한 이유는 국민의 방어권 행사를 실질적으로 보장하고, 행정청이 정확한 사실관계 파악함으로써 적정한 행정행위를 이행하기 위한 목적이다. 행정청이 신청에 대해 거부처분을 하는 경우, 행정청의 사전통지가 요구되는지 살펴볼 필요가 있다. 판례는 신청에 따라 처분이 이루어지지 않았다고 하여 직접 당사자의 권익이 제한되거나 추가적인 의무가 부과되는 것은 아니므로 사전통지 대상이 되는 불이익처분이 아니라고 본다(대법원 2003. 11. 28., 2003두674 판결 등).

「행정절차법」상 의견청취제도로 의견제출절차, 청문, 공청회가 있다. 의견제출절차는 청문이나 공청회에 해당하지 않는 절차를 의미한다. 청문은 행정청이 처분에 앞서 당사자의 의견을 직접 듣고 증거를 조사하는 절차로 행정청이 필요하다고 인정하거나 인허가 등의 취소, 신분·자격의 박탈, 법인·조합의 설립허가취소 등의 처분을 할 때 의무적으로 청문절차를 진행해야 한다(제22조 제1항). 공청회는 행정청이 공개적인 토론 방식으로 특정 행정작용에 대하여 당사자, 전문지식과 경험을 가진 사람, 그 밖의 일반인으로부터 의견을 널리 수렴하는 절차로 법령의 별도 규정이 있거나 해당 처분의 영향이 광범위하여 널리 의견을 수렴할 필요가 있다고 행정청이 인정하는 경우 개최된다(제22조 제2항). 행정청이 당사자에게 의견제출기회를 부여한 경우, 법령의 특별한 규정이 없는 한 청문, 공청회 등의 추가적인 의견수렴절차를 거칠 필요가 없다.

> (판례) 행정절차법이 당사자에게 의무를 부과하거나 권익을 제한하는 처분을 하는 경우에 사전통지 및 의견청취를 하도록 규정한 것은 불이익처분 상대방의 방어권 행사를 실질적으로 보장하기 위함이다. 이러한 행정절차법의 규정 내용과 체계에 의하면, 행정청이 당사자에게 의무를 부과하거나 권익을 제한하는 처분을 하는 경우에는 원칙적으로 행정절차법 제21조 제1항에 따른 사전통지를 하고, 제22조 제3항에 따른 의견제출 기회를 주는 것으로 족하며, 다른 법령 등에서 반드시 청문을 실시하도록 규정한 경우이거나 행정청이 필요하다고 인정하는 경우 등에 한하여 청문을 실시할 의무가 있다(대법원 2020. 4. 29., 2017두31064, 판결).

제 5 절 행정구제법

Ⅰ. 행정심판

1. 개념

행정심판은 행정청의 '위법' 또는 '부당'한 처분이나 부작위의 불복에 대해 행정기관이 심판하는 제도로 행정청의 권익침해로부터 국민의 권익을 보호하는 행정구제제도이다. 행정심판은 행정기관이 위법·부당 여부의 판단 주체라는 점에서 법원이 판단하는 행정소송과 구별되지만 준사법적 절차가 보장된다.19) 행정심판은 행정소송의 전심절차로 행정의 자율적 시정기회 부여, 사법의 보완 (행정청의 전문성 고려 및 소송경제 확보), 국민의 신속한 권익구제에 기여한다.

행정심판위원회는 중앙행정기관 및 광역지방자치단체의 처분 또는 부작위를 심판하는 중앙행정심판위원회와 시·군·구 등 기초지방자치단체의 처분 또는 부작위를 심판하는 시·도지사 소속 행정심판위원회, 개별법에 따른 특별행정심판위원회(「국가공무원법」의 소청심사위원회 등)가 있다.

「행정심판법」은 행정심판의 종류로 취소심판, 무효확인심판, 의무이행심판을 규정하고 있다. 취소심판은 행정청의 위법 또는 부당한 처분을 취소하거나 변경하는 행정심판, 무효확인심판은 처분의 효력 유무 또는 존재 여부를 확인하는 행정심판, 의무이행심판은 당사자의 신청에 대한 행정청의 위법 또는 부당한 거부처분이나 부작위에 대하여 일정한 처분을 하도록 하는 행정심판이다(제5조).

2. 행정심판의 청구

누구나 행정심판을 청구할 수 있는 것은 아니다. 취소심판의 경우, 처분의 취소 또는 변경을 구할 '법률상 이익'이 있는 자가 청구할 수 있다(제13조 제1항). 행정심판의 청구인은 법률상 이익이 있는 자로 한정되며, 여기서의 '법률상 이익'은 처분의 근거법령 및 관계법규에 의해 보호되는 이익을 의미한다. 행정처분의 상대방인지 여부와 관계없이 처분의 취소 또는 변경을 구할 법률상 이익이 있는 경우, 행정심판을 청구할 수 있다. 청구인은 '처분을 한 행정청(처분청)'을 피청구인으로 하여 행정심판을 청구해야 한다(제17조 제1항). 청구인이 피청구인을 잘못 지정한 경우, 행정심판위원회는 직권 또는 당사자의 신청으로 피고인을 경정(更正)할 수 있다(제17조 제2항).

행정심판은 처분이 있음을 알게 된 날부터 90일 이내 또는 처분이 있었던 날부터 180일 이내 청구해야 한다(제27조). 행정법관계의 조속한 확정과 법적 안정성을 고려해 행정심판의 청구기간을 제한한 것이다. 다만, 무효확인심판, 부작

---

19) 헌법 제107조 제3항 재판의 전심절차로서 행정심판을 할 수 있다. 행정심판의 절차는 법률로 정하되, 사법절차가 준용되어야 한다.

위에 대한 의무이행심판의 경우, 그 하자가 중대·명백하거나 위법행위가 지속된다는 점에서 행정심판 청구기간의 제한을 받지 않는다. 행정심판은 원칙적으로 임의절차이므로 행정심판을 거치지 않고, 바로 행정소송을 제기할 수 있다.

3. 행정심판의 재결

행정심판의 재결(裁決)은 행정심판청구에 대해 행정심판위원회(재결청)가 내리는 결정을 의미한다.[20] 행정심판의 재결은 판결과 유사하게 각하재결, 기각재결, 인용재결, 사정재결로 구분된다. 취소심판을 예로 들면, '각하재결'은 심판청구가 적법하지 아니할 때 내리는 재결, '기각재결'은 심판청구가 이유가 없다고 인정할 때 내리는 재결, '인용재결'은 취소심판의 청구가 이유가 있다고 인정하면 처분을 취소 또는 다른 처분으로 변경하거나 변경할 것을 피청구인(처분청)에게 명하는 재결, '사정재결'은 심판청구가 이유가 있다고 인정되더라도 이를 인용하는 것이 공공복리에 크게 위배된다고 판단하면 심판청구를 기각하는 재결을 의미한다(제43조, 제44조). 사정재결은 행정행위가 위법함에도 공익을 고려해 해당 행정행위의 효력을 유지한다는 점에서 '취소할 수 있는 행정행위'에[21] 한해 가능하다. 사정재결이 이루어진 경우, 청구인의 손해는 반드시 구제되어야 한다.

II. 행정소송

1. 개요

행정소송은 행정청의 공권력 행사에 대한 불복이나 공법상 법률관계의 분쟁

---

20) 「행정심판법」 제2조(정의)
  3. "재결(裁決)"이란 행정심판의 청구에 대하여 제6조에 따른 행정심판위원회가 행하는 판단을 말한다.
21) 법령에 위반된 행정행위는 그 하자의 정도에 따라 '무효인 행정행위'와 '취소할 수 있는 행정행위'로 구분된다. '무효인 행정행위'는 행정행위의 외관이 성립하였으나 하자가 '중대하고, 명백하여' 처음부터 아무런 효력이 발생하지 않는 행위를 의미하며, '취소할 수 있는 행정행위'는 행정행위의 단순위법 흠에도 불구하고, 권한있는 행정청 또는 법원의 취소가 있을 때까지 유효한 행정행위를 의미한다.

에 대해 법원의 판단을 구하는 행정쟁송절차이다. 행정소송에 관한 사항은 「행정소송법」에 의해 규율되며, 동법에 규정되지 않은 사항은 「민사소송법」이 준용된다. 행정소송의 종류는 항고소송, 당사자소송, 민중소송, 기관소송으로 나뉜다(제3조). 항고소송은 행정청의 처분이나 부작위에 대해 다투는 소송으로 취소소송, 무효확인소송, 부작위위법확인소송으로 구분된다(제4조).22) 행정법관계에서 발생하는 법적 분쟁의 대부분은 행정청의 처분을 다툰 행정소송은 취소소송을 중심으로 논의된다.

2. 행정소송의 제기

취소소송을 제기하려면 법적 분쟁과 관련한 사안으로 소송을 통해 권리 구제를 받을 법률상 이익이 있어야 한다.23) 예를 들어, 행정청의 영업정지처분을 다투는 경우, 영업정지기간이 경과하였다면 원칙적으로 해당 처분의 취소를 구하는 취소소송은 허용되지 않고, 손해배상청구소송만 허용된다. 다만, 영업정지기간이 경과하였더라도 처분의 취소로 인해 회복할 수 있는 법률상 이익이 존재한다면(예, 위반횟수에 따라 처벌이 가중됨) 취소소송이 허용된다. 행정처분의 상대방이 아닌 제3자가 행정소송을 제기하려면, 처분의 근거 법규나 관련 법규가 제3자의 이익을 보호해야 한다. 이는 제3자가 처분으로 인해 법률상 보호되는 개별적 · 직접적 · 구체적 이익을 침해받은 경우에 한해 원고가 될 수 있음을 의미한다.

행정심판은 필수적 절차가 아니라는 점에서 법률의 특별한 규정이 없는 한

---

22) 「행정소송법」 제3조(행정소송의 종류) 행정소송은 다음의 네 가지로 구분한다.
  1. 항고소송: 행정청의 처분등이나 부작위에 대하여 제기하는 소송
  2. 당사자소송: 행정청의 처분등을 원인으로 하는 법률관계에 관한 소송 그 밖에 공법상의 법률관계에 관한 소송으로서 그 법률관계의 한쪽 당사자를 피고로 하는 소송
  3. 민중소송: 국가 또는 공공단체의 기관이 법률에 위반되는 행위를 한 때에 직접 자기의 법률상 이익과 관계없이 그 시정을 구하기 위하여 제기하는 소송
  4. 기관소송: 국가 또는 공공단체의 기관상호간에 있어서의 권한의 존부 또는 그 행사에 관한 다툼이 있을 때에 이에 대하여 제기하는 소송. 다만, 헌법재판소법 제2조의 규정에 의하여 헌법재판소의 관장사항으로 되는 소송은 제외한다.
23) 「행정소송법」 제12조(원고적격) 취소소송은 처분등의 취소를 구할 법률상 이익이 있는 자가 제기할 수 있다. 처분등의 효과가 기간의 경과, 처분등의 집행 그 밖의 사유로 인하여 소멸된 뒤에도 그 처분등의 취소로 인하여 회복되는 법률상 이익이 있는 자의 경우에는 또한 같다.

행정소송을 제기하기 위해 반드시 행정심판을 거칠 필요가 없다. 취소소송의 경우, 처분이 있음을 '안 날로부터 90일' 이내 제기해야 하고, 처분이 '있는 날로부터 1년'이 지나면 제기할 수 없다(제20조 제1항). 행정소송에서 제소기간의 제한을 둔 것은 행정의 안정성과 국민의 권리구제의 조화를 이루기 위한 목적이다. 행정심판을 거친 경우, 재결서의 정본을 송달받은 날로부터 90일 이내 취소소송을 제기해야 한다(제20조 제1항 단서).

3. 행정소송의 판결

행정소송은 소송요건을 판단하는 각하판결과 본안을 심리해 판단하는 본안판결로 구분된다. 각하판결은 소송요건을 갖추지 못한 소에 대해 본안심리를 하지 않고, 이를 종료시키는 판결이다. 「행정소송법」상 본안판결로 인용판결, 기각판결, 사정판결이 있다. 인용판결은 원고의 주장이 이유가 있어 청구의 전부 또는 일부를 인용하는 판결, 기각판결은 원고의 주장이 이유가 없어 청구를 배척하는 판결, 사정판결은 원고의 주장이 이유가 있으나 처분을 취소하는 것이 현저히 공공복리에 적합하지 않은 경우, 원고의 청구를 기각하는 판결이다.

취소소송에서의 인용판결은 원고의 청구를 전부 또는 일부 인정하여 처분의 전부 또는 일부를 취소하는 판결이다. 예를 들어, 행정청의 정보비공개결정처분에 대한 취소소송에서 공개대상정보와 비공개대상정보가 분리될 수 있으면 일부취소판결이 가능하다.[24] 재량행위에 대한 일부취소판결은 행정청의 재량권을 침해할 우려가 있으므로 원칙적으로 전부를 취소해야 한다.

> (판례) 처분을 할 것인지 여부와 처분의 정도에 관하여 재량이 인정되는 과
> 징금 납부명령에 대하여 그 명령이 재량권을 일탈하였을 경우, 법원으로서는 재

---

[24] (판례) 법원이 행정기관의 정보공개거부처분의 위법 여부를 심리한 결과 공개를 거부한 정보에 비공개대상 정보에 해당하는 부분과 공개가 가능한 부분이 혼합되어 있고 공개청구의 취지에 어긋나지 아니하는 범위 안에서 두 부분을 분리할 수 있음을 인정할 수 있을 때에는 청구취지의 변경이 없더라도 공개가 가능한 정보에 관한 부분만의 일부취소를 명할 수 있다(대법원 2004. 12. 9., 2003두12707 판결).

량권의 일탈 여부만 판단할 수 있을 뿐이지 재량권의 범위 내에서 어느 정도가 적정한 것인지에 관하여는 판단할 수 없어 그 전부를 취소할 수밖에 없고, 법원이 적정하다고 인정하는 부분을 초과한 부분만 취소할 수는 없다(대법원 2009. 6. 23., 2007두18062 판결).

사정판결은 원고의 주장이 이유 있다고 하더라도 공공복리를 위해 해당 처분을 유지하는 판결로 처분의 위법성은 처분 시를 기준으로 하며, 공공복리에 미치는 영향은 변론종결시를 기준으로 판단한다. 사정판결을 할 때, 판결의 주문에 처분이 위법하다는 점을 명시해야 하고, 원고가 입을 손해에 대해 적절한 구제가 이루어져야 한다(제28조).

🌀 제 6 절 현대사회에서 행정법의 도전과제

복잡한 사회현상에 대응하고 행정의 전문성을 발휘하며, 국회의 입법 부담을 완화하기 위해 행정입법이 적극 활용되고 있다. 국회와 행정부간 원활한 역할 분담이 이루어지면 효과적이지만 정치적 이해관계로 인해 양자 간 갈등이 커지는 경우, 행정입법과 관련된 혼란이 심화될 수 있다. 국회는 행정부의 입법 범위를 축소하기 위해 법률을 개정하려 하고, 행정부는 입법의 사각지대를 활용하려 할 가능성이 있다. 국회와 행정부간 갈등을 중재하기 어려운 법적·정치적 환경을 극복하기 위해 국민의 역할이 중요하다. 국민이 입법 과정에 적극 참여하여 여론을 형성함으로써 국회와 행정부의 협력과 조정을 촉진할 수 있다. 다만, 정치적 양극화가 심화되고 있는 현실적 한계를 극복해야 하는 과제가 존재한다.

행정에서 공공성과 효율성은 핵심적인 가치로 평가된다. 인공지능이 행정의 효율성을 높이는 대안으로 주목받고 있다. 인공지능은 단순한 행정업무를 넘어 인간의 판단을 대체할 가능성이 높다. 인공지능에 기반한 행정청의 판단에 대한 국민의 수용 여부와 권리구제 방안에 대한 논의되어야 한다. 인공지능 기반 행정을 도입하기 위한 법적 근거를 마련하고,[25] 인공지능의 편향성을 해소와 의사결정과정의 투명성 확보를 통해 국민의 기본권을 보호하고, 법치행정의 가치를 유지해야 한다.

사인간 자율적 합의만으로 해결하기 어려운 사회적 영향력이 큰 사안에 대해 국가의 개입이 요구된다. 예를 들어, 플랫폼 기업의 사회적 영향력이나 데이터 독점으로 인한 개인정보 침해 가능성 등을 고려할 때, 국가의 규제가 필요하다. 플랫폼 기업은 초국가적으로 운영되며, 경제적·정치적 이해관계가 얽혀 있으므로 이를 국내 문제로만 접근해서는 안된다. 또한, 우리가 체결한 FTA(자유무역협정) 등 국제협정을 준수하기 위해 행정법과 국제규범과의 조화가 필요하다.

---

25) 행정처분에서의 인공지능 활용은 재량행위에 한해 사용될 수 있다.
「행정기본법」 제20조(자동적 처분) 행정청은 법률로 정하는 바에 따라 완전히 자동화된 시스템(인공지능 기술을 적용한 시스템을 포함한다)으로 처분을 할 수 있다. 다만, 처분에 재량이 있는 경우는 그러하지 아니하다.

10

상법

제10장 상법

 ## 제1절 상법 개관

I. 상법의 의미

상법(商法)은 상행위를 규율하는 법으로, 상인의 경제활동을 원활히 하고 거래의 안전과 신뢰를 보장하기 위해 마련된 법률 체계이다. 상법은 기본적으로 민법의 특별법으로 기능하며, 기업 활동 및 상업 거래에 필요한 법적 기반을 제공한다. 또한 기업의 설립, 운영, 청산 과정에서 발생하는 문제를 규율하며, 이를 통해 경제 질서를 유지하고 시장의 효율성을 증진한다.

II. 상법의 역할

상법은 상인의 경제활동을 지원하며, 기업 간의 분쟁을 예방하고 조정하는 데 중요한 역할을 한다. 특히 회사법은 현대 자본주의 경제에서 기업 경영의 기본 틀을 제공하며, 기업의 지배구조, 투자, 회계, 경영 투명성 확보에 기여한다. 또한 해상법과 보험법은 국제 무역 및 보험 산업에서 거래의 안정성을 보장한다. 그리고 항공운송법은 항공산업의 안정성과 발전을 지원한다. 이처럼 상법은 상거래와 기업 활동의 법적 기반을 제공하여 경제 성장과 발전에 기여하며, 시장의 질서와 신뢰를 유지하는 데 핵심적인 역할을 한다.

제 2 절 상법의 법률 규정체계

국내의 상법은 총칙, 상행위, 회사, 보험, 해상, 항공운송 등 총 6편으로 구성되어 있다. 제1편 총칙은 상법의 기본 원칙과 상인의 정의, 상호(商號), 상업등기, 영업양도 등 상거래의 일반 사항을 규정한다. 제2편 상행위는 상행위의 개념, 상사대리, 중개업, 위탁매매업 등 상거래 행위에 관한 내용을 다룬다. 제3편 회사는 주식회사, 합명회사, 합자회사, 유한책임회사, 유한회사를 포함한 회사의 설립, 운영, 조직 변경 등에 대한 규정을 포함한다. 제4편 보험은 보험계약의 성립과 효력, 보험금 지급 등에 관한 내용을 규정한다. 제5편 해상은 선박과 항해, 해상운송, 해상보험 등 해상 거래를 규율한다. 제6편 항공운송은 여객운송, 물건운송과 관련하여 운송인의 의무와 책임 등을 규율한다.

 ## 제 3 절 상법총론

I. 총칙

1. 상법의 개념

상법은 기업에 관한 법이다. 그리고 상법은 사경제적 조직체인 기업의 조직과 활동에 관한 사법적(私法的) 규정이 주류를 이루고 있는 법이다.

2. 상 인

상인이란 상법상의 상인을 의미한다. 우리 상법은 상인을 당연상인, 의제상인, 소상인으로 분류하고 있다. 세부적으로 살펴보면, 당연상인이란 자기명의로 상행위를 하는 자이다(상§4). 의제상인이란 점포 기타 유사한 설비에 의하여 상인적 방법으로 영업을 하는 자이다(상§5①). 소상인이란 자본금액이 1,000만원에 미치지 못하는 상인으로서 회사가 아닌 자를 말한다(상시행령§2).

3. 상업사용인

상업사용인이란 특정한 상인에 종속되어 그 상인의 영업에 관한 대외적 거래를 대리하는 자이다. 여기에는 지배인, 부분적 포괄대리권을 가진 사용인, 물건판매점포의 사용인 등으로 구분한다.

4. 상호 및 명의대여자의 책임

상호(trade name)란 상인이 영업상 자기를 표시하기 위하여 사용하는 명칭을 말한다. 누구든지 부정한 목적으로 타인의 영업으로 오인할 수 있는 상호를 사용하지 못한다(상§23①). 타인(명의차용자)에게 자기의 성명 또는 상호를 사용하여 영업을 할 것을 허락한 자(명의대여자)는 자기를 영업주로 오인하여 거래한 제3자에 대하여 그 타인과 연대하여 거래로 인한 채무를 변제할 책임이 있다(상§24).

5. 상업장부

상업장부는 상인이 그 기업경영과 재산의 상황을 명백하게 하기 위하여 법률상 의무로써 작성하는 장부를 말한다. 상인이 작성해야 하는 상업장부의 종류에는 회계장부와 대차대조표가 있다(상§29①).

6. 상업등기

상업등기라 함은 상법의 규정에 의하여 일정한 사항을 공시할 목적으로 등기할 사항을 법원의 상업등기부에 하는 등기를 말한다(상§34). 상업등기의 효력에는 일반적 효력(상§37)와 부실등기의 효력이 있다(상§39).

7. 영업양도

영업양도란 영업의 동일성을 유지하면서 객관적 의의의 영업(영업용 재산과 재산적 가치가 있는 사실관계가 이루어진 조직적·기능적 재산으로서의 영업재산의 일체)의 이전을 목적으로 하는 채권계약이라고 할 수 있다. 영업양도를 하게 되면 영업양도인은 경업금지의무를 지게 되고, 영업양도인의 채권자와 채무자는 보호된다(상§42①, 상§43).

II. 상행위

상행위란 상인이 영업으로서 또는 영업을 위하여 하는 행위를 말한다. 여기에는 기본적 상행위, 준상행위, 보조적 상행위, 일방적 상행위와 쌍방적 상행위 등이 있다. 상행위 특칙으로서 민법총칙에 대한 특칙, 민법 물권편에 대한 특칙, 민법 채권편에 대한 특칙이 있다.

한편 상법에서는 비법인 공동기업형태로서 익명조합과 합자조합을 두고 있다. 익명조합이란 당사자의 일방(익명조합원)이 상대방(영업자)의 영업을 위해 출자하고 상대방은 이에 대해 그 영업으로 인한 이익을 분배할 것을 약정하는 계약이다(상§78). 또한 합자조합이란 조합의 업무집행자로서 조합의 채무에 대하여 무한책임을 지는 조합원과 출자가액을 한도로 하여 유한책임을 지는 조합원이 상호출자하여 공동사업을 경영할 것을 약정함으로써 성립하는 상법상의 조합을 말한다(상§86조의2).

III. 기타 상행위

상법각론에는 대리상, 위탁매매업, 운송업, 공중접객업, 창고업, 금융리스업, 가맹업, 채권매입업에 관한 규정을 두고 있다. 세부적으로 살펴보면, 대리상이란 일정한 상인을 위하여 상업사용인이 아니면서 상시 그 영업부류에 속하는 거래의 대리 또는 중개를 영업으로 하는 자를 말한다(상§87). 중개인이란 타인 간의 상행위의 중개를 영업으로 하는 독립된 상인이다(상§93). 위탁매매인이란 자기명의로써 타인(委託者)의 계산으로 물건 또는 유가증권의 매매를 하는 자를 말한다(상§101). 운송인이란 육상 또는 호천·항만에서 물건 또는 여객의 운송을 영업으로 하는 자를 말한다(상§125). 공중접객업이란 극장·여관·음식점, 목욕탕, 볼링장, 골프장, 이발소, 등 고객의 집래를 위한 시설을 제공·이용시키는 영업을 말한다. 창고업자란 타인을 위하여 창고에 물건을 보관함을 영업으로 하는 자를 말한다(상§155). 상법은 이 외에도 신종상행위로서 금융리스업, 가맹업(프랜차이즈), 채권매입업 등을 규정하고 있다.

🔷 제 4 절 회사

I. 주식회사의 대소회사 구분입법

우리의 현행상법이 규정하고 있는 회사의 형태에는 합명회사, 합자회사, 주식회사, 유한회사, 유한책임회사가 있다. 이 중 주식회사는 대규모 공개 회사에 적합한 회사형태이다. 반면, 유한회사, 합명회사, 합자회사, 유한책임회사는 중소규모의 기업에 적합한 회사형태이다. 그러나 우리나라의 회사의 이용현황은 이러한 입법적 의도나 주식회사제도의 이념과는 매우 다르게 나타나고 있다. 주식회사가 전체회사수의 약 95%가 넘음으로서 대다수를 차지하고 있음을 알 수 있다. 그러나 이러한 주식회사들 중에서 대부분이 중소규모의 주식회사에 해당한다. 주식회사가 선호되고 있는 가장 큰 이유는 사회적인 위신과 체면 때문이다.

이에 현행 회사법을 개정하여 주식회사를 대소의 두 종류로 구별하여, 중소규모의 주식회사를 정면으로 인정하고 이에 관한 특별규정을 두고 있다. 1인회사의 인정(상§288, 상§543, 상§609①), 정관에 의한 주식양도의 제한(상§335-상§335조의7), 자본금이 10억원 미만의 중소규모 주식회사를 위한 각종 간소화 규정 등을 들 수 있다.

II. 회사의 종류

회사의 종류에는 합명회사, 합자회사, 주식회사, 유한회사, 유한책임회사가 있다. 세부적으로 살펴보면, 합명회사는 2인 이상의 무한책임사원만으로 구성되고 자본의 결합보다는 인적결합에 중점을 두는 회사이다. 사원은 회사의 채권자에 대하여 직접, 연대, 무한책임을 부담하며 직접 업무집행을 담당하는 점에 특색이 있다. 합자회사는 무한책임사원이 될 자와 유한책임사원이 될 자로 조직되는 회사로서 이종의 사원으로 구성되는 특징이 있으며, 그 실체가 조합적인 성질을 갖는다. 또한 유한회사는 주식회사의 변종으로서 모든 사원은 그가 인수한 출자가액으로써 회사에 대하여 출자의무를 질 뿐 회사채권자에 대하여 아무런 책임을 지지 않는 회사의 형태이다. 유한책임회사는 2011년 개정상법에서 도입하였는데, 이 회사형태는 미국의 Limited Liability Company(LLC)를 모형으로 하여 내부적으로는 조합적 성질과 광범위한 사적자치를 인정하고(인적회사와 유사성), 외부적으로는 모든 사원이 유한책임을 지는 것이 인정된다(물적회사와 유사성).

III. 주식회사

1. 주식회사의 의의와 본질

주식회사(corporation)란 자본금이 주식으로 분할되고 이러한 주식의 인수를 통해 주주(사원)가 되며, 주주는 주식의 인수가액의 한도에서 책임을 지는 형태의 회사를 말한다. 따라서 자본금, 주식, 주주의 유한책임은 주식회사의 본질적 요소가 된다. 여기서 자본금은 회사에 대하여는 성립의 기초가 되며, 존속 중 회사가 보유하여야 할 순 재산의 규범적 기준이 된다. 자본금은 회사가 발행한 주식의 액면총액을 의미한다. 또한 주식은 자본금의 구성단위가 된다. 액면주식을 발행할 경우에는 자본금은 주식으로 분할되고 각 주식의 금액은 균일하다(상§329②). 또한 주주는 회사에 대하여만 그가 가진 주식의 인수가액을 한도로 출자의무를 부담할 뿐(상§331), 그 밖의 회사채권자 등에는 아무런 책임을 지지 않는다.

2. 주식회사의 설립

주식회사 설립의 방법에는 회사의 설립 시에 발행하는 주식의 인수방법에 따라 발기설립과 모집설립이 있다. 우선 발기설립이란 설립 시에 발행하는 주식의 전부를 발기인만이 인수하여 회사를 설립하는 방법을 말하고(상§295 이하), 모집설립이란 설립 시에 발행하는 주식 중 그 일부는 발기인이 인수하고 나머지 주식은 주주를 모집하여 인수시키고 회사를 설립하는 방법을 말한다(상§301 이하). 또한 회사는 설립등기에 의하여 성립된다(상§172). 회사가 성립한 경우에 발기인은 회사의 설립 시에 발행하는 주식에 대하여 인수담보책임과 납입담보책임을 진다.

3. 주식

주식은 자본금의 구성단위로서 1주의 금액의 최저액은 100원이고(상§329③), 1주의 금액은 균일해야 한다(상§329②). 주식의 종류는 다음과 같이 나눌 수 있다. 첫째, 액면주식과 무액면주식이 있다. 액면주식이란 1주의 금액이 정관과 주권에 표시되는 주식을 말한다. 무액면 주식이란 1주의 금액이 정관 및 주권에 표시되지 않는 주식이다. 회사는 주식을 발행할 때마다 발행가를 결정하고 그중 일부만을 자본금으로 계상한다. 둘째, 종류주식이 있다. 종류주식이란 주주의 권리에 관하여 특별한 내용을 부여한 주식으로서 이익배당 또는 잔여재산의 분배, 주주총회에서 의결권의 행사, 상환 및 전환 등에 관하여 내용이 다른 주식을 의미한다(상§344①).

4. 주주(주식의 소유자)

주주는 주식회사의 사원을 말하며, 자본의 구성단위인 주식을 취득함으로써 사원이 된다. 주주가 가지는 권리는 자익권과 공익권, 단독주주권과 소수주주권으로 분류할 수 있다. 여기서 늘 쟁점이 되고 있는 권리가 소수주주권이다.

〈소수주주권의 요건에 관한 일반규정과 특례규정의 대비표〉

사항	일반규정	특례규정
주주제안권	100분의 3	1,000분의 10
대표소송제기권	100분의 1	1만분의 1
집중투표청구권	100분의 3	100분의 1
이사 해임청구권	100분의 3	1만분의 50
이사의 위법행위유지청구권	100분의 1	10만분의 50
회계장부열람권	100분의 3	1만분의 10

주주총회소집청구권	100분의 3	1,000분의 15
업무검사권	100분의 3	1,000분의 15
해산판결청구권	100분의 10	–

5. 주주명부

주주명부란 주주 및 주권에 관한 사항을 명백히 하기 위하여 상법의 규정에 의하여 작성·비치되는 장부이다. 주주명부는 일정기간 폐쇄되기도 한다. 즉, 회사가 의결권을 행사하거나 이익배당을 받을 자 기타 주주로서 권리를 행사할 자를 정하기 위하여 일정기간동안 주주명부의 기재를 폐쇄하는 것이다(상§354① 전단). 회사가 주주명부를 폐쇄하면 폐쇄당시의 주주명부상에 주주로 등재된 자가 주주권을 행사할 주주로 자동적으로 확정된다.

6. 주식의 양도

주식은 법률이나 정관에 다른 규정이 없으면 원칙적으로 자유롭게 양도될 수 있다(상§335①). 그러나 다음과 같이 상법 또는 정관에 의해서 양도가 제한될 수 있다. 첫째, 상법상의 제한으로서 권리주양도의 제한(상§319, 상§425①), 주권발행 전의 주식양도의 제한(상§335③), 자기주식취득의 제한(상§341①), 주식의 상호소유금지(상§342의2①, 상§369③) 등을 들 수 있다. 둘째, 정관에 의한 제한으로서, 상법은 정관이 정하는 바에 따라 이사회의 승인을 얻어(상§335①) 주식양도를 할 수 있도록 제한할 수 있다.

7. 반대주주의 주식매수청구권

반대주주의 주식매수청구권이란 합병, 영업전부의 양도 등과 같이 일정한 주주총회의 특별결의에 반대하는 주주가 회사에 대하여 주식매수를 청구하면 회사는 반드시 그 주주의 주식을 매수해야 하는 제도이다.

8. 주식매수선택권

주식매수선택권이란 미국법상의 stock option 제도를 도입한 것으로서, 회사의 이사, 집행임원, 감사 또는 피용자에게 일정한 기간 내에 미리 정한 가액(주식매수 선택권의 행사가액)으로 일정수량의 회사가 보유하는 자기주식을 매수할 수 있게 하거나, 새로 발행하는 주식을 인수할 수 있는 권리를 부여하는 것을 말한다(상§340의2~340의5).

9. 주식의 포괄적 교환 · 포괄적 이전 제도

주식의 포괄적 교환(주식교환)과 주식의 포괄적 이전(주식이전) 제도는 기업 소유지배구조의 재편을 용이하게 할 수 있도록 2001년 상법에 도입된 제도이다. 즉 주식교환과 주식이전 제도는 어느 회사가 다른 회사의 발행주식총수를 모두 소유하여 완전모회사가 될 수 있도록 하는 제도로서, 지주회사 설립을 효율적으로 추진할 수 있도록 제공된 법적 장치이다.

10. 주식회사의 기관

(1) 주주총회

주주총회(general meeting of shareholders)란 전체 주주로써 구성되는 필요적 상설기관으로서 법률 또는 정관에 정하여진 기본적 중요사항을 결의하는 주식회사의 최고의사결정기구이다. 주주총회 결의사항의 종류는 총 세 가지이다. 첫째, 특별결의사항이다. 주주총회의 특별결의 성립을 위하여 두 가지 요건을 모두 구비하여야 한다. 즉, 출석한 주주의 의결권의 3분의 2 이상의 수와 발행주식 총수의 3분의 1이상의 수로써 결의하여야 한다. 상법상의 특별결의사항에는 정관변경(상§433), 영업양도등(상§374), 이사 또는 감사의 해임(상§385①, 상§415) 등이 있다. 둘째, 보통결의사항이다. 주주총회의 보통결의는 상법 또는 정관에 다른 정함이 없는 한 출석한 주주의 의결권의 과반수와 발행주식 총수의 4분의 1 이상의 수로써 하여야 한다(상§368①). 보통결의사항에는 이사·감사·청산인의 선임과 그 보수의 결정(상§382, 상§388, 상§409①, 상§415, 상§542②), 재무제표의 승인(상§449①), 주식배당(상§462의2) 등이 있다. 셋째, 특수결의사항이다. 총주주의 동의가 필요한 결의사항을 주주총회의 특수결의라 한다. 특수결의 사항으로는 이사 또는 감사의 회사에 대한 책임면제(상§400, 상§415), 주식회사의 유한책임회사나 유한회사로 조직변경(상§604)이다.

(2) 업무집행기관(이사, 이사회, 대표이사, 집행임원)

주식회사제도는 소유와 경영의 분리원칙에 따라 회사운영에 관한 권한을 이사 및 대표이사에게 집중시키고 있으나, 이사는 기관이 아니라 이사회의 구성원이 되고, 대표이사의 전제자격이 된다. 주식회사의 업무집행기관이 되는 것은 이사 전원으로 구성되는 이사회와 이사회에서 선임되는 대표이사뿐이다. 다만 2011년 개정상법은 집행임원제도를 도입하고 집행임원설치회사는 대표이사를 둘 수 없도록 하였다.

1) 이사

이사는 회사의 수임인으로서 이사회의 구성원이므로 회사의 업무집행에 관한 의사결정에 참여할 권한이 있음은 물론 주주총회에 출석할 수 있고, 총회의 의사록에 기명날인 또는 서명을 하여야 하며(상§373②), 각종의 소(상§328, 상§429, 상§445, 상§529)를 제기할 수 있는 권한이 부여되는 주식회사의 필요적 상설기관이다.

2) 이사회

이사회는 회사의 업무집행에 관한 의사결정과 대표이사의 직무집행을 감독하기 위하여, 이사 전원으로 구성되는 회의체의 필요적 상설기관이다. 이사회는 법령 또는 정관에 의하여 주주총회의 권한으로 되어 있는 사항을 제외하고는 회사의 모든 업무집행에 관하여 의사결정을 할 권한(상§393①)과 이사의 직무집행을 감독할 권한(동조②)을 갖는다. 이사회의 결의는 이사 과반수의 출석(개회정족수)과 출석이사의 과반수(의결정족수)로 하되, 정관으로 그 비율을 높게 정할 수 있다(상§391①). 또한 이사회는 정관이 정한 바에 따라 이사회 내에 위원회를 설치할 수 있다(상§393의2①). 이는 이사회 내에 각종의 위원회를 설치하도록 하여, 이사회로부터 위임받은 업무에 대하여 이사회의 권한을 행사함으로써 이사회

운영의 효율성을 높이고 의사결정의 전문성과 객관성을 확보하고자 1999년 개정상법에서 미국의 제도를 본받아 도입한 제도이다.

3) 대표이사

대표이사는 대외적으로 회사를 대표하고 대내적으로 회사의 업무를 집행하는 회사의 필요적 상설기관이다. 주주총회나 이사회의 결정사항을 구체적으로 집행하는 업무집행의 실행기관이다. 대표이사는 원칙적으로 이사회에서 선임하지만(상§389① 본문), 정관의 규정에 의하여 주주총회에서 선임할 수도 있다(상§389① 단서).

4) 집행임원

2011년 개정상법은 회사의 경영의 투명성, 효율성을 제고하기 위하여 대표이사에 갈음하여 집행임원을 둘 수 있다는 규정(상§408의2①)을 신설하였다. 종래 사외이사 중심의 이사회를 구성하는 지배구조 형태를 채택하였으나 여전히 이사회가 집행과 감독을 담당하고 있었기 때문에 감독기능이 유명무실하였다. 따라서 이사회의 업무집행기능을 별도의 기관이 담당하게 하고, 이사회는 업무집행에 대한 의사 결정과 집행에 대한 감독기능만을 수행하게 하는 미국식의 제도가 필요하다고 판단되어 집행임원(Executive Officer) 제도를 도입하게 되었다.

(3) 감사제도

주식회사에서는 소유와 경영이 분리되고 있으므로 출자자인 주주의 이익보호와 채권자의 이익보호를 위하여 회사가 건전하고 적정하게 운영되고 있는지의 여부를 감독할 감사제도가 매우 중요하다. 상법은 감사기관으로서 필요상설기관인 감사를 두고 있고 감사와 선택적으로 둘 수 있는 감사위원회제도를 두고 있다. 감사는 이사의 직무집행을 감사한다(상§412①). 직무의 집행을 감사한다는 것은 감사의 범위가 일상적인 업무에 국한되지 않고 이사의 직무에 속하는 일체의 행위가 감사대상임을 의미한다. 상법은 감사의 그 업무감사권을 명확히 하고 충분히 행사할 수 있도록 하기 위하여 감사에게 그 외의 각종의 직무권한을 인정하고 있다. 또한 감사는 언제든지 이사에 대하여 영업에 관한 보고를 요구하거나 회사의 업무와 재산 상태를 조사할 수 있다(상§412②). 감사는 회의의 목적사항과 소집의 이유를 기재한 서면을 이사회에 제출하여 임시총회의 소집을 청구할 수 있다(상§412의3①). 모회사의 감사는 그 직무를 수행하기 위하여 필요한 때에는 자회사에 대하여 영업의 보고를 요구할 수 있다(상§412의5①). 감사는 이사회에 출석하여 의견을 진술할 수 있다(상§391의2①). 이사가 법령 또는 정관에 위반한 행위를 하여 이로 인하여 회사에 회복할 수 없는 손해가 생길 염려가 있는 때에는 이사에 대하여 소수주주 외에 감사도 유지청구를 할 수 있다(상§402). 회사가 이사를 상대로 소를 제기하는 경우뿐만 아니라, 이사가 회사를 상대로 소를 제기하는 경우에는 감사가 회사를 대표한다(상§394①). 한편 감사위원회는 1999년 상법개정을 통해서 미국식의 감사위원회 제도를 도입하였다. 회사는 정관이 정한 바에 따라 감사에 갈음하여 이사회 내의 위원회의 하나로서 감사위원회를 설치할 수 있도록 하였다(상§415의2①). 감사위원회를 설치하는 경우 감사위원회는 3인 이상의 이사로 구성한다. 다만 위원의 3분의 2 이상은 사외이사여야 한다(상§415의2②).[1]

11. 주식회의 합병

합병(merger)이란 「2개 이상의 회사가 상법의 특별규정에 의하여 청산절차를 거치지 않고 합쳐져 그 중 한 회사가 다른 회사를 흡수하거나(흡수합병) 신회사를 설립함으로써(신설합병), 1개 이상의 회사의 소멸과 권리의무 및 사원의 포괄적 이전을 생기게 하는 회사법상의 법률요건」을 말한다.

제 5 절 보험

I. 보험제도

우리들의 일상생활은 항상 예측할 수 없는 자연적 · 사회적 · 인위적인 여러 가지의 사고 앞에 놓여져 있다. 보험제도는 이러한 위험과 불안에 대비하기 위하여 나타난 제도이다. 보험법은 몇 가지 특성을 가지고 있는데, 윤리성, 기술성,

---

1) 그러나 이사회 내 다른 위원회는 2인 이상의 이사로 구성된다(상§393의2③).

단체성, 공공성, 상대적 강행법규성 등이 그것이다. 이 중 상대적 강행법규성이란 보험계약을 체결할 때에 아무리 합의에 의하더라도 보험자에게 유리하게 보험계약법(상법 제4편)상의 규정에 반해 계약을 체결할 수 없지만, 보험계약자에게 유리한 경우에는 상법상의 규정과 달리 합의하여 계약을 체결할 수 있는 특성을 말한다. 상법에서 보험계약자 등의 불이익으로 상법의 규정을 변경하는 내용의 특약을 금하는(상§663) 이른바 '보험계약자 등의 불이익변경금지의 원칙'을 명백히 하여 보험계약법의 상대적 강행법성을 선언하였다.

II. 보험계약

1. 보험계약의 요소와 개념

보험계약의 당사자에는 보험자와 보험계약자가 있다. 보험계약의 당사자는 아니지만 보험자에 대하여 관계를 가지는 자로는 피보험자와 보험수익자를 들 수 있다. 여기서 피보험자는 손해보험과 인보험에 따라 의미가 다르다. 손해보험에 있어서 피보험자란 피보험이익의 주체로서 보험사고가 발생한 때에 보험금의 지급을 받을 자를 가리킨다. 인보험에 있어서 피보험자란 보험사고의 객체로서 자신의 생명과 신체가 보험에 붙여진 자연인을 말한다.

한편 보험계약의 당사자는 아니지만 보험자를 위하여 보조적인 역할을 하는 자로 보험대리점과 보험중개인, 보험설계사 등을 들 수 있다. 또한 생명보험의 경우에는 피보험자의 건강상태에 관한 자료를 제공하는 보험의를 들 수 있다. 보험계약의 체결은 대개 보험설계사에 의해 이루어지는데, 보험설계사란 보험자의 피용자로서 보험자를 위하여 보험계약의 체결을 중개하는 자를 말한다. 2014년 상법 개정을 통해 보험설계자에게도 보험료 수령권(보험자가 작성한 영수증을 교부하는 경우만 해당)과 보험증권 교부권을 인정하고 있다(상646조의2③).

2. 보험계약의 체결

보험계약은 낙성계약이므로 계약법의 일반원칙과 마찬가지로 보험자와 보험계약자 간의 의사의 합치 즉 청약과 승낙으로 성립한다. 다만 상법은 보험자가 승낙하기 전이라도 보험계약자에게 보험사고가 발생한 경우에 보험자가 보험계약자로부터 청약과 함께 보험료의 전부 또는 일부를 받은 경우에는 그 청약을 거절할 사유가 없는 한 보험자는 보상할 책임을 진다고 규정하고 있다(상§638의 2 ③).

3. 보험약관의 교부·설명(명시) 의무

보험자는 계약체결시에 보험약관을 보험계약자에게 교부하고 그 내용을 설명해야 한다. 설명의 방법에는 제한이 없으므로, 보험대리점 또는 보험설계사나 보험중개인이 구두로 하든 서면으로 하든 상관이 없다. 다만, 대법원은 약관교부·설명의무에 대하여 보통보험약관에 기재되어 있는 중요한 내용에 대하여 직접적·구체적으로 상세한 설명을 하도록 요구하고 있다.[2] 여기서 중요한 내용이란 보험의 종류에 따라 다르겠으나 일반적으로는 고객의 이해관계에 영향을 미치는 사항으로서 사회통념상 그 사항의 지·부지가 보험계약 체결여부에 영향을 미치는 사항을 가리킨다.[3] 이 의무를 위반했을 때 그 효과에 관해, 보험계약자는 보험계약이 성립한 날부터 3개월 이내에 그 계약을 취소할 수 있다(상§638조의3②)고 규정하고 있다.

4. 고지의무

고지의무라 함은 보험계약자와 피보험자가 보험계약을 체결함에 있어서 보험자에 대하여 중요한 사항을 알리고 부실하게 알리지 아니할 의무를 말한다. 특히 보험계약자 등이 보험자에게 고지하여야 하는 사항은 이른바 중요한 사항이다. 보험자는 보험종류별로 중요한 사항들에 해당하는 질문표를 마련하여 청약시에 보험계약자로 하여금 작성하게 한다. 상법은 보험자가 서면으로 질문한 사항은 중요한 사항으로 추정한다. 그러나 중요한 사항인 이상 질문표에서 묻지 않은 사항도 고지하여야 한다.

---

2) 김성태, (보), 194면.
3) 곽윤직, 대표전집, 민법해석, 제XII권, (채권5), 1997, 박영사, 320면.

5. 면책사유

상법에서는 면책사유로 두 가지를 정하고 있다. 첫째, 보험사고가 보험계약자 또는 피보험자나 보험수익자의 고의 또는 중대한 과실로 인하여 생긴 때에는 보험자는 보험금액을 지급할 책임이 없다(상§659①)고 정하고 있다. 다만, 사망을 보험사고로 하는 생명보험계약에서는 사고가 보험계약자등의 중과실로 인하여 생긴 때에는 보험자는 보상책임을 지며(상§732조의2), 상해보험의 경우에도 상법 제732조의2는 준용된다(상§739). 둘째, 보험사고가 전쟁 기타 변란으로 인하여 생긴 때에는 당사자 간에 다른 약정이 없는 한 보험자는 보험금을 지급할 책임이 없다(상§660)고 정하고 있다.

III. 손해보험의 통칙과 종류

1. 손해보험 통칙

손해보험 통칙의 내용 중 중요한 사항은 대표적으로 네 가지가 있다. 첫째, 피보험이익이다. 피보험이익이란 손해보험계약에 있어서의 특유한 요소라는 것이 통설이며,[4] 피보험이익은 "피보험자가 재산상의 손해가 발생할 수 있는 보험의 목적에 대하여 갖는 경제상의 이익"[5]이라고 정의할 수 있다. 상법조문에는 「보험계약의 목적」이라는 용어를 사용한다. 손해보험은 피보험이익의 손실을 보상하는 것이므로, 보험자의 책임범위는 이 피보험이익의 가액(보험가액)을 한도로 하여 정하여진다. 또한 중복보험, 초과보험 및 일부보험, 전부보험은 피보험이익의 가액(보험가액)을 기준으로 하여 정하여진다. 그리고 보험은 보험의 목적에 따라 구별되는 것이 아니라 피보험이익에 따라 구별되는 것이므로, 피보험이익은 보험계약의 동일성을 판단하는 기준이 된다. 둘째, 보험가액과 보험금액의 관계이다. 보험가액이란 보험계약의 목적, 즉 피보험이익의 평가액을 말한다. 보험금액이란 보험사고가 발생하였을 때에 보험자가 피보험자 또는 보험수

---

4) 영미에서는 생명보험계약에도 피보험이익이 있다고 하며, 우리 나라에서도 피보험 이익을 인정하려는 유력한 견해가 있다: 2001년 한국기업법학회 자료.

5) 최기원, (보), 659면.

익자에게 지급하여야 할 금액을 말한다. 전부보험의 경우는 보험가액과 보험금액이 일치하지만, 양자가 반드시 일치하는 것은 아니다. 초과보험과 중복보험에서는 양자가 일치하지 않는다. 초과보험이란 보험금액이 보험가액을 초과하는 보험을 말한다. 중복보험이란 동일한 보험목적에 대해 동일한 위험을 담보로 여러 보험계약을 체결했을 때 각 계약의 보험금액의 합계가 보험가액을 초과하는 경우를 말한다. 셋째, 보험자의 대위이다. 보험자의 대위란 보험자가 보험금액을 지급한 경우에 피보험자 또는 보험계약자가 보험의 목적 또는 제3자에 대하여 가지는 권리를 법률상 당연히 취득하는 것(상§681, §682)을 말한다. 보험자의 대위는 보험의 목적에 관한 피보험자의 권리를 취득하는 잔존물대위의 경우와(상§681), 제3자에 대한 보험계약자 또는 피보험자의 권리를 취득하는 청구권대위의 경우(상§682)로 나눌 수 있다. 넷째, 보험목적의 양도이다. 보험의 목적의 양도란 피보험자가 보험의 대상인 목적물을 그 의사표시에 의하여 개별적으로 타인에게 양도하는 것을 말한다. 피보험자가 보험의 목적을 양도한 때에는 보험계약으로 인하여 생긴 권리와 의무를 동시에 양도한 것으로 추정한다(상§679①).

2. 각종 손해보험계약

상법에서는 손해보험계약의 종류로 화재보험계약, 운송보험계약, 해상보험계약, 책임보험계약, 자동차보험계약, 보증보험계약 등을 정하고 있다. 구체적으로 살펴보면, 화재보험계약이란 화재로 인하여 생길 손해의 보상을 목적으로 하는 손해보험계약을 말한다(상§683). 운송보험계약이란 육상운송의 목적인 운송물의 운송에 관한 사고로 인하여 생긴 손해의 보상을 목적으로 하는 손해보험계약 중의 하나이다(상§688). 해상보험계약이란 해상사업에 관한 사고로 인하여 생긴 손해의 보상을 목적으로 하는 손해보험계약이다(상§693). 책임보험계약이란 피보험자가 보험기간 중의 사고로 인하여 제3자에게 손해배상책임을 진 경우에 그 손해를 보험자가 보상할 것을 목적으로 하는 보험계약을 말한다(상§719). 자동차보험계약이란 피보험자가 자동차를 소유·사용·관리하는 동안에 일어난 사고로 인하여 생긴 손해의 보상을 목적으로 하는 보험계약을 말한다(상§726의 2). 보증보험이란 채무의 이행을 담보하기 위하여, 채무자인 보험계약자가 채권자를 피보험자로 하여 계약상의 채무불이행, 또는 법률상의 의무불이행으로 채권자에게 손해를 입힐 경우, 보험자가 그 손해를 보상할 것을 목적으로 하는 보험이다(상§726조의5~상§726조의7).

3. 인보험

인보험계약이란 보험자가 피보험자의 생명이나 신체에 관하여 보험사고가 생길 경우에 보험금액 기타의 급여를 할 것을 약정하고, 보험계약자가 이에 대하여 보수를 지급할 것을 약정함으로써 효력이 생기는 계약이다(상§727). 이러한 인보험의 경우 보험의 목적은 사람의 생명 또는 신체이다. 인보험 중의 대표적인 것은 생명보험과 상해보험, 질병보험이다.

제 6 절 해상

I. 해상법의 의의

해상법은 상행위 기타 영리를 목적으로 항해에 사용하는 선박을 적용 대상으로 하는 우리나라의 현행 상법 제5편 「해상」을 말한다. 해상법은 민법·상법의 다른 규정에 대하여 특별법의 지위에 있다.

II. 해상기업조직

해상기업은 바다를 무대로 하여 선박에 의하여 활동하는 기업을 말하는데, 그 조직은 물적 조직(선박)과 인적 조직(해상기업의 주체 및 해상기업의 보조자)으로 구성된다.

첫째, 물적 조직이다. 물적조직은 선박을 의미하는데, 해상법에서 선박의 요건을 갖추어야 한다. 둘째, 인적 조직이다. 여기에는 선박소유자, 선박공유자, 선체용선자, 정기용선자가 있다. 이 중에서 선체용선자란, 선체용선계약상의 용선자를 말하는데, 선체용선계약이란 용선자의 관리·지배하에 선박을 운항할 목적으로 선박소유자가 용선자에게 선박을 제공할 것을 약정하고 용선자가 이에 따른 용선료를 지급하기로 약정함으로써 그 효력이 생기는 계약이다(상§847①). 선체용선계약에는 용선자가 선박소유자로부터 순수하게 선박(선체)만을 용선하는 경우(상§847①)와, 선박소유자로부터 선원과 함께 선박(선체)을 용선하는 경우(선체용선계약, 상§847②)가 있다. 한편, 정기용선자란, 정기용선계약상의 용선자를 말하는데, 정기용선계약이란 선박소유자가 용선자에게 선원이 승무하고 항해장비를 갖춘 선박을 일정한 기간동안 항해에 사용하게 할 것을 약정하고 용선자가 이에 대하여 기간을 정한 용선료를 지급할 것을 약정함으로써 그 효력이 생기는 계약이다(상§842).

III. 책임제한

해상기업은 위험한 바다를 무대로 하여 활동하므로 상법에서는 일정한 경우에 해상기업에게 손해배상책임의 제한(유한책임)이라는 혜택을 부여하고 있다.

첫째, 모든 채권에 대해서 유한책임을 부여하는 것이 아니라 일정한 채권에 한해서 유한책임을 부여하고 있다. 즉, ① 선박 내에서 또는 선박 외에서 운항과 관련하여 생긴 인적·물적 손해에 관한 채권(상§769 제1호), ② 운송물·여객 등의 운송지연에 관한 채권으로서 운송계약상의 채무불이행으로 인한 지연손해에 관한 채권이다(상§769 제2호). ③ 기타 타인의 권리침해로 인하여 생긴 채권(상§769 제3호), ④ 손해의 방지조치 등에 관한 채권(상§769 제4호) 등이다.

한편 책임제한채권은 사고마다 또 선박마다 하게 된다(事故主義)(상§770 ②, 상§774②). 그리고 동일한 선박의 동일한 사고에서 발생한 손해라도 책임한도액은 다시 책임제한채권의 내용에 따라 달라진다. 즉, 책임제한채권은 ① 여객의 사상으로 인한 손해에 관한 채권, ② 여객 이외의 사상으로 인한 손해에 관한 채권, ③ 양자를 제외한 기타의 손해(물적 손해)에 관한 채권으로 3분되어 각각 별도의 책임한도액이 정하여진다(상§770③). 첫째, 여객의 사망 또는 신체의 상해로 인한 손해에 관한 채권에 대한 책임의 한도액은 그 선박의 선박검사증서에 기재된 여객의 정원(법정여객정원)에 175,000 계산단위를 곱하여 얻은 금액으로 한다(상§770① 1호). 둘째, 여객 이외의 사람의 사망 또는 신체의 상해로 인한 손해에 관한 책임한도액은 다음과 같이 선박의 총톤수에 따라 비례하여 증가하는 금액으로 정하여진다(상§770① 2호).

〈비여객 손해〉

선박의 톤수	책임한도액
300톤 미만	167,000계산단위
300톤 - 500톤	333,000계산단위
500톤 초과 - 3,000톤	333,000계산단위 + {(선박톤수-500톤)× 500계산단위}
3,000톤 초과 - 30,000톤	3,000톤에 관한 책임제한액 + {(선박톤수 - 3,000톤) × 333계산단위}
30,000톤 초과 - 70,000톤	30,000톤에 관한 책임제한액 + {(선박톤수 - 30,000톤) × 250계산단위}
70,000톤 초과	70,000톤에 관한 책임제한액 + {(선박톤수 - 70,000톤) × 167계산단위}

셋째, 인적 손해 이외의 물적 손해에 대하여는 다음과 같이 선박의 톤수에 따라 책임한도액이 정해진다.

〈물적 손해〉

선박의 톤수	책임한도액
300톤 미만	83,000계산단위
300톤 - 500톤	167,000계산단위
500톤 초과 - 30,000톤	167,000계산단위 + {(선박톤수-500톤) × 167계산단위}
30,000톤 초과 - 70,000톤	30,000톤에 관한 책임제한액 + {(선박톤수 - 30,000톤) × 125계산단위}
70,000톤 초과	70,000톤에 관한 책임제한액 + {(선박톤수 - 70,000톤) × 83계산단위}

IV. 해상물건운송계약

해상물건운송계약이란 당사자의 일방이 상대방에 대하여 선박에 의한 물건의 해상운송을 인수하고, 상대방이 이에 대하여 보수를 지급할 것을 약정함으로써 성립하는 계약으로서 그 성질은 도급계약이다.

1. 해상물건운송계약의 종류

해상물건운송계약에는 대표적으로 항해용선계약과 개품운송계약이 있다. 항해용선계약이라 함은 항해용선계약은 특정한 항해를 할 목적으로 선박소유자가 항해용선자에게 선원이 승무하고 항해장비를 갖춘 선박의 전부 또는 일부를 물건의 운송에 제공하기로 약정하고 항해용선자가 이에 대하여 운임을 지급하기로 약정함으로써 그 효력이 생기는 계약이다(상§827①). 개품운송계약은 운송인인 선박소유자 등이 개개의 물건을 운송할 것을 인수하고, 상대방인 송하인이 이에 대하여 보수를 지급할 것을 약정하는 운송계약이다. 항해용선계약은 불특정항로에서 임시적으로 이용되는 것이 보통인 데 대하여, 개품운송계약은 특정선박으로 정기적으로 운송하게 되는 것이 보통이다.

2. 해상물건운송인의 감항능력주의의무

해상운송은 육상운송과는 달리 고도의 위험성을 수반하기 때문에 상법이 해상운송인에게 특별한 주의의무를 부과한 것으로, 감항능력주의의무란 '해상운송인이 송하인에 대하여 선적항을 발항할 당시 예정된 항해를 안전하게 완성할 수 있는 선박을 제공함에 있어서 자기 또는 선원 기타의 선박사용인이 상당한 주의를 다하여야 할 의무'를 말한다(상§794).

3. 해상물건운송인의 손해배상액의 제한

해상물건운송인의 손해배상액에 대하여 다음과 같이 개별적으로 제한하고 있다. 즉, 해상물건운송인의 운송물의 "멸실·훼손 또는 연착"으로 인한 손해배상책임에 대하여, 그 운송물의 매 포장당 또는 선적단위당 666.67 계산단위의 금액과 중량 1킬로그램당 2계산단위의 금액 중 큰 금액을 한도로 이를 제한할 수 있다(상§797①). 해상물건운송인은 이중으로 책임제한의 혜택을 받는다.

V. 해상여객운송계약

해상여객운송계약이란 당사자의 일방이 상대방(여객)에 대하여 선박에 의한 여객의 해상운송을 인수하고, 상대방이 이에 대하여 보수(운임)를 지급할 것을 약정함으로써 성립하는 일종의 도급계약이다(상§817). 해상여객운송에 관하여는 육상여객운송규정 및 해상물건운송에 관한 많은 규정이 준용된다(상§26).

VI. 해상기업위험

상법은 해상위험을 극복하기 위한 대책으로서 공동해손, 선박충돌 및 해난구조에 대해서 규정하고 있다.

1. 공동해손

공동해손(general average)이란 선박과 적하의 공동위험을 면하기 위한 선장의 선박 또는 적하에 대한 처분으로 인하여 생긴 손해와 비용(상§865)을 모든 이해관계인에게 부담시키는 제도를 말한다. 공동해손의 성립요건에는 첫째, 선박과 적하의 공동위험을 면하기 위한 것이어야 한다. 둘째, 선박 또는 적하에 대한 선장의 고의적 비상처분이어야 한다. 셋째, 선장의 처분으로 인하여 손해 또는 비용이 발생하여야 한다. 공동해손은 그 위험을 면한 선박 또는 적하의 가액 및 운임의 반액(채무액)과 공동해손의 손해액과의 비율에 따라 각 이해관계인이 이를 분담한다(상§866).

2. 선박충돌

선박의 충돌(collision)이라 함은 항해선 2척 이상의 선박이 수면에서 접촉하여 손해가 발생하는 것을 말한다(상§876①). 선박 쌍방의 과실로 선박이 훼손되었을 경우 각자의 과실의 경중에 따라 손해배상의 책임을 분담하고(상§879①), 그의 경중을 판정할 수 없는 때에는 각 선박소유자가 균분하여 손해배상책임을 분담한다(상§879①). 그런데 선박 쌍방의 과실로 제3자의 사상 및 제3자의 물적 손해가 발생되었을 경우 각 선박소유자의 책임은 어떠한지 살펴보면, 첫째, 제3자의 사상이 있는 경우, 각 선박소유자는 연대하여 제3자에 대하여 손해배상책임을 진다(상§879②). 둘째, 제3자의 물적 손해에 대하여는 상법에 명문규정이 없다. 이에 상법 879조 1항을 적용하여 각 선박소유자는 과실의 경중에 따라 책임을 지고 이를 판정할 수 없는 때에는 균분하여 부담한다는 견해가 통설이며 판례의 입장이다.

3. 해난구조

해난구조란 해난에 조우한 선박 또는 적하를 의무없이 구조하는 것을 일컫는다(상§882). 해난구조는 선박 또는 적하의 전부 또는 일부가 해난에 조우한 경우 의무 없이 이를 구조한 때에 성립한다(상§882). 해난구조의 요건을 갖추면 구조자는 구조료청구권을 취득한다(상§882).

🜨 제 7 절 항공운송

I. 항공운송법상 항공기의 의의

항공운송법상 항공기란, ① 영리 또는 비영리 목적의 항공기일 것,6) ② 운항에 사용하는 항공기일 것, ③ 사회통념상 항공기라고 인정되는 것일 것, 대통령령으로 정하는 초경량 비행장치가 아닐 것 등이다.

II. 항공여객운송인의 책임

항공여객운송인의 손해배상책임은 크게 여객에 대한 책임과 수하물에 대한 책임으로 나뉘고, 여객에 대한 책임은 여객의 사망 또는 신체의 상해로 인한 손

---

6) 다만 국유 또는 공유의 항공기에 대하여는 운항의 목적·성질 등을 고려하여 상법 제6편 항공운송편을 준용하는 것이 적합하지 아니한 경우로서 대통령령으로 정하는 경우에는 그러하지 아니하다(상 897조 단서).

해와 여객의 연착으로 인한 손해로 나뉘며, 여객의 수하물에 대한 책임은 위탁수하물에 대한 책임과 휴대수하물에 대한 책임으로 나뉜다.

첫째, 항공운송인은 여객 1명당 최저 책임한도액(113,100 계산단위) 범위 내에서는 무과실 책임이고, 이 최저한도액을 초과하는 부분에 대하여는 과실책임을 진다. 둘째, 항공운송인이 여객의 연착에 대하여 책임을 지는 경우, 그 책임액은 원칙적으로 여객 1명당 4,694 계산단위의 금액을 한도로 한다(국제선). 셋째, 위탁수하물의 멸실·훼손으로 인한 항공운송인의 손해배상책임은 여객 1명당 1천131 계산단위의 금액을 한도로 한다(상§910①).

III. 항공물건운송인의 책임

항공물건운송인은 운송물의 멸실·훼손 또는 연착으로 인한 항공물건운송인의 손해배상책임은 손해가 발생한 해당 운송물의 1킬로그램당 19 계산단위의 금액을 한도로 하되(국제선), 송하인과의 운송계약상 그 출발지, 도착지 및 중간 착륙지가 대한민국 영토 내에 있는 운송의 경우에는 손해가 발생한 해당 운송물의 1킬로그램당 15 계산단위의 금액을 한도로 한다(국내선)(상§915조①).

IV. 지상 제3자에 대한 책임

항공기의 돌연한 추락 등으로 승객이나 하주가 아닌 제3자가 손해를 입는 경우가 있다. 이 경우에 항공기운항자는 무과실책임을 지는 대신 책임을 제한시켜 준다. 항공기 운항자의 책임은 항공기의 이륙을 위하여 법으로 허용된 최대중량에 따라 책임이 제한된다(상§932①).

〈 항공기운항자의 책임한도 〉

항공기최대중량(kg)	책임한도액(SDR)
2,000 이하	300,000
2,000~6,000	300,000+(초과kg×175)

6,000~30,000	6,000kg한도액+(초과kg×62.5)
30,000 초과	30,000kg한도액+(초과kg×65)

제 8 절 현대사회에서 상법의 도전과제

I. 디지털 경제와 상법의 대응

디지털 기술의 발전은 전통적인 상거래 방식과 법적구조에 큰 변화를 가져왔다. 첫 번째, 전자상거래에 대한 문제이다. 전자상거래는 보안 문제, 신뢰성 문제 등과 관련하여 보완책이 필요하다. 두 번째, 블록체인과 스마트 계약에 대한 문제이다. 분산 원장 기술을 활용한 블록체인과 자동화된 스마트 계약은 기존의 계약법과 상법 체계를 재구성할 필요성을 제기한다. 세 번째, 데이터와 개인정보 보호에 대한 문제이다. 데이터 경제 시대에서 데이터 거래 및 활용과 관련된 법적 문제는 상법과 개인정보보호법 사이의 균형을 요구한다.

II. ESG 경영과 상법의 역할

기업의 사회적 책임이 강조되면서 ESG 경영은 상법의 주요 과제가 되고 있다. 특히 지속가능경영과 관련하여 환경적 지속 가능성과 사회적 책임을 법적 의무로 반영해야 한다는 요구가 증가하고 있다. 또한 거버넌스의 강화에 대한 부분이다. 예를 들어, 이사의 충실의무와 이해상충 방지 규정에 대한 세부적인 논의가 필요하다.

III. 글로벌화와 상법의 국제적 조화

글로벌화는 상법의 영역을 넘어 국제적 규범과의 정합성을 요구한다. 이를 위해서는 첫째, 국제거래와 분쟁 해결을 위해 국제 거래에서 관할권과 준거법 선택, 중재 및 조정 메커니즘의 정비가 필요하다. 두 번째, 다국적 기업에 대한 규제가 필요하다. 세 번째, 무역의 디지털화이다.

IV. 스타트업과 혁신 생태계의 변화

현대 경제에서 스타트업과 혁신 기업의 성장은 상법의 유연성을 요구한다. 이를 위해서는 우선 기업 구조의 다양화가 필요하다. 첫째, 새로운 기업 형태, 소셜 벤처나 공유경제 기반 기업을 반영하는 법적 틀이 필요하다. 두 번째, 자본 조달 방식의 변화가 필요하다. 예를 들어, 크라우드 펀딩, 벤처 캐피탈 등 다양한 자금 조달 방식은 기존의 회사법 규정에 대한 재검토를 필요로 한다.

11

노동법

제 11 장 노동법

 ## 제 1 절 노동법 개관

Ⅰ. 노동법의 의의

1. 직장생활에 관한 법

우리가 현대생활을 살아가는 데 필요한 여러 요소들이 있다. 그중의 하나가 직장생활이며, 직장생활을 하는 데 일차적으로 적용되는 법이 바로 '노동법'이다. 오늘날 노동법은 직장을 다니는 '근로자'에게는 근로와 관련된 권리장전으로서 역할을 하며, 사업체를 운영하는 '사용자'에게 있어서는 경영관리를 위한 운영의 준칙이 되기도 한다. 한편 근로자와 사용자 모두 직장생활을 하는 동안 많은 법적 분쟁에 부딪히게 되지만 노동법적인 지식이 부족하여 적절한 구제를 받는데 어려움을 겪거나, 불필요한 노동분쟁의 야기로 산업평화가 위협받는 경우도 있다. 이에 노동법은 노동기본권의 향유 주체로서 근로자의 인간다운 생활을 보호하고, 불필요한 노동분쟁을 예방해서 산업평화를 이루는 데 큰 역할을 할 수 있다.

2. 노동법의 생성과 발전

(1) 초기자본주의와 시민법의 문제

근대 초기에 시민계급의 주도로 성립된 자본주의 사회는 그 시대의 요청에 따라 시민법을 확립하였다. 시민법은 모든 법 영역에서 소유권의 보장, 계약자유의 원칙 및 과실책임의 원칙을 기본원리로 하였다. 시민법 아래서는 근로자가 사용자에게 노동력을 공급하고 사용자로부터 임금을 받는 관계(노동관계)가 상호 독립 대등한 당사자 사이의 자유로운 계약(고용계약)인 것으로 파악했다.

그런데 이러한 시민의 원리가 노동관계에 적용되는 결과 여러 문제가 발생했다. 첫째, 근로자와 사용자의 실질적인 경제력의 차이는 무시되고 고용계약의 내용으로서 성립하는 임금 등 근로조건은 어떠한 내용이든 당사자의 자유로운 합의의 결과로서 법률상 인정되었다. 저임금과 장시간근로 등의 열악한 근로조건도 계약자유의 이름 아래 방치되고, 특히 연소자와 여성이 혹사되는 문제가 생겼다. 한편 고용계약에서 계약의 자유는 계약의 성립뿐만 아니라 해지의 자유도 보장되는 것인데, 이는 사용자에게 광범위한 형태의 해고의 자유로 귀결되었고 근로자는 상시적인 실업의 늪에 빠지게 되었다. 둘째, 근로자가 열악한 작업환경 아래에서 일을 하더라도 사용자의 소유권 행사가 절대적으로 존중되는 시민법의 원리가 그대로 적용된 결과 근로자의 건강과 인권침해의 상태는 방치되었다. 이러한 환경 아래 산업재해를 입더라도 과실책임의 원칙이 적용되기 때문에 보상을 받기가 곤란하였다. 셋째, 이러한 상태에서 근로자가 자구행위로써 단결활동(노동운동)을 전개했지만 단결활동은 계약자유의 원칙 등과 모순된다는 이유로 금지되었으며, 노동조합을 결성하여 집단적으로 교섭하는 행위나 그 단결력을 이용하여 파업 등 쟁의행위를 하는 행위는 형사처벌이나 민사상 손해배상의 대상이 되었다.

(2) 노동법의 생성과 시민법 원리의 수정

노동법은 위에서 언급된 시민법 아래에서 제기되는 문제에 대처하도록 생성·발전하여 왔는데, 노동법 질서에 의하여 노동관계에 적용되는 시민법 원리가 수정되기에 이른 것이다. 우선, 열악한 근로조건에 대하여는 근로조건의 최저기준을 정하고 이를 강제하는 입법(노동보호법)이 생성·발전되었다. 처음에는 연소자와 여성의 장시간 노동과 심야노동을 제한하는 것이 주된 내용이었지만, 그 보호의 수준은 점차 강화되었다. 또한 해지의 자유의 명목하에 방치된 해고의 자유는 '정당한 이유가 있을 때'에만 근로자를 해고할 수 있도록 제한되었다. 둘째, 근로자의 안전과 건강을 위협하는 사용자의 생산시설과 설비 등은 산업안전과 보건을 위해 소유권 행사가 제한되었고, 산업재해에 대해서는 사용자의 고의, 과실이 없더라도 당연히 보상하는 제도가 도입되었으며, 나아가 이를 사회보험의 형식으로 강제하는 산업재해보상보험제도도 수립되었다. 셋째, 근로자의 단결활동을 금지하는 법률은 철폐되고, 단결활동에 위법성의 낙인을 제거하는 입법이 성립되었다. 노동조합의 결성과 가입을 허용하고, 근로자의 파업 등이 야기하는 시민법상의 책임을 면제하는 법률도 제정되었다. 나아가 국가에 따라서는 단결활동의 승인에 그치지 않고 사용자의 반조합적 행위 등을 부당노동행위로 정하여 이를 금지하고 이에 대한 구제절차를 마련하였다.

3. 노동법의 개념

'노동법'이란 자본주의 사회에서 근로자가 인간다운 생활을 할 수 있도록 노동관계를 규정한 규범을 의미한다. 이를 좀 더 구체화하면 다음과 같다.

(1) 자본주의 사회의 법

노동법은 사유재산이 보장되는 가운데 생산수단을 소유·이용하여 자유롭게 영업활동을 하는 기업이 있고, 노동력을 자유롭게 팔아 임금으로 살아가는 근로자가 존재하는 자본주의 사회를 전제로 한다. 따라서 사유재산제도와 시장경제를 전제로 하지 않는 사회에서 인간의 노동을 규율하는 법은 노동법이라 할 수 없다.

(2) 종속관계를 규율하는 법

노동법을 자본주의 사회의 노동관계에 한정한다 하더라도 자본주의 사회의 노동 전반에 관한 법이라고 할 수 없다. 자본주의 사회에서의 노동은 매우 다양하게 제공되는데, 회사의 임원, 개업 의사, 변호사 등 타인의 지휘와 명령을 받지 않고 자기 스스로의 계획 아래 자유롭게 수행하는 독립노동(자영노동)은 노동법의 규율대상이 아니며, 종속적 노동으로 한정된다.

(3) 근로자의 인간다운 생활을 실현하기 위한 법

노동법은 근로자의 인간다운 생활을 실현하는 것을 기본이념으로 하는 법이다. 노동법은 노동을 제공하는 주체인 근로자의 인간다운 생활을 보장하는 것이고, 이를 통해 근로자가 그 스스로 '노동력의 재생산'을 확보하는 의미를 갖는 것이다.

Ⅱ. 노동법의 체계

노동법은 민법, 근로기준법 등과 달리 하나의 법률명이 아니라 근로조건 및 노사관계 등에 관하여 규정한 다양한 규범들을 통틀어 지칭하는 용어이다. 노동법에는 헌법을 최상위법으로 하여 국회 등 국가기관이 제정한 노동관계 법령과 근로자와 사용자가 자치적으로 정한 단체협약, 취업규칙, 근로계약 등 노사자치규범 등이 포함된다. 이러한 노동관계법령은 그 내용과 규율대상을 기준으로 '개별적 노동관계법', '집단적 노동관계법'으로 구분할 수 있다.

1. 헌법의 노동관계 규정

우리나라 노동법의 주요한 특징 중의 하나가 노동법의 기본원칙을 국가의 최고 규범인 헌법에 규정하고 있다는 데 있다. 먼저, 헌법은 "모든 국민은 근로의 권리를 가진다"고 규정하고 있다(제32조 제1항). 둘째, 근로의 법정과 관련하여 헌법은 "근로조건의 기준은 인간의 존엄성을 보장하도록 법률로 정한다"고 규정(제32조 제3항)하고 있는데, 이것은 개별적 노동관계의 기본원칙을 밝힌 것이다. 근로조건은 원래 근로계약 당사자 사이의 합의에 따라 정하는 것이지만, 이를 당사자에게만 맡기지 않고 국가에게 그 최저기준을 법률로 정할 입법의무를 부담케 하고 있다. 이러한 의무를 이행하는 입법으로는 근로기준법, 선원법, 최저임금법, 근로자 퇴직급여 보장법(퇴직급여법), 기간제 및 단시간근로자 보호 등에 관한 법률(기간제법) 등이 있다.[1] 셋째, 헌법 제33조는 "근로자는 근로조건의 향

---

1) 헌법은 국가가 근로조건을 법률로 정할 때에 (1) '적정임금의 보장'과 '최저임금제'를 시행할 것, (2) '여성'과 '연소자'의 근로는 특별한 보호를 받도록 한다는 것, (3) 여성이 고용과 임금 및 근로

상을 위하여 자주적인 단결권, 단체교섭권, 단체행동을 가진다"고 규정하고 있다. 이는 집단적 노동관계에 관한 기본원칙을 천명한 것이다. 근로자의 인간다운 생활을 확보하기 위해 근로자들이 단결체를 조직하고 쟁의행위를 무기로 단체교섭을 함으로써 실질적으로 사용자와 대등한 관계에서 근로조건을 결정·개선할 수 있게 하는 것이 노동3권 인정의 기본취지라고 할 수 있겠다.

2. 개별적 노동관계법과 집단적 노동관계법

노동관계법은 그 규율대상에 따라 크게 개별적 노동관계법과 집단적 노동관계법으로 구분하고 있다. 개별적 노동관계법은 근로자 개인과 사용자 사이의 노동관계의 성립·전개·종료를 둘러싼 관계를 규율하는 법을 말하며, 집단적 노동관계법은 근로자의 노동관계상 이익을 대변하는 노동단체의 조직·운영 및 이 노동단체와 사용자측 사이의 단체교섭 등을 둘러싸고 전개되는 관계를 규율하는 법을 말한다. 이 두 분야를 지배하는 법의 기본 이념은 모두가 근로자의 인간다운 생활을 보장하는 것이나, 이를 실현하는 수단과 원리는 다르다. 개별적 노동관계법은 국가가 근로계약을 중심으로 한 근로관계에 직접적으로 개입하여 근로자의 보호와 계약자유의 수정과 제한을 지도 이념으로 하는 반면, 집단적 노동관계법은 국가로부터 자유 내지 집단적인 노사자치를 이념으로 한다. 현행법상 개별적 근로관계법에 포함되는 법령으로는 근로기준법, 선원법, 최저임금법, 퇴직급여법, 남녀고용평등과 일·가정 양립 지원에관한 법률(남녀고용평등법), 산업안전보건법, 산업배해보상보험법 등이 있으며, 집단적 노동관계에 포함되는 것으로는 노동조합 및 노동관계조정법(노동조합법), 공무원의 노동조합 설립 및 운영 등에 관한 법률(공무원노조법), 교원의 노동조합 설립 및 운영 등에 관한 법률(교원노조법), 노동위원회법, 근로자참여 및 협력증진에 관한 법률(근로자참여법) 등이 있다.

조건에서 부당한 차별을 받지 않도록 하는 것을 포함하도록 명시하고 있다(제32조 제3항~제5항).

3. 새로운 영역의 등장

오늘날에 와서는 노동법의 새로운 영역이 등장하고 있다. '노동시장의 법' 또는 '고용증진법'이라고 불리는 영역으로서 노동법의 전통적 체계인 개별적 노동관계법이나 집단적 노동관계법의 범주로 포함시키기 어려운 제3의 영역이라고 볼 수 있다. 이는 만성적인 고(高)실업사회로 접어들면서 많은 국가들이 고용정책을 국가의 주요한 과제로 삼고 있는 데서 비롯된 것으로, 고용정책기본법, 직업안정법, 고용보험 등이 이러한 영역에 포함될 수 있다.

제 2 절 개별적 노동관계법

Ⅰ. 개별적 노동관계법과 근로기준법

개별적 노동관계법은 근로자 개인과 사용자 사이의 근로계약 등을 중심으로 전개되는 근로관계를 대상으로 '국가의 직접적인 개입'을 예정하는 법의 분야이다. 즉 근로자와 사용자 사이에 실질적인 평등을 유지할 수 없다는 것을 전제로 국가의 직접적인 개입에 의하여 근로자를 보호하는 것을 이념으로 하는 노동법의 영역이다. 개별적 노동관계를 규율하는 법령 가운데 근로기준법은 노동관계의 기본원칙, 임금, 근로시간, 취업규칙 등의 기본적인 사항들을 포괄적으로 규정하고 있어 개별적 노동관계법의 기본법으로서의 위치를 차지하고 있다.

Ⅱ. 근로기준법의 개관

1. 근로기준법의 목적과 구성

근로기준법은 "헌법에 따라 근로조건의 기준을 정함으로써 근로자의 기본적 생활을 보장, 향상시키며 균형 있는 국민경제의 발전을 꾀하는 것"을 목적으로 한다(제1조). 근로기준법은 모두 12개의 장으로 구성되어 있으며 시행 법규에는 시행령(대통령령)과 시행규칙(고용노동부령)이 있다.

<表 구성 타이틀>

〈근로기준법의 구성〉

제1장	총칙	제2장	근로계약
제3장	임금	제4장	근로시간과 휴식
제5장	여성과 소년	제6장	안전과 보건
제6장의 2	직장 내 괴롭힘 금지		
제7장	기능습득	제8장	재해보상
제9장	취업규칙	제10장	기숙사
제11장	근로감독관 등	제12장	벌칙

2. 근로관계의 기본원칙

근로기준법은 그 해석과 적용의 기본원칙으로서 근로관계의 기본원칙에 관하여 규정하고 있다. 이 기본원칙은 (1) 근로조건의 결정에 관한 것 (2) 근로자 대우에 관한 원칙으로 구분할 수 있다.

(1) 근로조건 결정에 관한 원칙

근로기준법 제4조는 "근로조건은 근로자와 사용자가 동등한 지위에서 자유의사에 따라 결정하여야 한다"고 선언한다. 이 법상 근로조건은 최저기준이므로 제3조에서 "근로관계 당사자는 이 기준을 이유로 근로조건을 낮출 수 없다"고 규정하고 있는데, 제15조에서 "법에서 정하는 기준에 미치지 못하는 근로조건을 정한 근로계약은 그 부분에 한정하여 무효"로 하고, 무효로 된 부분은 이 법에서 정한 기준에 따르게 된다. 따라서 근로자와 사용자가 합의하여 이 법이 규정한 기준보다 낮은 근로조건에 합의하였더라도 그 합의는 효력이 없다.

(2) 근로자 대우에 관한 기본원칙

근로기준법은 제6조에서 "사용자는 근로자에 대하여 남녀의 성(性)을 이유로 차별적 대우를 하지 못하고, 국적 · 신앙 또는 사회적 신분을 이유로 근로조건에 대한 차별적 처우를 하지 못한다"라고 규정하고 있다. 이는 헌법의 차별금지 규정(제11조제1항)을 근로관계에서 구체적으로 보장하는 데 그 취지가 있는데, 여기서의 '차별'이란 근로자들을 무조건 동일하게 처우하고, 사회관념상 합리적 근거 있는 차등까지를 금지하는 것은 아니다. 따라서 직무 능력, 근로의 성과가 다른 근로자에 비해 차이가 있는 경우에는 다르게 처우할 수 있다. 또한 노무의 제공과 관련하여 폭행, 협박, 감금, 그 밖에 정신상 또는 신체상의 자유를 부당하게 구속하는 수단으로써 근로자의 자유의사에 어긋나는 근로를 강요하는 강제근로의 금지(제7조), 폭행의 금지(제8조), 법률에 따르지 아니하고 영리로 다른 사람의 취업에 개입을 금지하는 중간착취의 배제(제9조), 선거권 그 밖의 공민권 또는 공의 직무를 집행하기 위해 필요한 시간을 청구하면 사용자는 거부하지 못하도록 하는 공민권 행사의 보장(제10조)을 규정하고 있다.

3. 근로기준법의 적용

근로기준법은 모든 사업 또는 사업장에 적용되는 것은 아니다. 이 법은 근로기준법은 상시 5명 이상의 근로자를 사용하는 모든 사업 또는 사업장에 적용하는 것을 원칙으로 한다(제11조 제1항 본문).[2] 다만 상시 4명 이하의 근로자를 사용하는 사업 또는 사업장에 대하여는 그 일부 조항들만 적용되고(제11조 제2항, 시행령 7조 별표1),[3] 친족만을 사용하는 사업과 가사사용인에 대하여는 이 법의 전부가 적용하지 아니한다(제11조 제1항 단서). 그 밖에 특별법의 적용을 받는 근로자는 특별법 적용 우선의 원칙에 따라 특별법을 우선 적용되고, 특별법이 규정하지 않은 사항에 대하여 근로기준법의 적용을 받는다. 이에 해당하는 경우로는 국가공무원법 등의 적용을 받는 국가공무원, 사립학교법의 적용을 받는 사립학교 교원, 선원법의 적용을 받는 선원 등이 있다.

---

2) 근로자를 사용하여 지속적으로 사업을 수행하고 있는 모든 사업 또는 사업장은 근로기준법의 적용을 받으며 그 사업의 목적, 업종, 형태, 영리추구 여부 및 허가 유무, 국내외의 장소를 불문하므로 기업과 같은 영리단체는 물론, 국영기업체, 정부투자기관, 정부출연기관, 그 밖에 비영리적 공익목적을 추구하는 공법인, 교육·연구기관, 사회단체, 정당, 종교단체들이 운영하는 사업에도 적용된다.

3) 상시 4명 이하의 근로자를 고용하는 영세사업장에 법의 일부만을 적용하는 것은 영세사업자의 경우 법을 준수할 여건이 현실적으로 부족하고 행정감독이 곤란한 점을 고려한 입법정책적 결정이다. 헌법재판소(1999. 9. 16, 98헌마310)도 당시 퇴직금제도가 상시근로자수 5명 미만인 사업장에 적용하지 않도록 한 규정에 대해 합헌결정하였다.

III. 근로기준법상 기본개념

1. 근로자와 사용자

근로기준법은 그 적용 범위에 들어가는 사업 또는 사업장의 '근로자'와 '사용자'에게 적용된다.

(1) 근로자

근로기준법의 적용을 받는 '근로자'란 "직업의 종류와 관계없이 임금을 목적으로 사업이나 사업장에 근로를 제공하는 자"(근로기준법 제2조 제1호)를 말한다. 근로자 여부에 따라서 근로기준법의 적용 여부가 달라지기 때문에 실무상 많이 다루어지는 쟁점이라고 할 수 있다.[4] 이 규정에 따르면 먼저, '사업 또는 사업장에 사용되어 근로를 제공'하고 있어야 하므로 퇴직자나 구직자는 근로자가 아니다. 다음으로 이 법에서 말하는 근로자는 '직업의 종류'와는 아무런 관계가 없다. 따라서 육체노동에 종사하는 자는 물론이며, 정신노동 또는 서비스업에 종사하는 근로자를 모두 포함한다. 근로기준법상 근로자가 되기 위해서는 사업이나 사업장에서 '근로를 제공'하여야 하는데, 여기서 근로는 '종속근로관계'에서 이를 제공하는 것이어야 한다. 어떤 사람이 종속근로관계에 있는가에 대해서는 우리 판례[5]가 구체적인 판단 기준을 제시하고 있다.[6]

---

4) 근로기준법상 근로자 개념은 최저임금법, 임금채권보장법, 산업안전보건법, 산재보험법, 퇴직급여법 등에서도 그대로 사용하고 있다.

5) 대법 2006. 12. 7. 2004다29736 판례에 따르면 "① 업무 내용을 사용자가 정하고 취업규칙 또는 복무(인사)규정 등의 적용을 받으며 업무 수행 과정에서 사용자가 상당한 지휘·감독을 하는지 ② 사용자가 근무시간과 근무장소를 지정하고 근로자가 이에 구속을 받는지 ③ 노무 제공자가 스스로 비품·원자재나 작업 도구 등을 소유하거나 제3자를 고용하여 업무를 대행케 하는 등 독립하여 자신의 계산으로 사업을 영위할 수 있는지 ④ 노무 제공을 통한 이윤의 창출과 손실의 초래 등 위험을 스스로 안고 있는지 ⑤ 보수의 성격이 근로 자체의 대상적 성격인지 ⑥ 기본급이나 고정급이 정하여졌는지 및 근로소득세의 원천징수 여부 등 보수에 관한 사항, ⑦ 근로 제공 관계의 계속성과 사용자에 대한 전속성의 유무와 그 정도 ⑧ 사회보장제도에 관한 법령에서 근로자로서 지위를 인정받는지 등 경제적·사회적 여러 조건을 종합하여 판단해야 하며, 다만 ⑨ 기본급이나 고정급이 정하여졌는지, 근로소득세를 원천징수하였는지, 사회보장제도에 관하여 근로자로 인정받는지 등의 사정은 사용자가 경제적으로 우월한 지위를 이용하여 임의로 정할 여지가 크기 때문에, 그러한 점들이 인정되지 않는다는 것만으로 근로자성을 쉽게 부정하여서는 안 된다"고 한다.

(2) 사용자

근로기준법상 '사용자'는 이 법을 지켜야 할 의무자이고, 의무위반의 경우에 처벌 등을 받는 책임자이다. 근로기준법은 이러한 사용자에 사업의 이익 귀속 주체인 '사업주' 뿐만 아니라, '사업의 경영담당자' 또는 '그 사업의 근로자에 관한 사항에 대하여 사업주를 위하여 행동하는 자' 까지도 포함하고 있다(제2조 제1항 제1호). 이처럼 근로기준법상 사용자 개념은 광범위한 것으로 이에 따르면 근로계약상으로는 근로자임에도 불구하고 중첩적으로 사용자의 지위에 있는 사람이 있을 수 있다.7)

2. 근로계약과 취업규칙

(1) 근로계약과 체결 방법

'근로계약'은 근로자가 사용자에게 근로를 제공하고 사용자는 이에 대하여 임금을 지급하는 것을 목적으로 체결된 계약을 말한다(제2조 제1항 제4호). 일과 관련된 계약은 현실에 있어서 민법상 고용, 도급, 위임 등의 형태로 다양하게 존재하지만, 근로기준법상 근로계약은 근로자가 사용자의 지휘·명령에 따라서 노동력을 제공해야 하는 사용종속관계에 있음을 전제로 하는 데 차이가 있다.8) 한편, 근로계약은 체결은 서면만이 아니라 구두의 방법으로도 가능하나, 근로기준법은 사용자에게 근로계약을 체결할 때 임금, 소정근로시간, 주휴일, 연차유급 휴가 등 주요 근로조건을 명시할 것을 요구하며, 특별히 임금의 구성항목·계산

---

6) 이와 같은 판단 기준에 따라 판례는 보험회사나 우체국 등에 전속되어 보험상품을 판매하는 보험설계사, 골프장 시설운영자와 아무런 계약을 맺지 않고 내장객의 경기를 보조하여 수수료를 받는 캐디, 배달대행 업체에 소속되어 자신의 스마트폰에 애플리케이션을 설치하고 오토바이로 배달 업무를 수행하는 배달원의 근로자성을 부인했다.

7) 예를 들어 기업체의 중간관리자는 '근로자에 관한 사항에 대하여 사업주를 위하여 행위하는 자'에 해당되어 근로기준법상 '사용자'임에도 사업주 또는 사업의 경영담당자와 관계에서는 임금을 목적으로 그의 지휘명령을 받는 종속관계에 있기 때문에 근로기준법상 '근로자'이다.

8) 대법원 판례는(2017. 1. 25, 2015다59146) 무엇이 근로계약에 해당하는지 여부와 관련하여 계약의 형식이 고용계약인지 도급계약인지 위임계약인지보다는 "근로 제공 관계의 실질이 근로 제공자가 사업 또는 사업장에 임금을 목적으로 종속적인 관계에서 사용자에게 근로를 제공" 하였는지에 따라 판단한다고 하였다.

방법·지급방법 등은 근로자의 요구가 없더라도 서면을 교부하여야 한다(제17조 제1항, 제2항).9) 근로기준법은 근로계약의 체결과 관련하여 사용자와 근로자 본 인이 직접 체결해야 한다. 근로자가 미성년자(만 19세 미만자)인 경우에도 친권자 나 후견이 근로계약을 대리할 수 없다(제67조 제1항). 이는 미성년자의 의사에 반 한 강제근로를 방지하기 위한 조치이다.10)

(2) 취업규칙과 작성·변경 절차

'취업규칙'이란 사용자가 다수 근로자에게 획일적으로 적용하기 위하여 그 근로조건에 관하여 설정한 준칙이라고 정의할 수 있다. 구체적으로는 사규, 인 사규정, 보수규정, 복무규정 등이 이에 해당하나 복무규율과 임금 등 근로조건 에 관한 준칙의 내용을 담고 있으면 그 명칭을 불문한다. 사용자는 다수 근로자 가 취업하는 경우에 이들의 근로조건을 공평·통일적으로 설정하는 것이 효율 적인 사업 경영을 위하여 필요하게 된다. 이 때문에 본래 사용자와 개별 근로자 사이의 합의로 결정해야 할 근로조건이 실제로는 취업규칙에 의해 결정되는 경 우가 많게 된다. 노동조합원이 있는 기업에서는 단체협약으로 근로조건을 정하 더라도 비조합원을 포함한 전체 근로자에게 적용하려면 취업규칙이 필요하고, 특히 노동조합이 없는 대다수의 기업에서 취업규칙은 근로계약의 내용을 세부 적으로 정하는 거의 유일한 준칙이 된다. 취업규칙의 이러한 기능 때문에 근로 기준법은 취업규칙에 대하여 작성·변경의 절차 등에 관해 규제를 하고 있는데, 근로기준법은 상시 10명 이상의 근로자를 사용하는 사용자에게 취업규칙을 작 성하여 고용노동부장관에게 신고 의무를 부과하고 있다(제93조). 취업규칙을 작 성할 때에는 근로자대표의 의견을 들어야 하고 이를 변경할 경우에도 동일하나, 근로자에게 불리하게 변경하는 경우에는 근로자대표의 동의를 얻도록 하고 있 다(제93조, 제94조 제1항).

---

9) 사용자가 근로계약을 체결할 때 명시한 근로조건이 사실과 다를 경우 근로자는 근로조건 위반 으로 손해배상을 청구할 수 있고 즉시 해제할 수 있는데, 근로자가 손해배상을 청구하는 경우 노동위원회에 신청할 수 있다(제19조).
10) 다만, 친권자와 후견인 또는 고용노동부장관은 근로계약이 미성년자에게 불리하다고 일정하는 경우에는 이를 해지할 수 있다(제67조 제2항).

Ⅳ. 근로조건의 기준

1. 임금

(1) 임금의 의의

임금은 근로조건 가운데 가장 핵심적인 것이다. 임금은 근로자가 근로를 하는 주요한 이유이고, 생계유지의 수단이며 각종 수당이나 퇴직금, 재해보상금, 근로소득세, 사회보험료 등의 산정기초가 되기도 한다. 또한 임금은 근로기준법의 보호를 받을 수 있는 근로자 여부를 결정하는 기준이 되기도 한다. 그런데 근로자가 일하며 받는 금품이 모두 근로기준법에 말하는 임금으로 인정되는 것은 아니다. 임금의 개념에 대하여 근로기준법은 "사용자가 근로의 대가로 근로자에게 임금, 봉급, 그 밖에 어떠한 명칭으로든지 지급하는 일체의 금품"이라고 정의하고 있다(제2조 제1항 제5호). 이 개념에 따를 때 근로기준법상 '임금'으로 인정받기 위해서는 일정한 요건을 갖추어야 하는데, 먼저 사용자가 근로자에게 지급하는 것이어야 한다. 이에 따르면 고객이 종업원에 주는 사례비(tip)는 일반적으로 임금은 아니다. 또한 임금은 '근로의 대가', 즉 근로제공에 대한 반대급부로 지급하는 것이어야 한다. 이에 따르면 출장비 등의 실비변상적 급여나, 조위금, 격려금 등 의례적·호의적 급여는 임금이 아니다.

(2) 임금의 유형과 산정

근로기준법은 임금을 산정하는 기초를 통상임금과 평균임금으로 구분하고, 각종 법정수당과 보상금 산정 시 통상임금과 평균임금 중 하나를 기준하여 산정하도록 규정하고 있다. '통상임금'이란 "사용자가 근로자에게 정기적·일률적으로 소정근로 또는 총근로에 대하여 지급하기로 정하여진 임금(시간금금액·일금액·주급금액·월급금액 또는 도급금액)"을 말한다(시행령 제6조 제1항). 통상임금의 개념에 관하여 논란이 많았는데, 2013년 대법원 합의체 판결[11]이 논란을 정리하는 판결을 내놓았다. 이 판결에 따르면 통상임금이 되려면 ① 일정한 간격을 두고 정기적으로 지급되는 것 ② 일률적으로 지급되는 것 ③ 고정적으로 지급되

---

11) 대법 2013. 12. 18., 2012다83399; 2012다94643(전합).

는 것, 즉 근로자가 소정 근로를 제공하기만 하면 그 업적·성과 등 추가적인 조건의 충족 여부와 관계 없이 당연히 지급되는 것이어야 한다고 한다.[12] 통상임금을 기준으로 산정되는 임금 또는 수당에는 해고예고수당(제26조), 연장·휴일·야간근로수당(제56조), 연차휴가수당(제60조 제5항) 등이 있다. '평균임금'이란 "이를 산정하여야 할 사유가 발생한 날 이전 3개월 동안에 그 근로자에게 지급된 임금의 총액을 그 기간의 총일수로 나눈 금액"을 말한다. 평균임금은 휴업수당(제46조), 재해보상금(제79조 등). 감급제재 한도액(제95조), 퇴직금(퇴직급여법 제8조 제1항) 등에 산정하는 기준이 된다.

(3) 임금의 지급원칙

근로기준법은 임금의 지급원칙에 대해 규정하고 있는데, 이에 따르면 임금은 통화로 지급(통화지급의 원칙)하여야 하고, 근로자 본인에게 직접지급(직접지급의 원칙)하며, 법령이나 단체협약에 특별한 규정이 없는 한 전액지급(전액지급의 원칙)되어야 한다. 또한 임금은 매월 1회 이상 일정한 날짜를 정하여 지급(정기지급의 원칙)하여야 한다(제43조). 이 규정은 사용자에 의한 임금 체불을 방지하고 임금의 충실한 지급을 보장하기 위한 것으로 이를 위반한 자는 형사처벌이 부과될 수 있다(제109조 제1항).

(4) 최저임금제도

'최저임금제도'란 국가가 임금의 최저수준을 정하고 사용자에 대하여 그 준수를 법적으로 강제하는 제도이며, 최저임금법이 제정·시행되고 있다. 최저임금법은 근로자를 사용하는 모든 사업 또는 사업장에 적용하며, 고용노동부장관은 다음 연도 1월 1일부터 효력이 발생하는 최저임금을 매년 8월 5일까지 결정하여 고시한다. 사용자는 최저임금의 적용을 받는 근로자에게 최저임금 이상의 임금을 지급하여야 하고, 근로자와 사용자 사이의 근로계약 중 최저임금액에 미치지 못하는 금액을 임금으로 정한 부분은 무효로 하며, 이 경우 무효로 된 부분은 이

---

12) 최근 대법원 전원합의체 판결(대법 2024. 12. 19, 2020다247190; 2013다302838 전합)은 2013년 판결(위 각주 11) 이후 11년 만에 통상임금 판단기준에서 '고정성'의 요건을 폐기하였다.

법으로 정한 최저임금액과 동일한 임금을 지급하기로 한 것으로 본다(제6조).

2. 근로시간

근로시간은 임금과 함께 가장 중요한 근로조건의 요소이다. 일반적으로 근로시간은 근로자가 사용자의 지휘·감독을 받으며 근로계약상의 근로를 제공하는 시간으로서 작업의 개시로부터 종료까지의 시간에서 휴게시간을 제외한 실 근로시간을 의미한다.

(1) 법정근로시간

'법정근로시간'이란 법령이 사용자가 근로를 시킬 수 있는 한도를 정한 시간을 의미하는 것으로, 근로기준법은 법정근로시간을 18세 이상 근로자(일반근로자), 15세 이상 18세 미만 근로자(연소근로자)로 나누어 다르게 규정하고 있다.[13]

① 18세 이상 일반근로자의 법정근로시간은 휴게시간을 제외하고 '1주간에 40시간, 1일에 8시간'을 초과할 수 없다(제50조 제1항).

② 15세 이상 18세 미만의 연소근로자의 경우 '1일에 7시간, 1주에 35시간'을 초과하지 못한다(제69조). 근로기준법이 연소근로자의 근로시간을 구분한 것은 헌법 제32조 제5항에서 근거한 것으로 신체적·정신적으로 약자이면서 의무교육을 받아야 할 시기에 있는 연소자를 특별히 보호하려는 데 취지가 있다.

(2) 연장근로와 제한

'연장근로'란 법률이 정한 요건과 한도 내에서 법정근로시간을 초과하는 근로를 말하는 것으로 근로기준법은 연장근로를 '시간외근로'(제71조)라고 한다, 그 중 특별히 오후 10시부터 오전 6시까지 사이의 근로를 '야간근로', 휴일에 하는 근로를 '휴일근로'라고 한다. 근로기준법은 18세 이상자의 경우 당사자간에 합의하면 1주간에 12시간을 한도로 법정근로시간을 연장할 수 있으며(제53조), 이 경우 '1주'란 휴일을 포함한 7일을 의미(제2조 제1항 제7호)한다.

---

13) 산업안전보건법은 고기압 작업 종사자의 법정근로시간을 별도로 규정하고 있다. 이에 따르면 잠함·잠수작업 등 고기압에서 행하는 작업에 종사하는 근로자에 대하여는 '1일 6시간, 1주 34시간'을 초과하여 근로하게 하는 것을 금지하고 있다(산업안전보건법 제139조 제1항).

3. 휴일과 휴가

(1) 휴일

‘휴일’이란 근로자 전체 또는 상당수가 근로를 하지 않기로 정해진 날을 말하며, 일반적으로 취업규칙 등에서 휴일을 특정한다. 근로기준법은 사용자가 근로자에게 ‘주휴일’과 ‘공휴일’의 두 가지 유급휴일을 주도록 규정하고 있다. 먼저 주휴일에 대해 사용자는 근로자에게 1주에 평균 1회 이상의 유급휴일을 보장해야 한다(제55조 제1항). 1주일의 주휴일은 어느 요일로 하든 관계없고 계절에 따라 또는 부서나 직종에 따라 요일을 달리할 수도 있다. 근로기준법과 시행령은 사용자는 근로자에게 관공서의 공휴일에 관한 규정(대통령령)에 따른 공휴일(일요일은 제외)과 대체공휴일을 유급으로 보장해야 한다고 규정하고 있다(제55조 제2항, 시행령 제30조 제2항). 주휴일과 공휴일 모두 ‘유급으로 보장’하는 것은 근로제공을 하지 않더라도 근로제공을 한 것으로 보아 임금이 지급된다는 의미이다.

(2) 휴가

근로기준법상 휴가는 크게 본래의 연차휴가와 월차형 휴가로 나누어진다. 먼저 본래의 연차휴가는 1년 동안 80% 이상 출근한 근로자에 15일의 유급가를 주어야 하고, 3년 이상 계속 근로한 근로자에게 기본휴가 15일에 최초 1년을 초과하는 계속 근로연수 매 2년에 대하여 1일을 가산한 유급휴가(총 휴가일수는 25일 한도)를 주어야 한다(제60조 제4항). 월차형 휴가는 계속근로기간이 1년 미만인 근로자 또는 1년 동안 80% 미만 출근한 근로자에게 1개월 개근 시 1일의 유급휴가를 주어야 한다(제60조 제2항).

V. 연소자와 여성의 보호

헌법은 연소자와 여성의 근로에 대하여 특별한 보호를 선언하고 있다(제32조 제4항·제5항). 이에 따라 우리 근로기준법도 연소자와 여성에 대한 보호의 내용을 구체적으로 규정하고 있다.

1. 연소자의 보호

근로기준법은 15세 미만인 자(중학교에 재학 중인 18세 미만인 자 포함)는 근로자로 사용하는 것을 금지하고 있다(제64조 제1항 본문). 이는 근로에 종사함으로써 의무교육을 소홀히 하는 일이 없도록 하기 위하여 근로자로 사용할 수 있는 최저 연령을 15세로 규정한 것이다.14) 근로기준법은 성장 과정에 있는 연소자의 도덕과 정신적·육체적 건강을 지키기 위하여 사용자는 도덕상·보건상 유해·위험한 사업으로서 시행령으로 정한 직종에 사용하지 못하고(제65조 제1항·제3항), 사용자는 연소자에게 야간근로나 휴일근로를 시키지 못한다고 규정하고 있다(제70조 제3항).

2. 여성의 보호

(1) 업무 및 근로시간의 제한

근로기준법은 임신 중이거나 산후 1년이 지나지 않은 여성(임산부)은 도덕상·보건상 유해·위험한 사업으로서 시행령으로 정한 직종에 사용하지 못한다고 규정하고 있다(제65조 제1항·제3항). 임산부가 아닌 18세 이상의 여성은 보건상 유해·위험한 사업 중 임신 또는 출산에 관한 기능에 유해·위험한 사업으로서 시행령으로 정한 직종에 사용하지 못하며(제65조 제2항·제3항), 갱내 근로를 시키지 못한다(제72조). 근로기준법은 또한 사용자가 임신 중인 여성 근로자에게 시간외근로를 시키는 것을 금지하고 있고(제74조 제5항), 산후 1년이 지나지 않은 여성근로자에게는 단체협약이 있는 경우에라도 1일에 2시간, 1주에 6시간, 1년에 150시간을 초과하는 시간외근로를 시키는 것을 금지하고 있으며(제71조), 임산부에게 야간근로나 휴일근로를 시키지 못하도록 규정하고 있다(제70조).

(2) 출산전후휴가 및 유사산휴가의 부여

근로기준법은 사용자는 임신 중인 여성에게 출산 전과 출산 후를 통하여 90

---

14) 근로기준법은 15세 미만인 자라도 시행령으로 정하는 기준에 따라 고용노동부장관이 발급한 취직인허증을 지닌 자는 근로자로 사용하는 것을 예외적으로 허용하고 있다(제64조 제1항 단서).

일(미숙아를 출산한 경우에는 100일, 한 번에 둘 이상 자녀를 임신한 경우에는 120일)의 출산 전후휴가를 주어야 하고, 그 기간의 50% 이상이 출산 후로 배정되어야 한다(제 74조 제1항). 사용자는 임신 중인 여성이 유산 또는 사산한 경우로서 그 근로자가 청구하면 시행령으로 정하는 바에 따라 유산·사산 휴가를 주어야 한다. 다만, 모자보건법상 인공 임신중절 수술 따른 유산의 경우는 제외한다(제74조 3항).[15]

VI. 노동관계의 종료

노동관계는 해고, 사직, 합의해지, 계약기간의 만료, 정년의 도달 등으로 종료·소멸되는데, 근로기준법은 해고에 관해서만 규정하고 있다. '해고'는 사용자의 일방적 의사표시로 근로계약관계를 종료시키는 것이다. 민법상으로는 광범위한 해지의 자유를 가지나 경제적·사회적으로 약자의 지위에 있는 근로자에게 해고는 대부분의 경우 직장상실의 위험을 의미하게 된다. 이에 따라 근로기준법은 해고의 자유를 여러 방면에서 제한하고 있는데 ① 정당한 이유 없는 해고의 금지 ② 정리해고의 제한 ③ 해고 기간 및 절차 등에 관한 제한이 그것이다. 한편 해고는 근로자측 사정에 따른 해고와 사용자측 사정에 따른 해고인 경영상 이유에 따른 해고(정리해고)로 나누어진다.

1. 정당한 이유가 없는 해고의 금지

근로기준법은 정당한 이유 없는 해고(부당해고)를 금지하고 있다(23조 제1항). 이 규정은 근로기준법상 해고제한 규정 전체에 대하여 기본원칙으로서 의미가 있는데, 여기서 '정당한 이유'가 구체적으로 무엇을 의미하는지에 관한여 근로기준법은 규정을 두고 있지는 않다. 판례[16]에 따르면 '정당한 이유'란 "사회통념상 고용관계를 유지할 수 없을 정도로 근로자에게 책임이 있는 사유가 있거나 부득이한 경영상의 필요가 있는 경우"를 말한다고 하고, 고용관계를 계속할 수 없을 정도인지 여부는 "사업의 목적·성격, 사업자의 여건, 근로자의 지위·직무

---

15) 사용자는 출산전후 휴가 및 유사산휴가 중 최초 60일(한 번에 둘 이상 자녀를 임신한 경우에는 75일)은 유급으로 한다(제74조 제4항).
16) 대법 2003.7.8. 2001두8018 등.

의 내용, 비행행위의 동기·경위, 그 행위의 기업질서에 대한 영향, 과거의 근무태도 등 여러 사정을 종합적으로 검토하여 판단"해야 한다고 한다. 사용자가 정당한 이유 없이 근로자를 해고한 것에 대한 벌칙은 없다. 그러나 해당근로자는 노동위원회에 신청하여 구제를 받을 수 있고(제28조 제1항), 법원에 제소하여 구제를 받을 수도 있다. 또한 정당한 이유 없이 한 해고는 무효가 된다.

2. 정리해고의 제한

정리해고란 사용자측 사정에 따른 해고를 말하는데, 근로자측 사정에 따른 해고보다 일반적으로 대상 인원이 많고, 사회문제가 될 우려가 높아서 근로기준법은 여러 방면에서 엄격하게 제한하고 있다. 근로기준법은 사용자가 정리해고를 하기 위해서는 ① 긴박한 경영상의 필요가 있어야 한다. 이 경우 경영 악화를 방지하기 위한 사업의 양도·인수·합병은 긴박한 경영상의 필요가 있는 것으로 본다. ② 해고를 피하기 위한 노력을 다하여야 한다. ③ 정리해고 시 합리적이고 공정한 해고의 기준을 정하고 이에 따라 그 대상자를 선정하여야 한다. 이 경우 남녀의 성을 이유로 차별하여서는 아니 된다. ④ 해고를 피하기 위한 방법과 해고의 기준 등에 관하여 그 사업 또는 사업장에 근로자의 과반수로 조직된 노동조합이 있는 경우에는 그 노동조합(근로자의 과반수로 조직된 노동조합이 없는 경우에는 근로자의 과반수를 대표하는 자를 말한다. 이하 "근로자대표"라 한다)에 해고를 하려는 날의 50일 전까지 통보하고 성실하게 협의하여야 한다(제24조 제1항, 제2항). 한편 근로기준법상 이들 요건을 갖추어 근로자를 해고한 경우에는 앞서 언급한 정당한 이유가 있는 해고를 한 것으로 본다(제24조 제5항).

3. 해고의 기간 및 절차 등에 관한 제한

근로기준법은 근로자가 업무상 부상 또는 질병의 요양을 위하여 휴업한 기간과 그 후 30일 동안 또는 산전·산후의 여성이 이 법에 따라 휴업한 기간과 그 후 30일 동안은 해고를 금지하고 있다(제23조 제1항 본문). 사용자는 근로자를 해고(정리해고를 포함)하려면 적어도 30일 전에 예고를 하여야 하고, 30일 전에 예고를 하지 아니하였을 때에는 30일분 이상의 통상임금을 지급하여야 한다. 이는 해고된 근로자에게 새 직장을 구할 수 있는 시간적 또는 경제적 여유를 주려는 것인데, 이를 위반하면 벌칙(제110조)이 적용된다.[17] 사용자가 근로자를 해고하려면 해고의 사유와 시기를 서면으로 통지해야 한다(제27조 제1항). 사용자가 서면 통지 규정을 위반하여 근로자를 해고한 것에 대한 벌칙은 없다. 그러나 근로기준법은 근로자에 대한 해고는 서면으로 통지하여야 효력이 있다고 규정(제27조 제2항)하고 있어서, 이 규정에 위반한 해고의 통지는 무효이다.

제 3 절 집단적 노동관계법

Ⅰ. 집단적 노동관계법과 노동조합 및 노동관계조정법

1. 의의

노동법 가운데 근로자단체와 사용자 또는 사용자단체 간의 집단적인 노사관계를 규율하는 법 영역이 집단적 노동관계법이다. 집단적 노동관계법은 근로자 자주적으로 형성한 단결체를 통하여 사용자와 자치적으로 노사관계를 형성할 수 있도록 조성하는 법 영역이다.

2. 특성

(1) 노동3권의 구현

헌법은 "근로자는 근로조건의 향상을 위하여 자주적인 단결권, 단체교섭권 및 단체행동권을 가진다"고 규정하고 있다(33조 제1항). 이는 집단적 노동관계의 법적 규율에 관한 기본원칙을 천명한 것이다. 단체교섭을 통한 근로조건의 대등한 결정과 단체교섭의 조성을 기본적인 목적으로 하여 보장된 것이 노동3권인데, 집단적 노동관계법은 바로 노동3권을 보장하고 이를 구현하는 것을 목표로 한다.

---

17) 근로기준법은 (1) 근로자가 계속 근로한 기간이 3개월 미만인 경우 (2) 천재·사변, 그 밖의 부득이한 사유로 사업을 계속하는 것이 불가능한 경우 (3) 근로자가 고의로 사업에 막대한 지장을 초래하거나 재산상 손해를 끼친 경우로서 고용노동부령으로 정하는 사유에 해당하는 경우에 해고의무가 배제된다고 규정하고 있다(제26조 단서).

(2) 노사자치의 강조

집단적 노동관계법에서는 집단적 노사자치의 원칙이 중요하다. 노사간의 자치적 규율과 해결을 존중하고 촉진해야 하므로, 국가의 개입은 제한적·예외적으로 이루어져야 한다.

(3) 조직법과 집단적 활동법

노동3권의 실질적인 주체는 근로자의 단결체이다. 이에 따라 집단적 노동관계법은 조직법과 집단적 활동법으로서의 성격을 갖게 된다. 이러한 측면에서 개별적 근로관계법과는 다른 특성이 있는데, 먼저 개별적 근로관계법이 법이 규정한 권리에 관한 분쟁에 적용되는 데 비해, 집단적 노동관계법은 노동조합과 사용자 사이의 집단적 분쟁과 이익분쟁에 적용되는 경향이 강하다. 또한 보호의 대상인 근로자의 개념에서도 차이가 있다. 즉 개별적 근로관계법이 '현실적으로 근로를 제공하는 자에 대한 국가의 관리·감독이 필요한가'라는 관점에서 제정된 것인 반면, 집단적 노동관계법은 '노무공급자들 사이의 단결권 등을 보장해 줄 필요성이 있는가?'라는 관점에서 제정된 것이어서 집단적 노동관계법의 기본이 되는 노동조합법도 근로자의 개념을 확대해서 정의하고 있다.[18] 이러한 근로자의 개념 차이에서 구직자, 실업자가 노동조합법상 근로자의 범위에 포함되게 된다.

3. 노동조합 및 노동관계조정법

집단적 노동관계법에 포함되는 법령에는 헌법 제33조를 정점으로 노동조합 및 노동관계조정법, 공무원노조법, 교원노조법, 노동위원회법 등이 있는데, 이 가운데 가장 기본이 되는 것이 노동조합 및 노동관계 조정법이다.

---

18) 근로기준법 제2조 제1항 제1호는 근로자란, "직업의 종류와 관계없이 임금을 목적으로 사업이나 사업장에 근로를 제공하는 사람을 말한다"고 정의하고 있는 반면, 노조법 제2조 제1호는 근로자란, "직업의 종류를 불문하고 임금·급료 기타 이에 준하는 수입에 의하여 생활하는 자를 말한다"고 정의한다.

〈노동조합 및 노동관계조정법의 구성〉

제1장	총칙	제2장	노동조합
제3장	단체교섭 및 단체협약	제4장	쟁의행위
제5장	노동쟁의의 조정	제6장	부당노동행위
제7장, 제8장	보칙, 벌칙		

II. 노동조합

1. 노동조합의 조직형태

노동조합은 사회생활 속에서 조직되어 활동하는 실체로서 다양한 조직형태를 가지고 있다. 그 조직대상에 따라 ① 특정 직업 또는 직종에 종사하는 근로자를 대상으로 하는 '직업별 노조' ② 특정 산업 또는 업종에 종사하는 근로자를 조직대상으로 하는 '산업별 노조' ③ 특정한 기업에 소속되어 있는 근로자를 조직대상으로 하는 '기업별 노조' ④ 산업이나 직종 소속 기업에 관계없이 근로자를 조직하는 '일반 노조'로 나누어진다. 또한 근로자 개인을 구성원으로 하는가 아니면 노동조합이라는 단체를 구성원으로 하는가에 따라 '단위노조'와 '연합체 노조'로 나누어진다. 우리나라나 일본에서는 기업별 단위노조가 지배적인 반면, 유럽이나 미국에서는 산업별 단위노조나 직업별 단위노조가 지배적이다.

2. 노동조합의 요건

노동조합은 사회생활 가운데 일정한 목적으로 가지고 조직되어 활동하는 실체일 수 있지만, 법적으로 일정한 요건을 갖추어야 노동조합으로 인정되고 법적으로 보호받는다.

(1) 실체적 요건

노동조합법은 노동조합을 "근로자가 주체가 되어 자주적으로 단결하여 근로조건의 유지·개선 기타 근로자의 경제적·사회적 지위의 향상을 도모함을 목적으로 조직하는 단체 또는 그 연합단체"로 정의(제2조 제4호 본문)하면서 ① 사

용자 또는 항상 그의 이익을 대표하여 행동하는 자의 참가를 허용하는 경우 ②
경비의 주된 부분을 사용자로부터 원조받는 경우 ③ 공제 · 수양 기타 복리사업
만을 목적으로 하는 경우 ④ 근로자가 아닌 자의 가입을 허용하는 경우 ⑤ 주
로 정치운동을 목적으로 하는 경우 중 어느 하나에 해당하면 "노동조합으로 보
지 아니한다"고 규정하고 있다(제2조 제4호 각목 단서). 노동조합법은 노동조합 정
의 규정을 통해 노동조합으로 보호받기 위한 실체적 요건을 정하고 있는데, 그
가운데 위 제2조 제4호의 본문 규정을 강학상 '적극적 요건'이라 하고, 단서에
서 규정하는 다섯 가지 요건을 '소극적 요건'이라고 한다.

(2) 절차적 요건

우리 노동조합법은 "근로자는 자유로이 노동조합을 조직할 수 있다"고 규정
(제5조 제1항 본문)하면서도, 노동조합을 설립하고자 하는 자는 일정한 사항을 기
재한 신고서에 규약을 첨부하여 행정관청에 제출하도록 하는(제10조) '설립신고
제도'를 체택하고 있다. 우리 노동조합법이 노동조합 자유설립과 함께 노동조합
설립신고제도를 채택한 취지는 행정관청이 그 재량에 따라 노동조합의 존립을
허가하거나 근로자의 단결권 행사를 제약하기 위한 것이 아니라, 노동조합의 조
직체계에 대한 행정관청의 효율적인 정비 · 관리를 통하여 노동조합이 자주성과
민주성을 갖춘 조직으로 보호 · 육성하는 데 있다고 할 수 있다. 노동조합이 설
립신고서를 접수한 때 행정관청은 보완요구나 신고서 반려사유가 있는 경우[19]
를 제외하고는 3일 이내에 신고증을 교부하라고 규정하고 있다(제10조 제1항). 이
경우 노동조합이 신고증을 교부받은 경우에는 설립신고서가 접수된 때에 설립
된 것으로 본다(제12조 제4항).

---

19) 행정관청이 보완을 요구하는 경우로는 대통령(제9조)이 구체적으로 규정하고 있는데, 이에 따
  르면 설립신고서에 규약이 첨부되어 있지 아니하거나 설립신고서 또는 규약의 기재사항 중 누
  락 또는 허위사실이 있는 경우 등이다. 또한 설립신고서를 반려하는 경우로는 위에서 언급한
  실체적 요건 중 소극적 요건에 해당하는 경우, 보완을 요구했음에도 기간 내에 보완을 하지
  않는 경우이다(제12조제4항).

(3) 노동조합으로서 보호

노동조합법은 실질적 요건을 갖추고 신고증을 교부받은 노동조합(이를 '법내노조'라고 부른다)만이 노동조합이라는 명칭을 사용할 수 있고, 노동위원회에 자신의 이름으로 노동쟁의조정 및 부당노동행위의 구제를 신청할 수 있으며, 그 밖에 법인격의 취득, 조세의 면제, 각종 국가나 공익기구에 근로자대표의 추천권 등의 특별한 보호를 누린다. 다만 이 법에 따라 설립된 법내노조가 아니더라도, 실체적 요건을 갖춘 경우를 '헌법상노조'라고 부르는데, 헌법상노조는 법내노조에게만 인정되는 특별한 보호를 받지 못하지만 사용자와 단체교섭을 할 수도 있고 쟁의행위도 할 수 있으며 그 쟁의행위가 정당성을 갖춘 경우에는 민·형사상 면책을 받을 수도 있다.

III. 단체교섭

1. 의의와 기능

단체교섭은 다의적 개념이지만, 법적으로는 노동조합이나 그 밖의 노동단체가 교섭대표를 통하여 사용자측과 근로조건 등에 관하여 합의에 도달할 목적으로 교섭하는 것을 말한다. 단체교섭은 노동조합 등 단결력을 배경으로 교섭하는 것이므로, 사용자와 근로자가 개별적으로 정하는 것보다 근로자에게 유리하다. 또한 단체교섭의 과정에서는 노사간의 갈등도 생기지만 일단 타결하면 노사간에 평화와 협력의 분위기를 가져다주기도 한다.

2. 단체교섭의 법적 보호

단체교섭의 기능을 고려하여 현행법은 단체교섭을 두텁게 보호하는 태도를 두고 있다. 노동조합법은 노동조합의 정당한 단체교섭에 대하여 민·형사책임을 면제하고(제3조·제4조), 사용자에게 성실교섭의무를 부과하며(제30조 제2항), 단체교섭과 관련된 노동조합의 정당한 업무활동에 대하여 사용자의 불이익취급을 금지하고 있다(제81조 제1항 제1호). 이 밖에도 일정한 한도에서 노동조합의 전임자가 유급으로 근무시간 중에 단체교섭 업무에 종사하는 것을 허용하고(제24조 제4항), 단체교섭의 결과물인 단체협약에 정한 근로조건 기타 근로자의 대우에 관한 기준에 위반하는 취업규칙 또는 근로계약의 부분은 무효로 하는 법규범적 효력을 부여하고 있다(제33조).

3. 단체교섭의 주체

(1) 단체교섭의 당사자와 담당자

단체교섭의 주체는 당사자와 담당자의 문제로 나누어지는데 '단체교섭의 당사자'란 단체교섭을 하고 단체협약을 체결할 수 있는 자를 말한다. 근로자측에서는 노동조합이 교섭당사자가 되고, 사용자측에서는 사용자 또는 사용자단체가 교섭당사자가 된다(제29조 제1항, 제30조 제1항). '교섭담당자'는 현실적으로 상대방과 협상을 하고 단체협약을 작성하여 이에 서명하는 행위를 하는 자를 말한다. 근로자 측에서는 본래 노동조합의 대표자는 당연히 교섭담당자가 되고, 사용자측에서는 교섭당사자가 개인사업인 경우에는 사업주 본인이, 법인인 경우에는 그 대표자가 당연히 교섭담당자가 된다. 교섭당사자인 노동조합과 사용자는 본래 노동조합 대표자와 사업주에게 있는 단체교섭이나 단체협약의 체결권한을 자유롭게 타인에게 위임할 수 있으며, 위임을 받은 수임자는 위임받은 범위에서 그 권한을 행사할 수 있다(제29조 제4항).

(2) 복수노조 교섭창구 단일화

노동조합법은 하나의 사업 또는 사업장에서 조직형태에 관계없이 근로자가 설립하거나 가입한 노동조합이 2개 이상인 경우 노동조합은 교섭대표노동조합(2개 이상의 노동조합 조합원을 구성원으로 하는 교섭대표기구를 포함한다)을 정하여 교섭을 요구하여야 한다고 규정하고 있다(제29조의 2 제1항). 하나의 사업에 2개 이상의 노동조합이 각각 사용자와 개별적으로 교섭하도록 허용하면 노동조합 사이의 경쟁과 사용자의 교섭비용 증가 등으로 단체교섭이 효율적으로 진행되기 어렵게 될 우려가 있다는 점에서 설정한 규정이다.[20] 노동조합법상 교섭창구 단일

---

20) 다만 노동조합법은 교섭대표노동조합을 자율적으로 결정하는 기한 내에 사용자가 교섭창구 단

화 절차를 통해 결정된 교섭대표노조는 배타적 교섭권한을 갖게 되는데, 이 경우 독자적으로 단체교섭권을 행사할 수 없는 소수노조를 보호하기 위해 노동조합법은 교섭대표노조와 사용자가 교섭창구 단일화 절차에 참여한 노동조합 또는 그 조합원간에 합리적 이유없이 차별을 금지하는 공정대표의무를 규정하고 있다(제29조의2 제1항).

4. 단체교섭의 대상과 의무적 교섭사항

헌법상 근로자에게 단체교섭권이 보장된다 하여 근로자 측이 사용자측에게 어떤 사항에 대해서도 교섭할 수 있는 것은 아니다. 헌법은 '근로조건의 향상을 위하여' 단체교섭권을 보장하고 있으므로 교섭할 수 있는 대상에는 일정한 한계가 있는 것이다. 근로자측이 이처럼 단체교섭권에 근거하여 사용자측에 교섭을 요구하고 교섭할 수 있는 사항을 '단체교섭의 대상'이라 부른다. 노동조합법은 사용자측에 근로자측과 성실하게 교섭할 의무를 부과하고 있다(제30조 제2항, 제81조 제1항 제3호). 여기서 사용자에게 근로자측과 교섭을 거부할 수 없는 사항을 '의무적 교섭사항'이라 부른다. 어떤 사항이 헌법상 보장된 단체교섭권에 근거하여 교섭할 수 있는 대상인지, 사용자에게 의무적 교섭사항인지 단체교섭권 보장의 취지에 비추어 확정하여야 한다. 단체교섭권은 사용자와 교섭을 통하여 근로자의 근로조건을 향상하기 위해 보장된 것이다. 따라서 사용자가 법률상·사실상 처분할 수 있는 사항이어야 하며, 근로조건 또는 근로조건 자체는 아니지만 근로조건과 밀접한 관련을 가진 사항도 교섭의 대상이 된다. 여기서 '근로조건'이란 근로계약상의 조건 내지 약속사항 및 노동관계상 근로자에 대한 그 밖의 대우를 말한다. 임금, 근로시간, 휴식, 안전·보건·작업환경, 보상, 복리후생 등이 이에 속한다. 그리고 전직·징계·해고 등 인사에 관한 기준이나 절차에 관한 사항도 교섭의 대상이 되며 승진이나 승급을 좌우하는 인사고과의 기준이나 절차 등도 원칙적으로 교섭 사항이 된다. 나아가 근로조건과 직접적으로 관련되는 경영·생산에 관한 사항도 교섭대상이 된다고 할 것이다.

일화 절차를 거치지 아니하기로 동의한 경우에는 그러하지 아니 한다고 규정한다(제29조의2 제1항 단서). 따라서 이러한 경우에는 노동조합은 교섭창구 단일화를 하지 않고 사용자와 개별적으로 교섭할 수 있다.

Ⅳ. 단체협약

1. 단체협약의 의의와 성립

단체협약은 단체교체의 결과로서 근로조건 기타 노사관계의 제반사항에 대해 합의한 문서를 말한다. 단체협약은 단체교섭을 통해 합의한 문서이므로 개별 근로계약이나 취업규칙에 따른 경우에 비하여 일반적으로 근로자 보호에 적합하다고 할 수 있다. 또한 단체협약은 그것이 체결되는 과정에서 당사자 간에 분쟁이 있을 수 있으나 일단 체결된 뒤에는 일정 기간 노사관계를 안정시키고 직장 또는 산업의 평화를 보장할 수 있다. 단체협약이 유효하게 성립하기 위해서는 먼저, 노사당사자 사이에 단체교섭을 통한 합의가 있어야 하고 나아가서 그 합의 내용을 서면으로 작성하여 당사자 서명 또는 날인하여야 한다(제31조 제1항). 이같이 서면으로 작성하도록 규정한 것은 노동조합상 단체협약이 규범적 효력 등 특별한 효력을 부여받고 있기 때문에 그 내용을 명확히 하여 후일의 분쟁을 방지하기 위한 것이고, 서명 또는 날인을 하라고 한 것은 당사자를 명확히 하면서 단체협약의 진정성을 확보하려는 것이다.

2. 단체협약의 효력

단체협약은 노동조합과 사용자측 사이의 계약이지만 노동조합법은 근로자 보호 및 노사관계의 안정을 위하여 단체협약 중 일정한 부분에 대해서는 당사자가 아닌 근로자 개인과 사용자 사이에 적용되는 효력, 즉 '규범적 효력'을 부여하고 있다(제33조). 한편 단체협약은 규범적 효력 이전에 계약으로서의 성격을 유지하고 있으므로 당사자 사이의 계약으로서 효력 즉, '채무적 효력'을 가진다. 규범적 효력이 생기는 부분은 '규범적 부분'이라고 하고, 채무적 효력만 생기는 부분을 '채무적 부분'이라고 한다. 전자에 해당하는 부분으로 임금·근로시간에 관한 사항을 비롯하여 휴일·휴가, 재해보상, 안전위생, 정년제 등의 근로조건에 관한 사항이 이에 해당한다. 후자에 관한 사항에는 단체협약 중에서 규범적 부분을 제외한 부분에 해당하는 것으로 노조전임자의 대우에 관한 사항, 노조사무소·게시판 기타 기업시설의 이용에 관한 사항, 취업시간 중의 조합활동에 관한 사항, 조합비 공제에 관한 사항이 이에 해당한다.

V. 쟁의행위

1. 쟁의행위의 개념

노동조합법은 쟁의행위에 대해 "파업·태업·직장폐쇄 기타 노동관계 당사자가 그 주장을 관철할 목적으로 하는 행위와 이에 대항하는 행위로서 업무의 정상적인 운영을 저해하는 행위"라고 규정하고 있다(제2조 제6호).[21] 이에 따르면 쟁의행위는 ① 근로조건의 결정에 관한 주장을 관철하기 위한 것이어야 하고, ② 업무의 정상적 운영을 저해하는 것이어야 한다. 따라서 외형상 근로자의 집단적 행동이라고 하더라도 단결력의 유지·강화를 위한 목적에 그친다면 쟁의행위가 아닌 조합활동에 불과하고, 노동조합이 주장을 관철할 목적으로 하는 것이라고 하더라도 업무의 정상적인 운영을 저해하는 것이 아니라면 쟁의행위가 아닌 조합활동으로서 정당성 여부가 문제된다.

2. 정당한 쟁의행위의 보호

근로자의 쟁의행위는 헌법상 보장된 단체행동권을 구체적으로 실행하는 행위로서 헌법상 보장된 기본권이다. 노동조합법은 정당한 근로자의 쟁의행위에 대해서 민·형사상 면책을 규정(제3조, 제4조)하고 있고, 근로자는 쟁의행위 기간 중에는 현행범 외에는 노동조합법 위반을 이유로 구속되지 아니한다(제39조). 사용자는 쟁의행위 기간 중 그 쟁의행위로 중단된 업무의 수행을 위하여 당해 사업과 관계없는 자를 채용 또는 거절할 수 없다(제43조). 또한 사용자는 근로자가 정당한 단체행위에 참가한 것을 이유로 그 근로자를 해고하거나 그 근로자에게 불이익을 주는 행위를 하지 못한다(제81조 제1항 제5호).

---

21) 우리 법은 노동조합이 하는 행위뿐만 아니라 노동조합의 행위에 대항하기 위하여 사용자가 행하는 '직장폐쇄'를 쟁의행위 개념에 포함시켜 이해하고 있으나, 이는 헌법상 쟁의권에 따라 보호되는 본래의 쟁의행위와 차원을 달리하며, 노동조합법상 쟁의행위 제한·보호 법규들에 대한 대부분의 것은 근로자측의 쟁의행위를 염두에 두고 있다.

3. 근로자의 쟁의행위의 정당성 판단 기준

근로자의 쟁의행위 정당성의 판단 기준에 관해 노동조합법에서는 구체적 규정이 없고 해석에 맡기고 있다. 우리 판례[22]는 쟁의행위가 정당성을 갖추기 위해서 "첫째, 그 주체가 단체교섭의 주체로 될 수 있는 자이어야 하고, 둘째, 그 목적이 근로조건의 향상을 위한 노사간의 자치적 교섭을 조성하는 데에 있어야 하며, 셋째, 사용자가 근로자의 근로조건 개선에 관한 구체적인 요구에 대하여 단체교섭을 거부하였을 때 개시하되 특별한 사정이 없는 한 조합원의 찬성결정 등 법령이 규정한 절차를 거쳐야 하고, 넷째, 그 수단과 방법이 사용자의 재산권과 조화를 이루어야 함은 물론 폭력의 행사에 해당되지 아니하여야 한다"고 하여 네 가지 기준을 일반적으로 제시하고 있다.

VI. 부당노동행위

1. 의의

헌법상 노동3권의 보장이 있다고 하더라도 사용자가 그 정당한 행사를 방해하거나 사용자가 단체교섭을 거부하는 상태가 방치된다면 노동3권의 실효성은 상실된다. 이 때문에 노동조합법은 근로자나 노동조합의 노동3권 행사에 대한 사용자의 침해행위를 불이익취급, 반조합계약, 단체교섭거부, 지배개입의 네 가지 유형으로 나누어 부당노동행위로 금지(제81조)하고, 이 금지의 위반에 대하여 노동위원회 등을 통한 행정적인 사후구제와 함께 형사처벌제도를 병행하고 있다.

2. 부당노동행위의 구제

사용자의 부당노동행위에 대하여 형사제재를 가할 수도 있고, 민사소송을 통한 구제도 가능하지만 피해자에게 가장 효과적인 것은 노동위원회를 통한 구제절차이다. 부당노동행위의 구제절차는 초심절차, 재심절차, 행정소송으로 나누어진다. 초심은 지방노동위원회가, 재심은 중앙노동위원회가 관장한다. 부당노동

---

22) 대법 2001. 10. 25, 99도4837 전원합의체 판결 등.

행위의 구제절차에 관하여 노동조합법은 기본적인 사항만 규정하고 더 자세한 사항은 노동위원회법에서 규정하고 있다.

제 4 절 현대사회에서 노동법의 도전과제

4차 산업혁명 또는 디지털 혁명은 인간노동의 기본조건과 내용을 변화시키고 있다. 이미 장소에 구애받지 않는 노무 제공과 근로자의 근로시간이 전통적인 근무시간 외에 기업과 연결되는 사례가 이미 일상이 되고 있다. 노동의 유연성 (flexibility)과 직장 이동성(mobility)의 촉진이 현대 노동법 및 노동정책의 중심 주제라고 할 수 있다. 이를 위해서는 산업화시대를 전제로 성립된 노동법구조를 일정부분 수정해야 하는 과제가 있다. 특히 현행 근로기준법의 근로시간제도는 현실의 생활관계를 반영하여 자율성을 높이는 방향으로 개정되어야 한다는 필요성이 대두되고 있다. 또한 4차 산업혁명은 노동력의 중개자로서 플랫폼경제를 촉진시키고 그에 따라 새로운 취업자들을 양산하고 있다. 그런데 이들은 전통적인 근로자들과도 다르고 전형적인 자영업자로서 스스로 책임을 부담하는 독립사업자로 보기도 어려운 측면이 있다. 향후 이와 같은 경제적으로 불안정한 취업자에 대한 사회안전망의 구축 등이 노동법의 주된 과제가 될 가능성이 높다.

그리고 전통적으로 기업별 노조가 중심이 된 우리나라 노사관계 질서에서는 그동안 근로조건의 형성에 기업별 노동조합이 큰 역할을 담당해 왔으나, 낮은 노동조합 조직율과 디지털 산업의 복잡다단한 사업 구조적 특성으로 인해 현행 기업별 노동조합에만 의존해서 근로자의 근로조건의 문제를 해결하는 데 한계가 있을 수밖에 없다. 즉 노동조합의 사각지대인 영세 중소기업의 근로자 보호, 비정규직 및 플랫폼 자영업자 등 불안정 취약계층의 공정한 보호 등을 위해 현행 노동조합법 구조의 경직성 완화 또는 이를 보완하는 제도 도입의 필요성이 대두되고 있으며, 이러한 문제가 향후 집단적 노동관계법 영역에서 주된 과제가 될 가능성이 높다.

현대사회와 법

12

저작권법

제 12 장 저작권법

제 1 절 저작권법 개관

I. 저작권법의 목적

저작권법 제1조(목적)는 "이 법은 저작자의 권리와 이에 인접하는 권리를 보호하고 저작물의 공정한 이용을 도모함으로써 문화 및 관련 산업의 향상발전에 이바지함을 목적으로 한다."고 규정하고 있다. 즉 저작권법의 목적은 저작자의 권리가 하나의 축이고, 제3자가 저작물을 공정하게 이용할 수 있도록 하는 것이 다른 하나의 축이다. 양자의 균형을 통해 궁극적으로 문화산업의 발전에 이바지하는 것이 저작권법의 목적이다. 따라서 저작권법은 저작권자를 보호하는 여러 가지 제도와 함께 저작물 이용자를 보호하기 위한 여러 제도적 장치를 마련하고 있다.[1] 저작권 보호에는 동전의 양면과 같은 속성이 있다고 한다. 즉 저작권 보호를 어느 정도로 할지에 관한 적정성은 저작권 보호정책(copyright protection policy)의 문제이고, 저작권을 어느 정도 적절하게 보호하지 않는 것이 필요한지에 대해서는 공유정책(public domain policy)이 있는데, 이들은 관점의 차이만 있을 뿐, 늘 동시에 이루어지는 하나의 판단이다.[2]

---

1) 허희성, 2011 신저작권법 축조개설, 상(上), 명문프리컴, 2011년, 12면 이하.
2) 임원선, 실무자를 위한 저작권법, 제7판, 한국저작권위원회, 2022년, 33면 참조.

II. 저작권은 왜 보호해야 하는가?

디지털 시대를 맞이하여 과학기술의 발전으로 인하여 저작자가 창작한 저작물을 손쉽게 복제하여 이용할 수 있는 환경이 주어지게 되면서 불법복제물 문제가 매우 심각한 상황에 처해지고 있다. 만일 저작권 보호가 없다면, 저작물을 창작한 저작자는 물론 저작자와 합법적인 이용계약을 체결한 자에게 엄청난 경제적인 손실이 발생할 것이다. 예를 들면, 저작자와 출판계약을 체결한 경우에 저작권 보호를 하지 않는다면, 이 출판물을 스캔한 무단 복제물이 인터넷에 돌아다닐 수 있고, 따라서 출판사는 최초 복제물 비용의 회수를 할 수 없게 될 것이다. 이에 출판사는 선뜻 최초 복제물 비용을 투자하여 출판하지 않으려 할 것이고, 결국 이는 새로운 창작행위의 유인을 방해하는 요인으로 작동할 것이다. 마찬가지로, 많은 자금을 투자하여 영화를 제작한 영화제작자의 입장에서 영화 파일이 무단 복제되어 인터넷에서 유출되는 경우에 영화제작자의 손실은 엄청나게 클 것이므로, 이와 같은 무단 복제를 금지하기 위해서는 저작권 보호가 필요할 것이다. 따라서 저작자가 저작물을 창작하고, 창작된 저작물에 대해서는 저작권법으로 보호하여 저작자에게 경제적 이익을 창출할 수 있는 기회를 제공하고, 저작자는 다시 새로운 창작행위를 하는 선순환구조의 작동이 중요하다.

III. 저작권법 법률 규정 체계

우리나라에는 1957년 최초로 저작권법이 제정되었다. 그 후 2024년 현재까지 총 40회 정도 저작권법 개정이 있었다. 저작권법의 체계를 보면, 총 11개의 장과 142개의 조항으로 구성되어 있다. 구체적으로는 총칙, 저작권, 데이터베이스제작자의 권리, 영상저작물에 관한 특례, 프로그램에 관한 특례, 온라인서비스제공자의 책임 제한, 기술적보호조치의 무력화, 저작권위탁관리업, 한국저작권위원회, 한국저작권보호원, 권리의 침해에 대한 구제, 보칙 및 벌칙으로 구성되어 있다. 특히 제2장 저작권에는 저작물, 저작자, 저작인격권, 저작재산권, 저작물 이용의 법정허락, 저작물 등록 및 인증, 저작인접권 등에 관한 내용이 규정되어 있는데, 전체 저작권법에서 매우 중요한 장을 구성한다. 특히 저작권법은

1986년 제1차 전부개정이 있은 후 디지털 시대를 반영하기 위한 2006년 전부개정이 있었고, 특히 2011년에는 한미 FTA를 이행하기 위한 저작권법 개정이 있었다. 2019년에는 TDM(Text Data Mining) 면책규정, 업무상저작물, 징벌적 배상제도 도입 등 저작권법 전부개정안이 발의되었으나, 국회의 문턱을 넘지는 못하였다. 향후 인공지능을 포함한 다양한 저작권법 쟁점에 대한 개정이 어떠한 방향으로 개정될지 주목할 일이다.

 ## 제 2 절 저작자와 저작물

I. 저작자

저작자는 저작물을 창작한 자를 말한다. 이를 '창작자 원칙(Schöpferprinzip)'이라고 한다. 다만, 저작권법에서 창작자 원칙에 대한 유일한 예외로서 '업무상저작물(works made for hire)'을 규정하고 있는데, 업무상저작물의 경우에는 저작물을 창작한 자가 아니라, 법인 등이 저작자로서의 지위를 가지게 된다. 업무상저작물은 '법인·단체 그 밖의 사용자(이하 "법인등"이라 한다)의 기획하에 법인 등의 업무에 종사하는 자가 업무상 작성하는 저작물'을 말한다(저작권법 제2조 제31호). 또한 동법 제9조(업무상저작물의 저작자)에 의하면, "법인등의 명의로 공표되는 업무상저작물의 저작자는 계약 또는 근무규칙 등에 다른 정함이 없는 때에는 그 법인등이 된다. 다만, 컴퓨터프로그램저작물(이하 "프로그램"이라 한다)의 경우 공표될 것을 요하지 아니한다."고 규정하고 있다. 저작권법 제9조는 실제의 창작자가 아닌 법인 등 사용자를 저작자로 간주하는 법적 의제 조문이다.[3] 예를 들면, 출판사 직원이 출판사의 기획 하에 그 직원의 업무에 해당하는 출판물을 제작한 경우에, 이 출판물에 대한 저작권을 그 직원이 가지게 된다는 특약이 없는 한, 출판물에 대한 저작권은 직원이 아니라, 출판사가 가지게 된다. 이와 관련하여 대법원은 "저작권법 제9조를 해석함에 있어서는 위 규정이 예외규정인 만큼 이를 제한적으로 해석하여야 하고 확대 내지 유추해석하여 저작물의 제작에 관한

---

3) 박성호, 저작권법, 제3판, 박영사, 2023년, 201면 이하.

도급계약에까지 적용할 수는 없다."고 설시함으로써 제9조의 적용범위가 한정적이어야 함을 분명히 하고 있다.

II. 저작물의 정의

저작권법 제2조 제1호는 저작물을 "인간의 사상 또는 감정을 표현한 창작물"이라고 정의하고 있다. 즉 저작물의 성립요건은 인간, 사상 또는 감정의 표현, 창작물이다. 첫째, 인간이 창작한 창작물이어야 하므로, 인간이 아닌 동물 또는 인공지능(Artificial Intelligence, AI)이 창작한 산출물(결과물)은 저작물로 보호받지 못한다. 예를 들면, 원숭이가 촬영한 사진, 고양이의 피아노 연주, 코끼리가 그린 그림 등은 저작물로 보호받지 못한다. 또한, 인공지능이 창작한 결과물(산출물)의 경우에도 '인간'의 창작물이 아니므로, 저작물로서 보호받을 수 없다. 미국에서 스티븐 탈러(Stephen Thaler)는 저작자를 AI 프로그램인 '창작 기계(Creativity Machine)'로 기재하고 자신을 기계의 소유자라고 하면서 '파라다이스로 최근 입구(A Recent Entrance to Paradise)'라는 그림을 업무상저작물로 저작권 등록을 시도하였으나, 미국 저작권청(U.S. Copyright Office)은 AI 산출물이 인간의 창작물이 아니기 때문에 저작물로 볼 수 없다고 판단하면서 저작권 등록을 거절하였다.4) 또 다른 예로서, 크리스티나 카슈타노바(Kristina Kashtanova)는 이미지 생성 AI '미드저니(Midjourney)'를 이용하여 만든 18쪽 분량의 만화책 '새벽의 자리야(Zarya of the Dawn)'에 대해 저작권 등록을 받았으나, 인공지능에 의해 창작되었다는 사실을 나중에 알게 된 미국 저작권청은 기존 등록을 취소하고, 신규 등록은 신청인이 창작에 기여한 부분인 ① 텍스트(문학작품), ② AI로 생성된 그림을 선택, 배열 및 조정한 것(편집저작물)에 대해서만 인정하였고, AI 산출물(그림)은 제외한다고 결정하였다. 최근 소설 등 어문, 음악, 미술 분야 등에서 인공지능에 의한 창작물이 계속 생성되고 있는 상황에서, 인공지능에 의한 창작물을 저작권법상 어떻게 보호할지는 전 세계적으로 매우 중요한 과제가 되고 있다.

---

4) [속보] 미국 저작권청, 인공지능 창작물의 저작물성 부정, 저작권동향, 한국저작권위원회, 2022.02.23.

둘째, 저작물로서 성립하기 위한 조건은 표현이어야 한다. 표현을 저작물의 성립요건으로 한 취지는 창작행위를 할 때 소재가 되는 사상이나 감정, 즉 아이디어는 만인의 공유(public domain)에 속하며, 이에 대해서는 독점권을 인정할 수 없고, 누구나 자유롭게 이용할 수 있도록 함으로써 풍부한 창작을 유인하고자 한 것이다.5) 즉 저작권법에 의하면, 아이디어/표현 이분법(Idea/Expression Dichotomy)에 의거하여 아이디어는 보호하지 않고, 표현에 대해서만 저작권 보호를 받는다. 예를 들면, 문학 작품에서 아이디어 영역은 소설의 플롯, 주제, 등장인물의 캐릭터 등이 되고, 회화에서 아이디어 영역은 선, 색, 원근법 등 시각적 형상이 된다. 이러한 아이디어를 이용하여 소설을 쓰거나 그림을 그리는, 즉 표현하는 경우에는 저작물로서 성립하게 된다.

셋째, 창작성이 있어야 한다. 이때 창작성이란, "실질적으로 모방되지 않고 독자적으로 창작된 것(not substantially copied, and independently created)"을 의미한다. 우리나라 대법원은 "창작성이란 완전한 의미의 독창성을 말하는 것은 아니며 단지 어떠한 작품이 남의 것을 단순히 모방한 것이 아니고 작자 자신의 독자적인 사상 또는 감정의 표현을 담고 있음을 의미할 뿐이어서 이러한 요건을 충족하기 위하여는 단지 저작물에 그 저작자 나름대로의 정신적 노력의 소산으로서의 특성이 부여되어 있고 다른 저작자의 기존의 작품과 구별할 수 있을 정도이면 충분하다."고 설시하고 있다.6)

III. 저작물의 예시

저작권법 제4조는 9가지의 저작물의 종류를 예시하고 있다. 즉, ① 어문저작물, ② 음악저작물, ③ 연극저작물, ④ 미술저작물, ⑤ 건축저작물, ⑥ 사진저작물, ⑦ 영상저작물, ⑧ 도형저작물, ⑨ 컴퓨터프로그램저작물이다. 이하 구체적으로 살펴본다. 첫째, 어문저작물은 소설, 시, 논문, 각본 등 문서에 의한 저작물과, 강연, 강의, 설교, 축사 등 구술에 의한 저작물로 구분할 수 있다. 어문저작물로서 보호받을 수 있는 경우는, 예를 들면, 대학입학시험문제, 개인의 편지 또

---

5) 이해완, 신저작권법 입문, 박영사, 2024년, 23면 이하.
6) 대법원 1995. 11. 14. 선고 94도2238 판결 등.

는 이메일, 상품 카달로그, 홍보용 팜플렛 등으로, 이와 같은 경우에도 저작권법상 창작성이 인정되면 저작물로서 보호받을 수 있다. 한편, 짤막한 표어나 슬로건 또는 광고 문구, 일상생활에서 사용되는 표현의 경우에는 저작권법상 저작물로서 보호받지 못한다.

둘째, 음악저작물은 음에 의해 표현되는 저작물로, 예를 들면, 오페라 아리아, 가곡, 트로트, 가요, 팝송 등이다. 즉흥곡의 경우에도 저작권법이 고정화(fixation)를 요건으로 하지 않으므로, 반드시 악보나 음반 등의 기록매체에 고정화될 필요가 없으므로 음악저작물로서 보호받을 수 있다. 한편 음악저작물은 작곡과 작사가 결합된 형태의 저작물로, 작곡은 음악저작물로, 작사는 어문저작물로 보호받을 수 있는데, 작사(가사)는 어문저작물이면서 음악저작물이 될 수 있다. 이때 악곡만을 이용하고자 할 때는 작곡자에게 허락받으면 되고, 작사(가사)만을 이용하고자 할 때에는 작사가에게만 허락을 받으면 된다. 이와 같이 2인 이상이 공동으로 완성하였지만 분리하여 이용할 수 있는 형태의 저작물을 결합저작물이라고 한다.

셋째, 연극저작물에는 연극, 무용, 무언극 등이 있다. 연극은 배우가 무대에서 각본에 의해 연출하는 종합예술로, 각본(어문저작물), 연기 자체(실연, 저작인접권의 보호), 연기(동작)의 형태로서 안무(연극저작물)로 구성되어 있다. 최근 K-팝과 함께 BTS, 블랙핑크 등 아이돌 또는 걸 그룹의 노래와 춤(안무)이 전 세계적인 관심을 받고 있다. 안무 역시 연극저작물로서 보호받을 수 있음에 유의해야 하며, 유튜버가 연극저작물로 보호받는 안무를 직접 추거나 또는 타인이 춘 안무를 유튜브(YouTube)에 올리는 경우에는 저작권 침해가 성립될 수 있다.

넷째, 미술저작물에는 회화, 서예, 조각, 판화, 서예, 공예, 응용미술저작물 등이 있다. 예를 들면, 만화(웹툰)의 경우에 미술저작물(만화)과 어문저작물(스토리)로 보호받을 수 있고, 서예의 경우에도 미술저작물로 보호받을 수 있다. 이때 폰트 저작권 문제가 중요한 쟁점이 되고 있는데, 우리나라 법원은 폰트 도안의 저작물성을 부정하여 저작권법의 보호대상이 아니라고 판단하였지만, 폰트 프로그램은 컴퓨터프로그램에 해당하여 보호대상이 된다고 판단하였다.[7] 따라서 폰

---

7) 대법원 2001. 6. 29 선고 99다23246 판결.

트 프로그램을 저작권자의 허락 없이 무단으로 복제, 배포, 전송 등을 하는 경우에는 저작권 침해가 될 수 있다. 예를 들면, 인터넷(카페, 블로그 등)에서 저작권자의 허락 없이 공유되는 폰트 프로그램을 다운로드하여 이용한 경우이다. 따라서 폰트 저작권 문제 없이 폰트를 적법하게 사용하는 방법은 컴퓨터프로그램의 정품을 사용하거나, 문화체육관광부의 공공누리(공공저작물 자유이용허락)8)에서 제공하는 폰트를 다운로드받아 이용허락의 범위 내에서 사용하면 된다. 반면, (사)한국폰트협회의 회원인 폰트 개발자가 스스로 개발한 폰트를 인터넷에 올려 놓은 경우에 이러한 폰트를 다운로드받아 사용하는 행위는 폰트의 프로그램 저작권을 침해할 수 있으니 유의해야 한다.

다섯째, 건축저작물에는 건축물, 건축을 위한 모형, 설계도서 등이 있다. 건축물은 주거 가능한 구조물(집, 사무실), 예배당, 정자, 전시장, 가설 건축물, 실내건축, 정원, 다리, 탑 등이 있다. 설계도서는 건축저작물로 보호받을 수 있는데, 아파트 내부평면 설계도는 건축물의 편의성, 실용성, 효율성 등 기능적 가치에 중점을 두고 있어서 창작성을 인정하기 어렵다. 서울고등법원은 아파트 설계도와 같은 경우에 그 기능을 구현하는 표현방법에 있어 다양성이 제한되어 있는 관계로 현실적으로 저작권법 보호가 인정되는 부분은 극히 제한될 수밖에 없다고 설시하였고,9) 대법원은 "설계도서와 같은 건축저작물이나 도형저작물은 예술성의 표현보다는 기능이나 실용적인 사상의 표현을 주된 목적으로 하는 이른바 기능적 저작물로서, 기능적 저작물은 그 표현하고자 하는 기능 또는 실용적인 사상이 속하는 분야에서의 일반적인 표현방법, 규격 또는 그 용도나 기능 자체, 저작물 이용자의 이해의 편의성 등에 의하여 그 표현이 제한되는 경우가 많으므로 작성자의 창조적 개성이 드러나지 않을 가능성이 크다(대법원 2005. 1. 27. 선고 2002도965 판결 참조). 어떤 아파트의 평면도나 아파트 단지의 배치도와 같은 기능적 저작물에 있어서 구 저작권법은 그 기능적 저작물이 담고 있는 기술사상을 보호하는 것이 아니라, 그 기능적 저작물의 창작성 있는 표현을 보호하는 것이므로, 설령 동일한 아파트나 아파트 단지의 평면도나 배치도가 작성자에 따

---

8) https://www.kogl.or.kr/recommend/recommendDivList.do?division=font(2024.12.21. 방문)
9) 서울고등법원 2004. 9. 22. 자 2004라312 결정.

라 정확하게 동일하지 아니하고 다소간의 차이가 있을 수 있다고 하더라도, 그러한 사정만으로 그러한 기능적 저작물의 창작성을 인정할 수는 없고 작성자의 창조적 개성이 드러나 있는지 여부를 별도로 판단하여야 할 것이다(대법원 2007. 8. 24. 선고 2007도4848 판결 참조)"고 설시하였다.10)

여섯째, 사진은 사진저작물로서 보호받을 수 있다. 사진저작물은 피사체의 선정, 구도의 설정, 빛의 방향과 양의 조절, 카메라 각도의 설정, 셔터의 속도, 셔터찬스의 포착, 기타 촬영방법, 현상 및 인화 등의 과정에서 촬영자의 개성과 창조성이 인정되어야 저작권법에 의하여 보호되는 저작물에 해당되며, 광고용 카탈로그의 제작을 위하여 제품 자체만을 충실하게 표현한 사진은 저작권법상 창작성을 인정하지 않고 있다.11)

일곱째, 영상저작물은 연속적인 영상을 매개체로 하여 사람의 사상 또는 감정을 표현한 창작물로, 예를 들면, 영화, TV 드라마 등이 있다. 다만, 길거리에 비디오카메라를 설치하여 지나가는 사람들의 모습을 자동으로 필름에 수록한 경우에는 인간의 개입이 없으므로, 저작권법상 창작성을 인정받기 어려워 영상저작물로 보호받을 수 없다. 영상저작물을 제작하는 경우에는 시나리오 작가, 총감독, 촬영·편집·음악 등 감독, 배우(주연, 조연, 엑스트라), 스태프 등 다수의 사람들이 관여하게 되는데, 이때 영상저작물의 저작자를 누구로 할지에 대하여는 해석 영역으로 남아 있다. 영상저작물은 2인 이상이 공동의 창작의사를 가지고 제작한 '공동저작물'로 해석하고 있으며, 우리나라 저작권법은 영상저작물의 특례 규정(저작권법 제99조 내지 제101조)을 마련하여, 영상저작물에 대한 저작권의 원활한 행사를 위하여 영화를 기획하고 제작비를 투여한 '영상제작자'에게 부여하고 있다.

여덟째, 도형저작물에는 지도, 도표, 설계도, 약도, 모형 등을 예시하고 있는데, 구체적인 예로서, 평면적인 설계도, 분석표, 그래프, 도해, 입체적 지구본, 인체 모형, 동물 모형 등이다. 도형저작물의 특징은 보통 기능적 저작물에 속하는 경우가 많아서 창작성요건 충족이 문제되는 경우가 많으며, 따라서 설령 저작권

---

10) 대법원 2009. 1. 30. 선고 2008도29 판결.
11) 대법원 2001. 5. 8. 선고 98다43366 판결.

으로 보호를 받더라도 보호범위를 좁게 해석하고 있다. 지도와 지도를 포함하는 여행책자에 관한 판결에서 대법원은 "지도의 창작성 유무를 판단할 때에는 지도의 내용이 되는 자연적 현상과 인문적 현상을 종래와 다른 새로운 방식으로 표현하였는지, 그 표현된 내용의 취사선택에 창작성이 있는지 등이 판단의 기준이 되고, 편집물의 경우에는 일정한 방침 혹은 목적을 가지고 소재를 수집·분류·선택하고 배열하는 등의 작성행위에 편집저작물로서 보호를 받을 가치가 있을 정도의 창작성이 인정되어야 한다."고 설시하였다.[12]

아홉째, 컴퓨터프로그램은 저작권법상 보호받는 저작물이다. 이때 컴퓨터프로그램이란 "특정한 결과를 얻기 위하여 컴퓨터 등 정보처리능력을 가진 장치(이하 "컴퓨터"라 한다) 내에서 직접 또는 간접으로 사용되는 일련의 지시·명령으로 표현된 창작물"을 말한다(저작권법 제2조 제16호).

IV. 저작물의 주요 유형

1. 단독저작물과 공동저작물

단독저작물은 저작자가 단독으로 작성한 저작물인 반면, 2인 이상이 창작한 저작물은 공동저작물과 결합저작물이 있다. 공동저작물은 2인 이상이 창작한 저작물로서 각자의 이바지한 부분을 분리하여 이용할 수 없는 저작물(저작권법 제2조 제21호)로, 예를 들면, 만화 스토리 작가와 만화 작가가 공동으로 완성한 (웹툰)만화가 있다. 공동저작물로서 성립되려면, 2인 이상이 공동으로 창작해야 하며, 단순히 아이디어를 제공한 정도로는 부족하다. 즉 주관적인 공동의 창작 의사가 있어야 하고, 객관적인 공동 창작행위가 있어야 한다. 이때 실질적으로 창작행위에 참여하여야 하고, 창작 당시 당사자들 사이에 저작물 작성에 대한 '공동관계'가 있어야 할 것이 요구된다. 따라서, 공동저작물의 저작권에 대한 이용허락을 얻으려면, 공동저작자 모두의 허락을 얻어야 하며, 공동저작자는 타인에게 공동저작물의 이용허락을 통해 얻은 수익금을 배분할 때에는 공동저작자 사이의 특약으로, 특약이 없으면 공동저작물의 창작에 이바지한 정도에 따라, 이러한 이바

---

12) 대법원 2011. 2. 10. 선고 2009도291 판결.

지 정도가 불분명한 경우에는 균등하게 배분한다. 또한 공동저작물의 저작권은 가장 마지막에 사망한 자의 사망한 시점부터 70년간 보호한다. 반면, 2인 이상이 창작한 저작물이지만, 각자의 이바지한 부분을 분리하여 이용할 수 있는 저작물을 결합저작물이라고 하는데, 예를 들면, 음악저작물(작곡가와 작사가)이 있다. 결합저작물을 구성하는 저작물은 단독으로 보호받을 수 있으며, 결합저작물의 저작권을 이용허락을 받을 때에는 모든 결합저작물의 저작자의 허락을 받을 필요는 없고, 해당 저작물의 저작자로부터 이용허락을 받으면 된다.

2. 2차적저작물

2차적저작물은 원저작물을 번역, 편곡, 변형, 각색, 영상제작 그 밖의 방법으로 작성한 창작물을 말하며, 2차적저작물의 보호는 그 원저작물의 저작자의 권리에 영향을 미치지 않는, 소위 독자적인 저작물로 보호받는다(제5조). 예를 들면, J.W. 롤링이 집필한 영어 소설 '해리포터'를 다른 외국어로 번역(한국어, 독일어, 프랑스어, 아랍어, 중국어, 일본어 등), 소설을 기반으로 제작한 영화 및 만화 애니메이션 제작, 또는 음악의 악곡을 편곡하는 경우 등은 모두 원저작물을 개변하여 작성한 저작물로 2차적저작물로서 보호받을 수 있다. 2차적저작물로서 성립하기 위한 요건으로는 첫째, 원저작물을 기초로 새로운 창작성이 가미되어야 하고, 둘째, 실질적인 개변(substantial variation)이 있어야 한다. 즉, 기존 저작물에 다소의 수정, 증감을 가한 데 불과한 사소한 개변은 복제물에 해당한다. 셋째, 기존 저작물의 '표현'을 차용해야 하며, 기존 저작물의 '아이디어'를 기반으로 하여 개변한 경우에는 2차적저작물이 아니라 독립된 저작물이 될 수 있다. 2차적저작물의 중요한 특징은 2차적저작물이 독자적인 보호를 받는다는 것이다. 즉 2차적저작물 작성에는 원칙적으로 원저작자의 동의가 필요하지만, 일단 완성된 2차적저작물은 독자적인 저작물로서 보호받게 되므로, 원저작자의 동의 없이 작성한 2차적저작물을 제3자가 무단으로 이용하는 경우에는 2차적저작물 작성자의 권리를 침해하게 된다. 따라서, 제3자가 2차적저작물을 이용하는 경우에, 예를 들면, 방송국에서 음악의 편곡을 방송으로 송신하는 경우에 원저작물(악곡)의 작곡가는 물론 편곡자의 동의도 얻어야 한다. 만일 편곡자가 무단으로 원곡을 편곡하였다 하더라도, 방송국은 원작곡가 및 편곡자 모두의 허락을 얻어야 방송을 할 수 있다. 이때, 원작곡가는 자신의 악곡을 무단으로 편곡한 편곡자에 대해서는 저작권 침해, 구체적으로는 2차적저작물작성권 침해를 주장할 수 있다.

3. 편집저작물

편집저작물은 편집물로서 그 소재의 선택, 배열 또는 구성에 창작성이 있는 저작물(제2조 제18호)이고, 이때 편집물이란 저작물이나 부호, 문자, 음, 영상 그 밖의 형태의 자료(이하 '소재')의 집합물로, 데이터베이스를 포함하는 개념이다(제2조 제17호). 예를 들면, 기업, 공공기관 등의 인터넷 홈페이지, 백과사전, DB 등이 있다. 우리나라 법원은 "인터넷 홈페이지도 그 구성형식, 소재의 선택이나 배열에 있어 창작성이 있는 경우에는 이른바 편집저작물에 해당하여 독자적인 저작물로 보호받을 수 있다."13)고 설시하고 있다. 편집저작물은 편집저작물을 구성하는 소재의 선택, 배열 또는 구성에 창작성이 있어야 하며, 편집저작물로서 저작권이 발생하는 경우에 이를 구성하는 소재 저작물의 저작권에 영향을 미치지 아니한다(제6조). 즉 편집저작물을 구성하는 소재는 저작물로서 보호받는 소재도 있고, 그렇지 않은 소재도 있을 것이다. 이러한 소재의 저작물로서의 성립 여부와는 상관없이, 이들 소재를 선택, 배열 또는 구성하는데 창작성이 있는 경우라면, 편집저작물로서 보호를 받을 수 있다는 것이고, 편집저작물의 저작권과 이를 구성하는 각 소재의 저작권은 상호 영향을 미치지 않는다는 의미이다.

📌 제 3 절 저작권

I. 저작권의 특성

저작권(Copyright)은 어원상 '복제+권리'의 의미로, 인쇄술의 발달과 밀접한

---

13) 서울동부지방법원 2012.12.5. 선고 2011노1590 판결 등.

관련을 가지고 있음을 알 수 있다. 세계 최초의 저작권법은 1710년 제정된 영국 '앤 여왕법'으로 알려져 있으며, 앤 여왕법의 첫 문장은 "출판업자, 도서판매업자 할 것 없이 최근 들어 저작자의 동의 없이 글과 그림을 마음껏 찍어내고 있어 이들에게 막대한 손해를 끼치고 심지어 저작자들은 물론 그들의 가족까지 파멸로 몰고 있다"로 시작한다고 한다. 즉 이 법은 저작자가 자신의 작품을 통해 경제적 이익을 취할 권리를 명시하였으며 동일성유지권 등과 같은 저작자 고유의 권리를 법과 재판으로 보장해야 한다는 점을 인식하고 있다. 저작권은 저작인격권과 저작재산권을 포함하지만, 광의로는 저작인접권을, 그리고 최광의로는 배타적발행권, 출판권, 데이터베이스제작자의 권리 등을 포함하며, 다음과 같은 특징이 있다.

첫째, 저작권은 배타적인 권리로, 제3자는 저작권자의 허락 없이는 무단으로 이용할 수 없다. 만일 무단이용하는 경우에는 저작권 침해가 되며, 이 경우에 저작권자는 저작권 침해자를 상대로 손해배상과 같은 민사적 구제 조치, 또는 고소나 고발과 같은 형사적 조치를 취할 수 있다.

둘째, 저작권은 권리의 다발(bundle of rights)이다. 저작권에는 저작인격권(공표권, 성명표시권, 동일성유지권)과 저작재산권(복제권, 공연권, 배포권,대여권, 전시권, 공중송신권, 2차적저작물작성권)이라는 권리가 한번에 다발로 부여된다.

셋째, 저작권은 저작한 때부터 발생하며, 어떠한 절차나 형식의 이행을 필요로 하지 않는다(저작권법 제10조 제2항). 즉 저작물을 창작하면 저작자가 관청에 등록할 필요 없이 자동적으로 발생하는 권리로, 저작권법은 소위 무방식주의를 택하고 있다. 세계 최초의 저작권 국제조약인 베른협약 제5조 제2항에 무방식주의를 천명하고 있다. 다만, 한국저작권위원회에 저작물이나 저작자 등록을 하면, 등록에 공시효과가 있으므로 제3자에게 자신이 저작(권)자임을 알릴 수 있다. 만일 저작자 아닌 자가 자신이 저작자라고 허위등록을 하면 형사처벌을 받을 수 있다. 한편 외국인이 창작한 저작물에 대해서도 우리나라에서 보호받을 수 있는지, 반대로 우리나라 사람이 창작한 저작물을 외국에서도 보호받을 수 있는지에 대한 의문이 들 수 있다. 저작권에 대한 보호는 원칙적으로 속지주의를 택하고 있다. 즉 우리나라에서 발생하는 저작물의 창작 등에 대하여는 국적에 관계없이 우리나라 저작권법을 적용하게 된다. 다만, 외국인의 저작물에 대하여 우리나라는 우리나라가 가입 또는 체결한 조약에 따라 보호받는다는 점을 명시하고 있다(법 제3조). 1886년 체결된 세계 최초의 국제조약인 베른협약(우리나라는 1996년에 가입)은 무방식주의를 택하고 있으므로, 베른협약 회원국의 국민이 본국에서 저작물을 창작한 경우에 다른 회원국에서도 보호를 받을 수 있다. 즉 베른협약 회원국의 국민이 창작한 저작물은 다른 베른협약 회원국에서도 보호받을 수 있다. 다만, 베른협약의 회원국의 국민이 다른 회원국 국민이 창작한 저작물을 무단 이용하는 경우에는 국제사법상 '침해지법' 관할주의에 의해 저작권 침해가 발생한 회원국의 법원에 소송을 제기하여야 한다.

넷째, 저작권은 모방금지권으로서 특징을 가진다. 즉 저작권은 남의 것을 보고 베끼지 않고 자기가 독창적으로 창작하면 자동적으로 발생하는 권리로, 우연히 동일한 저작물이 창작되더라도 보고 베끼지만 않는다면 저작권이 발생하는 모방금지권의 특성이 있다.

II. 저작인격권

저작인격권은 저작권에도 인격적 권리가 있음을 의미한다. 저작인격권은 저작자에게만 귀속되는 일신전속적(一身專屬的)인 권리로 타인에게 양도 또는 상속할 수 없다. 따라서 저작인격권의 보호기간은 저작자의 사망과 동시에 소멸한다. 다만, 저작자 사망 후 저작인격권에 대한 일신전속성의 예외가 있다. 즉 "저작자의 사망 후에 그의 저작물을 이용하는 자는 저작자가 생존하였더라면 그 저작인격권의 침해가 될 행위를 하여서는 아니 된다. 다만, 그 행위의 성질 및 정도에 비추어 사회통념상 그 저작자의 명예를 훼손하는 것이 아니라고 인정되는 경우에는 그러하지 아니하다"(법 제14조 제2항). 또한, 저작자 사망 후 인격적 이익을 보호하기 위한 규정이 마련되어 있는데, "저작자가 사망한 후에 그 유족(사망한 저작자의 배우자, 자, 부모, 손, 조부모 또는 형제자매)이나 유언집행자는 당해 저작물에 대하여 제14조제2항의 규정을 위반하거나 위반할 우려가 있는 자에 대하여는 제123조(침해정지 등 청구)의 규정에 따른 청구를 할 수 있으며, 고의 또는 과실로 저작인격권을 침해하거나 제14조제2항의 규정을 위반한 자에 대하여는

제127조(명예회복)의 규정에 따른 명예회복 등의 청구를 할 수 있다."라고 규정하고 있다(제128조).

저작인격권에는 공표권, 성명표시권과 동일성유지권이라는 3가지 권리가 있다. 공표권은 저작자가 자신의 저작물을 공표할지 여부 또는 언제 공표할지를 정할 수 있는 권리이다. 저작물의 공표란 "저작물을 공연, 공중송신, 전시 등의 방법으로 공중에게 공개하거나 공중의 수요를 충족시키기 위하여 복제 또는 배포하는 것"(저작권법 제2조 제25호). 공표권 행사는 최초 1회에 한한다. 따라서 미공표 저작물을 저작자의 동의 없이 공표한 경우에 공표권 침해가 성립되지만, 공표권 행사는 1회로 끝났기 때문에 저작자가 다시 공표권을 행사할 수는 없다. 한편 미공표 저작물에 관련한 규정이 저작권법 제11조에 마련되어 있다. 구체적으로는, ① 미공표 저작물의 저작재산권을 제3자에게 양도, 이용허락, 배타적 발행권의 설정, 출판권의 설정을 한 경우에는 제3자에게 저작물의 공표를 동의한 것으로 추정하고, ② 미공표 미술, 건축, 사진 저작물의 원본을 양도한 경우, 그 상대방에게 저작물의 원본방식에 의한 공표를 동의한 것으로 추정하며, ③ 원저작자의 동의를 얻어 작성된 2차적저작물 또는 편집저작물이 공표된 경우에 그 원저작물도 공표된 것으로 간주하고, ④ 미공표저작물을 저작자가 도서관 등에 기증한 경우에는 별도의 의사표시가 없는 한, 기증한 때에 공표한 것으로 추정한다.

성명표시권은 저작자가 저작물의 원본이나 그 복제물 또는 저작물의 공표 매체에 자신의 실명 또는 이명(예: 필명, 아호, 가명)을 표시할 권리이다. 이때, 이명이란 저작자의 실명이 아닌 예명, 아호, 약칭 등을 말한다. 저작물을 이용하는 자는 저작자의 특별한 의사표시가 없는 때에는 저작자가 실명으로 표시하였으면 실명으로, 이명으로 표시하였으면 이명을 그대로 표시해야 하며, 다만, 저작물의 성질이나 그 이용의 목적 및 형태 등에 비추어 부득이하다고 인정되는 경우에는 성명표시를 생략할 수 있다. 한편, 출처표시는 저작물의 이용상황에 따라 합리적이라고 인정되는 방법으로 하여야 하며, 저작자의 실명 또는 이명이 표시된 저작물인 경우에는 그 실명 또는 이명을 표시해야 하는데, ① 허위로 출처표시한 경우에는 출처표시 명시의무 위반 및 성명표시권 침해가 되고, ② 출처표시 명시의무를 위반하면 500만원 이하 벌금형(제138조)에 처하게 된다. 성명표시권의 위반 사례로서, 저작물에 관한 가사보기 서비스에서 작곡가(甲)의 성명을 다른 사람(乙)으로 잘못 표시하여 이용자들이 작곡가(甲)를 다른 사람(乙)으로 오인한 경우, 초등학생이 쓴 수필을 교육부가 검정교과서에 게재하면서 다른 사람의 이름으로 게재한 경우, 조각가(甲)의 조각상을 전시하면서, 전시회 주최자가 이 조각상의 조각가의 이름을 다른 조각가(乙)로 표시한 경우 등이다.

동일성유지권은 저작자가 그의 저작물의 내용, 형식 또는 제목의 동일성을 유지할 권리로, 제3자가 이를 무단 변경하거나 왜곡하지 못하도록 하는 권리이다. 다만, 저작자는 다음에 해당하는 변경에 대하여는 동일성유지권에 대한 예외가 인정되어 이의(異議)를 제기할 수 없다. 다만, 본질적인 내용의 변경에 대해서는 그러하지 아니하다: ① 제25조의 규정에 따라 저작물을 이용하는 경우에 학교 교육 목적상 부득이하다고 인정되는 범위 안에서의 표현의 변경, ② 건축물의 증축·개축그 밖의 변형, ③ 특정한 컴퓨터 외에는 이용할 수 없는 프로그램을 다른 컴퓨터에 이용할 수 있도록 하기 위하여 필요한 범위에서의 변경, ④ 프로그램을 특정한 컴퓨터에 보다 효과적으로 이용할 수 있도록 하기 위하여 필요한 범위에서의 변경, ⑤ 그 밖에 저작물의 성질이나 그 이용의 목적 및 형태 등에 비추어 부득이하다고 인정되는 범위 안에서의 변경이다. 구체적으로 동일성유지권의 대상이 되는 내용, 형식 및 제호에 대해서는 저작자의 동일성유지권이 인정되므로, 이를 무단 왜곡하거나 변형해서는 안된다.

우선, 저작물의 내용이란 저작물에 표현된 사상과 감정을 말하는데, 예를 들면, 학술저작물에서 계획, 사고의 과정 및 논증, 소설에서 플롯, 사건 진행, 경과 및 등장인물의 설정, 회화에서 구상과 구성, 음악저작물에서 구성양식, 악장과 박자 등을 의미한다. 둘째, 저작물의 형식이란 어문저작물에서 언어의 배열순서, 문장 표현 등으로 저작물의 외면적 형식을 삭제, 추가 또는 변경 등 왜곡해서는 안 된다는 의미이다. 셋째, 저작물의 제호(제목)에 대한 동일성유지권이다. 저작물과 분리된 제호 자체는 저작권법에 의해 보호받지 못하지만, 저작물의 내용이 동일한 경우에 저작물의 제호를 다르게 변경하는 행위는 동일성유지권 침해가 된다. 예를 들면, 소설 A의 제호 X에 대하여, 소설 A를 그대로 사용하면서 제호를 Y로 변경하는 행위는 동일성유지권 침해가 된다. 반면, 소설 A의 제호 X에 대하여, 새롭게 창작한 소설 B에 대한 제호를 소설 A의 제호와 동일하게 제호 X로 하는 것은 동일성유지권 침해가 되지 않는다.

III. 저작재산권

저작재산권은 저작권자가 제3자의 저작물 이용에 대하여 경제적 대가를 받아 이익을 창출하고 다시 창작활동을 할 수 있도록 해 주는 재산적 권리로, 저작재산권에는 복제권, 배포권, (상업적) 대여권, 공연권, 공중송신권, 전시권, 2차적저작물작성권이라는 총 7가지의 권리가 있다. 이외에도 저작권에는 저작인접권이라고 하여 저작물을 직접 창작한 자는 아니지만, 저작물을 일반 대중에게 전달하는 역할을 하는 자에게 부여되는 권리로, 가수나 영화배우 같은 실연자를 포함하여 음반제작자와 방송사업자에게 부여되는 권리이다. 또한, 창작성은 없지만, 데이터베이스의 제작을 위하여 상당한 투자가 이루어진 데이터베이스제작자에게 부여되는 권리가 있다. 다만, 저작권은 일정한 경우에는 저작권자가 저작권 침해를 주장할 수 없는데, 예를 들면, 저작권 보호기간이 만료된 저작물, 법률 또는 법원 판결처럼 보호받지 못하는 저작물, 저작권법에 의해 저작재산권의 행사가 제한되는 저작물 등이 있다. 이에 대해서는 후술한다.

1. 복제권

저작권법상 "복제"는 "인쇄·사진촬영·복사·녹음·녹화 그 밖의 방법으로 일시적 또는 영구적으로 유형물에 고정하거나 다시 제작하는 것(건축물의 경우에는 그 건축을 위한 모형 또는 설계도서에 따라 이를 시공하는 것 포함)"을 말한다(법 제2조 제22호). 즉 종이, 필름, CD, DVD, USB, 외장하드 등 유형 또는 전자 매체에 복제하는 행위인데, 예를 들면, 소설을 출판하기 위한 인쇄, 그림을 사진촬영, 책을 복사, 음악을 녹음, TV 드라마 또는 영화를 녹화, 문서·음악·영상 파일을 컴퓨터 또는 스마트폰에 다운로드받는 행위이다. 한편, 컴퓨터 하드 또는 메모리가 유형물임에는 논란이 없으나, 전원이 꺼지면 복제된 내용이 소멸되는 휘발성메모리(RAM)에 일시적으로 저장되는 경우에도 복제권이 미치는지의 질문이 있을 수 있다. 이러한 질문의 배경에는 인터넷을 통해 저작물을 검색하는 경우에 콘텐츠가 컴퓨터 등의 휘발성 메모리(RAM)에 일시적으로 저장되는데, 디지털 저작물을 이용할 수 있는 환경에 효율적으로 대처하기 위해서 저작권자에게 일시적 저장행위에 대하여 통제할 수 있도록 이러한 일시적 저장행위를 복제개념에 포함시켰다. 다만, 일시적 저장행위라 할지라도 저작권자에게 커다란 경제적 손실을 야기하지 않는, 소위 저작물을 통상적인 이용하는 과정에서 일시적으로 저장되는 행위(예: 인터넷에서 검색행위)에 대해서는 복제권이 미치지 않도록 제한하고 있다(제35조의2).

2. 배포권

저작권법에서 '배포'는 "저작물 등의 원본 또는 그 복제물을 공중에게 대가를 받거나 받지 아니하고 양도 또는 대여하는 것"을 말한다(법 제2조 제23호). 즉 유상 양도(예: 판매) 또는 무상 양도(예: 증여, 기증), 및 유상 대여(예: 책방 또는 비디오방의 대여업) 또는 무상 대여(예: 도서관에서 도서 대출)를 모두 포함하는 개념이다. 한편, 저작권법에는 저작물의 원본 또는 그 복제물을 정당하게 구입을 한 자가 이를 다시 제3자에게 판매 또는 증여할 때마다 일일이 저작권자에게 연락하여 허락을 받아야 한다면 이는 저작권자는 물론 이를 정당하게 구입한 제3자에게도 번거롭고 불편하며 유통과정을 원활하게 하지 못하는 문제점이 발생하게 되므로, 이 경우에 배포권을 제한하고 있는데, 이를 '최초판매원칙(First Sale Doctrine)'이라고 한다(저작권법 제20조 단서). 최초판매원칙은 저작물의 원작품이나 그 복제물이 배포권자의 허락하에 적법하게 거래에 제공된 경우에 이를 계속하여 배포할 수 있도록 배포권을 제한하고 있기 때문에, 소위 불법 저작물을 유통하는 행위에 대해서는 저작권자가 여전히 배포권을 행사할 수 있다.

3. (상업적) 대여권

저작권법은 배포권 이외에 별도로 대여권을 인정하고 있다. 배포의 개념에는 '대여' 행위가 포함되어 있기 때문에 대여권은 사실 배포권의 일부이다. 그럼에도 불구하고, 저작권법에 (상업적) 대여권을 인정하게 된 배경에는, 적법한 판매

등의 방법으로 거래에 제공된 저작물에 대해서 최초판매원칙에 의해 더 이상 배포권(대여권)을 행사할 수 없지만, 영리 목적의 대여행위가 지속될 경우에는 저작권자에게 경제적 손실을 초래할 수 있기 때문에 인정된 권리이다. 다만, 저작권자가 상업용 대여권을 행사할 수 있는 저작물로는 상업적 목적으로 공표된 음반(상업용 음반) 또는 상업적 목적으로 공표된 프로그램의 2가지이며, 저작권자는 이들 저작물에 대하여 영리를 목적으로 대여할 권리를 부여받는다(저작권법 제21조).

한편, 현실적으로 상업용 음반이나 상업용 프로그램 이외에 도서(만화, 책 대여점), 영화(DVD)도 대여권의 대상이 될 수 있을 것이다. 이들은 한때 성행하였지만, 최근 도서 판매 또는 영화 DVD 판매가 감소하면서 저작권자에게 경제적 손실을 초래하고 있다. 2006년 저작권법 개정 당시에는 대여권에 관한 국제적 논의 및 우리나라 현실을 고려하여 음반과 프로그램에 대해서만 대여권을 부여하도록 법이 제정되었다. 최근 영화 DVD 시장은 인터넷에 의한 온라인 시장으로 넘어가서 온라인 대여업이 이루어지고 있고, 도서는 여전히 오프라인에서 대여업을 하고 있는 상황인데, 특히 국내 만화업계는 대여권 도입을 강력하게 요구하고 있는 상황이며, 향후 이러한 요구가 어떻게 입법으로 이어질지에 대해서는 유의깊게 지켜볼 일이다.

4. 공연권

저작권법상 '공연'은 "저작물 또는 실연·음반·방송을 상연·연주·가창·구연·낭독·상영·재생 그 밖의 방법으로 공중에게 공개하는 것을 말하며, 동일인의 점유에 속하는 연결된 장소 안에서 이루어지는 송신(전송을 제외한다)을 포함"한다고 규정한다(저작권법 제2조 제3호). 저작권법상 공연에는 생실연(라이브 공연) 및 기계에 의한 재생으로 구분된다. 즉 직접 일반 공중에게 공개하는 라이브 공연(생실연), 분리되지 않은 공간에서 마이크와 스피커를 사용(일종의 송신)하는 행위, 동일인의 점유에 속하는 연결된 장소 안에서 음반을 재생하는 행위(예: 학교 교내방송 또는 백화점에서 방송)는 저작권법상 공연에 해당한다. 다만, 분리된 다른 캠퍼스나 동일인이 점유하지 않는 장소에서의 방송은 '공연'으로 인정되지 않는다.

한편, 저작권자는 공연권을 가지지만, 생실연과 기계에 의한 재생 공연의 경우에 공연권 침해가 되지 않는 경우가 있다(저작권법 제29조). 동법 제29조 제1항에 의하면, 라이브 공연(생실연)의 경우(예: 학교축제에서 공연)에, 비영리 목적, 어떠한 명목으로도 반대급부가 없고, 실연자에게 통상의 보수를 지급하지 않는다면, 공연권이 제한되므로 누구든지 공연을 할 수 있다. 또한 동법 제29조 제2항에 의하면, 기계에 의한 재생의 경우(예: 김밥집/개인 카페에서 음악 공연 등)에 해당 공연에 대한 반대급부가 없다면 상업용 음반 또는 영상저작물을 재생하여 공연할 수 있다. 다만, 동법 제2항 단서에 의한 저작권법 시행령 제11조(상업적 목적으로 공표된 음반 등에 의한 공연의 예외)에 해당하는 장소에서 하는 공연에 대해서는 저작권자의 허락을 얻어야 한다. 예를 들면, 스타벅스, 엔제리너스, 드롭탑 등 커피 전문점, 생맥주 전문점, 단란주점이나 유흥주점에서 하는 공연, 또는 음악 또는 영상저작물을 감상하는 설비를 갖추고 음악이나 영상저작물을 감상하게 하는 것을 영업의 주요 내용의 일부로 하는 공연의 경우에는 저작권자의 허락이 필요하다.

5. 전시권

전시권은 저작자가 미술저작물 등의 원작품이나 그 복제물을 스스로 전시하거나 타인으로 하여금 전시할 수 있도록 허락을 하거나 이를 금지시킬 배타적인 권리이다(저작권법 제19조). 전시권의 대상은 미술저작물 + 건축저작물 + 사진저작물(미술저작물 등)의 원본 또는 그 복제물이다. 저작권법상 전시권을 행사할 수 있는 자는 저작권자이지만, 미술저작물을 구입한 소유자도 전시권을 행사할 수 있는지 여부가 문제될 수 있다. 예를 들면, 유명 화가 K는 모더니즘 작품 3점을 최근 완성하였는데, 이 그림들은 예전부터 화가 K의 그림들을 높이 평가하고 있었던 L씨가 구입하였다. L씨는 자신이 구입한 K씨의 그림들을 자신의 화랑에서 전시하려고 하는데, 소유자 L씨도 화가 K씨의 그림들을 전시할 수 있는지의 문제이다. 즉 전시권과 소유권과의 충돌 현상이 발생하게 된다. 미술저작물 등을 구입한 소유자는 해당 작품을 적법하게 사용, 수익 또는 처분할 수 있는 소유권을 행사할 수 있는 자로서, 저작물을 전시하려면 저작권자(화가)의 전시권과 소유자의 소유권이 충돌될 수 있지만, 저작권법은 이들 상호 간의 이해관계를 조정하기 위하여 저작권자의 전시권을 일정한 범위 내에서 제한하고 있다. 즉 저작권법 제35조 제1항에 의하면, 미술저작물등의 원본의 소유자나 그의 동의를 얻은 자는 그 저작물을 원본에 의하여 전시할 수 있다고 규정하고 있으므로, 위 사례에서 화가 K씨의 그림을 구입한 소유자 L씨도 화가 K씨의 그림들을 자신의 화랑에서 공공연하게 전시할 수 있다.

6. 공중송신권

저작권법상 '공중송신'은 "저작물, 실연·음반·방송 또는 데이터베이스(이하 "저작물등"이라 한다)를 공중이 수신하거나 접근하게 할 목적으로 무선 또는 유선통신의 방법에 의하여 송신하거나 이용에 제공하는 것"을 말하며(제2조 제7호), 저작자는 그의 저작물을 공중송신할 권리를 가진다(제18조). 공중송신은 방송, 전송 및 디지털음성송신으로 세분된다. 우선 '방송'은 공중송신 중 공중이 동시에 수신하게 할 목적으로 음·영상 또는 음과 영상 등을 송신하는 것(제2조 제8호)으로, 동시성, 일방향성, 비주문형의 특징을 가진다. 예를 들면, 공중파 무선방송, 유선방송(영업소의 유선음악방송, CATV), DMB 등이 방송에 해당한다. '전송'은 공중송신 중 공중의 구성원이 개별적으로 선택한 시간과 장소에서 접근할 수 있도록 저작물 등을 이용에 제공하는 것(그에 따라 이루어지는 송신을 포함)이며(제2조 제10호), 이시성, 쌍방향성, 주문형의 특징을 가진다. 예를 들면, 방송 인터넷 다시보기, 인터넷 영화관, 카페, 블로그 등에 업로드 등이 전송에 해당한다. '디지털음성송신'은 공중송신 중 공중으로 하여금 동시에 수신하게 할 목적으로 공중의 구성원의 요청에 의하여 개시되는 디지털 방식의 음의 송신(전송을 제외)을 말하며(제2조 제11호), 동시성, 쌍방향성, 비주문형의 특징이 있다. 예를 들면, 개인 인터넷 방송(아프리카 방송), 지상파방송동시 웹캐스팅이 디지털음성송신에 해당한다.

7. 2차적저작물작성권

저작권법 제5조는 2차적저작물을 원저작물을 번역 · 편곡 · 변형 · 각색 · 영상제작 그 밖의 방법으로 작성한 창작물로 정의하고, 2차적저작물은 독자적인 저작물로서 보호된다고 규정하고 있다. 또한 2차적저작물의 보호는 그 원저작물의 저작자의 권리에 영향을 미치지 아니한다고 규정한다. 이는, 원저작물을 작성한 자에게 경제적으로 저작권자에게 미래 블루오션이 될지도 모르는 2차적저작물작성권을 부여한다는 의미로, 2차적저작물은 원저작물과는 별개의 독자적인 저작물로서 보호받는 독특한 특성이 부여되어 있다.

IV. 저작권의 보호기간

저작인격권은 일신전속적 권리로 저작자에게만 인정되는 권리이므로, 저작자가 사망하면 저작인격권은 소멸된다. 다만, 저작자 사망 후에 그의 저작물을 이용하는 자는 저작자가 생존하였더라면 그 저작인격권의 침해가 될 행위를 하여서는 아니 된다. 다만, 그 행위의 성질 및 정도에 비추어 사회통념상 그 저작자의 명예를 훼손하는 것이 아니라고 인정되는 경우에는 그러하지 아니하다(저작권법 제14조 제1항). 또한 저작권법 제128조(저작자의 사망 후 인격적 이익의 보호)에 의하면, 저작자가 사망한 후에 그 유족(사망한 저작자의 배우자 · 자 · 부모 · 손 · 조부모 또는 형제자매를 말한다)이나 유언집행자는 해당 저작물에 대하여 제14조제2항을 위반하거나 위반할 우려가 있는 자에 대해서는 제123조에 따른 청구를 할 수 있으며, 고의 또는 과실로 저작인격권을 침해하거나 제14조제2항을 위반한 자에 대해서는 제127조에 따른 명예회복 등의 청구를 할 수 있도록 규정하고 있다.

저작재산권은 경제적 권리로, 제3자에게 양도하거나 이용허락할 수 있고, 보호기간에는 사망시 기산주의, 공표시 기산주의 및 창작시 기산주의라는 3가지 기산주의가 있다. 첫째, 사망시 기산주의에 의하면, 저작재산권은 저작자가 생존하는 동안과 사망한 후 70년간 존속한다(제39조 제1항). 이때 공동저작물의 저작재산권은 맨 마지막으로 사망한 저작자가 사망한 후 70년간 존속한다. 사망시 기산주의는 저작자를 특정할 수 있는 경우, 예를 들면, 저작물을 실명 또는 널리 알려진 이명(예호, 아호, 가명 등)으로 공표한 경우이다. 둘째, 공표시 기산주의에 의하면, 저작물을 공표한 때부터 70년간 존속하는 방법인데, 그 대상은 무명 또는 널리 알려지지 아니한 이명이 표시된 저작물, 업무상저작물 및 영상저작물의 저작재산권이다(저작권법 제40조, 제41조, 제42조). 셋째, 창작시 기산주의는 저작재산권이 창작한 때부터 70년간 존속하는 경우로, 업무상저작물과 영상저작물이 창작한 때부터 50년 이내 공표되지 아니한 경우에는 창작한 때부터 70년간 존속한다(저작권법 제41조 및 제42조 단서 조항).

저작재산권 보호기간을 계산하는 경우에는 저작자가 사망하거나 저작물을 창작 또는 공표한 다음 해부터 기산한다(저작권법 제44조).

[사례] 국내에서 저명한 시인 甲은 2020년 5월 20일 "첫사랑"이라는 시를 완성하여 발표하였고, 작곡가 乙은 甲의 허락을 얻어 이 시에 곡을 붙여 2023년 3월 10일 '첫사랑'이라는 곡을 완성하였다. 그런데 甲이 2024년 2월 10일 교통사고로 사망하였다. 이 시의 저작재산권의 보호기간은 언제까지인가?

[정답] 시인 甲은 국내에서 널리 알려진 시인으로, 자신의 실명으로 '첫사랑' 이라는 시를 공표하였으므로, 이 시에 대한 저작재산권은 사망시 기산주의에 의거하여 계산한다:

甲의 사망일이 2024년 2월 10일이므로, 기산점은 그 다음해인 2025년 1월 1일부터 기산하여 70년이 되는 시점이므로, 2094년 12월 31일까지 저작권 보호를 받는다. 즉 2095년 1월 1일부터 누구든지 자유롭게 시인 甲의 저작물을 사용할 수 있다.

🌐 제 4 절 저작물의 공정한 이용

I. 개요

저작권법에는 저작자의 저작물을 적법하게(또는 공정하게) 이용할 수 있는 다양한 제도적 장치가 마련되어 있다. 첫째, 저작권자로부터 적법하게 저작권을 양도받거나 이용허락을 받아서 이용하는 방법이 있고, 둘째, 저작권법상 저작권자의 허락이 없더라도 저작물을 이용할 수 있는 경우가 있다. 이에 대해서는 후술한다.

II. 저작권의 양도 또는 이용허락

저작권자의 저작물을 적법하게 이용하는 방법으로 저작권의 양도 또는 이용허락이 있다. 저작자는 저작물을 창작하게 되면 저작권자가 되며, 저작권자는 한 번에 3개의 저작인격권과 7개의 저작재산권을 부여받게 된다. 이에 저작권을 '권리의 다발'이라고 한다. 이들 중 저작재산권은 전부 또는 일부 양도할 수 있다. 저작권법 제45조(저작재산권의 양도)에 의하면, "저작재산권은 전부 또는 일부를 양도할 수 있고, 저작재산권의 전부를 양도하는 경우에 특약이 없는 때에는 제22조에 따른 2차적저작물을 작성하여 이용할 권리는 포함되지 아니한 것으로 추정한다. 다만, 프로그램의 경우 특약이 없으면 2차적저작물작성권도 함께 양도된 것으로 추정한다."고 규정한다. 이 규정에서 유의해야 할 점은 저작재산권의 전부를 양도하는 경우에도 '2차적저작물작성권'은 포함되지 않는다는 추정 규정이다. 이는 2차적저작물작성권이 저작자에게 유보되어야 할 가치가 있는 매우 중요한, 소위 미래 블루오션과 같은 권리임을 의미하는 것이다. 만일, 제3자가 저작권자로부터 저작재산권 전부를 양도받으면서, 2차적저작물작성권을 함께 양도받으려고 한다면, 특약에 의해 '2차적저작물작성권을 포함'한다는 취지의 저작권 전부양도 계약을 체결해야 한다. 또한 저작권법 제46조(저작물의 이용허락)에 의하면, 저작재산권자는 다른 사람에게 그 저작물의 이용을 허락할 수 있으며, 허락을 받은 자는 허락받은 이용 방법 및 조건의 범위 안에서 그 저작물을 이용할 수 있고, 허락에 의하여 저작물을 이용할 수 있는 권리는 저작재산권자의 동의 없이 제3자에게 이를 양도할 수 없도록 규정하고 있다.

III. 저작권자의 허락 없이 저작물을 이용할 수 있는 경우

1. 개요

저작물 이용자는 저작권자로부터 적법하게 저작권을 양도받거나 이용허락을 받아 이용하는 경우 이외에, 저작권자의 허락 없이 저작물을 이용할 수 있는 6가지 경우가 있다. 즉, 저작권법상 보호받지 못하는 저작물, 저작권 보호기간의 만료, 저작권의 포기, 법정허락제도, 공공누리, 저작재산권의 제한이 있다. 이들에 해당하면 저작물은 공공영역(Public domain)에 속하게 되므로, 누구든지 자유롭게 저작물을 이용할 수 있게 된다. 이하 구체적으로 살펴본다.

2. 저작권법상 보호받지 못하는 저작물

저작권법 제7조(보호받지 못하는 저작물)에 의하면, 다음의 경우에는 저작권법상 창작성이 인정되는 저작물로서의 성립요건을 충족하더라도 저작권법에 의한 보호를 하지 않고 있다. 즉, ① 헌법 · 법률 · 조약 · 명령 · 조례 및 규칙, ② 국가 또는 지방자치단체의 고시 · 공고 · 훈령 그 밖에 이와 유사한 것, ③ 법원의 판결 · 결정 · 명령 및 심판이나 행정심판절차 그 밖에 이와 유사한 절차에 의한 의결 · 결정 등, ④ 국가 또는 지방자치단체가 작성한 것으로서 제1호부터 제3호까지에 규정된 것의 편집물 또는 번역물, ⑤ 사실의 전달에 불과한 시사보도이다. 이때, 사실 전달에 불과한 시사보도의 입법 취지는 원래 저작권법의 보호대상이 되는 것은 외부로 표현된 창작적인 표현 형식일 뿐 그 표현의 내용이 된 사상이나 사실 자체가 아니고, 시사보도는 여러 가지 정보를 정확하고 신속하게 전달하기 위하여 간결하고 정형적인 표현을 사용하는 것이 보통이어서 창작적인 요소가 개입될 여지가 적다는 점 등을 고려하여, 독창적이고 개성 있는 표현 수준에 이르지 않고 단순히 '사실의 전달에 불과한 시사보도'의 정도에 그친 것은 저작권법에 의한 보호대상에서 제외한 것이다.[14]

3. 저작권 보호기간의 만료

저작권 보호기간에 관하여는 이미 상술하였다. 저작권 보호기간이 만료되면, 해당 저작물은 공유영역에 속하게 되므로, 누구든지 자유롭게 저작물을 이용할 수 있다. 최근 유명 캐릭터의 저작권 보호기간이 만료된 사례들이 등장하였는데, 곰돌이 푸의 캐릭터 저작권이 2021년 12월 31일자로 만료되었고, 월트디즈니사의 '흑백 미키마우스(증기선 월리 만화)' 버전(1928년)의 캐릭터 저작권이 2023년 12월 31일로 만료되었다.

4. 저작권의 포기

저작권자가 저작권을 포기한 경우에는 누구든지 저작물을 자유롭게 이용할 수 있다. 예를 들면, 애국가의 저작권(2015년까지 저작권 보호)을 故 안익태 선생(1906~1965)의 유족이 2005년 국가에 기증한 사례가 있다.

5. 법정허락제도

저작권법 제50조부터 제52조에는 법정허락제도가 마련되어 있다. 법정허락제도란 저작권법에 의해 일정한 절차를 거쳐 합법적으로 저작물을 이용할 수 있는 제도이다. 첫째, 저작권법 제50조(저작재산권자 불명인 저작물의 이용)는 "누구든지 대통령령으로 정하는 기준에 해당하는 상당한 노력을 기울였어도 공표된 저작물의 저작재산권자나 그의 거소를 알 수 없어 그 저작물의 이용허락을 받을 수 없는 경우에는 대통령령으로 정하는 바에 따라 문화체육관광부장관의 승인을 얻은 후 문화체육관광부장관이 정하는 기준에 의한 보상금을 위원회에 지급하고 이를 이용할 수 있다."고 규정하고 있다. 즉 저작권자가 불명인 경우에 문화체육관광부 장관의 승인을 얻고, 보상금을 공탁한 이후에 합법적으로 저작물을 이용할 수 있도록 한 제도이다.

둘째, 저작권법 제51조(공표된 저작물의 방송)는 "공표된 저작물을 공익을 위한 필요에 따라 방송하려는 방송사업자가 그 저작재산권자와 협의하였으나 협의가

---

14) 대법원 2006. 9. 14. 선고 2004도5350 판결; 2009. 5. 28. 선고 2007다354 판결 등

성립되지 아니하는 경우에는 대통령령으로 정하는 바에 따라 문화체육관광부장관의 승인을 얻은 후 문화체육관광부장관이 정하는 기준에 따른 보상금을 해당 저작재산권자에게 지급하거나 공탁하고 이를 방송할 수 있다."고 규정하고 있는데, 이는 방송의 공익적 특징을 고려하여 방송사업자에게 공표된 저작물을 일정한 조건하에 합법적으로 이용할 수 있도록 한 제도이다.

셋째, 저작권법 제52조(상업용 음반의 제작)는 "상업용 음반이 우리나라에서 처음으로 판매되어 3년이 지난 경우 그 음반에 녹음된 저작물을 녹음하여 다른 상업용 음반을 제작하려는 자가 그 저작재산권자와 협의하였으나 협의가 성립되지 아니하는 때에는 대통령령으로 정하는 바에 따라 문화체육관광부장관의 승인을 얻은 후 문화체육관광부장관이 정하는 기준에 따른 보상금을 해당 저작재산권자에게 지급하거나 공탁하고 다른 상업용 음반을 제작할 수 있다."고 규정하고 있다. 이는 음반제작자가 작곡가나 작사가와의 전속계약을 통하여 장기간에 걸쳐 녹음권을 독점하는 것을 방지하여 음악의 유통을 촉진하고 음악 문화의 향상을 도모하기 위한 취지에서 도입된 것이다.[15]

6. 공공누리

문화체육관광부와 한국데이터베이스진흥원은 공공저작물의 이용을 활성화하기 위하여 한국형 공공저작물 자유이용허락 라이선스인 공공누리(Korea Open Government License)를 개발하였다. 공공저작물 자유이용허락 표시의 명칭 "공공누리"는 누구나 자유롭게 이용할 수 있게 한다 라는 의미를 담고 있다. '공공누리'의 배경에는 최근 스마트기기 등 뉴미디어가 확산되면서 공공저작물을 콘텐츠 개발의 원천 소재로 사용하여 제2의 콘텐츠를 창작하거나 새로운 비즈니스 모델을 개발하는 민간 기업이 늘어나고 있는 상황에서, 국가, 지방자치단체, 공공기관이 보유 또는 관리하고 있는 공공저작물을 민간 영역에서 보다 적극적으로 활용할 경우에 문화적·경제적 부가가치 창출에도 도움을 줄 목적으로 도입된 것이다. 이때, 공공저작물이란 국가, 지방자치단체, 공공기관이 저작권을 가진 저작물을 말한다.[16]

---

15) 오승종, 저작권법, 제6판, 박영사, 2024년, 944면.

공공저작물 자유이용 허락 표시제도(Korea Open Government License, KOGL)인 공공누리는 국가, 지방자치단체, 공공기관이 4가지 공공누리 유형마크를 통해 개방한 공공저작물 정보를 통합 제공하는 서비스로, 저작물별로 적용된 유형별 이용조건에 따라 저작권 침해의 부담 없이 무료로 자유롭게 이용할 수 있다. 4개의 유형은 다음과 같다:

<**공공누리의 유형**>

유형	의미	표시
제1유형 (출처표시)	- 출처표시 - 상업적, 비상업적 이용가능 - 변형 등 2차적 저작물 작성 가능	OPEN 공공누리 공공저작물 자유이용허락
제2유형 (출처표시 + 상업적 이용금지)	- 출처표시 - 비상업적 이용만 가능 - 변형 등 2차적 저작물 작성 가능	OPEN 공공누리 공공저작물 자유이용허락
제3유형 (출처표시 + 변경 금지)	- 출처표시 - 상업적, 비상업적 이용가능 - 변형 등 2차적 저작물 작성 금지	OPEN 공공누리 공공저작물 자유이용허락
제4유형 (출처표시+ 변경금지 + 상업적 이용금지)	- 출처표시 - 비상업적 이용만 가능 - 변형 등 2차적 저작물 작성 금지	OPEN 공공누리 공공저작물 자유이용허락

7. 저작재산권의 제한

저작재산권은 사적 재산권이지만, 일정한 경우에는 공공복리를 위한 사회적 제약을 받게 된다. 저작권법의 목적이 저작권자의 권리 보호 및 저작물의 공정한 이용을 도모하여 문화산업 발전에 이바지하는 것이므로, 이 과정에서 저작권자의 권리와 공중의 이익 사이에 이해충돌을 조정할 필요가 있고, 일정한 경우

---

16) 공공누리 홈페이지: https://www.kogl.or.kr/info/freeUse.do;
공유마당 홈페이지: https://gongu.copyright.or.kr/gongu/main/contents.do?menuNo=200097 (2042.12.21. 방문).

에 저작권자의 권리를 제한할 수 있다.[17] 저작재산권 제한규정으로서 저작권법은 제4절 저작재산권 제2관 저작재산권의 제한이라는 표제 아래 제23조부터 제35조의5까지 저작재산권자의 승낙 업이 대가를 지급하지 않고 저작물을 자유롭게 복제 등을 할 수 있는 경우를 마련하였고, 동법 제37조에 출처명시의무, 제38조에 저작재산권 규정들이 저작인격권에 영향을 미치는 것으로 해석되어서는 안 된다는 규정이 있다.

저작재산권의 제한	출처표시	번역·편곡·개작	번역
1) 재판절차 등에서의 제한(제23조)	O		O
2) 정치적 연설 등의 이용(제24조)	O		O
3) 공공저작물의 자유이용(제24조의2)	O	O	
4) 학교교육목적 등에의 제한(제25조)	O	O	
5) 시사보도를 위한 이용(제26조)	X		O
6) 시사적인 기사 및 논설 복제 등(제27조)	O		O
7) 공표된 저작물의 인용(제28조)	O		O
8) 비영리 목적의 공연, 방송(제29조)	X	O	
9) 사적 이용을 위한 복제(제30조)	X	O	
10) 도서관 등에서의 복제 등(제31조)	X		
11) 시험문제를 위한 복제 등(제32조)	X		O
12) 시각장애인을 위한 복제 등(제33조)	O		O
13) 청각장애인 등을 위한 복제 등(제33조의2)	O		O
14) 방송사업자의 일시적 녹음/녹화(제34조)	X		
15) 미술저작물 등의 전시/복제(제35조)	O		
16) 저작물 이용과정에서 일시적 복제(제35조의2)	X		
17) 부수적 복제 등(제35조의3),	X	O	

17) 윤태식, 저작권법, 박영사, 2020년, 210면.

18) 문화시설에 의한 복제 등(제35조의4)	X	O
19) 저작물의 공정한 이용(제35조의5)	O	O

저작재산권의 제한에 관한 모든 규정이 중요하겠지만, 특히 '사적이용을 위한 복제(제30조)'에 관하여 설명한다. 저작권법 제30조에 의하면, 공표된 저작물을 비영리적으로 가정 등 한정된 범위 내에서 이용하는 경우 저작물을 복제하여 이용할 수 있다. 사적이용을 위한 복제행위를 인정하는 취지는 첫째, 저작자가 각 개인의 복제행위를 모두 통제하는 것이 현실적으로 거의 불가능에 가깝기 때문이다. 예를 들면, 시 구절을 노트에 적거나, 문서를 출력하는 경우에 해당 저작권자에게 연락하여 복제에 대한 허락을 받도록 하는 것은 이용자나 저작권자에게 번거로울 뿐 아니라 이용자의 이러한 행위를 통제하는 것이 거의 불가능에 가깝다.

둘째, 저작자와 저작물 이용자 사이에서 저작물 이용을 매개하면서 일정한 이익을 취하는 출판업자, 음반사, 방송사 등으로부터 그 이익의 일부를 저작권자가 취할 수 있도록 하자는 것이 복제권의 취지인데, 이용자가 개인적 목적으로 사적 공간에서 복제하는 경우 저작권자의 경제적 손실은 크지 않으며, 또한 저작권자가 이를 일일이 파악하는 것도 현실적으로 어렵기 때문이다. 다만, 최근 디지털 시대에 인터넷 공간에서 불법으로 다른 사람의 저작물(음원, 영화, 게임 등)을 불법 다운로드받아서 사적으로 이용하는 사례들이 증가함에 따라, 일부 국가(예: 독일)의 경우에는 이 경우에 사적이용을 위한 복제에 대한 면책을 인정하지 않는 입법례도 있다. 최근 불법으로 전송한 영화에 대하여 사적 이용을 위한 복제에 대한 면책을 허용하지 않은 사례가 있다. 서울중앙지법은 "웹스토리지에 공중이 다운로드할 수 있는 상태로 업로드되어 있는 영화 파일을 다운로드하여 개인용 하드디스크 또는 비공개 웹스토리지에 저장하는 행위가 영리의 목적 없이 개인적으로 이용하기 위하여 복제를 하는 경우에는 사적이용을 위한 복제에 해당할 수 있다. 그러나 업로드되어 있는 영화 파일이 명백히 저작권을 침해한 파일인 경우에까지 이를 원본으로 하여 사적이용을 위한 복제가 허용된다고 보게 되면 저작권 침해의 상태가 영구히 유지되는 부당한 결과가 생길 수 있으므로, 다운로더 입장에서 복제의 대상이 되는 파일이 저작권을 침해한 불법파일인 것을 미필적으로나마 알고 있었다면 위와 같은 다운로드 행위를 사적이용을 위한 복제로서 적법하다고 할 수는 없다."라고 설시하였다.[18] 특히 이용자가 인터넷에서 불법으로 다운로드 받은 어문, 음악, 영상 저작물 등을 다음, 네이버 등 포털사이트의 블로그 또는 카페, 또는 자신의 SNS에 업로드하는 행위는 저작권법상 소위 '전송'행위이며, 이러한 전송 행위는 '사적 이용을 위한 복제'에 해당하지 않기 때문에 저작권 침해가 성립한다.

한편 디지털 시대에 인터넷을 통하여 논문, 소설, 음악, 사진, 이미지, 영상 등 타인의 저작물을 이용하는 경우에는 저작자의 허락 없이 이용하는 행위는 불법 행위가 되며, 따라서 타인의 저작물을 가져다 사용하는 경우에는 적법하게 인용해야 한다. 저작권법 제28조(공표된 저작물의 인용)는 "공표된 저작물은 보도 · 비평 · 교육 · 연구 등을 위하여는 정당한 범위 안에서 공정한 관행에 합치되게 이를 인용할 수 있다."라고 규정하고 있다. 즉, 인용의 목적은 보도, 비평, 교육, 연구 등이어야 하고, 인용 범위는 정당한 범위 내에서의 인용이어야 한다. 이때 정당한 범위 내에서의 인용은 정량적 및 정성적 범위를 고려하여 인용해야 한다. 즉 인용 저작물이 주(主)가 되고, 피인용저작물이 종(從)이 되어야 하는 부종성(附從性) 관계가 성립되어야 한다. 또한 인용 방법은 공정한 관행에 합치되도록 인용해야 하는데, 이는 인용하는 저작물이 원저작물인 피인용저작물에 대한 시장수요를 대체해서는 안되고, 신의성실 원칙에 의거하여 인용해야 한다. 한편, 타인의 저작물을 인용할 때에는 출처를 명확하게 밝혀야 하며, 인용이 정당한 인용인지, 및 공정한 관행에 합치하는지가 중요하고, 반드시 비영리적일 필요는 없다.

---

18) 서울중앙지방법원 2008. 8. 5. 자 2008카합968 결정.

제 5 절 저작인접권

I. 개요

저작인접권 제도는 저작자가 창작한 저작물의 원활한 이용을 위하여 저작권과 유사한 권리를 부여하기 위하여 별도로 신설된 제도이다. 저작인접권은 실연자, 음반제작자, 방송사업자가 자신의 실연, 음반 또는 방송의 이용을 통제할 수있는 저작권과 유사한 배타적 권리이다.

II. 저작인접권의 내용

1. 저작인접권의 주체

저작인접권자로는 실연자, 음반제작자 및 방송사업자가 있다. 첫째, 실연자는저작물을 연기·무용·연주·가창·구연·낭독 그 밖의 예능적 방법으로 표현하거나 저작물이 아닌 것을 이와 유사한 방법으로 표현하는 자이고, 이때, 실연(Performance)이란 저작물을 연기·무용·연주·가창·구연·낭독 그 밖의 예능적 방법으로 표현하는 것을 말한다. 둘째, 음반제작자는 음반을 최초로 제작하는 데 있어 전체적으로 기획하고 책임을 지는 자를 말한다(저작권법 제2조 제6호). 셋째, "방송사업자"는 방송을 업으로 하는 자(저작권법 제2조 제9호)이며, 예를 들면, 공중파 방송사(KBS, MBC, KBC), 종편 또는 케이블 방송사업자 등이다.

2. 저작인접권의 보호 대상

저작권법 제64조에 의하면, 다음의 저작인접물은 보호를 받는다: 첫째, 실연의 경우에는, 대한민국 국민(대한민국 법률에 따라 설립된 법인 및 대한민국 내에 주된 사무소가 있는 외국법인을 포함한다. 이하 같다)이 행하는 실연, 대한민국이 가입 또는 체결한 조약에 따라 보호되는 실연, 후술하는 음반에 고정된 실연, 후술하는 방송에 의하여 송신되는 실연(송신 전에 녹음 또는 녹화되어 있는 실연을 제외한다)은 보호를받는다. 둘째, 음반의 경우에는, 대한민국 국민을 음반제작자로 하는 음반, 음이 맨 처음 대한민국 내에서 고정된 음반, 대한민국이 가입 또는 체결한 조약에 따라 보호되는 음반으로서 체약국 내에서 최초로 고정된 음반, 대한민국이 가입 또는 체결한 조약에 따라 보호되는 음반으로서 체약국의 국민(당해 체약국의 법률에 따라 설립된 법인 및 당해 체약국 내에 주된 사무소가 있는 법인을 포함한다)을 음반제작자로 하는 음반은 보호를 받는다. 셋째, 방송의 경우에는, 대한민국 국민인 방송사업자의 방송, 대한민국 내에 있는 방송설비로부터 행하여지는 방송, 대한민국이 가입 또는 체결한 조약에 따라 보호되는 방송으로서 체약국의 국민인 방송사업자가 당해 체약국 내에 있는 방송설비로부터 행하는 방송은 보호를 받는다.

한편, 외국인에 대해서는 상호주의에 의해 보호를 받는다, 즉 외국인의 실연·음반 및 방송이라도 그 외국에서 보호기간이 만료된 경우에는 이 법에 따른 보호기간을 인정하지 아니한다. 우리나라가 가입한 저작(인접)권 주요 국제조약(대한민국 가입년도)은 다음과 같다: 베른협약(Berne Convention(1886년/1996.8.21.), 로마협약(1961/2009), 음반 불법복제에 대한 음반제작자 보호협약(1971/1987), 브뤼셀 위성협약(1974/2011), WTO/TRIPs(1995), WCT(WIPO Copyright Treaty: WIPO 저작권조약)(1996/2004), WPPT(WIPO Performances and Phonograms Treaty: WIPO 실연음반조약)(1996/2008), WIPO 마라케시 조약(시각장애인 등의 접근성 향상 조약)(2013/2015) 등이 있다.

3. 저작인접권자의 권리

저작인접권자에게 부여되는 인격적 및 재산적 권리는 다음과 같다:

	인격적 권리	재산적 권리(배타적 권리)
실연자	성명표시권 동일성유지권	복제권, 배포권, 대여권, 공연권, 방송권, 전송권
음반제작자	X	복제권, 배포권, 대여권, 전송권
방송사업자	X	복제권, 동시중계방송권, 공연권

4. 저작인접권의 보호기간

저작권법 제86조(보호기간)에는 저작인접권의 보호기간에 대하여 다음과 같이 규정하고 있다. 우선, 저작인접권은 다음 시점부터 발생하며, 어떠한 절차나 형식의 이행을 필요로 하지 아니하는 무방식주의를 채택하고 있다: 실연의 경우에는 그 실연을 한 때, 음반의 경우에는 그 음을 맨 처음 음반에 고정한 때, 방송의 경우에는 그 방송을 한 때이다.

한편, 저작인접권(실연자의 인격권은 제외한다)의 보호기간은 저작인접권이 발생한 시점과는 약간 차이가 있는데, 구체적으로는 다음과 같다: 즉 저작인접권은 다음에 해당하는 때의 다음 해부터 기산하여 보호기간이 존속한다:

① 실연의 경우에는 그 실연을 한 때(다만, 실연을 한 때부터 50년 이내에 실연이 고정된 음반이 발행된 경우에는 음반을 발행한 때)부터 70년

② 음반의 경우에는 그 음반을 발행한 때(다만, 음을 음반에 맨 처음 고정한 때의 다음 해부터 기산하여 50년이 경과한 때까지 음반을 발행하지 아니한 경우에는 음을 음반에 맨 처음 고정한 때)부터 70년

③ 방송의 경우에는 그 방송을 한 때부터 50년이다.

제 6 절 저작권 침해 및 침해에 대한 구제 조치

I. 저작권 침해의 성립 요건

인터넷에는 다양한 글, 그림, 사진(이미지), 영상 등이 있는데, 이를 불펌해서 자산의 홈페이지에 옮기는 행위, 공유사이트 또는 웹하드 등에서 자료를 주고받는 행위, 영화 또는 음악 파일을 게시판 자료로 업로드하는 행위, 컴퓨터프로그램을 CD로 구워서 친구들에게 나눠주는 행위, 음악을 내 홈피나 블로그에 배경 음악으로 사용하는 행위, 정품 콘텐츠(음악, 영화, 컴퓨터 게임 등)를 구매한 후에 인터넷에서 공유하는 행위, 인기 드라마, 쇼 프로 등 방송 프로그램을 캡처하여 인터넷에 업로드하는 행위 등은 저작권 침해가 될 수 있다. 이러한 행위의 특징은 인터넷에서 불펌으로 다운로브 받은 타인의 저작물을 업로드하는 행위인데,

이러한 업로드 행위는 저작권법상 '전송' 행위로, 저작권법에서 '사적 이용을 위한 전송'은 저작권 침해에 대한 면책이 되지 않으므로, 주의해야 한다. 저작재산권의 침해 유형에는 무단이용과 부정이용이 있다. 무단이용은 표현을 도용하거나 표현의 형식을 변경하는 경우 등이 있고, 부정이용은 허락된 범위를 벗어난 이용으로, 예를 들면, 출판허락할 때 출판권자가 무단히 영화제작자와 합의하여 영상을 제작하는 경우이다.

저작권 침해의 성립 요건에는 의거성과 실질적 유사성(substantial similarity)이 있다. 첫째, 의거성은 접근성과 유사성 여부를 가지고 판단한다. 이때, 원고 저작물이 널리 알려져 있거나, 피고가 원고의 저작물에 접근할 기회가 있는 경우에는 의거성이 추정된다. 특히 저작물과 저작권 침해 주장을 받는 저작물 사이에 현저한 유사성이 있거나, 공통의 오류가 있는 경우에는 의거관계를 인정할 수 있다. 특히 양 저작물 사이에 유사성이 크면 클수록 공유저작물 이용(공정이용)의 항변은 고도의 반증이 필요하다. 둘째, 실질적 유사성(substantial similarity)은 대비되는 두 작품의 표현 사이에 질적 또는 양적으로 어느 정도 실질적으로 유사한지 여부를 가지고 판단하는데, 만일 창작성 없는 부분만 유사하거나, 아이디어를 이용했다는 것만으로는 저작권 침해가 성립되지 않는다. 이때, 원저작물이 창조적 노력이 크면 큰 보호를, 적으면 적은 보호를 주어야 한다. 한편, 저작권 침해죄는 원칙적으로 피해자인 저작권자의 고소가 있어야 기소를 제기하는 친고죄(親告罪)이며, 영리를 목적으로 또는 상습적으로 침해하는 경우에는 비친고죄가 된다(저작권법 제140조).

II. 저작권 침해에 대한 조치

저작권자는 저작권 침해자를 상대로 민사적 구제조치, 형사 고소 또는 고발을 할 수 있고, 담당 부서인 문화체육관광부는 행정 조치를 취할 수 있다. 이하 구체적으로 살펴본다.

1. 민사적 구제조치

저작권자는 저작권 침해를 한 자에 대하여 첫째, 침해행위를 중지할 것을 요구하는 저작권 침해 정지 청구 및 침해행위에 의해 만들어진 물건 폐기 등 필요한 조치 등을 취할 수 있다. 둘째, 고의 또는 과실로 저작권을 침해한 자에 대하여 손해배상을 청구할 수 있다. 저작권자가 손해배상을 청구하는 경우에 그 권리를 침해한 자가 그 침해행위에 의하여 이익을 받은 때에는 그 이익의 액을 저작재산권자등이 받은 손해의 액으로 추정하며, 그 권리의 행사로 일반적으로 받을 수 있는 금액에 상응하는 액을 저작재산권자 등이 받은 손해의 액으로 하여 손해배상을 청구할 수도 있다. 만일 저작재산권자 등이 받은 손해의 액이 이 금액을 초과하는 경우에는 그 초과액에 대해서도 손해배상을 청구할 수 있다(저작권법 제125조). 한편, 저작권 침해로 인한 손해액 산정이 쉽지 않다는 특징이 있다. 이에 저작재산권자 등이 고의 또는 과실로 권리를 침해한 자에 대하여 사실심(事實審)의 변론이 종결되기 전에는 실제 손해액이나 제125조 또는 제126조에 따라 정하여지는 손해액을 갈음하여 침해된 각 저작물등마다 1천만원(영리를 목적으로 고의로 권리를 침해한 경우에는 5천만원) 이하의 범위에서 상당한 금액의 배상을 청구할 수 있도록 하는 법정손해배상제도를 도입하여 운영하고 있다. 예를 들면, 甲이 乙의 곡을 무단으로 10번 공연한 경우에는 최대 1천만원의 범위에서 법정손해배상청구를 할 수 있고, 만일 甲이 乙의 A곡을 3번, B곡을 4번, C곡을 3번 무단 공연한 경우에는 3곡의 저작권 침해가 발생하였으므로, 최대 3천만원 범위에서 법정손해배상을 청구할 수 있다. 셋째, 저작자 또는 실연자는 고의 또는 과실로 저작인격권 또는 실연자의 인격권을 침해한 자에 대하여 손해배상을 갈음하거나 손해배상과 함께 명예회복을 위하여 필요한 조치를 청구할 수 있다(법 제127조).

2. 형사 처벌

저작권을 침해한 자에 대하여 저작권자는 형사 고소 또는 고발을 할 수 있다. 저작권법 제136조 내지 제139조를 규정하고 있다. 우선, 저작재산권, 그 밖에 이 법에 따라 보호되는 재산적 권리(제93조에 따른 권리는 제외한다)를 복제, 공연, 공중송신, 전시, 배포, 대여, 2차적저작물 작성의 방법으로 침해한 자는 5년 이하 징역 또는 5천만원 이하 벌금형에 처하게 된다(법 제136조). 둘째, 저작인격권을 침해하여 저작자의 명예를 훼손하거나, 한국저작권위원회에 허위 등록을 하거나 데이터베이스 제작자의 권리를 침해하는 경우 등에 대해서는 3년 이하 징역 또는 3천만원이하 벌금형에 처하게 된다(법 제136조). 셋째, 저작자 아닌 자를 저작자로 하여 실명 또는 이명을 표시하여 저작물을 공표한 자, 저작자의 사망 후 저작자의 인격권을 침해하는 행위를 한 자에 대해서는 1년 이하 징역 또는 1천만원이하 벌금형에 처하게 된다(제137조). 넷째 저작물 이용할 때에 출처 표시를 하지 않은 경우 등에 대해서는 5백만 원 이하 벌금형에 처하게 된다(법 제138조). 다섯째, 저작권, 그 밖에 이 법에 따라 보호되는 권리를 침해하여 만들어진 복제물과 그 복제물의 제작에 주로 사용된 도구나 재료 중 그 침해자·인쇄자·배포자 또는 공연자의 소유에 속하는 것은 몰수한다(법 제139조).

3. 행정적 제재 조치

저작권을 침해하는 복제물에 대하여 정부 또는 지자체 등은 행정적 조치를 취할 수 있다. 즉 문화체육관광부장관, 특별시장·광역시장·특별자치시장·도지사·특별자치도지사 또는 시장·군수·구청장은 저작권 등을 침해하는 복제물(정보통신망을 통하여 전송되는 복제물은 제외한다) 또는 저작물등의 기술적 보호조치를 무력하게 하기 위하여 제작된 기기·장치·정보 및 프로그램을 발견한 때에는 대통령령으로 정한 절차 및 방법에 따라 관계공무원으로 하여금 이를 수거·폐기 또는 삭제하게 할 수 있다(법 제133조). 또한, 인터넷에서 불법 저작물이 유통되는 등 저작권 침해가 일어나는 경우에 문화체육관광부장관은 이러한 불법 저작물이 업로드되고 있는 온라인서비스제공자(Online Service Provider, OSP)에게 불법복제물등의 복제·전송자에 대한 경고, 및 불법복제물등의 삭제 또는 전송을 중단시킬 수 있다(법 제133조의2). 만일 이러한 경고를 3회 이상 받은 복제·전송자가 불법복제물 등을 전송한 경우에는 OSP에게 6개월 이내의 기간을 정하여 해당 복제·전송자의 계정(이메일 전용 계정은 제외하며, 해당 온라인서비스제공자가 부여한 다른 계정을 포함한다. 이하 같다)을 정지할 것을 명할 수 있는 '삼진아웃제'를 운영하고 있다.

III. 저작권 침해 주장을 받은 자의 대응 조치

저작권 침해 주장을 받은 자는 다음과 같이 대응할 수 있다. 첫째, 저작권 침해라고 판단하는 경우에는, 저작권 침해 행위를 즉각 중단하여 저작권 침해에 대한 무과실을 주장함으로써 손해배상청구를 피할 수 있고, 한국저작권 위원회 분쟁조정위원회에 화해 또는 조정을 신청할 수 있으며, 저작권 양도 또는 저작물 이용허락 계약을 체결하는 등 합법적으로 저작물을 이용할 수 있다. 특히 저작권 침해죄로 고소 또는 고발된 경우에 합의를 할 수 있으나, 형사 사건에 대하여 우리나라에서는 2008년 '교육조건부 기소유예제도'를 도입하여 저작권 교육을 받는 것을 조건으로 형사법원에 기소하는 것을 1회 유예시켜 주는 제도를 운영하고 있으므로, 경찰에 고소 또는 고발을 당한 자는 '교육조건부 기소유예제도'를 이용할 수도 있을 것이다. 둘째, 저작권 침해가 아니라고 판단하는 경우에는, 저작권자의 민사소송에 대해서는 반소를 적극적으로 반소를 제기할 수 있고, 형사 고소에 대하여는 고의가 없음을 주장할 수 있으며, 해당 저작권의 보호기간이 만료되었다든지, 저작재산권이 제한되었다고 하면서 적법한 이용임을 항변할 수도 있고, 보다 적극적으로는 저작권자의 권리 남용을 주장할 수도 있다.

13

민사소송법

제 13 장 민사소송법

 ## 제 1 절 민사소송법 개관

　사법상의 권리 또는 법률관계를 둘러싸고 발생하는 분쟁을 민사분쟁이라 한
다. 민사분쟁의 해결방법은 역사적 변천을 거쳐 발전되었는데, 원시사회에서는
자력구제의 방법에 의하였으나 그 결과 힘이 강한 자만이 자기의 권리를 지킬
수 있어 권리가 실현되지 못하는 수가 많았고, 이러한 자력구제는 법적 평화를
심히 해치게 되었다. 이에 국가는 법원이라는 재판기관을 설치하고 국가의 공권
력에 의하여 민사분쟁을 강제적으로 해결하는 방법을 마련하고 모든 국민들이
이용할 수 있도록 하였다. 이러한 분쟁해결절차가 민사소송절차인 것이다.

　현재 우리나라의 민사소송절차를 개관하면 다음 그림과 같다.

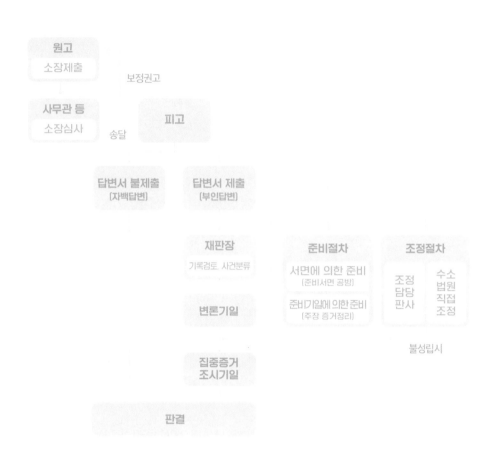

 ## 제 2 절 민사소송법 법률 규정 체계

민사소송법은 총 502조로 구성되어 있다. 제1편 총칙에서는 민사소송의 이상과 신의칙, 법원, 당사자, 소송비용, 소송절차 등에 관하여 규정하고 있다. 제2편 제1심의 소송절차에서는 소의 제기와 변론과 그 준비, 증거, 제소전화해에 대해 규정하고 있다. 제3편 상소에서는 항소와 상고, 항고에 대해 규정하고 있으며, 제4편 재심에서는 재심절차에 관하여 규정하고 있다. 제5편 독촉절차에서는 독촉절차에 관하여 규정하고 있으며, 제6편 공시최고절차에서는 공시최고절차에 관하여, 제7편 판결의 확정 및 집행정지에서는 판결의 확정과 집행정지절차에 관하여 규정하고 있다.

제 3 절 민사소송법 총론

I. 민사소송의 목적, 이상과 신의칙

민사소송의 목적에 관하여는 여러 견해가 대립하고 있으나 원칙적으로 사권보호에 있다고 보는 것이 타당하다. 사권의 보호라는 목적을 효율적으로 수행하기 위하여 민사사건의 분쟁해결수단인 민사소송제도는 적정·공평하고, 신속·경제적으로 작동하여야 한다. 민사소송법 제1조 제1항에서도 이를 규정하고 있다. 적정이란 판단의 전제되는 사실인정이 진실에 부합하고 법의 해석적용이 정당한 것을 말하며, 공평은 양당사자를 평등하게 취급하고 이익이 되는 사항을 주장할 수 있는 기회를 균등하게 부여하는 것을 말한다. 신속한 재판을 받을 권리는 헌법상 기본권의 하나이며, 아무리 적정·공평한 재판이라 하더라도 신속하지 못하면 아무런 실효성이 없을 뿐만 아니라 오히려 소송에 대한 불신을 가중시킬 뿐이다. 이외에 소송에 필요한 법원과 당사자의 비용을 적게 하고 자력이 없는 자도 소송제도를 쉽게 이용할 수 있게 배려하는 것이 경제(經濟)의 이상이다.

민사소송은 법원과 당사자 기타 관계인의 협력을 통하여 진행되므로 당사자 기타 관계인의 신의성실에 기한 소송행위가 절실히 필요한데, 이를 민사소송법상의 신의칙이라 한다.

II. 민사소송절차의 종류

사회의 발전에 따라 분쟁은 점점 다양하고 복잡화되고 있으므로, 앞에서 설명한 민사소송의 목적을 효율적으로 달성하기 위하여 여러 가지 소송의 유형을 만들고 여기에 서로 다른 역할을 담당시키고 있다. 민사소송절차를 크게 나누어 보면 통상의 민사사건에 적용되는 소송절차인 통상소송절차, 특수한 성질의 사건에 적용되는 특수소송절차, 그리고 이 양자의 부수절차로 나눌 수 있다. 통상소송절차는 원고가 소를 제기하여 보호를 구하는 권리관계의 존부를 심리하여 판단하는 절차인 판결절차와 판결의 내용을 강제적으로 실현하는 절차인 강제집행절차로 나눌 수 있다.

III. 민사소송절차의 진행경과

판결절차의 진행을 보면 다음과 같다. 제1단계는 원고가 피고를 상대로 다툼이 되고 있는 법률문제의 판단을 요구하는 소장을 관할권 있는 법원에 제출함으로써 시작된다. 소장이 제출되면 재판장은 이를 심사하고 그것이 방식에 맞으면 제1회 변론기일을 지정하며, 법원공무원은 원·피고를 정해진 기일과 장소에 소환한다. 그러나 변론의 준비가 필요한 경우에는 바로 변론기일에 들어가지 아니하고 변론준비절차에서 증거 및 쟁점을 정리한 후에 변론기일을 잡게 된다. 변론기일이 잡히면 원·피고가 스스로 또는 소송대리인을 선임하여 기일에 출석하게 되고, 이는 곧 제2단계로 소송의 심리에 들어가게 되는 것이다. 이 때 원고와 피고는 자기에게 유리한 사실상 및 법률상의 주장을 하고 이를 밑받침하기 위하여 증거를 제출하게 되고, 법원은 당사자가 제출한 증거를 조사하여 당사자 주장의 진위를 확정하게 된다. 마지막으로 법원은 심리를 통하여 확정된 사실에 기초하여 법률을 적용하여 판결하게 된다. 즉 법원은 판결로서 원고의 청구에 대한 인정 여부를 판단하게 된다. 이와 같이 세 단계를 거쳐 제1심의 절차가 종료되는데 이에 대해 원·피고 일방이 다투지 않으면 소송절차는 끝나지만 어느 일방이 다툴 경우 상소절차로 넘어가 상소심절차를 거치게 된다. 민사소송의 전형적인 유형은 1인의 원고가 1인의 피고를 상대로 1개의 소송상 청구를 둘러싸고 전개된다. 원고 또는 피고가 다수이거나 원·피고 모두 다수이거나, 소송상 청구가 다수인 경우도 존재한다.

IV. 민사소송법의 의의와 해석

민사소송법을 형식적 의의로만 파악하면 민사소송법이라는 법전을 가리키지만, 실질적 의의로 보면 민사소송절차를 규율하는 법규의 총체를 말하므로 민사소송법전 외에 법원조직법, 변호사법 등이 포함된다. 특히 실질적 민사소송법의 법원으로는 대법원규칙, 관습법 등이 중요한 역할을 하고 있다. 민사소송법규의 해석도 대체로 법해석의 일반원칙에 따른다. 그러나 민사소송은 법원과 당사자의 각 행위가 재판이라는 공통의 목표를 향하여 순차적으로 행하여지는 절차이고 선행행위를 전제로 후행행위가 행하여지므로 될 수 있으면 이미 진행한 절차를 존중하려고 하는 '절차의 안정'이라는 요청에 따라 법규를 해석하여야 한다. 또 법원은 다수의 사건을 가능한 한 신속히 처리하여야 하므로 개개의 사건을 집단적·획일적으로 처리하여야 할 필요성이 있다.

🏵 제 4 절 제1심의 소송절차

I. 소의 제기에 의한 개시

소는 원고가 법원에 대하여 특정한 청구의 당부에 관한 심판을 통하여 권리보호를 하여 줄 것을 요구하는 신청을 말한다. 즉 소를 제기함으로써 제1심의 소송절차가 개시된다. "소가 없으면 소송이 없다."는 법언이 이를 잘 표현해 주고 있다. 이러한 신청에는 ① 누가 누구를 상대로 하여, ② 어느 법원에 대하여, ③ 무엇에 관하여 어떠한 내용의 심판을 구하는가 하는 것이 명백하게 나타나야 한다. 한편 법원은 원고가 소의 내용으로서 주장한 소송상 청구의 당부에 관하여 심리하기 전에 소가 갖추어야 할 적법요건을 구비하였는가를 심사해야 한다. 이러한 요건을 소송요건이라 하는데 이것이 갖추어져 있지 않은 때에는 소 각하 판결을 한다. 그리고 소송요건이 갖추어져 있으면 청구의 당부에 관하여 심리한 다음 판결을 내리게 되는 것이다.

소는 청구의 내용에 따라 첫째, 피고에 대한 특정한 이행청구권의 존재를 주장하여 그 확인과 이에 기한 이행을 명하는 판결을 구하는 이행의 소, 둘째, 특정한 권리 또는 법률관계의 존부를 주장하여 이를 확인하는 판결을 구하는 확인의 소, 셋째, 법률관계의 변동을 일으키는 일정한 법률요건의 존재를 주장하여 그 변동을 선언하는 판결을 구하는 형성의 소로 나눌 수 있다. 소의 제기는 소장이라는 서면을 작성하여 법원에 제출하는 것이 원칙이나 소액사건 등에는 구두에 의한 제소가 인정된다. 소장에 반드시 기재해야 할 사항으로는 당사자 및 법정대리인, 원고가 구하고자 하는 소의 결론부분인 청구취지, 청구를 특정하기 위해 필요한 사실관계인 청구원인 등이고 그 외에 기재가 필수적이지 않은 임의적 기재사항이 있다. 소장의 견본은 아래와 같다.

소　　　　장

원　　고　　1. 한①○ (주민등록번호)

　　　　　　　　　○○시 ○○구 ○○길 ○○(우편번호)

　　　　　　　　　전화·휴대폰번호:

　　　　　　　　　팩스번호, 전자우편(e-mail)주소:

　　　　　　　2. 한②○ (주민등록번호)

　　　　　　　　　○○시 ○○구 ○○길 ○○(우편번호)

　　　　　　　　　전화·휴대폰번호:

　　　　　　　　　팩스번호, 전자우편(e-mail)주소:

피　　고　　전국버스운송사업조합연합회

　　　　　　　○○시 ○○구 ○○길 ○○(우편번호)

　　　　　　　회장　◇◇◇

　　　　　　　전화·휴대폰번호:

　　　　　　　팩스번호, 전자우편(e-mail)주소:

손해배상(자)**청구의 소**

청 구 취 지

1. 피고는 원고 한①○, 원고 한②○에게 각 금 ○○○○원 및 각 이에 대하
　여 20○○. ○. ○.부터 이 사건 소장부본 송달일까지는 연 5%의, 그 다음
　날부터 다 갚는 날까지는 연 12%의 각 비율에 의한 돈을 지급하라.
2. 소송비용은 피고의 부담으로 한다.
3. 위 제1항은 가집행 할 수 있다.
라는 판결을 구합니다.

청 구 원 인

1. 당사자들의 지위

　　가. 원고 한①○, 원고 한②○는 이 사건 교통사고로 사망한 소외 망 한◉
　　◉의 아들입니다.

　　　(이하 생략)

입 증 방 법

1. 갑 제1호증　　　　기본증명서

　　　　　　　　　　(단, 2007.12.31. 이전 사망한 경우 제적등본)

(이하 생략)

첨 부 서 류

1. 위 입증서류　　　　　　　　　각 1통
1. 법인등기사항증명서　　　　　　　1통
1. 소장부본　　　　　　　　　　　1통
1. 송달료납부서　　　　　　　　　1통

　　　　　　　　　20○○.　○.　○.

　　　　　　　위 원고　1. 한①○　(서명 또는 날인)

　　　　　　　　　　　　2. 한②○　(서명 또는 날인)

○○지방법원　귀중

출처: 대한법률구조공단 홈페이지

　소가 제기되면 법원은 이 사건을 담당할 재판부를 결정하고 그 재판부는 소장을 심사하여 그것이 방식에 맞지 않으면 소를 각하하거나 보정시키고, 방식에 맞으면 피고에게 소장을 송달함으로써 피고에게 제소된 사실을 알려 소송에 대비하도록 한다. 아울러 사건 심리를 위한 기일과 장소를 지정하고 원·피고를 소환하게 되는데, 피고가 원고의 청구를 다투거나 나아가 원고에 대하여 스스로 별도의 청구를 하는 반소를 제기하는 경우에 법원은 소송의 대상인 청구에 관하여 본격적인 심리에 들어가게 된다.

II. 법원과 당사자

1. 법원

원고가 일정한 소송상의 청구를 할 때 그 소를 제기 받은 법원을 수소법원이라하며, 구체적으로는 민사재판권을 행사하는 재판기관을 말한다. 민사법원으로는 대법원, 고등법원, 지방법원 및 지원, 시·군법원 그리고 민사사건을 병합하여 처리하는 가정법원, 행정법원이 있고, 이들 법원은 계층을 나누어 심급제도로 운영되고 있다. 고등법원급으로 특허법원이 있다. 법원의 구성은 아래 그림과 같다.

출처: 대한민국 법원 홈페이지

재판기관을 구성하는 방법에는 합의제와 단독제의 두 가지가 있다. 대법원, 고등법원은 모두 합의제로 운영하고 지방법원은 항소심의 경우를 제외하고는 단독제를 원칙으로 한다. 합의제의 경우는 충실한 심리를 하여 공정한 재판을 할 수 있으나, 원활하고 신속한 활동을 할 수 없다. 따라서 이를 보완하기 위해 구성법관 중의 하나로 하여금 합의체를 대표하거나 단독으로 권한을 행사할 수 있게 하였으니 이것이 재판장제도이다. 재판장은 소송지휘를 하고 법에서 특별히 정한 경우 명령을 말할 수 있다. 한편 구체적 사건을 취급하는 법관이나 법원사무관 등이 우연히 그 사건과 관련된 당사자나 청구와 특수한 관계가 있어 불공정한 재판이 이루어질 염려가 있는 경우 그 법관이나 법원사무관 등을 당해 사건으로부터 배제하는 제척, 기피, 회피 등의 제도를 두고 있다.

민사소송에 의하여 처리하여야 할 사건은 무수히 많고 법원은 전국에 걸쳐 다수가 존재하고 있다. 관할이란 이러한 법원들 사이의 재판권행사의 분담을 정하는 것을 말하며, 원고는 관할법원에 소를 제기하여야 한다. 왜냐하면 수소법원이 관할권 있는 법원이어야 함은 소송요건이기 때문이다. 따라서 수소법원은 관할권의 유무를 조사하여 관할권이 없는 경우는 청구에 관해 재판할 수 없고 사건을 결정으로 관할법원에 이송하여야 한다. 관할에는 여러 기준에 의하여 직무관할, 사물관할, 토지관할 등으로 나눌 수 있다.

2. 당사자

당사자는 법원과 더불어 소송절차를 이끌어가는 소송주체의 하나로서 구체적으로는 자기의 이름으로 소를 제기하거나 제소당하여 판결의 명의인이 되는 자를 가리킨다. 대부분 실체법상의 권리의무자가 당사자이지만 실체법상으로는 권리·의무의 주체가 아닌 자가 당사자가 되는 경우도 있다. 변호사 등의 소송대리인이 선임되어 있더라도 대리인이 당사자가 아니라 대리되는 본인이 당사자이다. 민사분쟁은 보통 두 사람 사이에 이해대립의 형태를 취하고 있다. 이에 따라 민사소송절차도 그 쌍방을 소를 제기하는 원고와 소를 제기당한 피고로서 소송에 관여시키고 그들에게 유리한 주장·증명을 하게 한 다음 판결을 한다는 구조를 취하고 있다. 이 원칙을 이당사자대립구조라 하며 이에 따라 원고와 피고의 인격이 동일하여서는 안 된다. 원고이든 피고이든 당사자의 수가 반드시 1인이어야 하는 것은 아니고 당사자의 일방 또는 쌍방이 여러 사람일 수가 있다. 이러한 소송을 공동소송이라 한다. 그러나 이당사자대립주의의 예외로서 3인 이상의 당사자가 서로 대립하여 그들 사이의 분쟁을 하나의 소송에서 일시에 해결하는 경우가 있다. 독립당사자참가와 소의 주관적·예비적 병합 등에서 그 예를 찾아볼 수 있다. 헌법상의 평등의 원칙은 민사소송에도 적용되어 대립하는 당사자는 평등한 입장에 서게 되는데 이를 당사자평등의 원칙이라 한다. 당사자와 관련하여 알아야 할 개념들로는 당사자능력, 소송능력, 변론능력, 당사자적격 등이 있다. 한편 소송행위는 대리에 친한 행위이므로 널리 대리가 인정되는데, 당사자를 대신하여 당사자의 이름으로 소송행위를 하거나 소송행위를 맡는 자를 소송대리인이라 한다. 변호사는 소송수행을 위한 포괄적 대리권이 부여된 소송대리인에 해당한다. 우리나라는 아직 모든 심급에 걸쳐 변호사를 대리인으로 선임해야 하는 것은 아니지만, 일단 대리인을 선임하는 때에는 원칙적으로 변호사이어야 한다. 다만 소액 및 단독사건에서는 그 예외가 인정된다.

III. 소송상의 청구

소송상의 청구 또는 소송물이라 함은 민사소송에 있어 심판의 대상이 되는 구체적 사항, 즉 소송의 객체를 말한다. 예를 들어 甲이 乙을 상대로 'A토지를 인도하라'라는 판결을 구하는 소송에 있어 甲에게 인도청구를 할 수 있는 법적 지위가 있느냐 없느냐가 심판의 대상 또는 소송물이며, 문제가 되고 있는 'A토지'는 계쟁물이라는 용어로 표시한다. 소송물의 개념은 소송개시로부터 종료에 이르기까지 핵심이 되는 중요한 개념이다. 소송물을 실체법적 관점에서 실체법상의 권리 또는 법률관계에 대한 주장이라는 구실체법설, 소송물을 소송법적 관점에서 파악하려는 소송법설이 있는데, 그 구성요소를 신청과 사실관계로 파악하는 이지설과 신청만으로 구성된다는 일지설이 있고, 실체법의 청구권 개념을 소송상의 청구권 개념과 일체시키는 수정된 청구권에 기초하여 이러한 청구권에 대한 소송상의 주장을 소송물이라고 하는 신실체법설 등이 있다. 실무에서는 각종의 소의 종류에 따라 소송물이 무엇인가를 결정하는 것이 매우 중요한 문제이다.

IV. 소제기의 효과

소가 제기되면 소송법상·실체법상 여러 가지 효과가 발생한다. 우선 소송법적으로는 소송의 주체인 법원과 당사자 및 소송물이 특정되고 이 특정된 사건이 특정한 법원에서 판결절차로 심판되고 있는 상태가 되는데 이것을 소송계속이라 한다. 이 소송계속이 발생하면 소송의 주체와 객체의 특정 외에 그 소송에 관하여 소송참가, 독립당사자참가 등이 가능하며 중복소송이 금지된다. 즉 법원에 이미 소송계속이 생긴 사건에 대하여 당사자는 다시 소를 제기하지 못한다. 다음 실체법상으로는 시효가 중단되거나 법률상의 기간을 준수한 효과가 발생하며, 권리를 강화하는 효과로서는 선의의 점유자가 패소하면 악의로 의제되는 것을 들 수 있다.

V. 소송의 심리

소의 제기 후 피고가 원고의 청구를 그대로 인정하거나, 화해를 하여 분쟁을 종식시키지 않는 한 법원은 소에 대하여 심리를 하여야 한다. 소송의 심리란 법원이 소에 대한 응답(판결)을 하기 위하여 그 기초가 되는 소송자료를 수집하는 것을 말하며 주로 두 부분으로 구성된다. 그 하나는 당사자가 사건에 관한 사실을 주장하고 이를 밑받침하는 증거를 제출하는 과정으로서 이를 변론이라 한다. 다른 하나는 법원이 당사자에 의하여 제출된 증거를 조사하여 주장된 사실이 진실한가를 판정하는 과정으로서 이를 증거조사라 한다. 소송심리도 소송절차의 일환이므로 그 절차에 있어서 배려할 문제로 심리의 기일, 변론과 증거조사의 방법, 심리의 종결 등이 함께 고찰되어야 한다. 근대국가는 민사소송이 지향하고 있는 이상을 실현하기 위하여 여러 가지 심리의 기본원칙을 발전시켜 왔는데, 이러한 원칙들은 우리가 민사소송법이 대답하지 않고 있는 문제들에 부딪혔을 때 이를 해결하는 지침을 제공하여 준다. 이 중 중요한 것들로는 공개심리주의, 쌍방심리주의, 처분권주의, 변론주의, 직접심리주의, 집중심리주의 등을 들 수 있다.

1. 심리의 대상

법원의 심리의 대상에는 두 가지가 있다. 첫째는 소송요건에 대한 심리 또는 본안 전 심리이다. 법원은 원고의 소가 적법한 경우에만 이를 받아들여 청구의 당부에 대한 심리를 하게 된다. 한편 당사자가 민사소송제도를 이용하기 위하여는 이것을 이용할 만한 정당한 이익 내지 필요가 있어야 하는데 이것을 소의 이익이라 한다. 소의 이익은 구체적인 청구와 밀접한 관련을 가진 소송요건이다. 둘째 단계인 본안심리도 다시 두 가지로 나눌 수 있다. ① 첫 단계는 원고의 청구가 이치에 맞느냐는 점에 대한 판단이다. 즉 원고주장 자체의 정당성의 문제이다. ② 원고의 청구 자체가 정당하다면 둘째 단계로 원고의 청구가 사실과 증거에 의하여 밑받침되어 있느냐를 따져 청구가 이유 있으면 원고승소판결을, 이유 없으면 이를 기각하는 패소판결을, 일부만 이유 있으면 일부패소의 판결을 하게 된다.

2. 심리의 내용

심리는 판결을 위해 필요한 자료를 수집하는 단계로서 당사자의 변론과 법원에 의한 증거조사의 단계가 있음은 앞서 본 바와 같다.

(1) 변론

민사소송법은 오랜 역사적 경험의 결과로서 변론에 의한 재판을 원칙으로 하고 있다. 앞서 말한 심리의 여러 원칙이 가장 잘 시행될 수 있고 당사자들에게 가장 설득력 있는 판결이 나오기 때문이다. 보통 판결로 재판할 사건에는 반드시 변론에 의하도록 하고 결정으로 재판할 사건은 신속한 처리가 요청되므로 법원의 재량에 의해 변론을 열도록 한다. 한편 변론기일의 변론을 신속하고 완전하게 실시하기 위하여 우리 민사소송법은 준비서면제도와 준비절차제도를 두고 있다. 변론의 준비절차가 종결되거나 또는 바로 변론에 들어가는 경우에 재판장이 지정한 변론기일에 재판장의 지휘 하에 변론이 행하여진다. 서로 다투는 경우 변론은 먼저 원고가 소장에 기재된 청구취지와 청구원인을 진술하고 이에 대하여 피고가 청구취지의 기각과 청구원인에 대한 진술을 함으로써 시작된다. 이처럼 당사자가 종국판결을 구하는 진술을 하는 것을 본안의 신청이라 한다.

자기의 본안신청을 상대방이 다투는 경우 이를 밑받침할 소송자료를 제출하며 이러한 일체의 자료를 공격방어방법이라 한다. 이 중에 가장 중요한 것은 주장과 증거신청(증명)이다. 주장은 법률상의 주장과 사실상의 주장으로 나누어진다. 전자는 구체적인 권리관계의 존부에 관한 자기의 인식판단의 보고인 진술을 말하는데, 예를 들면 가옥명도청구소송에서 가옥의 소유권이 원고에게 있다는 주장 등과 같은 것이다. 후자는 구체적인 사실의 존부에 관한 자기의 인식·판단의 보고인 진술을 말하는데 가옥명도소송에서 원고의 소유권이 다투어질 때 그 토지를 매수한 사실을 주장하는 것을 예로 들 수 있다.

사실상의 주장이 다투어지는 경우에는 증거에 의하여 이를 증명하여야 하는데 이처럼 특정한 증거방법의 조사를 요구하여 증거를 신청하는 것을 증거신청 또는 증명이라고 한다. 또 하나 반드시 알아야 할 개념으로는 부인과 항변이 있는데, 양자는 모두 상대방의 사실상의 주장을 배척하는 피고의 사실상의 주장이라는 점에서는 같다. 그러나 부인은 상대방이 증명할 책임을 지는 주장사실을 부정하는 진술이고 항변은 청구가 이유 없다고 기각을 구하기 위하여 제출하는 피고의 진술을 말한다. 부인에는 단순부인과 이유부부인이 있는데 이유부부인과 항변의 구별은 실무상 매우 어렵다. 항변의 경우는 부인의 경우와 달리 판결문에 판단하여야 하고 그 증명 여부가 승패와 직결되는 경우가 많다.

(2) 증거조사

1) 증거

법원은 그가 인식한 구체적 사실에 법규를 해석·적용함으로써 재판을 한다. 그런데 실제의 소송에서는 법규의 해석·적용보다는 사실관계의 존부가 다투어지고 이것이 소송에 미치는 영향이 압도적으로 크므로 사실관계의 확정이 매우 중요하다. 이때 객관적·합리적으로 사실을 확정하여야 하는데 이를 위해 증거를 토대로 한 사실확정이 요구된다. 이와 같이 증거는 법관이 판결의 기초를 확정하기 위하여 쓰이는 재료를 말하며 증거를 수집·제출할 책임은 변론주의 원칙상 당사자에게 있다. 또 증거는 증거능력이 있고 증명력이 있어야 한다. 증거능력은 증거조사의 대상이 될 수 있는 자격을 말하고, 증명력은 증거조사를 거친 후 당해 사실확정에 있어 법관에 확신을 주는 힘을 말한다.

2) 증명의 대상과 불요증사실

법관이 재판을 함에 있어서는 그 적용할 법규의 존부 및 내용과 구체적 사실의 존부, 경험법칙을 증거에 의하여 확정하여야 한다. 가장 중요한 증명의 대상이 다툼이 있는 사실임은 물론이다. 한편 재판에 관련이 있는 사실 중 증명을 필요로 하지 않는 경우도 있는데, 첫째 객관성이 보장되어 있는 공지의 사실인 경우, 둘째 당사자가 자기에게 불리한 사실을 인정하는 진술을 그 예로 들 수 있다.

3) 자유심증주의

법원은 당사자 사이에 다툼이 있는 사실은 증거에 의하여 확정하여야 한다. 법원은 각종 증거와 심리에 나타난 모든 자료 즉 변론 전체의 취지에 기초하여 자유로운 판단에 따라 당사자의 사실주장의 진위여부를 확정하게 된다. 이 원칙을 자유심증주의라고 하고, 다툼 있는 사실의 확정과 관련된 기본원칙이다.

4) 증명책임

증거조사를 다 마쳐도 주요사실의 존부에 관하여 법원이 결론을 내릴 수 없는 경우가 있을 수 있다. 이것을 진위불명(眞僞不明) 상태라고 한다. 그러나 법원은 이러한 진위불명상태를 이유로 재판을 거절할 수 없다. 이러한 경우 당사자 일방에 이것을 증명할 책임을 지위 증명에 성공하지 못하면 그에 따른 불이익을 주게 하는 방법을 택하고 있다. 이것을 증명책임(證明責任)이라 한다. 예를 들어 대여금청구소송에서 원고가 피고에게 돈을 대여했다는 사실을 주장하여 대여금의 반환을 청구하는 경우 그 증명책임은 보통 원고에게 지워진다. 만약 원고가 금전의 대여사실을 증명하지 못하면 그가 구하는 소비대차상의 법률효과는 인정되지 않고 결국 패소하게 된다.

5) 증거조사의 절차

변론주의하에서의 증거조사는 당사자의 증거신청에 의하여 개시되고 법원은 그것을 채택할 것인가를 결정한다. 증거조사를 실시할 때 그 방법은 증인신문, 서증, 감정, 검증, 당사자신문, 「그 밖의 증거」의 여섯 가지가 있다. 증거조사가 끝나면 법관은 증거에 대하여 자유심증에 따라 평가하여 사실을 확정하게 되며, 판결문의 이유부분에서 주문이 정당하다는 것을 인정할 수 있는 정도로 그 결과를 표시하여야 한다.

VI. 소송의 종료

소의 제기에 의하여 개시된 제1심의 소송절차는 소의 목적이 달성되거나 소의 목적을 달성하는 것이 불가능하게 된 때 종료한다. 크게 당사자의 의사에 의한 종료와 종국판결에 의한 종료로 나눌 수 있다.

1. 당사자의 의사에 의한 종료

우리 민사소송법은 소송의 개시와 종료를 당사자에게 맡기는 처분권주의를 채택하고 있으므로 당사자의 의사에 의해 소송이 종료되는 것은 당연하다. 여기에 해당하는 것으로는 우선 원고가 소에 의한 심판의 요구를 법원에 대하여 철회하는 소의 취하를 들 수 있다. 또 원고가 스스로 자기의 청구가 이유 없음을 인정하는 청구의 포기, 피고가 자기에 대한 원고의 청구가 이유 있음을 인정하는 청구의 인낙, 그리고 다툼이 있는 당사자가 종국판결이 나기 전에 법관의 면전에서 서로 양보하여 다툼을 해결하는 소송상 화해 등이 이에 해당한다. 청구의 포기, 인낙, 화해는 조서에 기재되면 확정판결과 동일한 효력이 인정된다.

2. 종국판결에 의한 종료

민사소송법이 예정하고 있는 통상의 소송종료형태는 종국판결에 의한 종료이다. 판결은 변론을 거쳐서 하는 재판을 말하는데, 종국판결은 소나 상소에 의하여 계속된 사건에 대하여 그 심급에서 최종적으로 내리는 판결을 말한다. 제1심에서 종국판결이 났더라도 패소한 당사자의 상소로 판결이 확정되지 아니한 경우에는 상소심에서 다시 소송이 개시된다. 판결은 원칙적으로 필요적으로 변론을 거쳐 변론에 나타난 소송자료만으로 이에 관여한 법관이 하여야 한다. 판결 시에는 판결원본을 작성하고 그것에 의거하여 판결을 선고하여야 한다. 판결은 확정되어야 효력이 발생하므로 판결의 확정시점이 중요하다. 우선 상소가 허용되지 않는 상고심판결의 경우는 선고와 동시에 확정되며, 상소가 허용되는 경우는 상소를 할 수 없게 된 때 확정된다. 즉 당사자쌍방이 상소기간을 경과한 때에는 상소기간 만료 시에, 당사자쌍방이 상소권을 포기한 때에는 포기 시에 판결이 확정된다.

판결에는 기본적으로 기판력, 형성력, 집행력 등의 효력이 있으며 가장 중요한 것은 기판력이다. 이것은 확정된 종국판결과 동일한 사항이 문제되면 당사자는 그 판결에 반하는 주장을 할 수 없고(불가쟁), 법원도 그와 모순되는 판단을 할 수 없다는 효력을 말한다(불가반). 이 밖에도 당사자가 불복항소할 수 없는 상태를 의미하는 형식적 확정력이 있고, 그 외 판결의 부수적 효력으로 법률요건적 효력, 반사적 효력. 사실적 효력 등이 있다.

🌀 제 5 절 불복절차

잘못된 재판을 방지하기 위한 대책의 필요성은 민사소송법이 추구하는 적정의 이념으로부터 나온다. 그것은 당사자가 재판에 대하여 다시 심리할 것을 신청하는 제도인데 상소와 재심의 두 가지가 있다.

I. 상소

상소란 재판으로 불이익을 받을 당사자가 재판확정 전에 상급법원에 그 재판의 취소·변경을 구하는 불복신청을 말한다. 우리나라는 법원 사이에 심급제도를 두어 법원을 3개의 심급으로 나누고 있다. 따라서 제1심 재판에 대하여 두 번까지 불복신청을 할 수 있도록 하였다. 제1심 종국판결에 대한 상소를 항소라 한다. 판결이 송달된 날로부터 2주일 내에 제1심법원에 항소장을 제출함으로써 항소심이 시작된다. 적법하게 항소가 제기되면 판결의 확정이 차단되고 소송사건이 제1심을 이탈하는 이심의 효력이 생긴다. 판결의 일부에 대한 항소의 제기가 있어도 판결전체에 대하여 위 효력이 발생한다. 특히 제1심과 항소심의 관계는 상당히 중요한 문제인데 우리 민사소송법은 속심제도를 채택하고 있다. 즉 제1심에서의 자료를 기초로 하고 그 위에 항소심에서 수집한 자료를 더하여 심판하게 되는 것이다.

상고는 항소심의 종국판결에 대한 상소를 말하며 원칙적으로 원심법원(항소심법원)의 사실인정에 관한 당부를 판단하지 않고 법률적 판단의 당부만을 심사한다. 이러한 구조를 사후심적 구조라 한다. 「상고심절차에 관한 특례법」은 상고의 남용을 제한하기 위하여 심리불속행제도를 시행하고 있다. 상고심절차는 특별한 규정이 없으면 항소심절차에 관한 규정을 준용하지만 새로운 공격방어방법을 제출할 수 없다. 이 밖에 판결 이외의 재판인 결정·명령에 대한 상소인 항고가 있는데 그 성질에 따라 일정한 기간 내에 항고를 제기할 필요가 없는 통상항고와 일정기간 내에 항고를 제기해야 하는 즉시항고가 있다. 최초의 항고에 대하여 항소심에서 내린 결정과 고등법원 또는 항소법원의 처음의 결정·명령에 대하여 법률심인 대법원에 하는 항고를 재항고라 한다.

II. 재심

판결이 이미 확정된 후에도 그 판결의 소송절차에 중대한 하자가 있거나, 판결의 기초인 증거가 위조된 것임이 밝혀진 경우 등에는 재판의 적정과 구체적 정의를 위해 다시 변론을 재개하여 심판할 수 있다. 이를 재심절차라 한다. 확정된 종국판결을 대상으로 한다는 점에서 미확정 종국판결을 대상으로 하는 항소·상고와 구별된다. 우리 민사소송법은 제451조에서 재심사유에 관한 규정을 두고 있다. 재심원고는 판결이 확정된 후 재심사유를 안 날부터 30일 내에 재심의 소를 제기하여야 한다. 단 판결확정 후 또는 재심사유발생 후 5년이 경과하면 재심의 소를 제기하지 못한다.

제 6 절 민사집행절차

원고가 소송을 통하여 승소판결을 얻었다 하더라도 패소자인 피고가 그 판결의 내용대로 채무를 이행하지 않는다면 그 판결만으로는 아무 소용이 없게 된다. 이행판결이 확정되거나 가집행선고부 판결의 경우에 집행력을 갖기 때문에 집행법원 등은 확정된 이행판결 등의 집행권원에 기초하고 이것에 집행문을 부여받아 국가는 강제력을 동원하여 판결의 내용을 실현시키게 된다. 강제경매 및 강제관리 등이 대표적이고, 이러한 절차를 민사집행절차라 하며, 민사집행법에서 이를 규정하고 있다. 즉 판결절차를 통하여 사법상의 권리관계가 추상적으로 확정되면 이 확정된 사법상의 급부청구권이 강제집행절차에 의하여 현실적으로 실현되는 것이다. 이러한 민사집행절차는 판결절차와는 별도의 절차이지만, 넓은 의미의 민사소송절차에 포섭될 수 있다.

민사집행절차는 수소법원이 아닌 집행법원에서 진행되지만, 민사집행법의 이상이라는 측면에서 보면 민사집행법 제23조에 따라 민사소송법 제1조 제1항의 민사소송법의 이상이 준용되므로, 민사집행법의 이상은 민사소송의 경우와 같이 적정·공평·신속·경제라고 할 것이다. 그러나 판결절차와 달리 이상 중 신속이 강조되어 신속한 집행이 매우 중요할 것이고, 적정이라는 면에서 채무자의 보호, 위법집행 및 부당집행의 방지 등이 필요할 것이다. 또한 장래에 강제집행이 곤란해지거나 불가능하게 되는 경우가 있는데 이 때를 대비하여 현재의 상태를 유지·보전하기 위한 대비를 할 필요가 있다. 이를 위한 부수적 절차를 보전처분절차라 하며, 가압류와 가처분의 제도가 있다. 민사집행법 제4편(제276조-312조)에 규정되어 있다.

제 7 절 현대사회에서 민사소송법의 도전과제

I. 새로운 종류의 증거에 대한 증거조사

과학기술의 발달에 따라 문자정보나 음성자료 혹은 영상자료 등을 저장하는
새로운 매체들이 등장하였다. 2002년 개정 민사소송법은 '그 밖의 증거'라는
명칭으로 한 절을 새로이 두고 도면이나 사진, 녹음테이프, 비디오테이프, 컴퓨
터용 자기디스크, 그 밖의 정보를 담기 위해 만들어진 물건으로서 문서가 아닌
증거의 조사에 관한 사항은 서증이나 감정, 검증에 준하여 대법원규칙으로 정하
도록 규정하고 있다. 구체적인 증거조사절차를 대법원규칙에 위임한 것은 새로
운 기술의 발달에 따른 새로운 증거의 등장에 탄력적으로 대응하기 위함이다.
다만 현재 기술의 발전이 과거와는 비교할 수 없을 정도로 빠르게 이루어지고
있으므로 새로운 종류의 증거가 점점 폭발적으로 증가하고 있는 상황이라 이에
대한 대비책을 마련해 둘 필요성이 존재한다. 과학기술의 발달 및 전자 저장 매
체의 대량 보급, 인터넷의 활성화 등으로 현대 사회에서는 각종 정보가 대부분
전자적으로 생성되고 보관 및 전달된다. 현대 사회에서의 전자적으로 저장된 자
료(electronic stored information, ESI)의 보편성과 중요성은 특별한 설명이 필요하
지 아니할 정도이다.

사인 사이의 분쟁을 다루는 민사소송에서 사실관계의 확정은 법적용의 전제
가 되므로 매우 중요하며, 사실관계는 당사자가 제출한 증거에 근거하여 확정된
다. 하지만 종이문서를 중심으로 한 기존 소송법 법체계는 주요한 증거방법으로
등장한 전자적으로 저장된 자료를 적절히 다루기 어려운 한계가 있었으며 이로
인해 상당한 혼란이 초래된 것 또한 사실이다. 민사소송 등에서의 전자문서 이
용 등에 관한 법률이 시행되어 민사소송에서 전자적으로 저장된 자료를 증거방
법으로 어떻게 규율할 것인가에 대해 대략적으로 규정되었다고 볼 수도 있으나
동법의 제정에도 불구하고 전자적으로 저장된 자료에 관한 여러 특성이 제대로
반영되어 있는지에 대해서는 다소의 의문이 존재하는 실정이다.

II. 현대사회에 맞는 새로운 다수당사자분쟁 해결제도 마련

현대사회에서 발생하는 사인 사이의 분쟁은 많은 사람에게 직간접적으로 영향을 미치고 있고, 어느 분쟁에 관하여 원고와 피고 양 당사자만이 이해관계를 가지는 것은 오히려 예외적 현상에 속한다. 이와 같이 사회에 존재하는 다수당사자분쟁을 합리적으로 해결할 수 있는 소송절차의 형태를 마련하는 것은 민사소송법에 부여된 중요한 임무 중의 하나이다. 한편으로는 분쟁의 1회적 해결을 꾀하면서 다른 한편으로는 소송의 심리가 복잡해지고 지연되는 것을 피하여야 하는 것이다. 이를 위해서는 다양한 요소를 고려한 합리적인 제도의 마련이 필요하다. 종래 우리 민사소송법은 다수인 사이의 분쟁을 해결하기 위한 여러 분쟁해결제도를 다양하게 마련하여 두고 있으며, 최근 영미법의 대표당사자 소송(class action)과 독일법상의 단체소송(Verbandsklage)을 도입하기도 하였다. 다만 최근 빈발하는 현대형소송의 경우 현행법상의 다수당사자소송의 메커니즘만으로 이를 온전히 규율하기에는 어느 정도 한계가 존재하므로 현재보다 다수당사자소송의 형태를 더 다양화할 필요성이 존재한다.

14

형사소송법

제 14 장 형사소송법

 ## 제 1 절 형사소송법 개관

<형사소송절차>

수사	공소제기	판결	집행
		집행판결 보류	
			철회
수사 불기소	정식재판	판결	교도소
		상소	가석방
범죄 검사 경찰 기소	정식재판회부	취소	
특별수사기관	약식재판 벌금선고 정식재판요구		
이송 19세 미만의 소년범죄자		보호관찰(소년원)	
	법원소년부 심리		
14세 미만의 비행소년		소년교도소	
		가석방	
		취소	

출처: 대검찰청 홈페이지

형사법 체계는 크게 실체법(형법총론·각론), 절차법(형사소송법), 정책(형사정책)으로 구분할 수 있다. 형사소송절차는 크게 수사절차(수사 및 공소제기), 공판절차(판결), 집행절차로 구분할 수 있다.

형사소송법 체계는 대한민국 헌법을 정점으로 형사소송법, 형사소송규칙이 핵심적인 역할을 하는 규정이고, 그 외에도 경찰관직무집행법, 법원조직법, 검찰청법, 국가경찰과 자치경찰의 조직 및 운영에 관한 법률 등 여러 법률과 대법원예규, 검찰사건사무규칙 등 다양한 행정규칙 등이 법원(法源)을 이루고 있다. 주요 규정인 형사소송법은 제1편 총칙, 제2편 제1심, 제3편 상소, 제4편 특별소송절차, 제5편 재판의 집행 등으로 구성되어 있다. 형사소송법은 우리 법원에서 심판되는 사건(지역적 적용범위),[1] 대한민국 영역 내에 있는 모든 사람(인적 적용범위),[2] 시행된 때로부터 폐지될 때까지 적용된다(시간적 적용범위).

형사소송법 제1편 총칙에는 제1장 법원의 관할, 제2장 법원직원의 제척·기피·회피, 제3장 소송행위의 대리와 보조, 제4장 변호, 제5장 재판, 제6장 서류, 제7장 송달, 제8장 기간, 제9장 피고인의 소환·구속, 제10장 압수와 수색, 제11장 검증, 제12장 증인신문, 제13장 감정, 제14장 통역과 번역, 제15장 증거보전, 제16장 소송비용 등을 규정한다. 제2편 제1심에는 제1장 수사, 제2장 공소, 제3장 공판(제1절 공판준비와 공판절차, 제2절 증거, 제3절 공판의 재판) 등을 규정한다. 제3편 상소에는 제1장 통칙, 제2장 항소, 제3장 상고, 제4장 항고 등을 규정한다. 제4편 특별소송절차에는 제1장 재심, 제2장 비상상고, 제3장 약식절차 등을 규정한다. 제5편은 재판의 집행에 관한 내용을 규정하고 있다.

제 2 절 형사소송법 원칙

Ⅰ. 실체진실주의

형사소송절차의 최종 목적은 발생한 범죄의 객관적 진실을 발견하여 사안의 진상을 명확히 밝히는 것이다. 형사소송의 실체적 진실은 민사소송처럼 당사자가 제출한 증거 및 주장에만 국한하여 사실의 진위를 판단하는 '형식적 진실'과

---

1) 다만, 국제법상 예외가 있다.
2) 국내법상 대통령(헌법 제84조에 따라 내란 및 외환의 죄만 적용), 국회의원 면책특권(헌법 제45조) 및 불체포특권(헌법 제44조), 국제법상 예외가 있다.

구분되므로 법원은 당사자의 주장이나 제출된 증거에 구속되지 않고 사안의 진실을 규명해야 한다. 실제진실주의는 범죄사실을 명백히 하고 '범인을 찾아내어 죄 있는 자를 반드시 처벌해야 한다(유죄자 필벌)'는 적극적 진실주의와 '죄 없는 사람이 처벌받는 일이 없어야 한다(무죄자 불벌)'는 소극적 진실주의로 구분할 수 있는데, 헌법재판소는 형사재판의 증거법칙과 간련하여 소극적 진실주의가 헌법으로 보장되어 있다고 밝히면서(헌재 1996.12.26. 94헌바1) 소극적 진실주의가 더욱 중요하다는 입장이다.

II. 적법절차원칙

적법절차원칙(due process of law)이란 '공권력에 의한 국민의 생명·자유·재산의 침해는 반드시 합리적이고 정당한 법률에 의거해서 정당한 절차를 밟은 경우에만 유효하다'는 원리이다(헌재 2001.11.29. 2001헌바41). 더 나아가 단지 법률에 규정된 절차를 준수한다는 형식적 의미를 넘어 법공동체의 기본적 규범의식에 합당한 적정절차를 준수한다는 실질적 의미를 뜻한다. 대한민국 헌법 제12조 제1항 2문(누구든지 법률에 의하지 아니하고는 체포·구속·압수·수색 또는 심문을 받지 아니하며, 법률과 적법한 절차에 의하지 아니하고는 처벌·보안처분 또는 강제노역을 받지 아니한다) 및 동조 제3항(체포·구속·압수 또는 수색을 할 때에는 적법한 절차에 따라 검사의 신청에 의하여 법관이 발부한 영장을 제시하여야 한다)에서 적법절차원칙을 확인할 수 있다.

III. 신속절차원칙

재판절차는 지연 없이 신속하게 진행되어야 한다는 원칙이다. 헌법 제27조 제3항(모든 국민은 신속한 재판을 받을 권리를 가진다. 형사피고인은 상당한 이유가 없는 한 지체 없이 공개재판을 받을 권리를 가진다)에서도 확인할 수 있다. 신속한 재판은 피고인의 이익 보호뿐 아니라 진실의 발견, 소송경제, 재판에 대한 국민의 신뢰 및 형벌목적 달성 등에 있어서도 중요한 역할을 한다.

IV. 기타 원칙들

형사소송법에서는 앞의 세 원칙 외에도 다양한 원칙들이 있다. 우선 비례성원칙이 있다. 비례성원칙은 어떤 목적을 위해 투입되는 수단은 목적달성에 적합하고(적합성 원칙, 최대 실현 원칙), 필요하며(필요성 원칙, 최소 침해 원칙), 과잉되지 않아야 한다는(균형성 원칙, 최적화 원칙) 원칙이다. 이 외에도 피고인의 방어권을 보장하기 위한 무기대등의 원칙, 의심스러울 때는 피고인에게 유리하게(in dubio pro reo), 무죄추정의 원칙 등 정의로운 절차를 위해 수많은 원칙들이 존재한다.

또한 형사소송 구조와 관련해서 우리나라는 당사자주의와 직권주의가 공존하는 절충적 구조를 갖는다. 과거 형사소송 구조는 규문관이 스스로 수사하고 심리하던 방식인 규문주의였던 것에 반해 현대에는 소추기관과 재판기관이 분리되는 탄핵주의를 택하고 있다. 다만, 소송의 주도적 지위가 누구에게 있는지 여부에 따라 영미법계의 당사자주의와 대륙법계의 직권주의가 있다. 당사자주의는 검사와 피고인이 소송의 주도적 지위를 갖고 법원은 제3자적 입장에서 당사자의 주장과 입증을 판단하는 소송구조이다. 소송물 처분을 당사자가 결정하는 당사자 처분권주의나 당사자가 제시하는 주장과 입증에 국한하여 법원이 심리하는 당사자 변론주의가 인정된다. 반면에 직권주의는 소송의 주도적 지위를 법원이 갖는 구조이다. 법원이 직권으로 심리를 진행하는 직권심리주의와 법원이 소송주체의 주장과 상관없이 직권으로 증거를 수집 및 조사하는 직권탐지주의가 인정된다.

제 3 절 수사절차

I. 수사절차 개관

수사구조론은 수사절차가 전체 형사사법절차에서 어떤 성격과 지위를 가지고 있는지를 파악하는 이론이다. 수사구조론에는 규문적 수사관과 탄핵적 수사관이 있다. 규문적 수사관은 수사절차를 수사기관의 고유한 권능으로 강제처분 권한은 수사기관의 당연한 권한이고 단지 법관에 의해 억제가 될 수 있다는 견해이다. 따라서 법원의 영장은 형식적 요건만 심사 대상이 되어 형식적 요건만 충족되면 허가해야 한다는 허가장이 된다. 반면에 탄핵적 수사관은 수사절차를 공판 준비절차로 이해하여 피의자도 독립하여 준비활동을 할 수 있고, 강제처분은 장래 재판을 위해 법원의 권한 아래서 행해져야 한다는 견해이다. 그러므로 영장은 법관이 수사기관에게 명령하는 명령장이고 그 내용을 판단하는 권한도 법관에게 있다. 대법원은 압수·수색영장을 허가장으로 이해하며(99모161), 헌법재판소도 법원이 직권으로 발부하는 영장은 명령장 성격을 갖지만 구속영장은 허가장의 성격을 갖는 것으로 본다(96헌바28).

수사는 범죄 혐의 유무를 명백히 밝혀 공소제기 및 공소 유지 여부를 결정하기 위해 범인을 특정하여 신병을 확보하고, 범죄 관련 증거를 수집 및 보존하는 수사기관의 활동을 의미한다. 수사는 인권침해를 동반할 수 있으므로 수사를 개시, 진행, 종결하기 위해서는 법률 규정에 따라 엄격하게 수행되어야 한다. 그러므로 수사는 범죄 혐의가 존재하고(수사기관의 주관적 혐의), 수사목적 달성을 위해 필요한 경우에 한정하여 수행되어야 하며(수사의 필요성), 수사 방법은 상당한 범위 내에서 허용된다(수사의 상당성). 그러므로 「형사소송법」 제199조 제1항 1문에서도 "수사에 관하여는 그 목적을 달성하기 위하여 필요한 조사를 할 수 있다"라고 규정하고 있다.

범죄혐의는 수사기관의 주관적 혐의이지만 구체적인 사실에 근거를 두어야 하고, 주위의 사정을 합리적으로 판단하여 그 유무를 결정한다. 수사기관은 수사의 필요성이 있으면 피의자신문이나 참고인 진술을 듣기 위해 출석을 요구할 수 있다. 또한 증거를 조사하고 수집하기 위한 활동도 할 수 있다. 다만, 압수·수색·검증(대물적 강제처분), 체포·구속(대인적 강제처분) 등과 같은 강제수사는 반드시 법률에 규정이 있어야 할 수 있으며, 강제수사를 하더라도 필요 최소한의 범위(비례성 원칙) 안에서만 할 수 있다. 수사의 필요성이 있더라도 수사 방법은 수사의 신의칙에 따라 비례적으로 수행되어야 한다. 그에 따라 별건수사나 자백강요 등의 부당한 수사를 하면 안된다. 따라서 「형사소송법」 제198조 제4항에서는 "수사기관은 수사 중인 사건의 범죄 혐의를 밝히기 위한 목적으로 합리적인 근거 없이 별개의 사건을 부당하게 수사하여서는 아니 되고, 다른 사건의 수사를 통하여 확보된 증거 또는 자료를 내세워 관련 없는 사건에 대한 자백이나 진술을 강요하여서도 아니 된다"라고 규정하고 있다. 또한 수사의 상당성과 관련해서 수사기관의 함정수사도 문제가 될 수 있다. 함정수사에는 기회제공형 함정수사와 범의유발형 함정수사가 있는데, 판례는 범의유발형 함정수사만 위법하다고 판단한다(2004도1066). 다만, 기회제공형 함정수사도 무조건 합법적인 것은 아니고 마약·밀수·조직 범죄처럼 특별한 경우에 한해 종합적으로 판단해야 한다(2013도1473). 또한 최근 법률 개정을 통해 「성폭력처벌법」과 「청소년성보호법」에 신분비공개수사와 신분위장수사가 합법화되었다. 다만, 모든 범죄에 다 적용되는 것은 아니고, 성범죄에 국한된다.

수사절차는 크게 수사개시, 수사진행, 수사종결로 구분할 수 있다. 이전에는 사법경찰(국가경찰)은 수사개시, 수사진행은 할 수 있었지만 수사종결은 할 수 없었다. 그러므로 사법경찰(국가경찰)은 수사한 사안 사건 모두를 검사에게 송치해야 했다. 그러나 수사권 조정으로 인해 사법경찰(국가경찰)도 1차 수사종결권을 갖게 되었다. 수사절차는 사법경찰(국가경찰)이 수사개시를 하는 경우와 검사가 수사개시를 하는 경우로 나누어진다. 사법경찰(국가경찰)이 수사개시하여 수사한 결과 범죄혐의가 입증되었다면 송치의견서 및 사건 기록과 함께 사건을 검사에게 송치하고, 입증되지 않았다면 불송치한다. 검사는 송치된 사건을 판단하여 범죄혐의가 입증되었다고 판단하면 기소하고, 충분히 입증되지 않았다면 사법경찰(국가경찰)에게 보강수사를 요청할 것이며, 사안이 범죄가 되지 않는다고 판단하면 불기소처분을 내릴 것이다.

Ⅱ. 수사절차의 주요 등장인물

1. 검사

검사와 관련된 규정은 「검찰청법」에 규정하고 있다. 검사는 사법시험에 합격하여 사법연수원 과정을 마쳤거나 변호사 자격이 있는 사람 중에서 임명한다(동법 제29조). 검사는 법률상 신분이 보장되므로 "검사는 탄핵이나 금고 이상의 형을 선고받은 경우를 제외하고는 파면되지 아니하며, 징계처분이나 적격심사에 의하지 아니하고는 해임·면직·정직·감봉·견책 또는 퇴직의 처분을 받지 않는다(동법 제37조)". 법무부장관은 검찰사무의 최고 감독자로서 일반적으로 검사를 지휘·감독하고, 구체적 사건에 대하여는 검찰총장만을 지휘·감독한다(동법 제8조). 검사는 검찰총장이나 검사장의 보조기관이 아니며, 단독제의 관청으로 각자가 검찰권을 행사할 수 있다. 다만, 검사는 검찰사무에 관하여 소속 상급자의 지휘·감독에 따르고(동법 제7조 제1항), 검찰총장, 각급 검찰청의 검사장(檢事長) 및 지청장은 직무의 위임·이전 및 승계를 할 수 있다(동법 제7조). 하지만 검사는 검사는 구체적 사건과 관련해서 소속 상급자의 지휘·감독의 적법성 또는 정당성에 대하여 이견이 있을 때에는 이의를 제기할 수 있다(동법 제7조 제2항). 검사는 공익의 대표자로서 범죄수사·공소의 제기 및 그 유지에 필요한 사항, 범죄수사에 관한 특별사법경찰관리 지휘·감독, 법원에 대한 법령의 정당한 적용 청구, 재판 집행 지휘·감독, 국가를 당사자 또는 참가인으로 하는 소송과 행정소송 수행 또는 그 수행에 관한 지휘·감독, 다른 법령에 따라 그 권한에 속하는 사항 직무와 권한을 갖는다(동법 제4조 제1항).

2. 사법경찰관리

사법경찰관은 범죄혐의가 있다고 사료하는 때에는 범인, 범죄사실과 증거를 수사하고(형소법 제197조 제1항), 사법경찰리는 수사를 보조한다(형소법 제197조 제2항). 따라서 사법경찰리는 독자적인 수사권이나 각종 조서의 작성 권한이 없다(형소법 제312조). 다만 사법경찰 실무 및 판례는 사법경찰리가 작성한 조서의 유효성을 인정한다(82도1080). 수사권 조정 이전에는 검사가 수사의 주재자로서 사법경찰의 수사를 지휘할 수 있었다. 그러나 수사권 조정으로 인해 검사와 경찰청소속 사법경찰관은 수사, 공소제기 및 공소 유지에 관하여 서로 협력하는 관계가 되었다(형소법 제195조 제1항). 하지만 검찰청소속 사법경찰과 특별사법경찰에 대해서는 여전히 검사가 수사의 주재자 지위에 있다.

사법경찰은 크게 범죄수사 대상에 제한이 없는 일반사법경찰과 특정한 영역의 범죄만을 수사할 수 있는 특별사법경찰로 나눌 수 있다. 일반사법경찰은 다시금 경찰청소속 일반사법경찰과 검찰청소속 일반사법경찰관리로 구분된다. 경찰청소속 일반사법경찰의 경우 경무관, 총경, 경정, 경감, 경위는 사법경찰관에 해당한다(형소법 제197조 제1항). 경사, 경장, 순경은 사법경찰리로서 수사를 보조한다(동법 동조 제2항). 경찰에 관한 규정은 「경찰법」에서 규정하고 있는데, 경찰의 임무는 ① 국민의 생명·신체 및 재산의 보호, ② 범죄의 예방·진압 및 수사, ③ 범죄피해자 보호, ④ 경비·요인경호 및 대간첩·대테러 작전 수행, ⑤ 공공안녕에 대한 위험의 예방과 대응을 위한 정보의 수집·작성 및 배포, ⑥ 교통의 단속과 위해의 방지, ⑦ 외국 정부기관 및 국제기구와의 국제협력, ⑧ 그 밖에 공공의 안녕과 질서유지 등이다(동법 제3조). 경찰의 사법경찰 임무는 수많은 경찰 임무 가운데 일부이다.

검찰청소속 일반사법경찰은 검사의 지휘를 받아 수사하여야 하고, 사법경찰리의 직무를 행하는 검찰청 직원은 검사 또는 사법경찰관의 직무를 행하는 검찰청 직원의 수사를 보조하여야 한다(형소법 제245조의9 제2항 및 제3항). 검찰청소속 일반사법경찰에 대한 규정은 「검찰청법」 제6장과 제7장에서 규정하고 있다. 검찰수사서기관, 수사사무관 및 마약수사사무관은 검사를 보좌하며 사법경찰관으로서 검사의 지휘를 받아 범죄수사를 한다(검찰청법 제46조 제2항). 검찰주사, 마약수사주사, 검찰주사보 및 마약수사주사보로서 검찰총장 및 각급 검찰청 검사자의이 지휘를 받은 자는 소속 검찰청 또는 지청에서 수리한 사건에 관한 사법경찰관의 직무를 수행한다(동법 제47조 제1항 제1호). 검찰서기, 마약수사서기, 검찰서기보 및 마약수사서기보로서 지명을 받은 자는 사법경찰관리의 직무를 수행한다(동법 제47조 제1항 제2호).

특별사법경찰은 삼림, 해사, 전매, 세무, 군수사기관, 그 밖에 특별한 사항에 관하여 사법경찰관리의 직무를 수행한다(형소법 제245조의10 제1항). 특별사법경찰관리에 관한 규정은 「사법경찰직무법」에서 규정한다. 「사법경찰직무법」 제3조, 제4조, 제5조에서는 특별사법경찰관 직무를 수행하는 수많은 유형을 규정하고 있다. 특별사법경찰관은 특별사법경찰관은 범죄의 혐의가 있다고 인식하는 때에는 범인, 범죄사실과 증거에 관하여 수사를 개시·진행하여야 하며, 모든 수사에 관하여 검사의 지휘를 받는다(동법 동조 제2항 및 제3항). 특별사법경찰관리는 검사의 지휘가 있는 때에는 이에 따라야 하고, 범죄를 수사한 때에는 지체 없이 검사에게 사건을 송치하고, 관계 서류와 증거물을 송부하여야 한다(동법 동조 제4항 및 제5항).

3. 피의자

범죄를 저지른 사람은 내사 단계에서는 용의자, 수사가 개시되면 피의자, 공소가 제기되면 피고인, 형이 집행되면 수형인으로 불린다. 피의자는 수사기관에 의해 특정되어 범죄혐의를 받고 입건되어 수사를 받고 있는 사람이다. 설명 사례에서 A와 B가 범죄를 저지른 것을 수사기관이 인지하게 되면 입건이 되므로 그때부터 A와 B는 피의자 신분이 된다. 피의자는 기본적으로 수사대상으로서의 지위에 서게 된다. 하지만 피의자의 인권은 보호되어야 하며, 장차 피고인으로 소송당사자가 될 자이다. 그러므로 현행 형사소송법에서는 변호인선임권(형소법 제209조), 체포·구속적부심사청구권(동법 제214조의2), 진술거부권(동법 제244조의3), 압수·수색·검증에의 참여권(동법 제219조) 등 피의자가 준당사자적 지위에 해당할 수 있는 규정들을 두고 있다.

III. 수사절차 내용

1. 내사

내사는 수사기관이 입건 전에 범죄혐의를 확인하기 위해 수행하는 조사 활동이다. 수사기관은 범죄에 대한 풍문이나 신고, 기사 등을 보고 내사를 통해 범죄혐의를 확인하여 범죄혐의가 인정되면 입건하여 수사 개시를 한다. 다만, 형식적으로는 내사 단계라고 하더라도 실질적으로 수사를 개시하였다면 입건되기 전이라고 하더라도 수사로 볼 수 있다. 판례도 형식적인 입건 여부에 따라 내사와 수사를 구분하지 않고, 실질적으로 수사 개시를 하였는지에 따라 내사와 수사를 나누고 있다(2000도2968). 다만, 고소나 고발, 자수가 있는 경우에는 내사 단계를 거치지 않고 바로 수사가 개시된다.

2. 수사개시

수사기관이 수사 개시를 하려면 수사 개시를 위한 단서가 있어야 한다. 「형사소송법」에서 규정하고 있는 수사 개시 단서로는 고소(형소법 제223조 이하),[3] 고발(형소법 제234조 이하),[4] 자수(형소법 제240조),[5] 변사자 검시(형소법 제222조),[6] 현행범인의 체포(형소법 제212조 이하) 등이 있다. 하지만 그 외에도 「경찰관 직무집행법」에 따른 불심검문(제3조)이나[7] 범죄 신고, 신문 등의 기사, 풍설, 진정, 투서 등도 수사 개시 단서이다. 고소, 고발, 자수가 있는 경우 당사자는 바로 피의자 신분이 된다. 그러나 그 외의 경우는 우선 내사가 진행되어 피내사자 신분이 되고, 내사 결과 범죄혐의가 있으면 입건되어 수사가 개시되고, 범죄혐의가 없다고 결론이 나면 내사는 종결된다.

3. 수사 진행

수사 방법에는 임의수사와 강제수사가 있다. 임의수사는 상대방의 동의와 승낙을 받아 필요한 수사를 진행하는 것이고, 강제수사는 상대방의 의사에 반해 강제적으로 수사를 진행하는 것이다. 수사의 일반원칙은 임의수사 원칙이다. 임의수사로 목적을 달성할 수 없는 경우 강제수사가 필요한 한도에서 허용된다. 다만, 강제수사는 인권을 침해하는 수사방법이므로 강제수사법정주의에 따라 법률에 규정이 있어야 한다(형소법 제199조 제1항 단서 조문). 또한 피의자에 대한 수사는 불구속 상태에서 함을 원칙으로 한다(형소법 제198조 제1항).

대표적인 임의수사 유형으로 피의자신문(형소법 제200조)과 참고인조사(형소법

---

3) 고소는 범죄피해자 또는 그와 일정한 관계 있는 고소권자가 수사기관에 대해 범죄 사실을 신고하고 범죄자의 처벌을 구하는 의사표시다.

4) 고발은 범인 및 고소권자 이외의 제3자가 수사기관에 범죄사실을 신고하고 범인의 처벌을 구하는 의사표시다. 특정 행정기관에 의한 고발만이 인정되는 '전속고발'도 있다.

5) 자수는 범인이 수사기관에 대해 자발적으로 자신의 범죄사실을 신고하여 그에 대한 수사 및 소추를 구하는 의사표시다.

6) 변사자 검시란 사망이 범죄로 인한 것인지를 판단하기 위해 신체 오관의 작용으로 사체 상황을 검사하는 것이다.

7) 불심검문이란 경찰관이 범죄예방 차원에서 거동이 수상한 자를 정지시켜 질문하고, 경우에 따라 경찰서까지 임의동행을 요구할 수 있는 경찰작용이다.

제221조 제1항) 등이 있다. 임의수사이므로 피의자나 참고인은 출석요구에 응할 의무는 없다. 피의자가 동의하여 신문을 받는 과정에서 수사기관은 피의자에게 진술거부권 및 변호인 조력권이 고지하고, 변호인참여권이 보장하며, 피의자 신문조서를 작성해야 하고, 피의자신문 과정은 대개 영상녹화하며(피의자 동의 불요), 신뢰관계 있는 자를 동석하게 할 수 있고, 신문 시 참여자가 필요하며, 피의자의 자백을 얻기 위해 고문 또는 기타 강제 수단을 사용해서는 안된다. 그에 비해 참고인조사에서는 진술거부권을 고지할 필요가 없고, 진술과정을 녹화하려면 참고인 동의가 필요하며, 조사에 있어 참여자가 요구되지 않는다.

「형사소송법」에 규정된 수사기관의 강제수사 방법은 영장에 의한 대물적 강제처분으로 압수·수색, 검증이 있고, 대인적 강제처분으로 체포, 구속이 있다. 또한 수사기관 청구에 따라 판사가 행하는 강제처분으로 증거보전절차(동법 제184조)와 수사상 증인신문청구(제221조의2), 감정유치처분(동법 제221조의3)이 있다.8) 먼저 대물적 강제처분으로 압수·수색·검증이 있다. 압수는 증거방법으로 의미가 있는 물건에 대헤 점유자 및 소유자 의사에 반해 수사기관이 점유 취득 및 그 점유를 계속하는 강제처분이다. 강제로 점유를 취득하는 압류, 유류한 물건과 임의 제출물을 계속해서 점유하는 영치, 일정한 물건의 제출을 명하는 제출명령이 있는데, 수사기관은 제출명령을 할 수 없고 법원만 할 수 있다. 수색은 물건 또는 사람을 발견하기 위해 일정한 장소나 사람의 신체에 대해 행해지는 강제처분이다. 수색은 압수의 전단계에서 행해지는 강제처분이지만 우리나라는 압수·수색 영장이 발부되므로 압수와 수색은 동시에 집행된다. 최근에는 디지털증거의 압수·수색이 문제가 되는데, 디지털증거는 물건이 아닌 정보이기 때문이다.9) 더 이상 압수할 필요가 없게 되면 가환부 및 환부를 통해 피압수자에

---

8) 그에 반해 공판절차에서 수소법원이 행할 수 있는 강제처분으로는 피고인 구속(동법 제73조), 감정유치(동법 제172조 제4항), 피고인 소환(동법 제73조 및 제76조 제4항), 증인 구인(동법 제155조), 공판정외에서의 압수·수색(동법 제113조), 감정인 감정처분(동법 제173조) 등이 있다.

9) 특히 피의자의 스마트폰에는 엄청난 양의 범죄정보가 있을 수 있으므로 수사에서 피의자 스마트폰 압수·수색은 필수라고 할 수 있다. 과거에는 자백이 증거의 왕이라고 불렸지만, 현대에는 스마트폰이 증거의 왕이라고 할 수 있다. 수사기관은 압수 목적물이 컴퓨터용디스크, 그 밖에 이와 비슷한 정보저장매체인 경우에는 기억된 정보의 범위를 정하여 출력하거나 복제하여 제출받아야 하며, 범위를 정하여 출력 또는 복제하는 방법이 불가능하거나 압수의 목적을 달성하기에 현저히 곤란하다고 인정되는 때에는 정보저장매체등을 압수할 수 있다(형소법 제215

게 압수물을 돌려주어야 한다. 검증이란 사람의 신체나 장소, 물건의 존재나 성질, 형상 등을 수사기관이 직접 신체 오관의 작용을 통해 인식하는 것이다. 대표적으로 범행 현장을 재현하는 현장검증이 있다. 설명 사례에서 사법경찰이 범죄 상황을 명확히 파악하기 위해 현장검증을 통해 A와 B가 범행 현장에서 어떻게 범행을 저질렀는지를 오관으로 확인하였을 수 있다.

　다음으로 대인적 강제처분으로 체포·구속이 있다. 체포는 초동수사단계에서 피의자 범죄를 저지르고 있거나 저지르려고 하는 경우 범죄를 막는 동시에 그 인신을 확보하여 수사절차의 원활한 진행 및 형벌 집행을 확보하는 목적으로 하는 강제처분이다. 체포 유형으로 체포영장에 의한 체포(형소법 제200조의2), 긴급체포(동법 제200조의3), 현행범 체포(동법 제212조)가 있다. 피의자가 죄를 범하였다고 의심할 만한 상당한 이유가 있고, 정당한 이유 없이 수사기관의 출석요구에 응하지 아니하거나 응하지 아니할 우려가 있는 때에는 검사는 관할 지방법원판사에게 청구하여 체포영장을 발부받아 피의자를 체포할 수 있고, 사법경찰관은 검사에게 신청하여 검사의 청구로 관할지방법원판사의 체포영장을 발부받아 피의자를 체포할 수 있다(체포영장에 의한 체포).[10) 검사 또는 사법경찰관은 피의자가 사형·무기 또는 장기 3년 이상의 징역이나 금고에 해당하는 죄를 범하였다고 의심할 만한 상당한 이유가 있고, ① 피의자가 증거를 인멸할 염려가 있는 때나 ② 피의자가 도망하거나 도망할 우려가 있는 때, 우연히 발견한 등 긴급을 요하여 지방법원판사의 체포영장을 받을 수 없는 때에는 그 사유를 알리고 영장없이 피의자를 체포할 수 있다(긴급체포). 또한 범죄를 실행하고 있거나 실행하고 난 직후의 현행범인이거나 준현행범인은[11)] 누구나 영장없이 체포할 수 있다(현행범 체포). 체포는 그 기간이 비교적 짧다. 그러므로 피의자를 가두어

조). 이때에는 범죄와 관련성 있는 디지털 증거만 선별하여 압수해야 하며, 압수할 정보를 선별하는 과정에는 피압수자에게 참여기회를 주어야 한다.

10) 다액 50만원이하의 벌금, 구류 또는 과료에 해당하는 사건에 관하여는 피의자가 일정한 주거가 없는 경우 또는 정당한 이유없이 수사기관의 출석요구에 응하지 아니한 경우에 한한다(형소법 제200조 제1항 단서).

11) 준현행범인이란 "1. 범인으로 불리며 추적되고 있을 때, 2. 장물이나 범죄에 사용되었다고 인정하기에 충분한 흉기나 그 밖의 물건을 소지하고 있을 때, 3. 신체나 의복류에 증거가 될 만한 뚜렷한 흔적이 있을 때, 4. 누구냐고 묻자 도망하려고 할 때" 중 어느 하나에 해당하는 사람이다(형소법 제211조 제2항).

놓고 수사를 할 필요성이 있는 경우 피의자를 구속해야 한다.

구속은 피의자 또는 피고인의 신체 자유를 비교적 장기간 제한하는 강제처분으로 구인과12) 구금을13) 포함한다. 구속사유로는 피고인이 죄를 범하였다고 의심할 만한 상당한 이유가 있고, ① 피고인이 일정한 주거가 없거나, ② 피고인이 증거를 인멸할 염려가 있거나, ③ 피고인이 도망하거나 도망할 염려가 있어야 한다(형소법 제70조 제1항). 법원은 그 구속사유를 심사함에 있어서 범죄의 중대성, 재범의 위험성, 피해자 및 중요 참고인 등에 대한 위해 우려 등을 고려해야 하고, 다액 50만원이하의 벌금, 구류 또는 과료에 해당하는 사건에 관하여는 피고인이 일정한 주거가 없는 때를 제외하고는 구속할 수 없다(동법 동조 제2항 및 제3항). 구속기간은 피의자 구속의 경우 경찰 10일, 검찰 10일(1회 연장 가능)이며, 피고인 구속은 기본이 2개월이지만 심급마다 2회 연장 가능하고, 상소심은 부득이한 경우 3회 연장 가능하다.

체포 · 구속은 피의자의 인권을 강력하게 침해하는 수단이다. 그러므로 피의자를 보호하기 위한 제도가 마련되어 있다. 우선 피의자에게는 변호인 및 가족, 친지 등과 접견하고 서류 또는 물건을 수수하며 의사의 검진을 받을 수 있는 접견교통권이 인정된다(형소법 제34조). 구속 영장이 발부된 뒤에는 피의자를 구속하기 전에 구속사유 존부를 실질적으로 판단하는 구속전 피의자심문제도(영장실질심사)가 있다(형소법 제201조의2). 또한 수사기관에게 이미 체포 · 구속된 피의자에 대해 법원이 체포 · 구속의 필요성과 적법여부를 다시금 심사하여 석방시킬 수 있는 제도인 체포 · 구속적부심사제도 마련하고 있다(형소법 제214조의2). 또한 구속적부심사의 청구가 있을 때 법원이 직권과 재량으로 보증금납입을 조건으로 피의자를 석방할 수도 있다(형소법 제214조의2 제5항). 피고인의 경우에는 보석제도가 있다(형소법 제94조 이하). 그 외에도 체포 · 구속기간 제한, 변호인선임권 및 선임의뢰권 고지, 체포 · 구속 통지, 신체구속 장기화로 인한 증거능력 배제, 구속일수의 본형통산, 구금되었던 자가 불기소처분을 받은 경우 형사보상제도, 체포 · 구속 집행정지, 체포 · 구속 실효, 재체포 · 제구속 제한 등 「형사소송법」

---

12) 구인은 피의자 또는 피고인을 강제력에 의해 법원, 교도소, 구치소, 경찰서 유치장에 인치하는 것으로(형소법 제71조) 인치한 때로부터 24시간을 초과할 수 없다(형소법 제71조의2).
13) 구금은 피의자 또는 피고인을 강제력에 의해 구치소, 교도소에 구속하는 강제처분이다(미결구금).

등에 다양한 보호수단을 규정하고 있다.

4. 수사 종결

이전에는 수사종결권은 검사가 가지고 있었다. 그러므로 사법경찰은 수사 개시 및 수사 진행을 할 수 있었지만, 모든 사건은 검사에게 송치하여 검사가 기소 또는 불기소로 사건을 종결할 수 있었다. 그러나 수사권 조정을 통해 사법경찰관에게도 1차 수사종결권이 생겼다. 따라서 사법경찰이 범죄를 수사한 후 범죄혐의가 있으면 지체없이 검사에게 관계 서류 및 증거와 함께 사건을 송치해야 한다. 검사는 송치사건의 공소제기 및 공소유지를 위해 필요한 경우 사법경찰관에게 보완수사를 요구할 수 있다(형소법 제197조의2 제1항 제1호). 범죄혐의가 없다고 판단하여 불송치 처분을 한 경우에는 그 이유를 명시한 서면과 함께 관계 서류 및 증거를 검사에게 송부하여야 한다(1차 수사종결). 검사는 불송치이유 서면과 함께 송부받은 관계 서류 및 증거를 검토하여 위법 또는 부당 여부를 검토하고 90일 이내에 다시금 사법경찰에게 반환한다(형소법 제245조의5 제2호 단서). 만일 불송치처분이 위법 또는 부당하다고 판단한 경우 사법경찰에게 재수사를 요청할 수 있다(형소법 제245조의8 제1항). 또한 사법경찰은 불송치처분을 하면 서면으로 고소인, 고발인, 피해자 또는 그 법정대리인에게 그 취지와 이유를 통지해야 한다(형소법 제245조의6). 통지를 받은 사람이 사법경찰 소속 관서 장에게 이의신청을 하면 사법경찰관은 지체없이 검사에게 사건을 송치하고 그 처리결과를 신청인에게 통지해야 한다(형소법 제245조의7). 다만, 고발인은 이의신청에서 제외되므로 고발사건은 사법경찰이 불송치처분을 하면 사실상 사건이 종결된다.

범죄사실이 명백하거나 수사를 계속할 필요가 없는 경우 수사는 종결된다. 전자의 경우 검사는 기소 또는 공소제기를 하고, 후자의 경우 불기소처분을 한다. 불기소처분에는 협의의 불기소처분(혐의없음, 죄가 안됨, 공소권 없음)과 기소유예, 기소중지, 참고인중지, 각하, 공소보류 등이 있다. 검사의 불기소처분에 대한 불복절차로 「검찰청법」에 의해 고등검찰청에 이의를 제기하는 항고제도(검찰청법 제10조) 검사소속 고등검찰청에 대응한 고등법원에 이의를 제기하는 재정신청제도(형소법 제260조 이하)가 마련되어 있다. 또한 평등의 원칙·재판절차진술권·행복추구권 침해를 이유로 헌법소원을 제기할 수 있는데 재정신청이 확대됨에 따라 매우 제한적으로 활용될 수 있다. 수사결과 범죄의 객관적 혐의가 충분하고 소송조건이 충족되어 유죄판결을 받을 수 있다고 인정되면 검사는 공소를 제기한다(형소법 제246조). 공소제기는 공판청구(구공판)와 약식명령청구(구약식)가 있다. 약식명령청구는 공판절차없이 약식명령으로 벌금, 과료 또는 몰수에 처할 수 있는 절차이다(형소법 제448조). 설명 사례에서 사법경찰은 해당 사건을 수사하여 관련 서류 및 증거와 함께 사건을 검찰에 송치하였고, 검사는 범죄혐의가 명백하다고 판단하여 기소하였다.

제 4 절 공판절차

I. 공판절차 개관

검사가 피고인의 성명 기타 피고인을 특정할 수 있는 사항, 죄명, 공소사실, 적용법조 등이 기재된 공소장을(형소법 제254조 제3항) 관할 법원에 제출하면 공판절차가 시작된다. 공판절차는 광의와 협의로 구분될 수 있다. 광의의 공판절차는 사건이 공판법원에 신청된 이후부터 소송절차가 종료될 때까지의 모든 절차를 의미한다. 광의의 공판절차 가운데 특정한 공판기일에 열리는 공판절차를 협의의 공판절차라고 한다. 공판절차의 기본원칙으로 일반 국민이 심리를 방청할 수 있도록 한 공개주의, 당사자가 구두에 의해 공격 및 방어를 기초로 하여 심리와 재판이 진행되는 구두변론주의, 공판정에서 직접 조사한 증거만을 재판의 기초로 삼을 수 있는 직접주의, 하나의 사건을 가능한 한 중단 없이 계속해서 심리해야 하는 집중심리주의 등이 있다.

공판절차는 크게 공판정 외에서 이루어지는 공판준비절차와 공판정에서 이루어지는 공판절차로 구분할 수 있다. 공판준비절차는 넓은 의미의 공판준비절차와 좁은 의미의 공판준비절차로 구분할 수 있다. 넓은 의미의 공판준비절차는 공소장부본 송달(형소법 제266조), 피고인 의견서 제출(형소법 제266조의2), 공판기일 지정(형소법 제267조)과 공판기일 변경(형소법 제270조), 증거개시절차(제266조의

3) 등 공판기일 이전에 이루어지는 모든 준비절차를 의미한다. 사안이 복잡하고 쟁점이나 증거가 많고, 증거 개시 등이 문제가 된 경우에는 공판기일 이전에 정리를 할 필요가 있다. 따라서 공판기일에 효율적이고 집중적인 심리를 위해 재판장은 공판기일 전에 검사, 피고인 및 변호인과 함께 공판준비 기일을 열어 공판을 준비할 수 있는데(형소법 제266조의5 이하), 그것을 좁은 의미의 공판준비절차라고 한다.14) 하지만 대부분 사건은 공판준비절차 없이 제1회 공판기일에 쟁점 정리나 증거신청을 한다(〈형사소송절차 흐름도〉 참조).

Ⅱ. 공판절차 주요 등장인물

1. 재판장

재판장은 공판기일에 소송절차를 신속 및 적정하게 하고 원활한 심리 진행을 위해 소송지휘권을 갖는다(형소법 제279조). 따라서 재판장은 공판기일 지정 및 변경, 인정신문, 증인신문순서 변경, 불필요한 변론 제한, 석명권 등을 포괄적으로 갖는다. 다만, 국선변호인 선임, 특별대리인 선임, 증거조사에 대한 이의신청의 결정, 재판장 처분에 대한 이의신청 결정, 공소장변경 허가 및 공소장 변경 요구, 공판절차 정지, 변론 분리·병합·재개 등 공판기일의 소송지휘 중 일부는 법률에 따라 재판장이 아닌 법원에 유보되어 있다. 재판장의 소송지휘권은 명령의 형식으로 표시되고, 법원의 소송지휘권은 결정의 형식에 따라 표시된다. 또한 재판장은 법정 질서를 유지하고 심판 방해를 제지 및 배제할 수 있는 법정경찰권도 갖는다. 법정경찰권은 예방작용, 방해배제작용, 제제작용으로 구성된다. 예방작용으로는 위험한 자의 입정 금지나 퇴정, 방청권 발행과 소지품 검사,

---

14) 공판준비절차에서는 "1. 공소사실 또는 적용법조를 명확하게 하는 행위, 2. 공소사실 또는 적용법조의 추가·철회 또는 변경을 허가하는 행위, 3. 공소사실과 관련하여 주장할 내용을 명확히 하여 사건의 쟁점을 정리하는 행위, 4. 계산이 어렵거나 그 밖에 복잡한 내용에 관하여 설명하도록 하는 행위, 5. 증거신청을 하도록 하는 행위, 6. 신청된 증거와 관련하여 입증 취지 및 내용 등을 명확하게 하는 행위, 7. 증거신청에 관한 의견을 확인하는 행위, 8. 증거 채부(採否)의 결정을 하는 행위, 9. 증거조사의 순서 및 방법을 정하는 행위, 10. 서류등의 열람 또는 등사와 관련된 신청의 당부를 결정하는 행위, 11. 공판기일을 지정 또는 변경하는 행위, 12. 그 밖에 공판절차의 진행에 필요한 사항을 정하는 행위" 등을 할 수 있다(형소법 제266조의9 제1항).

피고인에 대한 간수 명령 등이 있고, 방해배제작용으로는 피고인이나 방청인의 퇴정, 법정 질서 유지를 위해 필요한 처분 등이 있으며, 법정 소란 등에 대한 감치 또는 과태료 처분 등은 제재작용에 해당한다.

〈형사소송절차 흐름도〉

출처: 대한민국 법원 홈페이지

2. 검사

공판정은 검사가 출석하여 개정하므로 검사의 출석은 공판개정 요건이다(형소법 제275조). 검사동일체 원칙에 따라 어떤 검사가 출석해도 된다. 만일 검사가 2회 이상 공판기일 통지를 받고도 출석하지 않는 다면 검사 출석없이 개정할 수 있다(형소법 제278조). 공판정에서 검사는 소송주체로서 피고인의 유죄를 입증하는 역할을 한다.

3. 피고인 및 변호인

피고인의 공판정 출석은 의무이자 권리이며, 공판개정 요건이다(형소법 제276조). 다만, 피고인이 법인인 경우는 그 대리인이 출석하고, 의사무능력자인 경우에는 피고인 본인은 출석할 필요 없고 그 법정 대리인 또는 특별대리인이 출석한다. 다액 500만원 이하 벌금 또는 과료에 해당하는 사건의 경우 피고인은 출석의무가 없고 대리인을 선임하여 대신 출석시킬 수 있다. 법원으로부터 불출석 허거를 받은 사건(단, 인정신문 및 선고 기일에는 참석해야 함), 공소기각, 면소판결, 무죄 등 피고인에게 유리한 재판을 하는 경우, 약식명령에 대해 피고인이 정식재판을 청구하여 판결을 선고하는 사건 등에는 피고인의 출석이 요구되지 않는다. 또한 피고인이 무단퇴정하거나 퇴정명령을 받은 경우 그 공판기일에 한하여 피고인 진술없이 판결을 할 수 있다. 이처럼 피고인의 출석 없이 예외적으로 공판개정이 될 수 있는 사안들이 법률에 규정되어 있다.

변호인은 소송당사자가 아니라 보조자에 불과하므로 공판개정 요건이 아니다. 다만 「형사소송법」 제33조 제1항 각호에 해당하는 필요적 변호 사건의 경우에는 변호인 없이 개정하지 못한다. 필요적 변호사건에 해당하는 경우는 "1. 피고인이 구속된 때, 2. 피고인이 미성년자인 때, 3. 피고인이 70세 이상인 때, 4. 피고인이 듣거나 말하는 데 모두 장애가 있는 사람인 때, 5. 피고인이 심신장애가 있는 것으로 의심되는 때, 6. 피고인이 사형, 무기 또는 단기 3년 이상의 징역이나 금고에 해당하는 사건으로 기소된 때"이다. 또한 법원은 피고인이 빈곤이나 그 밖의 사유로 변호인을 선임할 수 없는 경우에 피고인이 청구하면 국선변호인을 선정해야 한다(제2항). 그리고 법원은 피고인의 나이·지능 및 교육 정도 등을 참작하여 권리보호를 위하여 필요하다고 인정하면 피고인의 명시적 의사에 반하지 아니하는 범위에서 국선변호인을 선정하여야 한다(제3항).

Ⅲ. 제1심 공판절차 내용

1. 공판기일의 진행

공판기일의 절차는 모두절차 → 사실심리절차 → 최종변론으로 진행된다. 공판절차가 개시되면 재판장은 피고인에게 진술을 거부할 수 있고, 이익이 되는 사실을 진실할 수 있다는 것을 고지해야 한다(형소법 제283조의2). 그리고 재판장은 인정신문을 하는데, 피고인의 성명·연령·등록기준지·주거·직업을 물어 공소장에 기재된 피고인과 법정에 출석한 피고인이 동일인임을 확인한다(형소법 제284조). 그 후, 검사의 모두진술과 피고인의 모두진술이 이루어진다. 검사는 모두진술을 통해 사실심리에 들어가기 전 공소사실의 개요와 쟁점, 입증방법 등을 명확히 한다. 공소장에는 "1. 피고인의 성명 기타 피고인을 특정할 수 있는 사항, 2. 죄명, 3. 공소사실, 4. 적용법조" 등이 기재된다(형소법 제254조 제3항). 따라서 검사는 공소사실, 죄명, 적용법조 등을 낭독하고, 재판장은 필요하다고 인정하는 때에 검사에게 공소요지를 진술하게 할 수 있다(형소법 제285조). 이를 통해 법원은 심판대상과 범위를 확인하고, 피고인은 방어준비를 할 수 있으며, 방청객들은 공판의 내용을 이해할 수 있다. 다만, 공판절차 중에 사정변경이 생기는 경우에는 검사는 동일성을 해하지 않는 한도에서 법원의 허가를 얻어 공소장에 기재한 공소사실 또는 적용법조의 추가, 철회, 변경을 할 수 있다(형소법 제298조)(공소장에 기재된 사실 범위=법원의 심판대상 범위=공소장 변경 범위=일사부재리원칙의 적용범위).

검사의 모두진술 후에 피고인과 변호인의 모두진술이 있다. 피고인 및 변호인은 이익이 되는 사실을 진술할 수 있고(형소법 제286조), 관할이전신청, 기피신청, 공판기일변경신청 등 형사소송절차와 관련된 항변을 할 수 있다. 여기서 피고인 측이 자백을 하면 이후에는 증거조사절차를 간결하게 진행하는 간이공판절차로 진행될 수 있다(형소법 제286조의2). 모두진술이 끝나면 재판장은 피고인 및 변호인에게 쟁점 정리를 위해 필요한 질문을 할 수 있고, 그들의 주장을 입증할 계획 및 증거신청 등과 관련된 사항을 진술하게 할 수 있다. 이런 과정을 통해 모두절차가 끝나면 사실심리절차가 진행된다.

사실심리절차는 검사측과 피고인측이 신청한 증거를 법정에서 확인하는 과정이다. 사실심리절차를 통해 법관은 양측이 주장하는 사실관계를 확인하고, 범죄사실의 유·무죄와 양형에 관한 심증을 얻게 된다. 사실심리절차는 증거조사 → 피고인신문 → 최종변론 단계로 이루어진다. 넓은 의미로 증거조사는 증거신청, 증거결정, 이의신청, 피고인신문(좁은 의미에서는 제외)도 포함한다. 피고인신문은 법원이 피고인에게 필요한 사항을 묻고 답을 듣는 절차로 증인과 달리 진술거부권이 인정되고 선서를 하지 않는다. 증거조사는 공판기일에 법정에서 정해진 절차에 따라 이루어진다.

<증거법 내용>
1. 당사자 신청에 의한 증거조사(증거조사 신청→증거결정(채택결정, 기각결정) → 증거결정에 대한 불복)와 법원의 직권에 의한 증거조사
2. 증거조사 방식: 증거서류(지시설명, 낭독, 고지, 열람), 증거물(제시, 특수 매체는 그에 상응하는 방법), 증인신문(피고인 및 변호인의 참여권 보장 및 증인소환 필요, 교호신문, 공판정에서 이루어지는 것이 원칙이지만 예외로 그 외장소에서도 가능), 피해자 증인(피해자 진술권 보장)
3. 검증·감정·통역·번역 활용: 법원 및 법관이 감각기관의 작용에 의해 신체나 물건의 존재, 상태 등을 직접 확인하는 검증, 전문지식과 경험을 가진 제3자가 그 지식과 경험을 통해 자료를 판단하여 법원에 보고하는 감정, 외국인이나 청각 및 언어장애인을 위한 통역과 번역 등도 활용됨
4. 형사소송법내 증거법 관련 규정(형소법 제307조~제318조의3)
① 증거란 유·무죄, 법적 책임, 양형 등과 관련해서 법원의 판단 근거로 사용되는 자료이고, 증거방법이란 사실인정의 자료가 되는 물건(증거서류, 증거물)이나 사람(증인)이며, 증거자료는 증거방법을 조사하여 알게 된 내용
② 증거능력이란 어떤 증거가 엄격한 증명(형소법이 정한 절차에 따른 증명)의 자료로 사용될 수 있는 법률적 자격이고, 증명력이란 증거 능력있는 증거자료가 요증사실(증명이 필요한 사실) 판단에 기여할 수 있는 실질적 가치(신빙성)

를 의미함. 재판부는 증거능력 있는 증거만을 사용하여 판결을 해야 함(다만, 이는 검사측에만 적용되고 피고인측에는 적용되지 않음). 증거능력의 요건은 법률에 엄격히 규정되어 있지만, 자유심증주의에 따라 증거의 증명력의 판단 한 법관의 자유판단에 따름(다만, 법관은 심리미진이나 채증법칙을 위반해서는 안됨)

③ 범죄의 증명책임은 기본적으로 검사에게 있지만, 다만, 상해죄 동시범특례(형법 제263조)와 명예훼손죄의 위법성조각사유(형법 제310조), 양벌규정의 사업주 무과실 증명책임은 피고인에게 있음

④ 위법수집증거배제법칙(형소법 제308조의2), 자백배제법칙(제309조), 전문법칙(제310조의2; 다만, 형소법 제311조~제316조에 해당하는 조건을 충족하는 때에는 증거능력인정)에 해당하는 증거는 증거능력이 없음

⑤ 피고인의 자백은 '증거의 왕'으로 불리며 결정적인 증거이자 증명력이 인정됨. 하지만 피고인의 자백이 불이익한 유일한 증거인 때에는 다른 증거의 보강이 없이는 유죄 증거로 사용할 수 없음(자백보강의 법칙; 형소법 제310조)

증거조사와 피고인신문이 끝나면 검사와 피고인측의 최종변론이 있다. 검사는 사실과 법률적용에 관해 의견을 진술하는데(형소법 제302조), 이를 검사의 논고라고 하고, 유무죄와 양형에 관한 의견인 구형을 한다. 다만, 검사의 구형은 권고적 의미만 있으므로 법원을 구속하지 않는다. 검사의 논고가 끝나면 피고인과 변호인도 최종의견을 진술할 수 있는 기회를 부여받는다(형소법 제303조). 검사와 피고인측의 최종 변론이 끝나면 변론이 종결되고 판결 선고 절차만 남게 된다.

2. 선고 및 재판의 확정

변론이 종결하면 법원은 해당 사건에 대한 범죄와 형벌에 대한 판단을 한다. 재판부는 공판절차를 통해 사실관계를 확인하여 확정하고, 검사가 공소장에 기재한 법률을 적용하여 유·무죄를 판단하며, 유죄의 경우 범죄책임에 상응하는 양형을 정하고, 형을 집행하는 방법을 판결하게 된다. 재판은 크게 실체재판(본안재판)과 형식재판으로 구분된다. 실체재판은 사건의 실체적 법률관계를 판단하

여 유·무죄 판결을 내리는 종국재판이다. 형식재판은 형사소송절차의 법률관계에 대한 재판으로 종국 전 재판과 관할위반판결, 공소기각결정 및 판결, 면소판결 등이 그에 해당한다. 이때, 종국 전 재판은 모두 형식재판으로 상소가 불가하다(상소는 종국 재판만 가능). 판결은 종국재판의 원칙적 형식으로 구두변론에 의하고, 불복방법으로 항소와 상고가 있다. 결정은 종국 전 재판의 원칙적 형식으로 반드시 구두변론이 필요하지 않고(다만, 구두변론도 가능), 불복방법으로 항고가 있다.

실체재판은 유죄판결(형소법 제323조)과 무죄판결(형소법 제325조)이 있으며, 일사부재리[15]가 인정된다. 유죄판결은 법원이 피고사건에 대해 범죄 증명이 있다고 판단한 재판으로 형면제 판결, 형의 선고유예, 형의 집행유예도 유죄판결에 해당한다. 유죄판결시에는 범죄 될 사실, 증거의 요지, 법령의 적용(범죄의 조각사유, 가중사유, 감면사유에 대한 진술이 있으면 그에 대한 판단도 포함함) 등을 판결서에 명시해야 한다. 만일 피고사건이 범죄를 구성하지 않거나 범죄사실의 증명이 없는 때에는 무죄판결을 한다.

형식재판은 일사부재리가 인정되지 않는다. 형식재판에는 피고사건의 관할이 위반된 경우 선고하는 관할위반판결(형소법 제319조), 확정판결·사면·공소시효 완성·범죄 후 법령개폐로 형이 폐지된 경우 실체 판단을 하지 않고 소송을 종결시키는 면소판결(형소법 제326조; 형식재판이지만 예외적으로 일사부재리 인정), 기소가 부적법하여 실체심리 없이 절차를 종결하는 공소기각재판이 있다. 공소기각재판에는 공소기각판결(형소법 제327조)과 중대한 절차상 하자가 있고, 구두변론을 거치지 않을 수 있는 공소기각결정(형소법 제328조)이 있다. 공소기각판결 사유로는 "1. 피고인에 대하여 재판권이 없을 때, 2. 공소제기의 절차가 법률의 규정을 위반하여 무효일 때, 3. 공소가 제기된 사건에 대하여 다시 공소가 제기되었을 때, 4. 제329조를 위반하여 공소가 제기되었을 때, 5. 고소가 있어야 공소를 제기할 수 있는 사건에서 고소가 취소되었을 때, 6. 피해자의 명시한 의사에 반하여 공소를 제기할 수 없는 사건에서 처벌을 원하지 아니하는 의사표시를 하거나 처벌을 원하는 의사표시를 철회하였을 때"가 있다. 공소기각결정 사유로는

---

15) 일사부재리란 일정한 범죄사실이 형사재판으로 처리되어 확정되었다면, 그와 동일성이 인정되는 범죄사실로 인해 다시금 국가형벌권을 행사해서는 안 된다는 원칙이다.

"1. 공소가 취소 되었을 때, 2. 피고인이 사망하거나 피고인인 법인이 존속하지 아니하게 되었을 때, 3. 제12조 또는 제13조의 규정에 의하여 재판할 수 없는 때, 4. 공소장에 기재된 사실이 진실하다 하더라도 범죄가 될 만한 사실이 포함되지 아니하는 때"가 있다.

법원의 선고가 있으면 제1심은 종료한다. 하지만 검사나 피고인측은 제한된 기간(7일) 내에 상소를 할 수 있다. 따라서 그 기한 내에 상소를 포기하거나 상소기한이 지나면 제1심은 확정된다. 하지만 기한 내에 상소를 하면 소송은 제2심 또는 제3심에서 계속된다.

IV. 제2심 및 제3심 공판절차 내용

1. 제2심(항소심) 및 제3심(상고심) 내용

상소는 확정되지 않은 재판에 대해 상급법원에 불복을 신청하는 절차로서 제1심 판결에 대해서는 항소, 제2심 판결에 대해서는 상고를 할 수 있다. 상소 는 상소기한 내에, 상소의 이익이 있는 때에, 상소권을 가진 자가, 법률이 정한 방식에 따라 상소 의사표시를 해야 한다. 상소권은 상소할 수 있는 소송법상 권리로서 검사와 피고인(형소법 제338조 제1항), 피고인의 법정대리인, 피고인의 배우자·직계친족·형제자매 또는 원심의 대리인이나 변호인 등이 있다(형소법 제341조 제1항). 만일 상소권자의 귀책사유 없이 상소기간이 경과하여 상소권이 소멸한 경우 법원의 결정으로 상소권을 회복시킬 수 있다(형소법 제345조: 상소권 회복).

상소의 이익(또는 상소의 필요성)이란 원심재판으로 인해 법적으로 보호할만한 이익에 침해가 발생한 것을 의미하며, 상소권자가 상소를 재기해야 할 실질적 이익이 있는지 여부이다. 항소 이유에는 "1. 판결에 영향을 미친 헌법·법률·명령 또는 규칙의 위반이 있는 때, 2. 판결 후 형의 폐지나 변경 또는 사면이 있는 때, 3. 관할 또는 관할위반의 인정이 법률에 위반한 때, 4. 판결법원의 구성이 법률에 위반한 때, 7. 법률상 그 재판에 관여하지 못할 판사가 그 사건의 심판에 관여한 때, 8. 사건의 심리에 관여하지 아니한 판사가 그 사건의 판결에 관여한 때, 9. 공판의 공개에 관한 규정에 위반한 때, 11. 판결에 이유를 붙이지 아니하거나 이유에 모순이 있는 때, 13. 재심청구의 사유가 있는 때, 14. 사실의 오인이 있어 판결에 영향을 미칠 때, 15. 형의 양정이 부당하다고 인정할 사유가 있는 때" 등이 있다(형소법 제361조의5). 상고이유에는 "1. 판결에 영향을 미친 헌법·법률·명령 또는 규칙의 위반이 있는 때, 2. 판결후 형의 폐지나 변경 또는 사면이 있는 때, 3. 재심청구의 사유가 있는 때, 4. 사형, 무기 또는 10년 이상의 징역이나 금고가 선고된 사건에 있어서 중대한 사실의 오인이 있어 판결에 영향을 미친 때 또는 형의 양정이 심히 부당하다고 인정할 현저한 사유가 있는 때" 등이 있다(형소법 제383조).

제1심판결에 대해서는 항소(제2심)할 수도 있지만, "1. 원심판결이 인정한 사실에 대하여 법령을 적용하지 아니하였거나 법령의 적용에 착오가 있는 때, 2. 원심판결이 있은 후 형의 폐지나 변경 또는 사면이 있는 때"에는 제2심을 거치지 않고 바로 상고(제3심)를 할 수 있다(형소법 제372조). 그것을 비약적 상고라고 한다. 피고인이 상소한 사건이나 피고인을 위해서 상소한 사건은 상소심이 원심판결의 형보다 중한 형을 선고하지 못한다(형소법 제368조 및 제396조 제2항; 불이익변경금지 원칙). 상소가 기각되거나 대법원 판결이 선고되면 판결은 확정되고, 해당 사안은 더 이상 형사재판으로 다툴 수 없게 된다.

2. 항고절차 내용

법원의 결정에 대한 불복은 항고가 있다. 판결에 대한 항소, 상고는 언제나 허용되지만, 항고는 법률이 특별히 필요하다고 인정하는 경우에만 허용된다. 항고에는 일반항고와 특별항고(재항고)가 있다. 일반항고는 보통항고와 즉시항고가 있다. 즉시항고는 공소기각결정(형소법 제328조 제2항), 기피신청기각결정(형소법 제23조 제1항), 구속취소결정(형소법 제97조 제4항) 등에서처럼 즉시항고할 수 있다는 명문의 규정이 있는 때에만 허용된다. 보통항고는 즉시항고 이외의 항고로 구금, 보석, 압수 및 압수물 환부 등에 관한 결정, 피고인 감정유치 등은 보통항고가 가능하다. 재항고는 항고법원, 고등법원, 항소법원의 결정 및 준항고 결정에 대한 항고를 의미한다. 항고법원 도는 고등법원의 결정에 대해서는 원칙적으로 재항고가 허용되지 않지만, 재판에 영향을 미친 헌법·법률·명령 또는 규칙의 위반이 있음을 이유로 하는 때에 한하여 대법원에 즉시항고 할 수 있다(형소법 제415조). 또한 재판장 또는 수명법관이 "1. 기피신청을 기각한 재판, 2. 구금, 보석, 압수 또는 압수물환부에 관한 재판, 3. 감정하기 위하여 피고인의 유치를 명한 재판, 4. 증인, 감정인, 통역인 또는 번역인에 대하여 과태료 또는 비용의 배상을 명한 재판"에 해당하는 재판을 고지한 경우나(형소법 제416조 제1항) 검사 또는 사법경찰관의 구금, 압수 또는 압수물의 환부에 관한 처분과 변호인의 참여 등에 관한 처분에 불복하는 때에는(형소법 제417조) 준항고를 제기할 수 있다.

V. 특별절차

1. 특별절차

특별절차는 일반적인 절차와 구분되는 부분이 있는 절차를 의미한다. 형사소송법 제4편에서 규정하고 있는 특별절차에는 재심, 비상상고, 약식절차가 있고, 그 외에 「즉결심판법」에 따른 즉결심판과 「국민참여재판법」에 따른 국민참여재판이 있다. 확정된 재판은 더 이상 다툴 수 없고(불가쟁력), 재판의 내용은 확정된다(확정력). 하지만 "1. 원판결의 증거가 된 서류 또는 증거물이 확정판결에 의하여 위조되거나 변조된 것임이 증명된 때, 2. 원판결의 증거가 된 증언, 감정, 통역 또는 번역이 확정판결에 의하여 허위임이 증명된 때, 3. 무고(誣告)로 인하여 유죄를 선고받은 경우에 그 무고의 죄가 확정판결에 의하여 증명된 때, 4. 원판결의 증거가 된 재판이 확정재판에 의하여 변경된 때, 5. 유죄를 선고받은 자에 대하여 무죄 또는 면소를, 형의 선고를 받은 자에 대하여 형의 면제 또는 원판결이 인정한 죄보다 가벼운 죄를 인정할 명백한 증거가 새로 발견된 때, 6. 저작권, 특허권, 실용신안권, 디자인권 또는 상표권을 침해한 죄로 유죄의 선고를 받은 사건에 관하여 그 권리에 대한 무효의 심결 또는 무효의 판결이 확정된 때, 7. 원판결, 전심판결 또는 그 판결의 기초가 된 조사에 관여한 법관, 공소의 제기 또는 그 공소의 기초가 된 수사에 관여한 검사나 사법경찰관이 그 직무에 관한 죄를 지은 것이 확정판결에 의하여 증명된 때(다만, 원판결의 선고 전에 법관, 검사 또는 사법경찰관에 대하여 공소가 제기되었을 경우에는 원판결의 법원이 그 사유를 알지 못한 때로 한정한다)"에는 유죄 확정판결에 대해 재심을 할 수 있다(형소법 제420조). 또한 확정판결에 대해 그 심판이 법령을 위반한 것을 발견한 때 검찰총장은 대법원에 비상상고를 할 수 있다(형소법 제441조). 재심은 확정된 재판의 사실관계에 문제가 있는 경우에, 비상상고는 확정된 재판의 법률 적용에 문제가 있는 경우 해당 사건의 불가쟁력과 확정력을 해소하는 제도이다. 약식절차는 지방법원 관할 사건에 대해 검사의 약식명령 청구가 있을 때 공판절차에 의하지 않고 검사가 제출한 자료만을 검토하여 약식명령으로 피고인에게 벌금·과료·몰수·추징형을 부과할 수 있는 간이 재판 절차이다(형소법 제448조). 검사 및 피고인은 약식명령 고지를 받은 날부터 7일 이내에 정식재판을 청구할 수 있다(형소법 제453조).

즉결심판은 20만원 이하의 벌금·구류·과료에 처할 경미한 범죄에 대해 관할 경찰서장 또는 관할해양경찰서장의 청구가 있는 경우 지방법원, 지원 또는 시·군법원의 판사가 공판절차에 의하지 않고 심판하는 신속절차이다(즉결심판법 제2조 및 제3조). 즉결심판에 불복하여 정식재판을 청구하고자 하는 피고인은 즉결심판의 선고·고지를 받은 날부터 7일 이내에 정식재판청구서를 경찰서장에게 제출하여야 한다(동법 제14조). 국민참여재판은 사법의 민주적 정당성과 신뢰를 높이기 위해 형사재판에 국민이 배심원으로 참여하는 재판이다(국민참여재판법 제1조). 누구든지 국민참여재판을 받을 권리를 가지며, 대한민국 국민은 국민참여재판에 참여할 권리와 의무를 갖는다(동법 제3조). 배심원은 국민참여재판을 하는 사건에 관하여 사실의 인정, 법령의 적용 및 형의 양정에 관한 의견을 제시할 권한이 있다(동법 제12조 제1항). 다만 법원은 배심원의 평결과 의견에 기속하지 않는다(동법 제46조 제5항).

2. 유죄판결 이후 전과의 문제

손해배상과 같은 민사벌, 과태료, 범칙금 등 행정벌은 전과에 포함되지 않는다. 하지만 형사절차 결과로 인한 전과기록 및 수사경력자료 등은 기록에 남게 된다. 그와 같은 내용을 규정해 놓은 법률이 「형실효법」이다. 「형실효법」제2조에 따르면 수형인이란 형법 제41조에 규정된 형(사형, 징역, 금고, 자격상실, 자격정지, 벌금, 구류, 과료, 몰수(또는 추징))을 받은 자를 의미한다. 수형인명부는 자격정지 이상의 형을 받은 수형인을 기재한 명부로서 검찰청 및 군검찰부에서 관리하는 명부다. 수형인명표는 자격정지 이상의 형을 받은 수형인을 기재한 명표로서 수형인의 등록기준지 시·구·읍·면 사무소에서 관리하는 명부다. 수사자료표는 수사기관이 피의자의 지문을 채취하고 피의자의 인적사항과 죄명 등을 기재한 표다. 범죄경력자료는 수사자료표 중 "가. 벌금 이상의 형의 선고, 면제 및 선고유예, 나. 보호감호, 치료감호, 보호관찰, 다. 선고유예의 실효, 라. 집행유예의 취소, 마. 벌금 이상의 형과 함께 부과된 몰수, 추징(追徵), 사회봉사명령, 수강명령(受講命令) 등의 선고 또는 처분"에 해당하는 자료다. 수사경력자료는 수사자료표 중 벌금 미만의 형의 선고, 사법경찰관의 불송치결정 및 검사의 불기소처분에 관한 자료 등 범죄경력자료를 제외한 나머지 자료를 말한다. 여기서 전과기록이란 수형인명부, 수형인명표 및 범죄경력자료를 말한다. 범죄경력조회는 수형인명부 또는 전산입력된 범죄경력자료를 열람·대조확인하는 것이고, 수사경력조회는 전산입력된 수사경력자료를 열람·대조확인하는 것이다.

〈범죄 기록의 유지기간〉

처분 명칭	수사경력자료	범죄경력자료	수형인명표	수형인명부
통고처분		X		
무혐의 구류·과료	6개월 (소년:X)	X	X	
소년보호처분	3~10년			
기소유예				
선고유예	영구		X	
벌금형			2년	
자격정지 자격상실			해당 처분 기간	
집행유예			5년(3년 이하)	
실형 집행면제			10년(3년 초과)	

제 5 절 현대 사회에서 형사소송법의 도전과제

I. 형사사법절차 전자화

2010년 1월 25일 IT 기술을 활용하여 형사사법기관의 종이문서를 전자화하여 예산 절감 및 신속한 형사사법절차의 기반을 구축하고, 사건관계인이 사이버 공간에서 형사사법절차 및 관련 정보제공서비스를 받도록 하여 국민 편익을 증진시키려는 목적으로 「형사사법전자화 촉진법」이 제정되었다. 그를 통해 구축된 것이 형사사법정보시스템(KICS)이고, 그를 통해 형사사법 포털을 만들어서 시민들에게 각종 형사사법 서비스를 제공하고 있다.[16] 따라서 형사사법 포털에서는 경찰, 검찰, 법원의 사건진행상황, 벌과금정보 등을 확인할 수 있는 사건조회, 전자약식사건의 약식명령 등 재판서, 통지서를 온라인으로 열람할 수 있는 통지서 및 재판서 조회, 온라인 민원신청 및 증명서 발급, 전국 피해자지원 기관을 검색 및 피해자 본인의 사건을 조회할 수 있는 피해자지원 서비스 등을 제공하고 있다. 그러나 KICS는 형사소송법적인 한계(기명날인이나 간인과 같은 제약 등) 및 디지털 전송에 대한 미흡한 고려 등으로 인해 실무적으로는 수사서류를 다시금 출력하거나 저장매체 등을 통해서 서류를 전달하고 있다. 또한 각 기관들의 모든 시스템이 연결되어 있는 것도 아니고, KICS가 가지고 있는 시스템적 한계로 인해서 경찰청은 자체적인 디지털 포렌식 네트워크를 구축하고 있고, 검찰도 디지털증거관리시스템(KD-NET)을 별도로 운영하고 있다. 최근 KICS 고도화 사업으로 인해 한 단계 더 발전된 시스템으로 도약하게 될 것이다.

II. 형사전자소송

전자소송이란 법원의 전자소송시스템을 이용하여 소송을 제기하고, 진행하는 것을 의미한다. 전자소송은 2010년에 특허사건에서 도입되면서, 현재는 민사사건을 비롯해서 가사사건, 행정사건, 회생사건 등 민사 및 행정분야에서 활발하

---

16) <https://www.kics.go.kr/?menuCd=Main> 참조.

게 사용되고 있다. 특히 민사분야의 전자소송은 IT 기술의 발전과 전자문서 활용의 증가에 따라 민사소송 등에서 전자문서를 활용하는 전자소송을 통해 시민들의 편익을 증진하고 종이문서로 인한 비용부담 감소와 전자소송 관련 산업 등 경제 발전에 이바지하기 위한 목적으로 2010년 3월 24일에 "민사소송 등에서의 전자문서 이용 등에 관한 법률"이 제정되면서 본격 도입되었다. 하지만 2010년 형사소송법 분야는 법원 외에 모든 관련 기관들이 전자시스템을 갖추어야 한다는 이유로 제외되었으며, '형사사법 절차 전자화 촉진법안' 및 '약식절차에서의 전자문서 이용 등에 관한 법률안'으로 인해 음주 및 무면허 운전과 같은 약식사건을 피의자 동의를 요건으로 전자화하여 처리할 수 있었다. 하지만 형사절차에도 전자소송 도입이 필요하다는 공감대가 확산되면서 「형사사법절차에서의 전자문서 이용 등에 관한 법률」이 2021. 10. 19. 공포되어 2024. 10. 20. 시행되었고, 2025. 6. 9.부터 형사전자소송 업무가 단계적으로 개시될 예정이다.[17] 형사전자소송이 자리매김하는 과정에서 다양한 시행착오가 있을 것이지만 장래의 형사절차에서 매우 중요한 제도로 발전할 것이다.

III. 전자영장(electronic warrant) 도입 필요성

형사절차의 디지털화와 관련해서 살펴보면, 한국은 일단 기본적인 인프라는 잘 구성되어 있다고 할 수 있고, 이미 KICS가 도입되어 있다. 그와 함께 전자영장을 도입할 필요가 있다. 전자영장제도는 크게 세 가지로 나누어 볼 수 있다. 첫째는, 영장청구는 아날로그 방식으로 하고, 영장발부는 디지털로 하는 방식, 둘째로, 영장청구와 발부를 디지털로 하지만 심사서류는 아날로그 방식을 취하는 경우, 셋째로 영장절차 전부를 디지털로 하는 경우가 있다. 다만, 전자영장이 기존의 서류 처리방식에 비해 영장검토 절차가 소홀해질 수 있다는 우려도 제기된다. 하지만 모든 절차에서의 전자영장 도입되면 아날로그 체계에서는 영장주의의 예외로 설정되던 사안에 대해서도 전자영장을 바로 청구할 수 있게 되어 헌법이 추구하고 있는 영장주의가 보다 강화될 수 있다. 또한 영장제시 방법

---

17) <https://www.scourt.go.kr/nm/min_9/min_9_9/index.html> 참조.

에 있어서도 원격지의 제3자에게 전자영장을 제시함으로서 제3자의 신속하게 협력을 얻어낼 수 있고, 제3자도 전자영장을 면책 근거로 사용할 수 있다. 무엇보다 영장발부 절차에서도 디지털화로 인해 서류처리와 같은 물리적 노력이 생략되고, 원거리 이동에 따른 물리적 시간도 축소되어 신속성과 정확성을 확보할 수 있으며 멀티미디어와 같은 디지털 정보가 제공된다면 영장담당 판사의 판단이 보다 용이해질 수 있다. 그리고 전체 절차에서 관련 자료의 보관과 검색에 있어서도 상당한 편의성을 확보할 수 있으므로 영장제도의 전반적인 효율성이 높아질 수 있을 것으로 예상된다.

IV. 디지털 증거법 제정

미국 증거법에서 원칙으로 삼고 있는 '최량증거법칙'에 전자증거의 경우 전자형태 그대로를 법정에 현출하는 것이 적절하다고 할 것이다. 전자증거를 출력하는 경우 동일성 입증이라는 추가적인 절차도 필요하게 된다. 따라서 전자증거나 전자적으로 작성된 서면은 출력보다는 전자형식 자체가 무결성, 보안성 등을 유지하면서 재판에서 활용될 필요성이 있다. 그러나 한국 형사법은 여전히 아날로그 형태인 서면에 중점을 두고 있다. 물론 형사절차의 디지털화와 관련된 법률들로는 "형사사법전자화 촉진법", "약식절차 등에서의 전자문서 이용 등에 관한 법률", "형사사법절차에서의 전자문서 이용 등에 관한 법률 제정(안)" 등이 마련되어 있다. 법률적으로도 형사절차를 디지털화시킬 수 있는 기반이 일단 마련되어 있다고 할 것이다. 이제는 최량증거가 법정에서 활용될 수 있도록 형사절차법이 응답할 차례이다. 특히 형사소송법에 단편적으로 규정되어 있는 디지털 증거와 관련된 조문들을 정리할 필요가 있다. 그리고 "통신비밀보장법"이나 "전기통신사업법", "정보통신망법" 등에 흩어져 있는 디지털 증거 관련 규정들도 하나로 모을 필요가 있다. 형사절차법에서 디지털 증거에 대한 부분을 명확하게 정리하고, 체계화함으로써 수범자들 및 법집행자들에게 법규범에의 통합과 법정안정성에 도움을 줄 수 있을 것이다.

형사소송법에 디지털 증거와 관련된 규정들을 통합하여 규정하는 방법이 있다. 다른 방법은 현행 아날로그식 형사소송법에서 디지털 증거와 관련된 규정을 완전히 별개로 제정하는 것이다. 현행 형사소송법은 전적으로 아날로그 영역으로 놓아두고, 가칭 "디지털 형사증거법" 또는 "사이버 형사증거법" 등과 같이 디지털 증거와 관련된 규정들을 별도로 규정하는 것이다. 이는 사이버범죄에 대한 규정들을 아날로그 범죄와 구분하여 별도로 규정하자는 논의와 맥락을 같이 하게 된다. 이 경우의 장점은 디지털 증거와 관련된 절차의 정합성을 확보할 수 있고, 입법에 있어 통합적인 방법보다 수월하다는 것이다. 다만 이 경우에도 아날로그식 형사소송법과 완전히 별개의 법률이 아니므로 아날로그식 형사소송법과 만나는 부분에서는 세밀한 조정이 필요하게 된다. 독일 등의 국가는 형사소송법의 개정이 보다 용이하게 이루어지는 것에 반하여 한국은 상대적으로 경직되어 있다. 따라서 한국의 입법상황을 고려해 볼 때, "디지털 형사증거법" 또는 "사이버 형사증거법"을 제정하는 방법이 현실적일 수 있다.

저자 약력

강혁신

- 조선대 법학과 교수(제5장 물권법 집필)
- 일본국립千葉(치바)대 법학박사
- 현 한국집합건물법학회장
- 법무부 「집합건물의 소유 및 관리에 관한 법률」 개정위원

<주요 업적>
- 집합건물법의 회고와 전망(사법, 2021)
- マンション区分所有法の課題と展望(日本評論社, 2023)

김명식

- 조선대 공공인재법무학과 교수(제3장 통치구조 및 헌법재판 집필)
- 성균관대 법학박사
- 조선대 교수평의회 의장 역임
- 한국공법학회, 한국헌법학회 부회장

<주요 업적>
- 과학기술의 발전과 인격권의 확장가능성에 대한 시론적 고찰(법학논총, 2024)
- Roe v. Wade 판결폐기와 낙태권의 헌법적 근거(미국헌법연구, 2023)

김범철

- 조선대 법학과 교수(제4장 민법총칙, 제6장 채권법 집필)
- 독일 마부르크대 법학박사
- 법무부 법무심의관실 연구위원(민법 담당) 역임
- 현 한국민사법학회 부회장, 광주지법 민사조정위원

<주요 업적>
- 하자담보책임에 있어 하자개념에 대한 비교법적 고찰(비교사법, 2001)
- 제조물책임법상 징벌적 손해배상의 인정 가능성(민사법의이론실무학회, 2017)

김병록

- 조선대 법학과 교수(제2장 헌법총론 및 기본권 집필)
- 연세대 대학원 법학박사
- 조선대 법과대학장, 기획조정실장 역임
- 한국헌법학회 부회장, 광주고검 영장심의위원

<주요 업적>

- 정치양극화의 비제도적 문제에 관한 연구(연세법학, 2024)
- 혁명과 저항권에 관한 소고(국가법연구, 2023)

김어진

- 조선대 박사 후 연구원(제7장 가족법 공동집필)
- 조선대 법학박사
- 조선대 법학과 강사 역임
- 현 조선대 박사 후 연구원

<주요 업적>

- 일제강제징용 피해자의 손해배상에 관한 민사법적 연구(조선대 대학원 박사학위논문, 2021)
- 반인권범죄 가해국으로서 일본의 일본군 위안부 피해자들에 대한 불법행위책임(공저: 조선대 법학논총, 2024)

김재형

- 조선대 법학과 명예교수(제10장 상법 공동집필)
- 조선대 법학박사
- 사단법인 한국기업법학회 회장 역임
- 조선대 총장직무대리 역임

<주요 업적>

- 유가증권법리와 어음수표법(법영사, 2014)
- 다중대표소송의 인정범위에 관한 고찰(법학논총, 조선대 법학연구원, 2017)

김정환

- 조선대 법학과 교수(제13장 민사소송법 집필)
- 고려대 법학박사
- 사법정책연구원 연구위원 역임
- 현 한국민사소송법학회 · 한국민사집행법학회 · 한국조정학회 등 이사

<주요 업적>
- 증거보존조치(Legal Hold)의 내용과 그 도입가능성 - 증거개시절차 도입에 관한 논의와 관련하여(서강법률논총, 2023)
- 블록체인을 통한 판결의 강제집행 - 국제상사법원 판결의 강제집행 문제를 중심으로(민사집행법연구, 2023)

김종구

- 조선대 공공인재법무학과 교수(제8장 형법 집필)
- 연세대 법학박사/University of Texas LL.M.
- 조선대 법대 학장, 한국비교형사법학회 회장 역임
- 현 뉴욕주 변호사, 광주지검 형사조정위 부위원장

<주요 업적>
- 공범인 공동피고인의 자백과 피의자신문조서의 증거능력:미연방대법원 및 영국 대법원 판례의 비교 고찰(형사법연구, 한국형사법학회, 2024)
- 위법성조각사유의 전제사실의 착오에 관한 학계와 대법원의 견해에 관한 고찰:대법원 판례의 변천과 관련하여(법학연구, 연세대 법학연구원, 2024)

김현우

- 조선대 법학과 교수(제10장 상법 공동집필)
- 조선대 법학박사
- 사단법인 한국기업법학회 상임이사
- 早稻田大(와세다대) 대학원 법학연구과 방문연구원 역임

<주요 업적>
- 이사 보수 규제에 관한 법적 쟁점(기업법연구, 한국기업법학회, 2024.)
- 제조물책임법의 개정방향에 대한 소고(상사판례연구, 한국상사판례학회, 2024)

이영록

- 조선대 법학과 교수(제1장 법학 일반이론 집필)
- 서울대 법학박사
- 광주교육청 소청심사위원
- 현 한국법사학회 회장, 조선대 중앙도서관장

<주요 업적>
- 한국에서의 '민주공화국'의 개념사(법사학연구, 2010)
- 책임의 근거: 이유책임론(법학연구, 2022)

이원상

- 조선대 법학과 교수(제14장 형사소송법 집필)
- 독일 뷔르츠부르크대 법학박사
- 한국형사법무정책연구원 부연구위원(사이버범죄 팀장) 역임
- 현 한국형사법학회 · 한국형사소송법학회 등 상임이사

<주요 업적>
- 형사사법절차의 방해 및 왜곡에 대한 소고(법학논총, 2024)
- 디지털 증거 선별압수를 위한 인공지능 활용에 대한 고찰(형사소송 이론과 실무, 2022)

이제희

- 조선대 법학과 교수(제9장 행정법 집필)
- 성균관대 법학박사
- 산업통상자원부 통상교섭본부 사무관 역임
- 현 광주광역시 행정심판위원, 광주고등검찰청 행정심판위원

<주요 업적>
- 개인정보의 활용 기준에 대한 법적 고찰(법학논집, 2024)
- 규제의 적정성에 대한 법적 검토(법학논총, 2024)

정구태

- 조선대 공공인재법무학과 교수(제7장 가족법 공동집필)
- 고려대 법학박사
- 고려대 법학연구원 전임연구원 역임
- 현 한국민사법학회 · 한국사법학회 · 한국가족법학회 · 한국재산법학회 · 안암법학회 편집위원

<주요 업적>
- 2023년 상속법 관련 주요 판례 회고(안암법학, 2024)
- 2022년 상속법 관련 주요 판례 회고(사법, 2023)

정순방

- 조선대 법학과 초빙 객원 교수(제11장 노동법 공동집필)
- 조선대 법학박사
- 조선대 겸임교수, 시간강사 역임
- 현 무지개병원 행정원장, 국립순천대 · 한국방송통신대 법학과 시간강사

<주요 업적>
- 해지통고에 의한 단체협약 해지의 요건과 한계(노동법학, 2010)
- 국민건강보험법상 건강보험료 부과체계의 법리적 검토 -지역가입자를 중심으로- (법학논총, 2019)

최홍엽

- 조선대 법학과 교수(제11장 노동법 공동집필)
- 서울대 법학박사
- 한국비교노동법학회 회장, 조선대 법과대학장 역임
- 현 전남지방노동위원회 심판위원, 광주환경운동연합 공동의장

<주요 업적>
- 노동이사제의 의의와 쟁점(노동법논총, 2022)
- 취업규칙의 불이익 변경과 기존 근로계약 - 대법원 2018다200709 판결의 비판적 검토 (노동법학, 2020)

한지영

- 조선대 법학과 교수(제12장 저작권법 집필)
- 독일 뮌헨대(LMU) 법학박사(Jur.Dr.)
- 독일 뮌헨 지적재산권을 위한 막스플랑크 연구소 연구원, 한국법제연구원 연구자문위원 역임
- 현 대통령소속 국가지식재산위원회 민간위원, (사)한국지식재산학회 명예회장

<주요 업적>
- 저작권법 개정안에서 징벌적 손해배상에 관한 소고(계간저작권, 2021)
- OTT 시대에 영상저작물에 대한 추가 보상청구권에 관한 고찰 - 저작권법 의원법률안 및 해외 입법
  례에 대한 고찰을 중심으로 - (산업재산권, 2023)

현대사회와 법

초판발행　　2025년 3월 14일

지은이　　　조선대학교 법학과·공공인재법무학과 법학 전공 교수진
펴낸이　　　안종만·안상준

편　집　　　이수연
기획/마케팅　최동인
표지디자인　BEN STORY
제　작　　　고철민·김원표

펴낸곳　　　(주) 박영사
　　　　　　서울특별시 금천구 가산디지털2로 53, 210호(가산동, 한라시그마밸리)
　　　　　　등록　1959. 3. 11. 제300-1959-1호(倫)
전　화　　　02)733-6771
f a x　　　02)736-4818
e-mail　　　pys@pybook.co.kr
homepage　www.pybook.co.kr
ISBN　　　979-11-303-4927-5　93360

정　가　　　22,000원